基金项目:

　　本书为福建省卫生厅中医药科研课题《闽台历代医籍考略》（编号：WZRK201306）、福建省教育厅社科项目《民间遗存闽台中医药文献搜集与整理》（编号：JAS14148)最终成果

闽台中医药文化丛书

福建医籍考

王尊旺　蔡鸿新　编著

厦门大学出版社
XIAMEN UNIVERSITY PRESS
国家一级出版社
全国百佳图书出版单位

图书在版编目(CIP)数据

福建医籍考/王尊旺,蔡鸿新编著. —厦门:厦门大学出版社,2016.6
(闽台中医药文化丛书)
ISBN 978-7-5615-6081-5

I.①福…　II.①王…②蔡…　III.①中国医药学-古籍-考证-福建省　IV.①R2-52

中国版本图书馆 CIP 数据核字(2016)第 122351 号

出 版 人　蒋东明
责任编辑　薛鹏志
封面设计　蒋卓群　张雨秋
责任印制　朱　楷

出版发行　厦门大学出版社
社　　址　厦门市软件园二期望海路 39 号
邮政编码　361008
总 编 办　0592-2182177　0592-2181406(传真)
营销中心　0592-2184458　0592-2181365
网　　址　http://www.xmupress.com
邮　　箱　xmupress@126.com
印　　刷　厦门市明亮彩印有限公司

开本　720mm×1000mm　1/16
印张　28
插页　2
字数　450 千字
印数　1～2 000 册
版次　2016 年 6 月第 1 版
印次　2016 年 6 月第 1 次印刷
定价　98.00 元

本书如有印装质量问题请直接寄承印厂调换

厦门大学出版社
微信二维码

厦门大学出版社
微博二维码

总　序

海峡两岸地缘近、血缘亲、法缘久、文缘深、商缘广、医缘通,具有同根同脉、互补互通、特色鲜明的地域文化特色。无论在历史还是现实中,闽台中医药都是维系海峡两岸人民健康的主要医疗体系之一,都是连接闽台人民深层的健康文化心理的纽带,这种联系既是生理的、血缘的,又是心理的、文化的。充分发挥中国传统医药的优势,开展闽台中医药文化的相关研究,对于增强海峡两岸的凝聚力、建设海峡西岸经济区、实现祖国和平统一具有重要的政治意义和学术意义。

1987 年,考虑到对台工作的需要和实际情况,福建中医药大学率先在全国中医药界成立首家涉台研究机构——台湾中医药研究室。当初我们的设想是:以台湾中医药研究室为依托,开展台湾中医药情报收集、整理、加工、研究等工作。让我感到惊喜的是,研究室的同志们筚路蓝缕,勇于开拓,在做好台湾中医药情报收集的同时,还大大扩展了研究领域,取得了丰硕的科研成果。2006 年,学校在研究室的基础上,统筹各方面科研力量,成立福建省教育厅人文社科研究基地"福建中医药大学闽台中医药文化文献研究中心",以闽台中医药历史文化与学术流派为研究对象,分别从历史、人文、社会等场景中多维度地探讨闽台区域医学以及医学与社会的关系,力图打造具有鲜明特色的研究方向和研究模式。

为了更好地发展中医、弘扬中医,不断挖掘闽台传统医学和医学文化的深刻内涵,福建中医药大学闽台中医药文化文献研究中心联络校内外中医学、文化学、社会学、历史学、文献学、人类学等多学科的专家学者,拟编纂出版《闽台中医药文化丛书》,我由衷地为他们高兴,为学校高兴,为社会高兴。

《诗经》有云:靡不有初,鲜克有终。我们已经有了一个非常好的开始,我相信在学校的关心和支持下,闽台中医药文化研究定能成为我校的一面旗帜。

是为序。

朱旭

2014.5.31日

福拓家中

自　序

　　编写一本区域性医籍考，是我们一直以来的夙愿。此事真正提上日程，缘于两件事：第一，清末民国时期，包桃初、包识生、包天白祖孙三代不但在福建，即便在全国都有相当大的影响力。校注版《包识生医书全集》后附三人传记各一则，其中包桃初传云，"先生卒于清季戊申岁，享年六十有二，子三人，皆知医"，校注者标点为"先生卒于清季戊申岁，享年六十，有二子，三人皆知医。"其实，只要在百度上简单搜索或以《上杭县志》考察之，当不致出现如此笑话。第二，在一部古医籍校注稿中，序言中有"康熙癸亥小春上浣畹庵某某某识"句，依我们拙见，此句可以不加标点符号，如果一定要加，则标点为"康熙癸亥小春上浣，畹庵某某某识"亦可，校注者标点为"康熙癸亥小春，上浣畹庵某某某识"。稍具古文化常识者当知"上浣"即"上旬"，不致如此处理，何况校注者还"主编、点校和参编著作八部"。我们觉得，身在图书馆，总要为大家在中医药文献方面做点比较实在的事情，一来为师生员工服务是我们的职责，二来也说明我们还在一直坚持不懈地努力着。2013年，编者分别承担了福建省卫生厅中医药科研课题《闽台历代医籍考略》和福建省教育厅社科项目《民间遗存闽台中医药文献搜集与整理》，这两个勉强可以称之为科研的项目成为编纂本书的一个契机，也意味着这项工作要尽快开展。

　　以实用性的眼光观之，整理资料汇编性质的图书纯属出力不讨好的事情，专门为他人做嫁衣，因此志存高远者往往多发表高论宏旨，一般不屑做此类没有技术含量的工作。按照我们宏伟的设计，本书一定要体现出"考"的特点，医家生平、著作版本流传、不同版本之间的差异、先前研究的讹误、内容提要等，笔者都曾经准备独立撰写。既然号称"考"，自然要正本清源、去伪存真。然而，当真正开展这项工作时，才发现其难度之大远远超出最初的想象。此书的编写历时三年之久，我们先后赴成都、武汉、沈阳、上海、北京、杭州、广州、长沙、台湾等地查阅资料，期间种种离奇经历外人无从知晓。有明明为建国后影印古籍却只能抄录者，有电话询问说某馆有某书千里迢迢到该地后告知无书者,有带着笔记本电脑却不让用电源者,更有直接告知管古籍的人不在,连门都不让进者。如此等等,夫复何言。我们坚持认为,再宝贵的孤本珍本,如果不流通,还有什么价值。更为重要的是,翻阅各种目录文献类工具书,前辈学者的确已经做了大量坚实的工作。我们何德何能,置现有成果于不顾,竟敢另起炉灶,撰写一些蹩脚的内容。基于此,书中考证各项多引现有成果,并一一标注引用来源,以示既不掠人之美,亦不代人受过。间有所发明者,以"按"区别之。好在本书的初衷是为学界提供相对完备的资料集,如此处理倒也符合学术规范。

余生也晚,无缘亲耳聆听我校已故俞慎初老、盛国荣老的谆谆教导,但二老的精神的确给了我们很大的鼓舞。俞老以一己之力撰成《中国医学简史》,蒙学界王吉民、张赞臣、章次公、姜春华等赞誉,谓其大作"一反其积习,以社会发展为背景,重视医药学的成就,为近代医学史少见体例"。盛老医者仁心,泽被后世,其大量图书杂志、信件照片、古籍字画、手稿笔记捐赠给我校,实属难得,也实属幸运。据我们所知,全国各中医药院校图书馆中,捐赠图书文献者大有人在,如盛老赠品种类之多、数量之巨、质量之高,至今无能出其右者。二老的共同点在于,都非常重视文献的搜集和整理。1983 年,俞老刊行《福建历代名医著作简辑》,对福建古医籍进行了初步的整理。与 30 年前相较,如今各种条件皆非往日可比,我等后辈理当继承前贤未竟之事业,遂以狗尾续貂之笔编撰此书,虽有东施效颦之嫌,但我们对前辈的仰慕和尊崇实出肺腑。

近年来,争历史名人成为各地非常突出的文化现象。三国佳丽大乔、小乔的故里,五省七地吵得面红耳赤,文攻笔战,好不热闹。唐代大诗人李白,世人以"诗仙"称之,既为"仙",自然飘乎万里,云游四方,四川江油、湖北安陆、甘肃天水纷纷声称拥有确凿的证据李白为本地人,就连吉尔吉斯斯坦的某地也看不过去,坚持说诗仙是他们的人。一个李白,还闹出了国际纠纷。浙江诸暨和萧山也为西施闹得很不愉快,两地各自兴建了不少和西施有关的纪念设施,坚持西施为本地所有,以致于在一副漫画中,东施跳出来说,大家不要吵了,我们两人你们一地一个算了。不知这些才子佳人地下有知,会作何感想。更为离谱的是西门庆和潘金莲。据说山东某地区为西门庆和潘金莲究竟属于何地都闹得不可开交,某县抢先盖起了十分气派的狮子楼,作为标志性旅游景点之一,游客还可体验一把土豪西门庆的感觉,估计西门庆好找,潘金莲难寻。诸如此类的名人,不争也罢。先前不少研究者,往往将明代聂尚恒、清代陈修园的老师蔡宗玉作为福建医家处理,使得江西人大为光火,不少学者爬梳文献、深入田野,力证二人为江西籍无疑。类似的情况还有雷丰。雷氏,字少逸,祖籍福建是毫无疑问的。其祖父雷光天由闽迁浙,客居衢县,生逸仙,逸仙生雷丰,雷丰在其多种著作中均自题"三衢雷丰少逸氏"。按照中国人的传统观念,对籍贯问题还是相当在意的,雷丰都已经自题为"三衢"人,我们何必自作多情,非要让他认祖归宗呢。既然如此,还是不要生拉硬扯,非将他们作为福建人对待,也免得伤了兄弟省份的和气,徒增口舌之辩。

感谢读秀,感谢百度,感谢新浪爱问。编写此类性质的图书,需要大范围普查各级各类图书馆,面对人为设置的重重阻力,我们倍感无奈,甚至几近绝望,在许多图书馆中找不到的宝贵资料,通过你们往往有意外的惊喜。更重要的是,在伟大的"互联网+"时代,你们丝毫不嫌弃我们庙小人轻、势单力薄,完全以一视同仁的姿态对待包括我们在内的每一个阅览者,将海量资源免费提供。本书得以完成并能有所新的发现,自然是要真诚感谢你们的。

先贤有云:胜固欣然,败亦可喜。三年来,我们费尽周折,草成此书,所收获的惟有诚惶诚恐,万般艰辛,可谓从无"欣然",一路"可喜"。嫁衣最终是做成了,我们深知,这件嫁衣做的千疮百孔,破烂不堪。文献的搜集和整理是一项永无止境的工作,惟盼后来之人齐心协力,共襄兹举。

是为序。

王尊旺　蔡鸿新

2016 年 4 月

凡　　例

1. 本书为辑录体文献汇编,分门别类整理历史上福建籍医家 1911 年之前的存佚著作。考虑到民国时期(1912—1949)福建医家众多,著作也十分丰富,受篇幅所限,民国时期福建医籍的考证工作将另外编纂。

2. 本书对历代福建医籍的考证共分八项:书名、作者(含卷数,存佚情况)、出典、作者简介、序跋、内容提要、现存版本、按。

3. 本书古医籍编排以医经、伤寒、基础理论、脉法、本草、临床各科、针灸推拿、方书、养生、医史医案、综合医书、其他等,共十二类。宋慈《洗冤集录》及无法判定类别的医籍,列"其他"类。部分古籍包含多种内容,分类殊为不易,识者谅之。

4. 考虑到现有几部中医古籍类工具书《中国医籍通考》《宋以前医籍考》《中国医籍考》《中国古医籍书目提要》《中国中医古籍总目》等,对中医古籍的出典问题做了较为详细的考证,本书不再做重复性工作。"出典"一般作"见《中国医籍考》《中国古医籍书目提要》"等等。

5. 现存版本项,凡同一时期有多种刻本者,一般以"××时期多种刻本"标注,如"光绪时期多种刻本";部分医籍现代有多种校注本,一般以"今人各种校注本"称之。鉴于各种工具书中多注明某版本藏于何处,且近年国家图书馆出版社已经陆续出版全国各地古籍普查登记目录,本书不再标注各种版本的收藏地。

6. 对于某些籍贯有争议的医家,根据学术界的考证和我们自己的研究,能够判断为非福建籍,其著作不予收录。凡各种工具书有列某人著某书,经编著者或学界考证可以确认非某人著作者,一律删除。凡经考证不能确定是否为某人著作者,予以保留,以"存疑"别之。

7. 部分医籍多次刊刻,不同版本序跋有别。为便于读者追溯版本源流,本书以涸泽而渔为原则,将该医籍的所有序跋一并收录。

8. 部分无法辨识的文字以"□"代替之。

目　录

三、基础理论类

六、临床各科类

七、针灸推拿类

八、方书类

九、养生类

十、医案医史类

十一、综合医书类

十二、其他类

一、医经类

注圣济经

宋徽宗撰　宋·吴禔注　十卷　存

见《中国医籍通考》《中国医籍考》《中国古医籍书目提要》。

作者简介

吴禔,宋代邵武人,曾为辟雍学生,生平不详。据杨家茂《邵武宋代三医家考略》云:《中国医学大辞典》说:"吴禔,宋邵武人,太学生,有圣济经注",《中国医学人名志》《中医大辞典》均有相同记载。考《圣济经》,乃徽宗皇帝崇尚医药,敕编《圣济总录》时亲自撰写,以阐发《内经》《道德经》之奥旨。政和八年(1118年)颁其经于两学,敕内外学校课试命题。吴氏为之注解,要言不烦,文浅意深,言近旨远。其间虽以理学附会医学,但亦有精华之处。如卷八之"卫生篇",卷九之"药理篇"均是最早明确提出"卫生""药理"之论的文献之一。而且率先把北齐徐之才的"药对十种"演绎成"宣、通、补、泄、轻、重、滑、涩、燥、湿"十剂,用作药物和方剂的分类,对后世药剂学发展有一定的影响。而有关阴阳、运气、摄生、慈幼等篇章俱言之有理,被喻为"读素问之阶梯,医者之圭臬"。正如《郑堂读书记》所说:"吴氏之注,为当时试题进讲二者所作,亦必承诏撰述。……所注极为详赡,非深通医术者不能作,亦可谓其时之上士矣"。原书题《圣济经》,宋辟雍生昭武吴禔注。昭武即邵武之旧称,辟雍乃天子之学,历代相沿。宋崇宁元年(1102年)于汴京城南营建,为太学的外学,容纳各路贡士共三千人。宣和三年(1121年)撤销,学生归入太学为外舍生。因此,吴禔当为崇宁至宣和年间的太学生。由于年代久远,当时方志对其生平未能记载详细,有关事迹不得而知。明代《嘉靖邵武府志》及民国《重修邵武县志》有:"吴禔,字伯祯,永乐元年为邵武府学。永乐二年中进士,历任江西按察司佥事,有声。推往抚谕安南,卒。不克还葬。"当是同名异人。

序　跋

陆心源序：《圣济经》十卷，宋徽宗御制。其注题曰：辟雍生吴禔注。经则《宋史·艺文志》《直斋书录解题》《德昭郡斋读书志》《文献通考》《明文渊阁书目》皆著于录，注则惟见于《书录解题》。数百年来，流传绝罕。《四库》未收，阮文达亦未进呈，至常熟张氏《爱日精庐藏书志》始著于录。吴禔仕履无考，据《书录解题》知为福建邵武人，据结衔知为太学生而已。徽宗自矜其书，谓可以跻斯民于仁寿，广黄帝氏之传，于《圣济总录》序亦谆谆言之，盖以此书为经，《总录》为传，其意可见也。政和八年五月十一日颁之天下学宫，后允从臣之请，敕内外学校课试命题。九月二十四日又从大司成李邦彦之请，选博士与《内经》《道德经》并讲，赵希弁《读书附志》言之颇详。今观其书，探五行之赜，明六气之化，文浅而意深，言近而旨远，可为读《素问》之阶梯，视南宋以后诸家偏辞曲说，相去不啻霄壤。惟序称黄帝亲事广成子于法宫，妄信左道谰言，而十篇之中固皆言之成理，无邪说存乎其间也。昔人谓使陈后、隋炀与文士争衡，亦当不落人后。愚谓徽宗以天下为儿戏，自取败亡，然于岐黄家言，实能深造自得。其敕定之《证类本草》《圣济总录》，至今亦奉为圭臬。苟使身为医士，与同时诸人较长絜短，岂在朱肱、许叔微下乎？然后知有斯民之责者，当以进贤退不肖为急务，而非私恩小惠所得与焉。光绪十三年岁在疆梧大渊献中秋前五日，归安陆心源叙。

宋徽宗御制序：一阴一阳之谓道，偏阴偏阳之谓疾。不明乎道，未有能已人之疾者。阴阳相照、相盖、相治，四时相代、相生、相杀，五行更主、更废、更相，人生其间，絷于阴阳，役于四时，制于五行。平则为福，有余则为祸，淫则为疾。惟非数之所能摄，而独立于万形之上；非物之所能制，而周行于万有之内。为能以道御时，以神用数，形全精复，与天地为一，昔者黄帝氏盖体神而明乎道者也。问道于广成，见大隗于具茨，而自亲事于法宫之中，垂衣裳作书契，造甲子定律历，所以成天下之叠叠者。虽若风后力牧常先大鸿，奉令成教之不暇，而不可跂及。然且叹世德之下衰，悯斯民之散朴，上悖日月之明，下铄山川之精，中堕四时之施。至于逐妄耗真，曾不终其天年，而中道以夭。乃询岐伯，作为《内经》，通神明之德，类万物之情，其言与《典坟》相为表里，而世莫得其传。至号为医者流，此与谓易为卜筮者何异。朕甚悼之，自继述以来，兢兢业业，夙夜不敢康，万机之余，紬绎访问，务法上古，探天人之赜，原性命之理,明荣卫之清浊,究七八之盛衰,辨逆顺,鉴盈虚,为书十篇,凡四十二章,名之曰《圣济经》。使上士闻之,意契而道存;中士考之,自华而撷实。可以养生,可以立命,可以跻一世之民于仁寿之域,用广黄帝氏之传,岂不美哉。呜呼!阴淫寒疾,阳淫热疾,风淫末疾,雨淫腹疾。阴阳之寇,外伤其形有如此者,意伤于忧悲而支废,魂伤于悲哀而筋挛,魄伤于喜乐而皮槁,志伤于恚怒而不能俯仰。情伪之感,内伤其真有如此者,积亏成损,积损成衰。患固多藏于细微,而发于人之所忽。益止于畎浍,而损在于尾闾,戒之慎之。疾成而后药,神医不可为也。若乃推行道术,辅正而去邪,立学建官,群多士而教养,禀无告救病苦,而瑾其亡殁,则布之政令,载在有司,此不复叙。

吴禔进表:臣禔闻博施于民而能济众。孔子以为何事于仁必也,圣乎。盖仁,无数也,所施为有方。神,无方也,其用为无穷。《素问》曰:神用无方,谓之圣。圣人体神,以致无方之用,故能博施而济众。夫尧舜帝之盛也,犹以是为难。则见尧舜以来,从可知矣。昔黄帝之作《内经》,其知神之所为乎。观夫太虚寥阔,肇基化原,天高地下,气形分矣。五运回薄,太少陈矣。六气循环,寒暑作矣。在人禀之盈虚消息,常相与流通,孰使之然?盖至神不测,为之斡旋宰制乎其间。《内经》所载此道也。阐而施诸天下,则所济不其众乎。在黄帝时,闻著之玉版,未闻发为云汉之章,以昭示万方。闻藏之灵兰之室,未闻颁之学校,以启迪天下之士。遂使后世莫得其传,至号为医家者流者,凡数千载不有。真人提挈天地,把握阴阳,孰能举盛典于既坠之后耶?恭惟皇帝陛下降神霄之帝宫,悯斯民之大惑,乃坐明堂,始正天纲,临观八极,考建五常,财成天地之道,辅相天地之宜,发挥圣学,作为帝典,名之曰《圣济经》。训辞昭示,欲使上士闻之,意契而道存;中士考之,自华而撷实。可以养生,可以立命,可以跻一世之民于仁寿之域。此所以光黄帝之传,而易尧舜之难也。臣尝闻孔子作《春秋》,以游夏之文学,且不能措一辞,而况圣训渊懿,岂易窥测。然《春秋》之作,得《左氏》《公羊》《穀梁》之传,而后可以因传而明经。臣承学鲰生,涵泳圣涯于兹有年。虽文学有愧于孔门游夏,而服习圣经,自华而撷实,窃妄意于三子者之传焉。所以忘其狂简,仰窥圣作,而为之解释。夫圣之言,远如天一。经之奥古,人期以三年而后通。以臣之不敏,未几而义成者,非敢以为通。然既得其华,则若仓庚、蝼蛄,乘时而鸣,不能自已也。伏望圣慈,少宽僭越之诛,而迟以日月,使茅草小臣,循序而进,有以撷圣经之实,仰副皇帝陛下之乐育之万一也。政和八年七月日辟雍学生臣吴禔诚惶诚惧,顿首顿首谨言。

张衮序: 恭惟主上聪明睿知,圣学日新,肆笔成书,辞文旨远。政和戊戌五月十八日颁《圣济经》于两学。俾学士大夫,养生立命,咸臻妙理,赐至渥也。古人尝谓学者以圣王为师,士生今世见而知之,何其幸欤。然圣作渊懿,学者求之,如观沧溟汪洋,浩瀚莫见涯涘,测之益深,穷之益远,岂能遽然有所得哉。昭武吴褆自强,肆业辟廱,躬受圣训,凤夜服膺,口诵心惟,期不负明天子乐育之意,于是训释经旨,表进于口口上,有旨下其说,于注解之局,四方闻之者,争求副墨,唯恐其后。衮首得全文,三复读之,观其考证坟典,牵引经籍,贯穿百氏之传,该极六艺之说,约而达,详而明,自非博学高才,深究圣人作经之旨,未易及此。且悯夫传录者,疲薾于楮毫间,不获先睹之为快,遂令书肆刊行,使其说弥广,而圣人之道,焕然明白。犹日中天,群目用焉。实拳拳之愿也。宣和二年庚子岁五月 日谨叙。

内容提要

《四库及续修四库医书总目》第54页:《圣济经》十卷,宋徽宗御撰,吴褆注。褆事实无考,书中结衔为邵武人,太学生。案:晁氏《郡斋读书志》云:"御制《圣济经》十卷,右徽宗皇帝所制也,政和八年五月十一日诏颁之天下学校,九月二十四日,大司成李邦彦等言,'乃者从侍臣之请,令内外学校课试于《圣济经》出题,臣等窃谓,今《内经》《道德经》既已选博士训说,乞更以《圣济经》附二经兼讲,'从之。"陆心源重刊序文引此,谓出《书录解题》,乃涉笔偶误。《书录解题》仅载书名,未有考证。疑褆在所选博士之列,故有是注本也。是书久罕传本,清代藏书家惟吴县黄丕烈士礼居有旧抄足本,昭文张金吾爱日精庐有明刊残本,从黄本抄补完全。光绪中,归安陆心源亦得旧抄本,遂以刊入丛书。经分十四篇(当为十篇之误),曰归真、曰化原、曰慈幼、曰远道、曰五纪、曰食颐、曰守机、曰卫生、曰药理、曰审剂,每篇又分子目,凡四十二章。其中远道、药理、审剂三篇,于临诊辨药制方,皆有阐发,乃专家精言。褆注随文衍义,亦称雅驯。北宋累朝提倡医学,校正古籍,官辑之书,本草局方,屡成巨制。徽宗是书之外,复敕纂《圣济总录》二百卷,辅是书而行,号为医方渊海。北宋名医迭出,于古籍探讨,各启新义,亦在上者有以振导之也。《四库》所录《宋太医局程文》,具见当时考试之法,合观政和八年诏疏,是书亦在内外学校课试命题之列,可于《程文》外补一故事矣。

现存版本

清光绪十万卷楼丛书本,丛书集成本,人民卫生出版社 1990 年刘淑清校注本。

难经大全

明·熊宗立撰　四卷　佚

见《中国古医籍书目提要》《中国分省医籍考》。

作者简介

见《名方类证医书大全》。

按:见道光十五年《重纂福建通志》卷七十七《经籍》。《千顷堂书目》云:熊宗立《难经大全》四卷。熊宗立,别字道轩,建阳人,从刘剡学,通阴阳医卜诸术。

图注难经

明·熊宗立撰　四卷　佚

见《中国古医籍书目提要》《中国分省医籍考》。

作者简介

见《名方类证医书大全》。

按:《千顷堂书目》云:熊宗立《图注难经》四卷。

灵素集注节要

清·陈修园撰　十二卷　存(又名《灵素节要浅注》)

见《中国医籍通考》《中国古医籍书目提要》。

作者简介

见《伤寒论浅注》。

序　跋

杨浚序：《汉书·艺文志》载《黄帝内经》十八篇,无《素问》《灵枢》之名。洎晋皇甫谧《甲乙经》序,始称为《针经》九卷、《素问》九卷。或云《黄帝九灵经》,至唐王冰更名为《灵枢》。《九灵》独详于针,故皇甫谧称为《针经》。然则《素问》之名晋已有之,《灵枢》之名唐始著录,其实不越《内经》一书,特后世称名或别耳。夫医家之于《内经》,犹儒家之四子书也,日月江河,万古不废。惟奥突之旨,不善解者,遂至贻误后来,此修园先生《节要浅注》之所由作。先生以名孝廉,为贤有司,活人以数十万计,每投刀圭,无不立愈,天下望之若华、扁。然凡所刊《伤寒》《金匮》若干种,海内已不胫而走,奉为圭臬,盖能依古法而参以时方,权衡悉中,非胶柱者所可同日语焉。是书阐明古训,语简而赅,沾益后学,畀以津梁,犹初志也。古所云良医与良相同功,微斯人,其谁与归?是为序。同治乙丑六月,侯官杨浚雪沧撰。

内容提要

《中国医籍提要·下册》第 20 页：本书为《灵枢》《素问》的选注本。系作者选录《灵枢》《素问》中的重要条文予以分类、编纂,并加以浅要注释而成,简称为《灵素节要浅注》。全书共分十二卷,书中除将所选原文按道生、脏象、经络、运气、望色、闻声、问察、审治、生死、杂论、脉诊、病机十二类进行编次外,并对所选各条文,以衬注(即在原文的字、词、句中间加小注)的形式予以注释发挥。是书的编注特点有二:一是选材全面。对《内经》进行选择分类的先行者李中梓,素以选材精要著称于医林,陈氏则以选材全面见长。李氏在脏象类仅选九条原文,陈氏所选条文达二十二条,而且从所选内容来看,较李氏要全面。例如:"脏象类",李氏所选缺少奇恒之腑的内容,陈氏则在李氏的基础上补入《素问·五脏别论》中有关奇恒之腑的条文。此外,还补充了目与五脏、面色与五脏、五液、五方与五脏等条文,从而使脏象的内容更加全面。二是注释浅要易懂、文图并茂。书中注释《内经》原文,语言大都简明、通俗易懂,很便于初学者研读。如其注《素问·五脏生成篇》中"诸脉者,皆属于目"句云:"五脏六腑之精,十二经脉皆上注于目,属脑,后出于项,故曰诸脉皆属于目"。又如注"肝受血而能视"曰:"肝开窍于目,故肝受血而能视"。言虽简,但十分清楚地阐明了脉与目、肝与目之间的关系。再如注释《素问·脉要精微论》中精明五色"欲"与"不欲"条曰："此言色生于气,气生于脏,欲其气华于色而不欲脏象见于外也。赤如帛裹朱、白如鹅羽、青如苍碧、黄如罗裹雄黄、黑如重漆,乃五脏之气章华于色也。赤如赭、白如盐、青如蓝、黄如土、黑如地苍,此五脏之精象见于外也。夫脏者存也,如五脏之真色见而不存,其寿不久矣。"这里,作者用简明通俗的语言不仅阐明了五脏与精气、面色的关系,而且解释了为何五脏真色外现是危象的机理,使人既能知其意,又能达其理。同时,为了帮助学者理解原文的精神,加深记忆,作者还对内容庞杂而又需掌握的部分内容附以图解、诗歌,使读者易记易诵。如对十二经脉均配有图形,每一经脉图形中,均按经脉循行路线标明该经穴位,并根据各穴所在的部位、分寸编有"分寸歌",使人见图如见文,一目了然。由于本书采用衬注形式疏通原文,注文与经文针对性较强,便于理解原文,故颇受后世欢迎,尤其为初学者所喜读。尽管其在分类上尚欠简要,但仍不失为一部初学者的门径书。

现存版本

清同治五年丙寅(1866年)南雅堂刻本,清光绪、民国年间各种刻本和石印本,陈修园医书各种本,今人各种校注本。

勿听子俗解八十一难经

明·熊宗立撰 七卷 存

见《中国医籍通考》《中国古医籍书目提要》。

作者简介

见《名方类证医书大全》。

内容提要

《中医古籍珍本提要》第23页:六卷,卷首一卷,成书于1438年。卷首为《新编俗解八十一难经图》,书中共绘有解释《难经》本文的图表28幅。正文部分则逐条作注,系作者根据自己的体会,用浅显的文字,对《难经》的字义、词义及主要内容都作了较通俗的解释,原为初学者而作,故名《俗解》。

《刘德荣医学论文集》第333页:《勿听子俗解八十一难经》又名《新编俗

解八十一难经图要》7卷（包括首卷1卷），明代熊宗立撰著。熊宗立，字道轩，自号勿听子，福建建阳人。祖辈熊彦明为元代名医，自幼有家学环境。后从建阳名医刘剡学医卜、阴阳之术，深得奥旨，及长悬壶行医，并致力于医书的校勘、撰注，一生著述颇多，是明代著名医家。由于中医经典《难经》流传既久，世人多经传抄，难免有错简之处，且文句古奥，初学难懂，故历代注家见解众多，初学者难于掌握。熊氏有鉴于此，便用浅现易懂的文句注释，撰著《勿听子俗解八十一难经》一书。该书卷首又名《新编俗解八十一难经图》，共绘有解释《难经》本文的图表28图。正文部分则对《难经》逐条作注，系作者根据自己的体会，用浅显的文字，对《难经》的字义、词义及主要内容都作了较精确的解释。原为初学而作，故书名"俗解"。著名医史学家傅维康在《中国医学史》中评此书"通俗易懂，对初学《难经》者颇有帮助"。

现存版本

日本宽永四年（1627年）翻刻明成化八年鳌峰熊氏中和堂本，1983年中医古籍出版社据日本宽永本影印本，2014年北京科学技术出版社明清针灸秘法丛书本。

按：是书扉页处有熊宗立画像一幅，弥足珍贵。

新增素问运气图括定局立成

明·熊宗立撰　一卷　存

见《中国医籍通考》《中国古医籍书目提要》《中国分省医籍考》。

作者简介

见《名方类证医书大全》。

内容提要

《四库全书总目》卷一〇五《子部15·医家类存目》：《素问运气图括定局立成》一卷，明熊宗立撰。宗立字道轩，建阳人，刘剡之门人也，好讲阴阳医卜之术。是书以《素问》五运六气之说编为歌辞，又有天符岁会之说，以人生年之甲子，观其得病之日气运盛衰，决其生死。医家未有用其法者，盖本五运六气,以生克制化,推其王相休囚而已,初无所征验也。

现存版本

明初刻《黄帝内经素问灵枢》本,四库全书存目丛书影印明初刻本。

难经古注校补

清·力钧辑　不分卷　存

见《中国医籍通考》《中国中医古籍总目》。

作者简介

《闽台历代中医医家志》第 155~156 页:力钧(1855—1925),字轩举,又字香雨,号医隐,清代永福(今福州永泰县)白云乡凤漈村人。幼时跟从刘善曾学医,11 岁附学于陈宗备家。陈氏世代行医,门徒甚众,初授家本草法,继以《伤寒论》。钧在读书之暇,旁听而默识之。13 岁跟从张熙皋学习,张氏研究六书,力钧举《内经》《伤寒》难字以质,张氏为之解释。后又以金钱向丐者牧童乞教治疗瘴疟病及误吞铁针之方。17 岁读《温病条辨》,旋又受读朱良仙所授的《王氏准绳》五种。23 岁始为县诸生,自是授徒为业。尝与郭永淦作《伤寒论问答》,与郑省三合作《论半夏》,跟从林宇村医师学《热病新论》。清光绪十五年(1889 年)举于乡,翌年赴试礼部,从琉璃厂得明版医书十数种,回家途经天津、上海,遍购新出医书。有妹适黄氏,病渴而不喜饮,便秘腹胀,鼻尖、额顶、指节皆如冰。钧投以真武汤,吐冷痰数碗;再进桂附,汗如雨出,遂阳回厥愈而不渴。自是亲友以医事相嘱。辑有《庚寅医案》,并取校柯为良之译著《全体阐微》一书,纂《内经难经经释》及《骨论》,比较中外医论异同。清光绪十七年(1891 年),在新加坡行医,愈病多人,乃辑《辛卯医案》。继游吉隆坡、苏门答腊各埠,辑有《槟榔屿志略》《南游杂录》《吉德纪行》等。清光绪十八年(1892 年),辑《难经经释补》。在游期间因受西医医方数纸,试用甚验,始兼用西药。于是在新加坡开设中西医药研究社,得到领事左秉龙的支持。清光绪二十年(1894 年),应礼部召,为诸贵要治病,因皆获得疗效而欲留钧任职,但他以母亲年老而辞归。时值福州发生鼠疫,钧以大青龙汤治愈千百人。清光绪二十三年(1897 年),东渡日本考察,辑有《日本医学调查记《足利藏书记》等书。回国后创办"东文学堂"及"玉屏女塾"。清光绪二十七年(1901年),又辑《历代医籍存佚考》等书。清光绪二十九年(1903年),进京任商部主事,实为宫廷御医,亲贵争造请,并诊西太后及德宗皇帝之病,乃以医名震京都。清宣统二年(1910年),随英公使游历德国、法国、意大利、俄国、瑞士、奥地利等国,至一都市必参观医院、医校,归国时图书满篋。辛亥年避兵于津门。其子嘉禾、树蕻,先后学医,毕业归,乃训之曰:宜多临证,中医西医学理,尔辈宜兼求并进,不可偏执。并嘱将中医书籍译成西文,以供欧美学者之研究,切戒浅学之分歧立异。享年70岁。

序　　跋

力钧自序:太史公撰《扁鹊传》不及作《难经》事,而《正义》杂引《难经》十数条,且及吕广、杨玄操之注。考滑氏《本义》称,吕、杨皆三国时吴人,吕著《难经注解》,杨著《难经注释》,则二家为《难经》注之最古者。余所读《难经》注十数家,近人则徐氏大椿《经释》为最,他如黄氏坤载《悬解》,丁氏锦《阐注》,周氏学海《增辑》,各有胜处。周《增辑》主滑氏《本义》,而所引徐氏《经释》过半;而黄丁二注,亦难驾徐氏之上矣。要之,《难经》新注惟徐氏最精,旧注惟滑氏最详。由滑氏而上溯之,同时有袁氏坤厚之《难经本旨》,谢氏缙孙之难,陈氏瑞孙之《难经辨疑》,书目具载《宋史·艺文志》。若宋之丁德用、虞庶、周与权、王宗正,金之纪天锡、张元素,皆滑氏所引用者。然王之《注义》,纪之《集注》,《艺文志》载之张洁古著,错甚夥,《药注难经》且不能举其名矣。丁德用之著《难经补》,虞庶之著《难经注》,周与权之著《难经辨证》,《艺文》并不能举其人,而吕、杨之注无传者亘矣。庚寅入都,购聿修堂丛书中,有《难经疏证》,为东都丹波元胤著。其书自序言:以王氏《集注》为本,其书以吕、杨之说为主,以滑徐之说为辅,旁及诸家,皆滑徐所刊用者。始知吕、杨之注犹有考见于王氏《集注》者。自是遍搜古本医书者累月,旋于佚存丛书中得王氏本。王氏所集五家:丁德用、虞庶皆宋人,杨康侯无考,而吕广、杨玄操之说最多。特篇首所录撰人,丁居先,杨、吕次之,而所引注说,亦非佚存本。末附花瀑一跋,跋称明王九思等辑录。余治《难经》二十五年,最后得佚存丛书中王氏《集注》本。王本首列五家:曰丁德用,曰杨玄操,曰杨康侯,曰吕广,曰虞庶。康侯无可考,吕广、杨玄操皆吴人,杨注多曰吕。丁、虞皆宋人,杨不应在吕先,丁更不应在吕、杨先。此书首登杨序,末附音释,皆杨注本。撰人首列丁氏,注家首列丁氏,皆仍丁本之旧。按徐灵胎谓《难经》有图始于宋丁德用,则《集注》似本丁本,而以杨注附之也,吕注则在杨注内。

内容提要

王宗欣《难经古注校补》导读:《难经古注校补》是力钧在保留《难经集注》原书体例不变的情况下,对其进行一次较大规模的校补。对于原书注释精当的部分,力氏给予保留;对于旧注内容,力氏以为或有发挥之处,则以自己二十余年研究《难经》的心得,重加注释,故名其曰"校补"。他从非医文献中辑录了部分《难经》条文,以补今本《难经》之误。

现存版本

清稿本,学苑出版社 2015 年王宗欣据清稿本校注本。

按:《难经古注校补》是力钧《难经》系列研究成果的统称,除《难经古注校补》外,尚有《史记正义引难经考》《难经本义增辑》《难经经释补》。

内经全注疏

清·力钧辑录 不分卷 存

见《清代御医力钧文集》。

作者简介

见《难经古注校补》。

内容提要

是书结合部分经典古医籍,对《内经》部分经文加以注解,较为简略。如《内经》卷八有云:故针有悬布天下者五,黔首共余食,莫知之也。全本"余食"作"饱食"。注云:人愚不解阴阳,不知针之妙,饱食终日,莫能其妙益。又《太素》作"饮食",杨上善注云:黔首共服用此道,然不能得其意。其全书体例仿此。

现存版本

民国《芹漈医书》稿本。

灵素精采

清·郑葆仁著　佚

见《中国分省医籍考》。

作者简介

民国《长乐六里志》卷七《人物·艺术》：郑葆仁，字同亮，号仲纯，马头人。笃学，有志未酬，乃改习岐黄之术，以济世活人为务。学识经验俱富，著有《灵素精采》等书。光绪庚子卒。

经方新歌一百十三首

清·吴其安撰　佚

见《中国分省医籍考》。

作者简介

民国《崇安县新志》卷二十八《艺术》：吴其安，字少袁，西乡洪溪人，邑廪生。研究医学以仲景为宗，闻徽州多名医，亲往访之，无所得，归益肆力于古今医书。某甲患癫痫，作五石汤予之，就瘥。手录《医宗金鉴》《杂病心法》，误者正之，遗者补之，编有《经方新歌一百十三首》，稿存于家。

二、伤寒类

金镜内台方议

明·许宏撰　十二卷　存

见《中国医籍通考》《中国医籍考》《中国古医籍书目提要》。

作者简介

许宏(1141—1121),又名许弘,字宗道,建安(今福建建瓯)人,幼业儒而隐于医,奇证异疾,医之辄效。又工诗文,写山水花卉,皆臻其妙。卒年八十一。

序　跋

冯士仁序:医道与儒道通,《素问》起于轩黄,《难经》起于秦越,犹之经也。医方始于张仲景,犹之传也。汉唐以后,青囊一术,各标识解,谓之注疏也。胶柱刻舟者,依画样之临摹;翻案倒局者,哆金针之暗渡。于是有过高者出,谓方书可付龙祖。曰医者意也,夫以意为文犹自误,以意为方则误人,方可废乎?但释方与用方者,不免毗于阴阳耳。仲景之有内台方也,人尽习之。至建安许宏之有方议,未流传也。余得而谛观之,虚实强弱有禀,燥湿寒热有气,君臣佐使有序,因革损益有宜。大都问答仿之《素问》,释疑仿之《难经》,令不知医者,自病自药,简方俱可无误;令深于医者,鉴轻重权衡,毫厘千里之辨,不敢轻下一匕。譬之解经者,订注疏之讹,亦补经传之缺,以仁术生人,较之以学术杀人者,不大有补于世哉!信医道之通于儒也。而余尤念医道之通于治,盖亦有脉与治焉。元气神气,张弛各以其时,犹之治本治标,缓急一随其候。若外邪宜用治标法,而反泄神气以填之,内虚宜用治本法,而反弛神气以溃之,恐望气察色,俞跗已却走矣。信惟具医国全副精神,达权通变,固寿元于消息之微,转生机于呼吸之介,而后旺者不衰,衰者可旺,伊耆世界,将复见之。则余之流传此方议并载穴道经络图，以当隔垣之视也，岂直以医道哉！然儒者而知此医道也，于治道思过半矣。西蜀冯士仁题。

程永培跋：寒科一证，传变极速，医者不易轻投药饵。长沙著说立方，后世皆奉以为师。但古人之文，句约而理赅，读之者猝难畅晓，故启元子、成无己诸名贤出而释之，犹经传之有注疏矣。迨后注释家日多，此中原有补前人未备之义，实可赞叹，得未曾有，而诳世欺人者，复亦不少。今许建安不释长沙之文，而议长沙之方，书中设问答以启发后学，明晰条达，虽草莽医人亦能悉解。但其分两稍异他本，虽采《千金方》之说，然临期酌用为宜，毋得拘泥。至方中药性稍备，以便翻阅耳。惜无刊本，故付之梓人。以为许叔微之子，误也。乾隆五十九年六月，古吴程永培跋于六醴斋中。

内容提要

李飞校注《金镜内台方议·前言》：本书内容，对《伤寒论》一百一十三方，归纳为汤、散、丸三类，第一卷至十卷为桂枝、麻黄等汤方，第十一卷为五苓等散方，第十二卷为理中等丸方。许氏在"汤议"中，根据君臣佐使的配伍理论，逐一分析各方的组方意义，阐发比较深刻。书中对某些方证的疑难之处，复设问答，作了深入细致的讨论，并对《伤寒论》中各方应用之证，以及使用时的禁戒和药后变化等，都分别作了详细的说明。书末附有药性品制、用药加减法和论分两等三篇短文，以便学者检阅参考。由于许氏以《伤寒论》为内台方，杂病论为外台方，相当于内外篇的意义，故本书名为《金镜内台方议》。至于对本书的评价，如冯士仁说，"虚实强弱有禀，燥湿寒热有气，君臣佐使有序，因革损益有宜，大都问答仿之《素问》，释疑仿之《难经》，令不知医者，自病自药，简方俱可无误；令深于医者，鉴轻重权衡，毫厘千里之辨，不敢轻下一匕"。《郑堂读书记》称其"明晰条达，方无剩义"。

《珍本医书提要》第 207 页：本书十二卷，作者许弘，字道宗，明建安人，业儒而隐于医，奇证异疾，医之辄效。此作乃取《伤寒论》全方，逐一附以议论，阐发制方之义。意较微者，复设问难以明之。并集论中各方应用之证，以及禁戒与药后诸变，亦详列论后。颜曰《金镜内台方议》。说宗成氏无己，而议论详澈周密，发明甚多，诚研究经方之妙典也。然国内原书未传，兹系搜自东国，乃日人丹波廉夫所藏。由其嗣绍翁得父执千田氏及友之襄助而刊行者，洵可宝也。

现存版本

清初抄本,清乾隆五十九年甲寅(1794)心导楼刊本,续修四库全书本,今人各种影印本和校注本。

按:此书清初抄本藏于上海中医药大学,内有章太炎序文一篇。该序文在《章太炎医论》和章太炎医学遗著特辑(《苏州国医杂志》第十期)均未收载,特照录如下:《金镜内台方议》十二卷,明永乐时许宏撰。宏字宗道,建安人也。是书以伤寒诸方类列,即吴江徐氏《伤寒类方》所从出,而方议加详,援引宋人方书至许叔微、陈无择、杨仁斋而止,其金、元四家屏置勿谈,可谓善于裁创者矣。清《四库》未著录,故医师鲜见其言,然亦颇有援引者。余数求之不得,会族人章成之得抄本一帙,署古吴程永培校,书口有"心导楼"三字,知即六醴斋本。其后,友人余云岫归得刊本,题署正同,其版口行列亦与六醴斋诸书不异,顾何以不编入丛书?盖程氏得此书稍晚也。是本为同郡徐质卿所藏,字画亦在清中叶时,而许宏字皆作"弘",因知心导楼作"宏"者,为避清高宗讳改。是本不讳书,意其犹在乾隆前也。余未识质卿,成之为言家藏方书甚富,即是书可知矣。精著旧抄,于世希有,愿质卿宝之。民国十九年季夏七月,章炳麟书。

金匮方歌括

清·陈修园撰　陈元犀编次　六卷　存
见《中国医籍通考》《中国古医籍书目提要》。

作者简介

见《伤寒论浅注》。

序　　跋

陈元犀小引:辛未孟秋,元犀趋保阳,承膝下欢。窃见家君公事稍暇,取《伤寒》《金匮》等书业已三、四注者,而又更易其稿。《伤寒论浅注》已竣,《金匮浅注》亦成其半,晦明间乐此不倦。元犀欲以高年节劳为请,然而不敢遽请也。一日,命元犀取《金匮方》,按分两并煮服等法韵注之,伤寒一百一十三方歌括体裁。元犀退而遵训,拟作六卷。家君见而乐之,遂即改正命缮,附于《金匮浅注》之后。嘉庆十六年重九前一日,次男元犀识于保阳旅寓。

杨雪沧序:《汉书·艺文志》载《黄帝内经》十八篇,无《素问》《灵枢》之名。洎晋皇甫谧《甲乙经·序》始称为《针经》九卷、《素问》九卷,或云《黄帝九灵经》。至唐王冰更名为《灵枢》。《九灵》独详于针,故皇甫称为《针经》。然则《素问》之名,晋已有之;《灵枢》之名,唐始著录,其实不越《内经》一书,特后世称名或别耳。夫医家之于《内经》,犹儒家之四子书也。日月江河,万古不废。惟奥突之旨,不善解者,遂至贻误后来,此修园先生《节要浅注》之所由作也。先生以名孝廉为贤有司,活人以数十万计。每投刀圭,无不立愈,天下望之若华、扁。然凡所刊《伤寒》《金匮》若干种,海内已不胫而走,奉为圭臬。盖能依古法而参以时方,权衡悉中,非胶柱者所可同日语焉。是书之阐明古训,语简而赅,沾益后学,畀以津梁,犹初志也。古所云良医与良相同功,微斯人,其谁与归?是为序。同治乙丑,侯官杨浚雪沧。

江鸿升序:窃闻医之有仲景,犹儒之有孔子也。仲景治黄岐之学而综其要,犹孔子祖尧舜之道而集其成也。《金匮》《伤寒论》等书,注之者以王叔和、张隐庵、张令韶为最,余子皆不及之。以至于今,窥其微者益少矣。吾乡陈修园先生宰畿辅,退公之余,操是术以救世,岁活人甚多。而又恐其可以救一时,而不可以济千古也,著《伤寒论》《金匮浅注》及《伤寒救症》《经读》《时方》《三字经》等四种,明白简约,斟酌尽当,厥功伟矣!冢嗣古愚得其传,著《长沙歌括》六卷,所以便《伤寒论浅注》之读也。而《金匮浅注》未及梓行,故《歌括》未作。仲嗣灵石先生世其业,益有声,真所谓能读父书者。余自京师旋乡里,盖已闻而慕之。继得微疾,医无一当者,迹其名往访之,一剂而愈,益以叹先生之神也。先生继父志,既为梓《金匮浅注》十卷,复踵成其未备者,成《金匮歌括》六卷,而《金匮浅注》亦自是以行,且自是易读矣。夫孝莫大于继志,而德莫大于救人。先生以继志之能,存救人之隐,是又与古愚先生同为可敬者,诚不可无以表其能而彰其隐也。于其成,谨作序以与之。道光十六年岁次丙申春正月,愚弟江鸿升拜撰。

叶享会跋:《金匮歌括》者,吾师灵石先生续师祖修园老夫子大人《金匮浅注》之后而作,所以便后学传诵之章也。会未及门时,即读《伤寒论浅注》并《长沙歌括》,沉潜玩索,竟莫能窥其底蕴。本年春,因从吾师游,闻吾师绪论,深以未成父书为憾。及夏间,《金匮浅注》书成付梓,复踵成《歌括》六卷,俱告竣。吾师学有渊源,能继先志,虽殚精竭虑历有年所,亦可谓息重任矣。会不敏,忝附门墙,瞻仰吾师家传之精蕴,岂遽能仿佛万一哉!是书之著有裨于世,而海内之先快睹者,已不啻景星庆云之慕矣,会又何庸赘焉。受业门人叶享会谨跋。

凡　　例

一、方中分两、煮法、服法,俱遵原本。但古今之权量不同,汉之一两,今止二钱零。予遵程氏活法,每方取古方三分之一,以作一剂;又从二剂中取三分之一为一服,每剂分为三服。如桂枝汤原方生姜、桂枝、芍药各三两,今一剂此数味用各九钱,分而三之,是每服此数味各三钱是也;甘草二两,今一剂用六钱,分而三之,是此味每服二钱是也;大枣全料用十二枚,今照数不减者,以秤则随时不同,而枣之分枚则一也,分而三之,是此味每服四枚是也。啜粥、温覆、禁忌,俱依古法。余仿此。

一、每方歌括之后,必加方解,间有治法方法,意义既详于歌中者,不复于方后再解。

一、前贤名言精论,千古不磨者,本集或于歌中,或于注中,采集不遗。间有未惬于心者,取原文细绎其旨,求其合于《内经》,又与《难经》之言相为表里。参之《千金》《外台》之说相发明者,而后补注之。尝阅《吴医汇讲》,以独开生面、不袭老生常谈为高,而予正与之相反。览斯集者,必以剿说病之,然而甘受而不辞也。

一、《伤寒》《金匮》之方,皆出伊圣《汤液经》,说见《艺文志》,其方通造化之微,不可以寻常寒温补泻之说以窥测之,且其用法,俱本《神农本草经》。若执宋元后之本草,及李时珍《纲目》,汪切庵《备要》等,查对药性,失之远矣。家君刻有《神农本草经读》行世,凡读《伤寒》《金匮》者,不可一日离之。

一、《金匮》附方,虽系后人赘入,而方引药味,却亦不凡,今低一字以别之。

内容提要

《中国医籍提要》第 176 页:该书是陈氏在编成《金匮要略浅注》以后命其子灵石(字元犀)援《长沙方歌括》例编写成的。故此书是《长沙方歌括》的姊妹篇。全书六卷。卷一,列方二十四首。卷二,列方二十首,附方十首。卷三,列方三十六首,附方十首。卷四,列方四十八首,附方二首。卷五,列方四十七首,附方四首。卷六,列方四十五首,附方二首。共计收载方剂二百四十八首,除重复者外,实收载方二百零八首。本书特点,是以诗歌形式,逐一将《金匮》诸方的组成、主治、药物及分量、煮煎方法、服药方法等简单扼要地表达出来,便于记诵,脍炙人口。歌后附有方解,以引据前贤之说,元犀及其门人附加按语,详明畅达,实为学习仲景方论的浅显读物,对初学中医或中医带徒较为适用。

现存版本

清道光十六年丙申(1836 年)南雅堂刻本,光绪、民国时期各种刻本和石印本,陈修园医书各种本,今人各种校注本。

金匮要略浅注

清·陈修园撰　十卷　存

见《中国医籍通考》《中国古医籍书目提要》。

作者简介

见《伤寒论浅注》。

序　跋

林则徐序:余奉讳里居,每婴痁疾,偶检方书,茫无涯涘。因叹前贤如坡公、沈存中辈,皆明于医理,用以济世利物,其不效者特格物未至耳。吴航陈修园先生,精岐黄术,以名孝廉宰畿辅。晚归里中,与先大夫结真率会。余尝撰杖侍坐,聆其谈医,洞然有见垣一方之眼,窃谓近世业医者无能出其右也。今先生捐馆数年矣,令嗣灵石传其业,世咸推重焉。先生生前所刊医书若干种,已传海内。今复读其《金匮要略浅注》一十卷,明显通达,如视指掌,虽王叔和之阐《内经》,不是过也。灵石又遵庭训,为《金匮歌括》六卷,取韵语之便于记诵,附以行世,犹先生志也。昔范文正公有言:不为良相,则为良医。先生在官在乡,用其术活人,岁以千百计,况著书以阐前人之旨,为业医者之钲揆,其功岂浅鲜哉?灵石以序见委,余固不知医,然窃愿为医者讲明其理,庶有以济世利物,而勿误人于死生之交也。是为序。道光十年岁次庚寅仲春望后,愚侄林则徐拜撰。

林礼丰跋：丰习举子业时,窃有志于医。闻修园夫子名,敬而慕之,以未得受业为憾。岁庚辰,夫子年老归田,著《伤寒浅注》并《长沙方歌》梓行于世。丰奉读之下,如观水而极之沧溟,登山而陟乎泰岱。沉潜玩索,自谓寻其可途辙而得其会归。然仍以未亲受业为憾。岁壬午,丰得拜见夫子,忝附门墙,夫子出所著《金匮要略浅注》十卷,命丰读之。领受之余,益见夫子之高且大也。其苦心于济世活人之术,岂浅鲜哉！岁乙未,中道分离,泰山无仰,嗣君灵石继其志,述其事,日夜参校,不惮切磋磨琢之功。又谨遵夫子遗命,续后函歌括而韵注之,分为六卷,俱付梨枣,合为全璧,庶不没夫子一世之苦心云尔。受业林礼丰谨跋。

凡　例

一、《金匮》为仲景治杂病之书,其深文奥义与《伤寒论》同。近医崇其名而亡其实,能发明之者绝少。然圣人之道千古常昭,自唐宋以来,医书汗牛充栋,庸庸者勿论,其中有可观者,不下十余家。虽不可谓得仲景之真传,而间有善悟暗合者,亦有千虑一得者。散之各书,难以参考。今取各书之菁华,约为小注,即于《金匮》本文中另以小字条贯之。凡本文中所有之义,既无漏而弗详,本文所无之义,不敢妄添蛇足。又于各节之虚字,寻绎其微妙之旨而畅达言之,所谓读于无字处也。

一、予所刻各种,原以补前人所未备,非务博也,亦非有意而求新也。而海内诸君子,许可者虽多,而畏其难而思阻者,亦复不少。惟《伤寒论浅注》与此书,字字皆前贤所已言,语语为中人所共晓。盖二书本深,深而深之,旨反晦矣,故于"浅"之一字加之意焉。

一、《金匮要略》,赵以德、胡引年、程云来、沈目南、喻嘉言、徐忠可、魏念庭、尤在泾辈,所著之书盛行于海内,凡业医者无有不备。余即于书中取其能发挥本文之旨者,重订而收录之,以为迎机之导。至予囿于气习处,惑于异说处,逞其臆见处,前后不相贯通处,不得不为之改正。然改正处以《素问》《灵枢》为主,以《难经》为辅,以《千金》《外台》等书而推广之,以各家诸刻而互参之,必求其与仲师本章本节、上下节有阐发无滞碍者,然后注之。是则予之苦心也夫。

一、予注是书将半，二儿元犀到直，余命其仿《伤寒论》各方歌括体例韵注，续成六卷，余重加改正，歌解颇明，记诵颇便，命录姑附于卷后。

一、《金匮要略》自第一篇至第二十二篇皆仲景原本，二十三篇以后前贤谓为宋人所续，注家多删之。余向著《金匮读》四卷亦删之，严朱紫之辨也。兹刻仍宋本之旧，录其本文，不加注解而分别之。

一、原文有附方，云出《千金》《外台》诸书，似属后人赘入。然方引药味颇亦不凡，或原为仲景所制，因述彼习用之书名，今悉如徐镕传本附列，但亦不加注解以分别之。

内容提要

《中国医籍提要（上）》第 244～245 页：本书共十卷。卷一，为脏腑经络先后病脉证、痓湿暍病脉证。卷二，为百合狐惑阴阳毒病脉证、疟病脉证、中风历节病脉证。卷三，为血痹虚劳证治、肺痿肺痈、咳嗽上气脉证。卷四，为奔豚气至五脏风寒积聚脉证。卷五，为痰饮咳嗽脉证、消渴小便不利病脉证。卷六，为水气脉证。卷七为黄疸证治、惊悸吐衄病下血、胸满淤血脉证。卷八，为呕吐哕下利脉证，至趺蹶手指臂肿转筋狐疝蛔虫脉证。卷九，为妇人病三篇。卷十，为杂疗、食禁三篇（本卷只录经文，不加注释）。陈氏在总结吸收前人注释经验的基础上，结合自己的体会撰写此书，以达到阐明《金匮要略》之旨。其特点，旨在畅达经义，故特加意于一"浅"字。其注释别创体例，采择浅显文字用小字衬加于《金匮》原文之中，使之深入浅出，一气呵成，明白晓畅，读者极易接受。对前贤著述，取其立论平正，能发挥本文奥旨者，逐节辑录于后，以为相互引证，更有助于对原文进一步理解。由于文字浅近，说理通畅，尤利于初学之用，故陈氏不愧是一位医学普及家。不足者，惟欠发明。本书正文之前，列"金匮要略浅注读法"七则，对《金匮要略》一书中论脉、论证、病因、分篇原则、标本之说以及学习方法作了精辟的论述，是陈氏治《金匮》之学的心得记录，对读者颇有裨益。

现存版本

清道光十年庚寅（1830 年）刻本，道光十六年丙申（1836 年）刻本（附《金匮歌括》六卷），咸丰、同治、光绪年间多种刻本，民国时期各种石印本，今人各种校注本。

按：清耿文光《万卷精华楼藏书记》对本书评价颇低，称此书"不脱讲章习气，非大家之著作也。"其言曰：医家一门，所谓有学识者，亦不过于本业中胜人一筹，不必皆穷经考史博物洽闻之士也。故其著作，或经历有验，而文词支拙，或专务行文，而真实不足，或拘泥而鲜通，或偏驳而难信。去此诸病，而医书之可采者寡矣。好古敏求之士，研究经史之余，间一及之，凭心结撰，终隔一层，正如文士言兵，虽井井有条，毫无补于实用。临证正如临阵，计须对敌，而施方宜因证而立，变化在心，不在书。平日所记所闻，不定其有用无用也。予尝按证检书，其不合者十之七八，盖未有据本患病者也，苟深明乎阴阳虚实、脏腑经络之故，以之治病，庶乎近之。故《内经》无分门类方之说，而字字精当，无所不包，求之于此，思过半矣。言下之意，陈氏以儒通医，并非深得医学精髓。

伤寒活人指掌补注辨疑

明·童养学撰　三卷　存

见《中国医籍通考》《中国医籍考》《中国古医籍书目提要》《中国分省医籍考》。

作者简介

见《伤寒六书纂要辨疑》。

序　跋

童养学自序： 补注辨疑者何？夫伤寒仲景尚矣，其书不可概见，而特见之《活人指掌》，故今之业伤寒者宗焉。夫《指掌》岂仲景之全书哉？活人此书，害人亦此书，故不可不补注辨疑也。何也？风寒暑湿，各一其门；伤中感冒，各一其病。伤寒者，盖冬寒凛冽，为毒特甚，触之即病者，乃谓伤寒，非三时感冒之寒化也。今《活人书》，不论天时，不察虚实，不分感冒，直以麻黄、桂枝治冬月之正伤寒者，通治三时之寒，人之蒙其害者多矣。不特此也，伤寒有传经无直中，直中者，乃中寒之真阴证也。今《活人书》论三阴，曰自利，曰可温，是以直中混传经矣。伤寒在表则汗，在里则下，此定局也。今《活人书》论两感，救里以四逆汤，是抱薪救火，以攻为救矣。论证用药，错乱若此，人之蒙其害者多矣。不特此也,伤寒自为伤寒,杂病自为杂病,当判若黑白,毫不容紊也。今《活人》一书,以正伤寒六经列之于首,而内以杂病实之,纳垢藏污,诸病渊薮,未入其门者,只妇人、小儿两科。然则杂病皆伤寒乎?致令理伤寒者,如理乱绳,莫寻头绪,人之蒙其害者,抑又多矣。昔者杨墨塞路,孟氏辞而辟之廓也。余恐杂病之附于伤寒,犹杨墨之附吾儒也,故不得已而为之补注辨疑。辨其此为正伤寒,此为类伤寒,此为伤寒而变杂病,此为杂病而非伤寒。注其此为传经,此为直中,此为风温,此为暑湿。辨风温暑湿之为杂病,复辨风温暑湿之非伤寒。补注辨疑既明,治斯不忒,绳愆纠缪,《活人书》当以壮吾氏为忠臣。夫医乃仁术,欲活人尚不足以活人,欲指掌尚不足以指掌,然则余之补注辨疑岂尽当乎?犹俟后之明者,复正吾之是非,续为吾之补注辨疑。崇祯辛未年,童养学题。

内容提要

《中医古籍珍本提要》第 44 页:《伤寒活人指掌补注辨疑》,三卷,成书于1631 年。原书序文作《伤寒补注辨疑》,其书首列六经传变,次论杂病,每病均列辨脉法、诊脉法、用药法,末附药方。童氏以元吴恕《伤寒活人指掌图》"不论天时,不察虚实,不分感冒,直以麻黄桂枝治冬月之正伤寒者,通治三时之寒",又以直中混传经,杂病混伤寒,论证用药多有错乱,因而为之补注辨疑。卷一卷二系据吴书"活人指掌赋"分句详析,卷一论述六经传变之正伤寒,卷二论述伤寒变为杂病者,其卷三论及诸方。

现存版本

明崇祯五年(1632 年)金陵刻本,顺治十八年辛丑(1661 年)醉耕堂刻本,乾隆六十年乙卯(1795 年)黄鹤令家传刻本,清抄本,1983 年中医古籍出版社影印本,2015 年中国中医药出版社张大明校注本。

伤寒六书纂要辨疑

明·童养学撰　四卷　存

见《中国医籍通考》《中国医籍考》《中国古医籍书目提要》。

作者简介

童养学，字壮吾，福州人，明代医家，生卒年不详，曾任邵武县儒学训导。

序　　跋

童养学自序：余尝苦夫伤寒者，苦无其要也。仲景之书传世已久，遗帙颇多，不可为要也审矣。嗣是而叔和之诠次未免穿凿，成无己之注释并无正讹，可为要乎？即古之圣神见彻九天、学贯千古者，非不各抒其性灵，但专内伤者不专外感，专伤暑者不专伤寒，可为要乎？惟陶氏之《六书》要矣，辨阴阳有经，表里有症，虚实有脉，临病制方，服药有法，井井乎有条。且辨叔和之谬，正无己之讹，足补仲景书之未备。惜其立论，见之《琐言》者，复见之《家秘》，见之《续言》，见之《截江》，见之《提金》，见之《槌法》，不免层见叠出。此盖要而未集，辨而未明也。余曾下闱十有余载集其书矣，有定本初集矣，再集矣，其集犹未确也。及见中吾刘先生之集，乃欣然曰：此集真为得要。然犹仍《六书》之旧，战汗之条未载，痞结之证多舛，又为集之阙典。余从而纂之辨之，去其繁芜，补其阙略，剖其正讹，而《纂要辨疑》乃成。于是求其梓于赵师有光，号剑南，福州人。师复云：此一集也，真仁者寿世之术，苦心极矣。彼若有知，谅不令苦心之人至于湮没。知言哉！知言哉！崇祯五年季冬月望日，邵武县儒学训导童养学题。

内容提要

《伤寒论研究大辞典》第345页：全书共4卷，约5万字，初刻于明崇祯五年（1632年）。童氏认为，仲景之书传世已久，遗佚颇多；而叔和之诠次未免穿凿，成无己的注释也未作正讹。后有陶节庵的《伤寒六书》辨阴阳有经，表里有症，虚实有脉，临床制方服药有法，井井乎有条。且辨叔和之谬，正无己之讹，是补仲景书之未备，是众书中之较为重要者。但陶氏之书互相重复太多，"见之《琐言》者，复见之《家秘》，见之《续言》，见之《截江》、见之《提金》、见之《槌法》"，这是由于陶氏之书非成于一时，要而未集，辨而未明。及见刘中吾所集陶氏之书，觉得甚得简要，值得借鉴。不过其书犹有不足处，如沿用《六书》节目，缺战汗条、痞结证，舛误较多等。所以童养学在刘氏所集的基础上，再为纂辨，去其繁芜，补其缺略，剖其正讹，而成为本书，清福州赵有光刻行。本书第一卷及第二卷相当于总论,其内容包括张仲景《伤寒论》辨、伤寒诊法、六经病临床表现特征及用药法、合病、并病、传经、两感、伤寒相关症及类似症、伤寒标本论、伤寒用药法则及妇人伤寒等。第三卷论述了伤寒常见的 70 个症状如头痛、发热、恶寒、战汗,还论述了几种相关的外感病证如湿温、风湿等。第四卷在论述了 4 种伤寒类似症之后,重点介绍了"秘用三十七方"及"伤寒劫病十三法"。劫病法是指敷、熏、灌等方法,用于伤寒发狂、吐衄、腰痛、无脉、昏厥等症,其法多就地取材、简便易行,一般不用药物。秘用三十七方代表着治伤寒的 37 法,每方详述主症、方剂组成及剂量、加减法,煎服法,其方往往是对《伤寒论》方的化裁,如升麻发表汤即麻黄汤加减,疏邪实表汤即桂枝汤加减,柴葛解肌汤即葛根汤加减等。37 方之后又续补小柴胡汤、人参败毒散等 7 方,并论述了制药法、煎药法及解药法等一般指导性问题。本书实用性较强。

《中医古籍珍本提要》第 44 页:四卷,成书于 1632 年。原书扉页作《太医院纂要陶节庵伤寒六书》。童氏认为陶节庵《伤寒六书》辨阴阳有经,表里有症,虚实有脉,临病制方服药有法,井井乎有条。且辨叔和之谬,正无己之讹,足补仲景书之未备。惜其立论见之《琐言》者,复见之《家秘》,见之《续言》,见之《截江》,见之《槌法》,不免层见叠书。由于陶氏六书成非一时,故有重复及后先倒置之处。因此,在原书基础上去其繁芜,补其阙略,删繁就简,重为诠次而成本书。

现存版本

明崇祯五年壬申(1632 年)金陵原版(附《伤寒活人指掌补注辨疑》三卷),清顺治十五年辛丑(1661 年)大梁周氏醉耕堂刊本,清嘉庆二年丁巳(1797 年)乐道堂刊本,1984 年中医古籍出版社据崇祯五年刻本影印中医珍本丛书本,2015 年中国中医药出版社刘文礼、罗珊珊校注本。

长沙方歌括

清·陈修园撰　六卷　存
见《中国医籍通考》《中国中医古籍总目》。

作者简介

见《伤寒论浅注》。

序　　跋

陈修园自序：《汉·艺文志》云：《汤液经》出于商伊尹。皇甫谧谓仲景论《伊尹汤液》为十数卷，可知《伤寒论》《金匮要略》诸方，除崔氏八味肾气丸、侯氏黑散外，皆伊尹之遗方也。伊尹因《内经》止有十二方，详于针灸而略于药，遂宗《神农经》旨，专以汤液治病，补《内经》所未及。长沙得其真传，可谓大而化，化而不可知矣。然余读《鲁论》"能近取譬"二句，想见长沙当日必非泛泛而求，大抵入手功夫，即以伊圣之方为据，有此病必用此方，用此方必用此药，其义精，其法严，毫厘千里之判，无一不了然于心，而后从心变化而不穷。论中桂枝证、麻黄证、柴胡证、承气证等以方名证，明明提出大眼目，读者弗悟也。然而可以谓之方者，非圣人不能作，非明者不能述。其药品察五运六气而取其专长，其分两因生克制化而神其妙用，宜汤、宜散、宜丸。一剂分为三服、两服、顿服、停后服、温服、少冷服、少少咽之，服后啜粥、不啜粥、多饮水、暖水之类，而且久煮、微煮、分合煮、去滓再煮、渍取清汁，或用水、或用酒，及浆水、潦水、甘澜水、麻沸水之不同，宋元后诸书多略之，而不知古圣人之心法在此。余同周镜园饮中畅明其义，归而乘兴韵之，其诗为药证、分两、煮法、服法等所限，弗能工也。戊辰岁，余服阕，复到保阳供职，公余取《伤寒论》原文重加注疏。书成，附此六卷于后，命男蔚按方而细注之。俾读《伤寒论》者，于人略我详处得一捷便之法云。修园陈念祖并题。

内容提要

《中国医籍提要（上）》第 175 页：《长沙方歌括》，成书于 1808 年，此书为陈修园编著《伤寒论浅注》以后续编之书。将《伤寒论》一百一十三方的主要内容以诗歌形式加以表达。因仲景曾为长沙太守，故命《伤寒论》方为"长沙方"。全书六卷。卷一，载"医病顺其自然说"、"征引三条"、"考二章"、"劝读十则"以及太阳方。卷二、卷三，载太阳方。卷四，除太阳方外，还附有阳明方。卷五，除阳明方外，还记有少阳方、太阴方、少阴方。卷六，有厥阴方，阴阳易差后劳复方等。陈修园对仲景一百一十三方极为推崇，逐方说明方剂主治、药物剂量和煮服方法,以及有关辨证施治要旨,最后归纳成写七言律诗,命其长子陈蔚于每方下另加注评。全书简而要,便于记诵,成为后世习医者喜读之书。陈氏在"劝学十则"中告诫学医者,刘完素、张从正、朱丹溪、李东垣等诸家之说均为不可效法之臆说,其方亦皆不可用。从这点可以看出,陈修园有非常严重的尊经崇古、厚古薄今的思想。

现存版本

清嘉庆十三年戊辰(1808 年)天禄阁初刻本,同治、光绪间和民国时期多种刻本和石印本,陈修园医书各种本,今人各种校注本。

伤　寒　表

清末民国·包识生编　存　一卷
见《中国医籍通考》《中国医籍续考》《中国中医古籍总目》。

作者简介

见《伤寒论章节》。

序　跋

查凤冈序:尝闻火隐于石,非敲不见;泉伏于地,非掘不流。倘无敲掘之者,则亦万古千秋终于石中地中而已。然敲之不善,火不发见;掘之不力,泉不尽流。此敲掘者之咎,而非石与地之咎也。岂知理之显也有其时,时之至也有其人,如《石鼓文》之注释百余家,至后人而《音训考正》著焉;《玉尺经》之混淆数百年,至后世而《地理辨正》出焉。盖创造者彼一时,发明者此一时,前后历数千年,一若待其人而后行者,非虚言也。今者欧风渐被,国粹将亡,扬西者不复扬中,喜新者几无喜古,斯何时乎,非丕极则泰之时乎!苟无人以振作于其间,我中国圣经贤传,几湮没于断简残篇间矣。今有包君识生者,见中邦之医学,黑暗堪怜;仲圣之真传,幽光未发。幸先生家学渊源,克承手泽,先师衣钵,独得心传,兹将所著《伤寒讲义》诸书,付梓行世。是书一出,彼叔和之钓誉沽名,修园之遗经背旨,经先生数十年面壁之功,索其隐而阐其微,得以伤寒经旨晦而复明,潜而复出,犹石与地之善敲善掘而能事见矣。是书也,实大有造于天下者也,爰为之喜而为之序。民国三年冬月,云间查凤冈贡甫氏拜撰。

包识生自序:《伤寒论》一书,世尚久矣。诸前贤称曰圣书,以为扁鹊、仓公无以加焉,后之学者莫不奉为矩范。但其文义古简,不类寻常,若非上智灵敏,终难洞悉其理,所以精斯道者,历代无闻。痛夫! 先师已后,此论尘封,作注者数十百家,互相争讼,皆不能阐明其旨,行道者几千万人,缘儒入墨,鲜有成道之徒。或疑原书失散,卷帙不全,或疑兵燹残篇,文次已经遗乱。于是无学之徒,各创臆说,移多就少,删减增加,类表类攻,并寒并热,竟将我神农黄帝遗下历代相承汉医圣张仲景先师济世救民之书《伤寒论》,湮没千余载,遂使真学失传,庸书日盛,医术日形退化,以致弱种弱国,有由来也。呜乎! 先师仲景,生于汉季乱离之际,疫祸兵灾,频年不已,目宗族成千之众,建安纪年以来,犹未十稔,死亡者三分有二,向余二百而已,因疫伤寒而死者,十居其七。感往昔之沦丧,伤横夭之莫救,乃作《伤寒杂病论》,匡救当时,垂教后世。晋王叔和作辨脉、平脉、伤寒例三篇于首,附汗、吐、下、宜忌八篇于后,欲使学者易读之意。宋成无己不分玉石,概作注之,误写叔和编次。元明以降之医,作注者日多,读其前后之文迥异,以为叔和编次遗乱,各是其说,擅改经文,后者贬前,莫宗一是。惟最近名医陈氏修园颇有见解,遵成氏创注之本,删去叔和前后所附八篇,于是一卷白玉无瑕活人至宝之书,复见于世。惜乎陈氏虽删去叔和之序例,而伤寒真义,毫无发明,大道茫茫,如璧在璞。读者无味,用者不灵,裹足不前,转习时书者众。

虚束发受书,家君训以《伤寒论》,手抄无注白文,听诵六寒暑,研究八春秋,十余载煞费苦心,专门是道,颇知伤寒之奥,遂作《伤寒表》一卷,八篇,二十四例,五十章,三百九十七法,次序炳然,圣经复灿,自非才高识妙,岂能探其理致哉? 夫农黄之学,书《内经》《本草》,传于长桑、扁鹊,统于先师仲景,作《伤寒论》,为方书之祖,据天人合化之理而论,非临证汇集之书也。总凡三百九十七法,数法同证者曰章,数章同病者曰例,数例同经者曰篇。《伤寒论》凡八篇,自太阳、阳明、少阳,以至太阴、少阴、厥阴、霍乱、阴阳易差后劳复,为六经经气相传,及后天先天之序也。

太阳篇凡十例:曰太阳病总论例。凡一章,所论六淫之邪,伤寒之总论者。曰表病五规总论章,凡十一法,所论太阳病诸法之总论者也。曰表病风寒五规例,凡七章,所论风寒之邪,中伤头项表病者也。曰表虚阳病表里传章,凡十二法,以桂枝汤诸方治头项中风虚证,及传入少阴者也。曰表虚阴病表里传章,凡六法,以桂麻合剂诸方治头项伤寒虚证,及传入少阴者也。曰表实阳病经气传章,凡四法,以葛根汤诸方治头项中风实证,及传入阳明少阳者也。曰表实阴病经气传章,凡三法,以麻黄汤诸方治头项伤寒实证,及传入阳明少阳者也。曰阴阳邪化反形章,凡四法,以大小青龙诸方治头项风寒实证风化为寒、寒化为风者也。曰虚从实反章,凡七法,以桂枝汤、麻黄汤治头项风寒之病,一虚一实,一从一反之治法者也。曰脉证相似假真章,凡九法,以桂枝汤、麻黄汤治头项风寒之病,有真虚假虚、真实假实之脉症,一补一攻之治法者也。曰表病救误禁误治法例,凡四章,所论头项表病汗下已误治者,有救误之法,未误治者,有禁其误治之法,汗下治法,有先后不同者也。曰表病误治阴阳脏腑诸伤章,凡十三法,以干姜附子汤、新加汤、麻杏甘膏汤、桂枝甘草汤、苓桂草枣汤、朴姜夏草人参汤、苓桂术甘汤、芍药甘草附子汤、茯苓四逆汤、调胃承气汤治其汗下误伤阴阳脏腑表里经气者也。曰三焦三部阴阳伤章,凡十三法,以五苓散治误伤三焦诸阳,栀子豉汤治误伤三部诸阴者也。曰诸虚家禁汗章,凡八法,以真武汤之法统治上中下焦营卫阴阳诸虚者也。曰治法先后章,凡五法,以四逆桂枝比论,治法有先救里后救表,先治表后治里者也。曰半表里病例,凡一章,所论风寒之邪,中伤颈项胁下半表半里者也。曰半表里病阴阳邪表里经气传章,凡十六法,以桂枝汤、小柴胡汤、小建中汤、大柴胡汤治颈项胁下中风伤寒表里经气虚实之病者也。曰半表里病救误禁误治法例,凡二章,所论颈项胁下半表里病,火吐误治者也。曰火误诸伤禁误章,凡十一法,以救逆汤治火误阳里诸病,桂枝加桂汤、桂枝甘草龙骨牡蛎汤治火误阳表诸病者也。曰吐误诸伤禁误章,凡四法,以温胃之法治其吐误虚症,以调胃承气汤治其吐误实症者也。曰里病例,凡五章,所论风寒之邪,中伤胸腹里病者也。曰表病里传阴阳邪结下部章,凡四法,以抵当汤治风寒之邪结在下部少腹者也。曰表病里传阳结上部章,凡十三法,以陷胸诸汤治风邪结在上部胸上,六经之病者也。曰假阳结章,凡八法,以五苓陷胸白散三方治其寒结,以肺俞肝俞期门三穴治其热结,以柴胡治其血结,以柴胡加减治其气结,假结胸者也。曰表病里传阴结中部章,凡十六法,以半夏泻心汤、十枣汤、大黄黄连泻心汤、附子泻心汤、五苓散、生姜泻心汤、甘草泻心汤、赤石脂禹余粮汤、旋覆代赭石汤、麻杏甘膏汤、桂枝人参汤、大柴胡汤诸方治其阴邪结在中部腹中六经气水之病者也。曰暑病例,凡一章,所论暑邪伤太阳者也。

曰暑病章，凡三法，以白虎加参汤治暑伤表里之病者也。曰火病例，凡一章，所论火邪伤太阳者也。曰火病章，凡三法，以黄芩汤、黄连汤加减治火伤枢开阖者也。曰湿病例，凡一章，所论湿邪伤太阳者也。曰湿病章，凡二法，以桂枝附子汤、甘草附子汤治风湿寒湿者也。曰燥病例，凡一章，所论燥邪伤太阳者也。曰燥病章，凡三法，以白虎汤、炙甘草汤治燥邪伤表伤里者也。

阳明篇凡四例：曰阳明病总论例，凡一章，所论表邪传里之总论者也。曰里病总论章，凡二十九法，所论阳明病之总论者也。曰燥金表证虚实例，凡三章，所论燥邪在表，虚实之病者也。曰少太正三纲燥病章，凡三法，以调胃承气、小承气、大承气三汤治少阳、太阳、阳明燥病者也。曰燥伤神病章，凡十三法，以承气汤、白虎汤、栀子豉汤、猪苓汤治三阳三焦谵语之病者也。曰燥病三阳虚实章，凡二十法，以四逆汤、栀子豉汤、小柴胡汤蜜煎导法，桂枝汤、麻黄汤、茵陈蒿汤、抵当汤治少阳、太阳虚实燥病者也。曰燥金里证虚实例，凡三章，所论燥邪在里虚实之病者也。曰燥伤形病章，凡五法，以大承气汤治胃肠燥屎之病者也。曰燥病阳虚阳亡阳实章，凡八法，以五苓散、麻仁丸、调胃承气、小承气诸汤治胃腑虚实燥病者也。曰六经燥病章，凡七法，以大承气汤、抵当汤治六经燥病归府者也。曰燥病表里相传湿病例，凡一章，所论阳明传入太阴之病者也。曰泾病章，凡四法，以茵陈蒿汤、栀子蘗皮汤、麻黄连翘赤小豆汤治表里泾病者也。

少阳篇凡一例：曰少阳病总论例，凡一章，所论表邪传入半表里之总论者也。曰半表里病总论章，凡九法，以柴胡汤治少阳火病风寒之邪者也。

太阴篇凡一例：曰太阴病总论例，凡一章，所论表病传入太阴肺脏脾脏者也。曰太阴病总论章，凡八法，以桂枝汤、桂枝加芍药汤、桂枝加大黄汤治太阴表里虚实之病者也。

少阴篇凡二例：曰少阴病总论例，凡一章，所论表病传入少阴心肾者也。曰少阴水火总论例，凡二十法，所论心火肾水诸病之总论者也。曰少阴水火虚实例，凡四章，所论心肾虚实之病者也。曰水火标本病章，凡五法，以麻黄附子细辛汤、麻黄附子甘草汤、黄连阿胶汤、附子汤治其水火表里之病者也。曰水火三焦病章，凡八法，以桃花汤、吴茱萸汤、猪肤汤、桔梗汤、苦酒汤、半夏散及汤治其水火伤三焦诸病者也。曰水火涉经下利章，凡六法，以白通汤、白通加胆、真武汤、通脉四逆汤、四逆散、猪苓汤治其水火伤六经之病者也。曰水火竭灭章，凡六法，以大承气汤、四逆汤治其水竭火灭之病者也。

厥阴篇凡三例：曰厥阴病总论例，凡一章，所论表病传入厥阴肝脏者也。曰厥阴病总论章，凡十二法，所论肝脏诸病之总论也。曰厥病出入热厥例，凡三章，所论肝气为病，出热入厥者也。曰热厥生死章，以乌梅丸治厥病出入热厥从本者也。曰热厥六经章，凡六法，以白虎汤、当归四逆汤、四逆汤治六经热厥之病者也。曰热厥三部邪水血章，凡三法，以瓜蒂散、茯苓甘草汤、麻黄升麻汤治上中下三部邪水血厥之病者也。曰厥病下上利呕例，凡四章，所论肝气为病，下利上呕者也。曰厥阴下利六经总论章，凡七法，以干姜连芩人参汤治厥病下上呕从中者也。曰五脏利脉生死章，凡五法，所论厥病下利生死脉症者也。曰六气为利章，凡六法，以四逆汤、白头翁汤、小承气汤、栀子豉汤治其厥病下利涉六经者也。曰上逆呕哕章，凡六法，以四逆汤、吴茱萸汤、小柴胡汤治呕哕虚实之病者也。

霍乱篇凡一例：曰霍乱总论例，凡一章，所论风寒伤后天之病者也。曰霍乱总论章，凡十一法，以四逆加参汤、五苓散、理中丸、桂枝汤、四逆汤、通脉四逆加胆汤治霍乱虚实之病，及传入太阴、少阴、厥阴者也。

阴阳易差后劳复篇：凡二例，曰阴阳易总论例，凡一章，所论风寒之邪，由交媾传来，伤先天者也。曰阴阳易章，凡一法，以烧棍散治交媾传染之病者也。曰差后劳复总论例，凡一章，所论病愈复病者也。曰差后劳复章，凡六法，以枳实栀子豉汤加大黄、小柴胡汤、麻黄汤、承气汤、牡蛎泽泻散、理中丸、竹叶石膏汤治六经三焦寒热表里虚实之病也。

观上所论，纲举目张，莫不层层有序。先论头项，次论颈、胁、胸、腹，以至脾、肾、心、肝，由上而下之序也；先论皮毛，次论经脉、肌肉，以至筋骨、脑髓，由外而内之序也。悲乎！汉太守煞费无限脑力，始成此千金一字之书，不料道大莫容，难行当世。一班蒙蒙昧昧之徒，各承家技，颠倒经文，淆乱后学，遂使道术庸劣，误人性命，生道杀人之咎，孰谁尸之？而药性赋、汤头歌，奉为枕中之秘，经络脏腑，名识不齐，三部九候，尺寸莫辨，朝习暮行，终始顺旧，相对斯须，便处汤药而已。甚有瞽聋残废，目不识丁，亦皆为医，草菅人命，莫有甚于此辈也。兹际五州交集，西学东传，改良医科，渐次普及国内，趋时之士，无不喜谈西医，不知取人之长，补己之短，弃我之短，从彼之长，徒以市上庸书庸医，比较中西良劣，一概弃之，良可叹也。将来三十年后，中医中药，恐绝传也。幸天道好还，不绝我种，海内保存国学之士，颇不乏人，各称其能，公诸宇宙，而《伤寒论》魂灵再世，汉家之国手重生，得以处此竞争时代，质诸薄海同人,群相研究,俾医学日有进步,实为强种强国之助,亦已光复我祖黄帝之学也。务使扫尽医魔,同研至道,共享康宁幸福,乐哉吾民!病夫弱子,一变为世界健儿,汉学西传,虚之愿也。中华民国元年一月一日。

内容提要

本书一卷,凡八篇,二十四例,五十章,三百九十七法。数法同证者曰章,数章同病者曰例,数例同经者曰篇,按照《伤寒论》太阳、阳明、少阳、太阴、少阴、厥阴、霍乱、阴阳易差后劳复顺序编排。书前有《伤寒论章节表》,分十二篇论伤寒、五十章三百九十七法一览表两部分。其后论各篇内容。太阳篇凡十例:太阳病总论例、表病风寒五规例、表病救误禁误治法例、半表里病例、半表里病救误禁误治法例、里病例、暑病例、火病例、泾病例、燥病例。阳明篇凡四例:阳明病总论例、燥金表证虚实例、燥金里证虚实例、燥病表里相传湿病例。少阳篇凡一例:少阳病总论例。太阴篇凡一例:太阴病总论例。少阴篇凡二例:少阴病总论例、少阴水火虚实例。厥阴篇凡三例:厥阴病总论例、厥病出入热厥例、厥病下上利呕例。霍乱篇凡一例:霍乱总论例。阴阳易差后劳复篇凡二例:阴阳易总论例、差后劳复总论例。

现存版本

《包氏医宗》本第一集卷之三,民国四年包氏伤寒三种本。

伤寒论浅注

清·陈修园撰　六卷　存

见《中国医籍通考》《中国古医籍书目提要》《中国分省医籍考》。

作者简介

《福建省志·人物志·上》第 274 页:陈修园,名念祖,号慎修,福建长乐人,清乾隆十八年(1753 年)出生于贫苦家庭。祖父陈居弼,博学通医。陈修园自幼敏慧,受家庭熏陶,除读书外,努力学医。乾隆三十六年(1771 年)中秀才,后入福州鳌峰书院,受业于山长孟超然,学业更为精进。乾隆五十七年(1792 年),陈修园应乡试中举人。翌年,赴北京应进士试不第,寄寓京师。

适值光禄寺卿伊朝栋患中风症,手足瘫痪,汤水不纳,群医束手。陈修园投以大剂,霍然而愈,由是声名大噪。后又为大学士和珅治病,和珅意欲延聘陈修园到家中授读,并答应荐其为太医院使。陈修园心鄙和珅为人,固辞不就,托病南归。回长乐任吴航书院山长。对学生除教以诗书外,还授以《素问》《灵枢经》等医书。嘉庆三年(1798年),往泉州清源书院讲学。嘉庆六年(1801年),陈修园再次赴京应试,又不第。签发直隶省(今河北省)保阳差次。同年夏天,瘟疫流行,陈修园悯念民间患者多为庸医所误,便采集时方,用浅显的韵语写成《时方歌括》,教医家依法施治,存活甚多。总督熊谦手指麻木,延及臂腕,陈修园断为痹症,如不早治,必至中风,教以常服黄芪五物汤,并为丸方补肾养肝,熊谦得痊愈。嘉庆七年(1802年),陈修园因母丧丁忧返里。家居五载,专事治病和医学著述。嘉庆十三年(1808),复赴保阳服官。吏部谢芝田患头项强痛、心下满、小便不利,服表药无汗,反而烦躁,六脉洪散。陈修园断为病在有形之太阳,小便一利则诸病皆除。处以桂枝去桂加茯苓、白术汤,一剂而愈。愈后夜间虚烦不寐,又投以栀子豉汤,病不复发。嘉庆十五年(1810年),奉命到高阳办理赈务。嘉庆十七年(1812年),陈修园改署磁州,十八年(1813年)转任枣强知县,二十一年升同知。嘉庆二十三年(1818年),代理正定知府。虽公务繁剧,公余仍不断撰写医书,为人治病。嘉庆二十四年(1819年),陈修园以年老乞休,在嵩山井上草堂讲学,并继续研究医学,为人治病和培养医学人才。其子陈元豹、陈元犀,孙子陈心典、陈心兰和学生周易园、黄奕润等均以医名世。道光三年(1823年),陈修园病卒。所遗医学著作传世的有:《神农本草经读》《医学三字经》《时方妙用》《时方歌括》《医学实在易》《医学从众录》《女科要旨》《新方八阵砭》《十药神书注解》《伤寒论浅注》《长沙方歌括》《金匮要略浅注》《金匮方歌括》《伤寒医诀串解》等30种,多为后来医家所珍重。陈修园重视继承古代医学优良传统,并能在吸取古代医学精华的基础上结合自己的临床经验加以印证补充,特别对《伤寒论》研究最深。对六经病症,概括出辨症纲领及演变规律、用药法则。此外,对中风痹症、水肿、淋病、奇恒痢、误汗辨症等所作医案也有独到见解。陈修园不但在医学研究和临床实践方面有很大成就,而且其治学主张也很有见地。认为学医应从浅到深,由简入繁,倾向于医学的通俗化和大众化。鉴于古代医书词句艰奥,义理深邃,使初学者望洋兴叹,便运用浅显通俗的语言,将古医书加以节要改写,采用歌括、三字经等体裁简明地表达医理和处方,便于读者理解和记忆。由于陈修园的著作切于实用,所以流传很广,影响很大。

序　跋

　　陈修园按语:前人谓《伤寒论》三百九十七法、一百一十三方,柯氏非之,余向亦服柯氏之灼见。然二十年来,诵读之余,偶得悟机,必注其旁;甲寅乙卯,又总录之。分为二种:一曰《伤寒论读》,一曰《长沙心法》,尚未付梓。己巳岁保阳供职之余,又著《伤寒论浅注》一十二卷,删去《伤寒序例》《平脉》《辨脉》及《可与不可与》等篇,断为叔和所增,即《痉湿暍篇》亦是叔和从《金匮》移入。何以知之?即于前人所谓三百九十七法、一百一十三方二句知之也。其一百一十三方之数,宋元旧本与近本俱同,无庸赘论。而喻嘉言于各节后旁注,计共几法,未免强不知以为知。张宪公、王晋三以各方后㕮咀为末、先后煮、啜粥不啜粥、饮暖水、日几服、夜几服等为法,亦不过人人俱略中点个眼目,非于全论中明其体用。且三百九十七之数亦不相合,余不敢阿其所好。新安程郊倩一翻前说,谓论中各自名篇,而不言法;其辨脉、平脉系之以法,而不名篇,法止有二,多则不成法矣。而不知王叔和以脉法自许,著有《脉经》行世,其《辨脉》《平脉》原为叔和所增。程郊倩《后条辨》一部,有心与叔和为难,而竟崇奉此二篇为不易之法。是贬驳叔和者,反为叔和之功臣。叔和有知,当亦哑然笑矣。余考仲师原论始于《太阳篇》,至《阴阳易差后劳复》篇止,共计三百九十七节。二张于《阳明》篇病人无表里一节,误分为两节,今改正之。何以不言节而言法?盖节中字字是法,言法即可以该节也。至于痉湿暍证,虽当与本论另看,而义实相通。叔和引《金匮》原文以附之,不敢采入论中一方,微示区别之意也。其《序例》《辨脉》《平脉》诸篇,开手处先挈立论之大端。其可与不可诸篇总结处,重申立论之法戒。编次之体裁如是,王安道谓其附入己意不明,书其名而病之。岂知其附人处,用笔敷辞,不敢临摹一式,大有深意。天下后世,若能体会于文字之外者,许读此书。否则,宁使千千万万门外汉讽我谤我,藉权力而陷我穷途之哭,总不使未入我白眼中者,向人说曾读我书,曾读我所读之书,则幸甚。叔和谅亦嵇阮一辈人欤。

凡　例

　　一、仲景书本于《内经》,法于伊尹,《汉·艺文志》及皇甫谧之言可据。盖《内经》详于针灸,汤液治病始自伊尹,扁鹊、仓公因之。至仲景专以方药为治,而集群圣之大成。医门之仲景,即儒门之孔子也。但其文义高古,往往意在文字之外,注家不得其解,疑为王叔和之变乱。而不知叔和生于晋代,与仲景相去未远,何至原书无存耶?若仲景另有原书,叔和何能尽没,以致今日之所存者仅有叔和之编次耶?要知《平脉》《辨脉》《伤寒例》《诸可与不可与》等篇,为王叔和所增,增之欲补其未详,非有意变乱也。然仲景即儒门之孔子也,为叔和者,亦游夏不能赞一辞耳。兹故于其所增者削之。

一、叔和编次《伤寒论》,有功千古,增入诸篇,不书其名,王安道惜之。然自《辨太阳病脉证》至《劳复》止,皆仲景原文。其章节起止照应,王肯堂谓如神龙出没,首尾相顾,鳞甲森然。兹刻不敢增减一字,移换一节。

一、成无己注后,诸家皆有移易,若陶节庵、张景岳、程山龄辈无论矣。而方中行、喻嘉言、程郊倩、程扶生、魏念庭、柯韵伯皆有学问、有识见之人,而敢擅改圣经,皆由前人谓《伤寒论》非仲景原文,先入为主。遂于深奥不能解之处,不自咎其学问之浅,竟归咎于叔和编次之非。遂割章分句,挪前换后,以成一篇畅达文字。如诗家之集李集杜,虽皆李、杜句,究竟非李、杜诗也。余愿学者从仲景原文细心体认,方知诸家之互相诋驳者,终无一当也。

一、宣圣云:信而好古。成无己注《伤寒论》,不敢稍参意见而增删移易,盖好由于信也。后辈不得仲景之旨,遂疑王叔和之误,以致增出三大纲之说,传经为热、直中为寒之论,今古南北贵贱之分,三时正冬之异,种种谬妄,皆由不信故也。唯张隐庵、张令韶二家,俱从原文注解,虽间有矫枉过正处,而阐发五运六气、阴阳交会之理,恰与仲景自序撰用《素问》《九卷》《阴阳大论》之旨吻合,余最佩服。今照二家分其章节,原文中衬以小注,俱以二家之说为主。而间有未甚惬心者,另于方中行、喻嘉言各家中,严其采择以补之。盖以各家于仲景原文前者后之、后者前之,字句、药品任意增减改易,既非全璧,而分条注释,精思颖悟,不无碎金,总期于经旨明畅而后已。

一、仲景《伤寒论》即《内经》所言三阴三阳各因其脏脉之理,二张会全部《内经》以为注解。余百读之后,神明与浃,几不知我即古人,古人即我。故每节总注,或注其名,或止注述字,不拘拘以形迹论也。至于各家有一得之处,必注其姓名,盖以作家苦心不容没也。

一、是书虽论伤寒,而百病皆在其中。内而脏腑,外而形身,以及气血之生始,经俞之会通,神机之出入,阴阳之变易,六气之循环,五运之生制,上下之交合,水火之相济,寒热虚实,温清补泻,无不悉备。且疾病千端,治法万变,统于六经之中,即吾道一以贯之义。若读《灵》《素》《难经》,不于此求其实用,恐坠入张景岳一流,以阴阳二字说到《周易》,说到音律并及仙释,毫无下手工夫,止以人参、地黄自数钱以及数两,为真阴、真阳之主药,贻害无所底止。急读此书,便知悔悟。

一、此书原文中衬以小注,只求经旨明畅,绝不敢骛及高远,致学者有涉海问津之叹。惟是汉文语短味长,往往于一二虚字中寓其实理,且于无字中运其全神。余衬以小注,采各家之精华,约之于一言一字,读者最宜于此处着眼。

一、余前刻数种,采集固多,而独出己见者亦复不少。惟此刻以二张为主,又博采各家独得之言,融会大旨,而为小注,去取则有之,杜撰则无也。

一、《伤寒论》及《金匮》方出自上古及伊尹汤液,明造化之机,探阴阳之本,所有分两、煮法、服法等,差之一黍,即大相径庭,余另有《长沙方歌括》六卷附后。

一、《伤寒论》,晋太医令王叔和撰次,宋臣林亿等校正,金聊摄成无己注解,此为原本。如《辨脉》《平脉》《序例》,前贤谓其出于叔和之手。余细绎文义,与六经篇不同。至于《诸可与不可与》篇,余即以叔和之说定之。叔和云:夫以疾病至急,仓卒寻按,要者难得,故重集可与不可方治列之后篇,其为叔和所作无疑。兹余于叔和所增入者悉去之,去之所以存其真也。

内容提要

《中国医籍提要》第 205 页:《伤寒论浅注》,成书于 1803 年,本书共六卷。卷一,为凡例、读法、张仲景自序、辨太阳病脉证,计四十一节。卷二,辨太阳病脉证,计八十一节。卷三,辨太阳病脉证,计五十九节。卷四,辨阳明病脉证,计八十节。卷五,辨少阳病脉证十节、辨太阴病脉证八节、辨少阴病脉证四十五节。卷六,辨厥阴病脉证五十五节、辨霍乱病脉证十一节、辨阴阳易差后劳复七节、痉湿暍篇等。此书在"读法"一篇中,首论标本中气学说的基本内容,及其对认识伤寒诸证的重要性,并附有两幅标本中气图以明之。陈氏认为:"叔和编次《伤寒论》有功千古",故取王叔和整理的《伤寒论》为蓝本,详注辨太阳病脉证至差后劳复的原文。然去其"平脉"、"辨脉"、"伤寒例"、"诸可汗吐下与不可汗吐下"等篇,并将"痉湿暍篇"置于卷六之末。由叔和整理之十卷,缩为六卷。陈氏对张隐庵、张锡驹运用五运六气原理阐发六经病变的观点、分章节论述的方法、传经的认识及《伤寒论》的理论通治百病的见解都很推崇。认为二张"俱从原文注解,虽有矫枉过正处,而阐发五运六气,阴阳交会之理,恰与仲景自序撰用《素问》《九卷》《阴阳大论》之旨吻合。"因此,此书对于原文不曾增减一字,移换一节,其所有补注(即在原文词句中间加小字进行串解),亦多采用二家之说,间有解释不甚满意者,则另选诸家之精华以补注之。宋元以后诸家医书皆认为,凡传经者,俱为热证,凡寒证则悉为直中,而无传经者。陈氏在临床实践中发现,传经直中寒热皆有。他在"读法"中指出:"直中二字,《伤寒论》虽无明文,而直中之病则有之。有初病即见三阴寒证者,宜大温之,有初病即是三阴热证者,宜大凉之,大下之。是寒热俱有直中,世谓直中皆为寒证者,非也。有谓递次传入三阴,尽无寒证者,亦非也。"验之临床,陈氏这种观点完全正确。本书的另一特点是深入浅出,浅显易懂。文中采取衬细注的方法,衬以小注,以通俗易懂的语言、明晰浅显之注解,将《伤寒论》古奥之言、幽深之理,清楚地表达出来,使初学者无师自通,显然起到了推广《伤寒论》的作用。故其影响较二张更为深远。

现存版本

清嘉庆年间刻本,道光、同治、光绪年间多种刊本,清末民国各种石印本,陈修园医书各种本,今人各种校注本。

伤寒论章节

清·包育华撰　包识生编　八篇　存

见《中国中医古籍总目》《中国医籍通考》《中国古医籍书目提要》《中国医籍续考》。

作者简介

余德壎《包桃初先生传略》曰:包君桃初,名育华,一号白髯叟,福建上杭县人,近世伤寒大家也,著有《无妄集剞劂方》。竟而其令郎识生君之《伤寒章节》适脱稿,先生喟然长叹曰:"吾道已传,吾书可不传矣。"遂将所刊《无妄集》束之高阁,不为发行。海内医林罕睹先生之著者,职是故也。先生直接长沙之薪传,治疾概以经方变化,用之皆奇中,神医之号争传遐迩。先生卒于清季戊申岁,享年六十有二。子三人,皆知医,识生君即其长令郎也。乙卯秋,出先生遗著重校付刊,并以遗像摹印篇首。使读先生书者,亦得一瞻先生之道貌,丰神奕奕,固将与遗篇同垂不朽焉。

朱豪《包识生君小传》曰:包君识生,字一虚,古闽上杭人。童年承庭训,潜志于伤寒杂病诸书,埋案十载,虽寒暑弗辍,深得长沙之奥旨。年二十即出而问世,乃本其学之所得,著成《伤寒论章节》一书。旋游粤东,治疾辄效,声誉鹊起。嗣鉴于吾国黄农之学日就衰微,慨然以振兴医药为己任。岁壬子来海上,荟集同志组织神州医药总会,主辑《医药学报》,授讲上海中医专门学校,及创办神州医药专门学校,教授诸生,作有《伤寒杂病讲义》及《诊断学》等书,同时并设神州医院,以为学生实习之所,一切皆君之所擘画也。君复勤于著述,有《解剖学》《生理学》《病理学》《治疗学》《药物学》等正在整理中,近已梓行于世者有《包氏医宗》二集,皆足作后学之津梁,正各家之讹谬,使圣道复昌,薪传勿替,有裨于医林岂浅鲜哉!

序　跋

余德壎序:仲景《伤寒论》立法三百九十七条,著方一百一十二则,举六经之见证为纲,假六淫之所伤为目,酌古准今,神明变化,为中医最有统系之作,尤为医家奉为圭臬之书。但词旨古奥,探索云难,虽代有明哲,历经注释,然各立门户,议论纷纭,其辞益繁,其理转晦,以致后之学者,竟难溯流穷源,徒兴望洋之叹,良可慨也。曩者仆忝长神州医校,而总其教务者为包君识生,每叹吾国医籍虽博而无浅显明晰之讲义,以为后学辟一捷径。爰请包君按伤寒条例设为问答,编成讲义,阐发仲景之精理,摈弃各家之谬说,分章列表,立言明彻,展读一过,了如指掌,不啻迷津之宝筏,航海之南针也。书成,嘱余一言以弁诸首。夫包君医学一以仲景是宗,此书不特羽翼先圣,尤能独抒卓见,表章国粹,嘉惠后学,其功匪浅鲜已。是为序。中华民国十九年一月,嘉定余德壎伯陶甫谨识。

蔡济平序:汤液治病,始于《伤寒论》,为辨证处方之矩范,后世学者莫不奉为科律。寻绎注释凡数十家,虽见智见仁,各有同异,然辨证愈多,真理益出,适足徵国人之富有研究性也。余弱冠后游武昌吕用宾徵君之门,初读《内》《难》,继授《伤寒》,以修园陈氏注本为经,以韵伯柯氏注本为纬,耳提面命,旁及诸家,得失瑕瑜,指示详尽,体尽信书不如无书之旨,辄令抄读白文,以待后之考正。嗣因宦游辍学，未能探究精微，回首师门，良多愧负。岁丁巳，息影海上，思以医术问世，遂重理旧业，获交包君识生于神州医药总会，相与商榷医理，探索古今。包君家学渊源，尤具卓见，崇论闳才，闻者叹服，称世无匹，而于《伤寒》《金匮》诸学，尤能阐扬仲圣言外微旨，每于无字句处得真精神，发前人所未发，知于此道，所得深矣。间常劝君将所辑之书发行问世，启迪后进，公诸同好。今之《包氏医宗》即君之宏著也，其中援古证今，学兼科哲，上窥灵兰之堂奥，旁揽世界之新知，发挥光大，有功医学不朽之业，端在于兹矣。吾师所谓后之考正者非是耶？呜呼！中西医潮日益澎湃，出主入奴，是丹非素，综其流弊，宁独学问？然数典忘祖，治古厌今，均足为进取之障碍，欲求实际之真学者，诚不可不熟读是书而深究之也。中华民国十九年一月，吴兴蔡济平谨序。

内容提要

本书为《伤寒论》注解，书名《伤寒论章节》下注"即内科传染病学"。共分八篇，分别为辨太阳病脉证（即头项背皮肤病）、辨阳明病脉证（即面胸腹肌肉病）、辨少阳病脉证（即颊颈胁筋骨病）、辨太阴病脉证（即肺脾病）、辨少阴病脉证（心肾病）、辨厥阴病脉证（心包络肝病）、辨霍乱病脉证（即后天胃病）、辨阴阳易瘥后劳复病脉证（即先天肾病）。每篇分该病证总论、治法，如第一篇《辨太阳病脉证》，其下分列"太阳病总论"、"表病风寒五规治法"、"表病救误禁误治法"、"半表里病"、"半表里病救误禁误治法"、"里病"、"暑病"、"火病"、"湿病"、"燥病"等。该书按照上述八篇将《伤寒论》原文打乱，重新编排，并对原文加以言简意赅的点评。

现存版本

无妄集活法医书本，包氏伤寒三种本，包氏医宗本。

按：本书最初于清光绪二十八年壬寅（1902 年）刊刻，收入包育华《无妄集活法医书》，民国四年（1915 年）收录上海神州医药书社出版的《包氏伤寒三种》，上述两种刊本均无余德壎、蔡济平序，仅照录《伤寒论》张仲景原序。民国十九年（1930 年）包识生刊刻《包氏医宗》，将《伤寒论章节》作为第一集第一卷。

伤寒医诀串解

清·陈修园撰　六卷　存

见《中国医籍通考》《中国古医籍书目提要》。

作者简介

见《伤寒论浅注》。

序　跋

吕佺孙序:《伤寒医诀串解》者,长乐陈修园先生晚年所编集也,惜六篇之中尚缺其一,以其未成书,故不及付梓。其门徒犹子陈道著,有卢扁风,闽之名医也,既能学先生之学,又能承先生之志,日尝手披而秘藏之,复体会其遗意,而敬续一篇以补其缺,合成六篇,而篇帙遂成。兹修园古矣,其犹子道著亦古矣。闽中林子寿萱,专心卫世,于旧书肆中,检出修园先生注解葛可久《十药神书》一卷,购而珍存之,并恐此二种没而不彰,因细加雠校,韵而录之。欲与两先生传名,兼以传世。值余奉命巡抚全闽,因旧疾复起,探知林子精于疗治,常劳诊视。论及闽中名医,林子以陈修园、陈道著两先生对,敬以修园先生所著《南雅堂十一种医书》见示。且余本善病人也,又耳熟是书久矣。适林子复以《伤寒医诀串解》手录一通,乞序于余。余不敏,每兢兢官守,尚恐才不足以经世,何暇论及卫世! 然《串解》实补《伤寒浅注》所未备,不可以无传,若再附以《十药神书注解》合而刻之,庶可以作岐黄家秘本矣。今之术岐黄者,果能默会精审,互相参校,其裨益良不浅也。姑就林子所述其缘起,为之弁数语于简端云尔。咸丰丙辰秋九月望后三日,福建巡抚吕佺孙书。

陈修园自序:曩集《伤寒浅注》,凡三百九十七法,依法条晰,期于明白易晓,而又虑学者未能融会贯通而得其要旨也,不揣固陋,复为综贯衍释,名曰《伤寒医诀串解》。其于疑似细微之处,抉剔详辨,颇费苦心。修园老矣,敢谓于此道三折肱。然有志之士,诚能即此细绎其端绪,推寻其纲领,而不眩于似是而非,未必非活国活人之一助也。闽长乐陈念祖修园识。

内容提要

《中国医籍提要》第 227 页:《伤寒医诀串解》,成书于 1803 年。书凡六卷,按《伤寒论》六经传递次序排列,卷一太阳篇、卷二阳明篇、卷三少阳篇,直至卷六厥阴篇。每篇悉综贯衍绎,予之串解,故名曰《伤寒医诀串解》。陈氏曩集《伤寒浅注》,后虑学者不易对仲景《伤寒论》融会贯通并得其要旨,故复予综合串解,分六经而究诸证,抉剔详辨,乃撰成本书。分经审证,是研究《伤寒论》的一个方法。陈氏依此法,将太阳篇分为太阳经症、太阳府症、太阳变症等;阳明篇分为阳明经症、阳明府症;少阳篇亦分为少阳经症、少阳府症;太阴篇分为邪从阴化、邪从阳化两个方面;少阴篇分为邪从水化而为寒、邪从火化而为热两个方面;厥阴篇则因其为两阴交尽,宜无热证,然厥阴主肝,而胆藏于内,胆火内发,故又有从热化者多、寒化者少两个方面。每一症又结合《伤寒论》原文,而分虚、实等不同情况详加辨析,提出各自的治法和方药。如太阳经证有虚邪实邪之辨。脉缓、自汗、恶风为虚邪,宜桂枝汤;脉浮紧、无汗、恶寒为实邪,宜麻黄汤。太阳府证则有蓄水、蓄血之辨。太阳病,其人口渴、烦躁不得眠,脉浮、小便不利,水入即吐,为膀胱蓄水症,宜五苓散;太阳病,其人如狂,小腹鞭满,小便自利,脉沉为膀胱蓄血症,宜桃仁承气汤。这样,六经各篇纲目缕析、证治分明,颇切临床实用。书中释六经皆以六气立论,如谓:"阳明本燥而标阳,若不得中见太阴之湿化,其燥气阳热太盛,则为胃家实之病,故仲景以胃家实为此证提纲。"是以本书对仲景《伤寒论》的研究乃是六经辨证和六经气化两种方法相结合的成果。陈氏是清代研究《伤寒论》之一大名家。其崇古尊经,但又非食古不化者,并善于兼取他家之长,如本书就收采了柯韵伯、尤在泾、沈尧封等诸家之说。故而该著对后世学习研究仲景《伤寒论》很有裨益。据吕佺孙氏序所云,本书系陈氏晚年之作,但"惜六篇之中尚缺其一",后经其门徒陈道著"体会其遗意而敬续一篇,以补其缺",乃成今之所见本。

现存版本

咸丰六年(1856 年)刻本,光绪年间、民国时期各种刻本和石印本,今人各种校注本。

伤寒论章句

清·陈恭溥撰　六卷　存

见《中国医籍通考》《中国医籍续考》《中国古医籍书目提要》。

作者简介

陈恭溥(约 1777—?),字退翁,福建福州人。家世业医,其自幼耳濡目染,弱冠时辍举子业,潜心于医道,后悬壶乡里,济世疗民,以岐黄术活人无数。他好博览医书,其父授以成无已《伤寒论注》,后又熟读各家注解,对《伤寒论》的每章每节,每句每字,都有精深的研究。后来,他遨游祖国各地,美丽的山川,奇异的花木,丰富的药物,使他的眼界更为扩大,心胸更为开阔。旅游归来后,陈恭溥一直在福州台江悬壶,济世救民,以岐黄之术著称于时。其治病用药,一宗仲景之法,一用修园"取法乎上"之术,卓然自成一家。特别是他在晚年以数十年的临床研究心得,撰写《伤寒论章句》一书。

序　　跋

陈恭溥自序:余自弱冠辍举子业,先君子授以成氏《伤寒论注》,三复之,窃以为未合仲景之旨,即欲拈笔自抒己意以发明之,缘遭际之艰而未逮。后又读程、方、吴、魏诸家注解,虽各有发明,亦不无遗义。继读柯韵伯之《论翼》,深叹其识之密而见之超也,然又有自恃聪明强为臆说者。及读张令韶之《直解》,而《伤寒》之章节明。再读张隐庵之《集注》,阐仲景造论之心,合天人之理,发轩岐之秘,蔑以加矣。而余解《伤寒》之念,谢不敏矣。近陈修园之《浅注》出,可谓集群贤之大成,余何人敢易于著笔哉!是愿又灰之十余年。今余老矣,顾念数十年寝食是书,亦颇有所心得,苟以一隙之明,得参前贤末议,亦为幸事。故不揣鄙陋,爱述二张之分章分节者,依每章每节之义以发明之。每句每读,逐字以详解之,至于方,则无分六经以汇解之,其所以不分六经者,恐后学泥于六经而方之用不广也。虽然余述是书,较之修园浅而又浅,期与及门易于领会,安敢出而问世哉!植庭王君见而许可,肭蔼何君赐以书名,助余授梓,第恐才褊学疏,多所挂漏,其有未当之处,实望后之君子明以教我。咸丰辛亥花朝,退翁陈恭溥自叙。

王有树序：仲景《伤寒论》，医学之准绳也。自宋成无己后，为之注者代不乏人，然人异其指，家异其学，群言淆乱，讹谬相承，甚则穿凿附会，繁衍曲释，注愈多而仲景之意愈晦，此陈退翁先生《伤寒论章句解》之所由作也。先生幼习举子业，及壮，遨游江湖间，异地之山川草木，悉足以扩其闻见，拓其心胸。退而以岐黄之术见，应手生春，十全为上，是真神明于仲景之法，而有以窥伤寒之秘。故其解也，择必精，语必详，条分缕晰，绝无支离蔓衍之谈，洵能于柯韵伯、张隐庵、张令韶外，卓然自成一家，其有功于仲景岂浅鲜哉！夫吾闽自陈修园先生而后，业医者亦知取法乎上，然高言仲景之学，而《伤寒》一书曾未涉其藩篱，鳃鳃焉执一百十三方以为杀人之具，真仲景之罪人耳。得先生是注以正其妄，破其迷，使知学仲景者当究其精微，而不徒窃其糟粕，庶《伤寒》之旨益明，而仲景之渊源于以不坠也欤。道光二十有六年岁在柔兆敦牂相月，愚弟王有树拜序。

刘孝春跋：春少治举子业，为境累，欲徙业，执友金曰：宜学医，医之为业成，可以养身，可以资生，可以济世，了凡先生早见及此矣。春唯唯，遍访良师，而退翁先生之名如雷灌耳。及投贽门下，授《伤寒论》及《灵》《素》诸书，是以知业医之犹业儒也。夫《灵》《素》，五经也；《伤寒论》，四子书也，岂易易哉！春遍阅伤寒者廿余家，求之白璧无瑕者盖鲜。惟张隐庵先生《宗印》《集注》二书，洵能阐仲景之秘，但其言义理深奥，初学者读之如夜行歧路，莫之指归。后张令昭、陈修园二君皆有发明，并可谓隐庵之功巨，然其注间或繁简不当。惟我夫子是注，其文义浅明者不加训释，文法古奥者逐字详解，必使学者一览洞然。其方解，每方类六经正病于前，然后扩古方以便时用，遵古而不泥于古，可以传及门，并可以传千万世也。今秋命春校以付梓，爰题跋语于后，以见倾倒。夫子洵非阿好，又以见养身之道，资生之策，济世之功，皆于是书基之，敢不潜心玩索以穷其蕴哉。咸丰乙卯秋，门人长乐刘孝春少河氏谨跋。

何广熹序：台江老医陈退翁出所撰《伤寒论章句解》属序，受而读之，窃喜其先得我心，而叹其用心为良苦也。古有生死之圣，按人身六气制汤液，方传而法不尽传。张长沙著《伤寒论》，始分经而配以方法，顾每篇之条理隐而不现，则其书难为读。用方止言所当然，鲜言病情之所以然，学者泥其法，毫厘千里，则其方为难用。注家至张隐庵，支分节解，脉络贯通，可谓能发医圣之蕴矣，而识解超妙，旨趣渊微，有非初学所能领会者。余缘多病，颇涉猎医书，尝欲因隐庵之章节断其句而注以浅明之解，俾初学者读一言即晓一言之义，触目了然,则必乐诵习而精其法度,庶人人能读而能用焉。方恨有志未逮,不意先我而行之者即退翁也。退翁积数十年熟读精思之力,于每章每节必揭其大旨,使读者有知于每篇之条理;一言一字必究其义蕴,使读者即以识病情之所以然;每经必详明其经气,每方必论断其功用,使读者灼然有所辨证,而施方又兼《本草》《针经》之未必公通也,并附药性及穴法焉。其发明古书,以引掖后进,虽未必尽无遗蕴,亦可谓深费苦心矣。昔朱子因程子所定《大学》《中庸》补其缺略,著《章句》,今退翁因隐庵书精益求精,务使便读而易晓。夫昔贤注经之例将必同,而题《伤寒论章句》,亦庶乎其可也,遂定其书名而为之序。道光戊申冬日,肫蒻何广熹书于西湖西畔之大梦山庄。

凡　例

一、神农尝百草,已开后人用药之门;黄帝君臣问难,已阐天地合人身之理;伊尹著《汤液》,已启后世品方之用;汉张仲景合三圣而著《伤寒论》,即五经之有四书也。业儒者,不可不读四书;业医者,可不读仲景书乎?知先读仲景书,后参以各家言,斯为有本之学。若徒事旁门,纵博闻强识,亦为无本。

一、《伤寒论》之篇次,及各篇之长短详略,前贤论之已详。今依张隐庵先生所定,诚为至当不易,可为万世法。

一、是书之分章,悉依二张之定。间有一二应分者分之,盖起语有更端之意也;应合者合之,盖言有所未尽之意也。

一、每节之下,解其论证处方之大意,亦依张隐庵先生之说。间有自得于心者,亦剖而出之,益以见圣经与贤传之相为发明也。

一、凡注解经书,必明句读。一句数字中,有合说者,有分说者,明其句又必明其读也。如太阳提纲之"头项强痛"句,若只说头痛项强,则项岂无痛者乎?若说头项皆有强痛,则头岂有强者乎?厥阴提纲之"心中疼热"句,若说心中凡有疼皆有热,则厥阴病有心中疼而不热者,亦有热而不疼者。略举二者,以见句读之不可不明。囫囵吞枣之解,未免贻误后学也。

一、伤寒诸方,通治六经百病之方也。若泥于治伤寒之方,而其用不广。盖天地不外此六气,人身亦不外此六气,外感内伤,皆病在六气之内,审其何气之病,而用何方,则何必拘拘以某方在某经篇中哉!

一、《伤寒论》不可泥为卒病之书也。试观桂枝汤一方,首节为风中肌腠之用,下章为脏无他病之用,又为形作伤寒之用。夫风中肌腠,卒病也;其脏无他病,与形作伤寒,则非卒病矣。小柴胡一方,上节为伤寒中风之用,下节为血弱气尽之用。举此二方,可以悟矣。

一、王晋三先生《选注》中,有《伤寒方评》,在晋三先生,以为道前人所未道,然亦有随声附和处。今更为勘语,以断其方之用,使学者知所扩充,较之歌括,稍有裨益。

一、读《伤寒论》,宜先明六气之标本,六经之起止,方有头绪。近日之读是书者,开口则曰某经,及究其某经之所以然,则茫然不知。今以各经之旨,附于各篇之后,宜熟读之,则开卷了然。

一、论中有宜刺者,有宜灸者,其针艾之穴法,前人少有详解,今随穴以解之,则不谙针灸者,亦可依此而施治焉。

一、平脉、辨脉及可与不可与等篇,修园以非仲景本论,不加注解,予谓学者,宜先熟此书,则进而读隐庵《集注》,末卷释解平、辨脉、可不可诸法,甚为明晰,余不敢再赘一词。

内容提要

陈氏用心推演《伤寒论》奥旨,既深究原著经文章节之涵义,亦博采成无己、方有执、张志聪、张锡驹、陈修园等前贤之说,且参以己见,自成一家之言。至古稀之年,整理编撰而成《伤寒论章句》六卷。陈恭溥对此书颇倾注心力,在序言中自述心迹,所谓"一生精力尽于此书,今年近古稀,尤惓惓以活人为念"。此书援张志聪、张锡驹二家汇节分章研究法,依《伤寒论》每章每节之义而细加阐述,每句每读逐一释疑,期冀无晦滞之处,使学者能读其论而明其义,识其理而知其法。书后附方及方解,不以六经分类,而采用每一伤寒方后以《伤寒论》相应条文为经,又汇集后世医家注释及自身经验为纬,条分缕析,实便于临床,诚为研读应用仲景学说之佳作。陈恭溥运用考证方法来研究《伤寒论》,创造性地解读和发扬了伤寒学说,在伤寒学术史上独占一席。

《珍本医书提要》第 133 页:《伤寒论》为医经之一,读者必须知其章节,明其句读。知章节,可以提纲挈领;明句读,即知内容意义。如太阳病头项强痛句,若只说头痛项强,则项岂无痛者乎?若说头项皆有强痛,则头岂有强者乎?故必须解以强,独以项言;痛,则兼言头项。可知句读之不可不明如此,囫囵吞枣之解,未免贻误后学。本书章节之分,宗张令韶之《直解》及张隐庵之《集注》,句读则纯为本书著者闽人陈恭溥之心得。陈氏字退翁,生于清乾隆四十余年间,其章句本书时,年已古稀,以数十年寝食是书之经验,自多发明。虽其自叙谦谓较之陈修园所著浅而又浅,其实所谓浅,即其佳点。经文古奥,且有简脱,欲其浅明,亦不易矣。

现存版本

清咸丰元年辛亥(1851 年)刻本,1957 年福建省中医药学术研究委员会据咸丰板重印本,近代中医珍本集本。

按:陆拯主编的《近代中医珍本集·伤寒分册》有该书的校注本,以 1957 年福建省中医药学术研究委员会据咸丰板重印本为底本,不过,1957 年本录王有树序文两篇,近代中医珍本集本择其一篇,将另外一篇舍弃。察其二序,同为道光二十六年(1846 年)作,按照正常情况考虑,是书出版之时,王氏当不会同时写下两篇序文。由于本人未见到咸丰元年刻本,无从得知该刻本两序是否同时存在。为保存资料见,兹照录王氏另外一篇序文,以备研究。

仲景《伤寒论》,医学之准绳也。闽中医家向尝人异其学,迨余年伯陈修园先生以儒医擅名,始独笃信仲景,复著《伤寒论浅注》以发明其义蕴,于是学医者皆知以仲景为法。惟《伤寒论》义理,王肯堂谓其如神龙出没,首尾相顾,鳞甲森然,固非初学所能骤通其解也。世之读是书者,又不能好学深思,辨其经气之所以分,审其病情之所以异,第取百一十三方而杂投之,毫厘差谬,动辄误人,是直仲景之罪人耳,乌足与言仲景之法哉。台江退翁先生,幼习举子业,即好博览医书。及壮,遨游江湖间,见闻益广,退而以岐黄之术著其治病用药,一宗仲景之法,复能神明而变通之,以故应手生春,十全为上,真可谓善学仲景者矣。余素多病,与先生交最熟,因出其所注伤寒论见示,其中章解句释,缕晰条分,读之豁人心目,无扞格不通之患。较之柯韵伯、张隐庵诸家注解,尤为简明易晓。窃叹先生之学有心得,洵足以羽翼医圣、嘉惠后学也。先生一生精力尽于此书,今年近古稀,犹惓惓以活人为念。程子云:一命之士,苟存心利物于人,亦必有济。先生其以此书出而问世,使学仲景者奉为圭臬,循是以辨证而施方焉。庶天下咸登于寿域,而先生济物之心亦可以慰矣乎。是为序。道光二十有六年岁在柔兆敦牂相月,愚弟王有树拜撰。

伤寒真方歌括

清·陈修园撰　六卷　存

见《中国医籍通考》《中国古医籍书目提要》。

作者简介

见《伤寒论浅注》。

序　跋

　　林寿萱序:医至仲景圣矣,六经之理至《伤寒论》尽矣。自宋景濂学士创为非全书之说,而后之注是书者任意删移,各抒臆说,刀圭家苦无适从。吾闽陈修园前辈,精于医理,尝取仲景《伤寒》,揭其要旨,分经辨证,各立方例,间有未尽明者,复详注其所以然之妙,末录魏念庭先生跋语以殿之,颜曰《真方歌括》。读者果得其解,是亦卫生之一助也。若夫引伸触类,不泥于法,而亦不背于法,神而明之,则存乎其人矣。时咸丰己未重阳前二日,后学林寿萱谨序。

附　录

　　六经既叙,仍得而汇言之。先言表里之义。三阳固为表,而太阳非表之表乎? 阳明非表之里乎? 少阳非表中之半表里乎? 三阴固为里,而太阴非里之表乎? 少阴非里之半表里乎? 厥阴非里中之里乎? 再言经与脏腑之表里。太阳经与膀胱也,阳明经与胃腑也,少阳经与胆腑也,非表中之表里乎? 太阴经与脾脏也,少阴经与肾脏也,厥阴经与肝脏也,非里中之表里乎? 表里之义得,而汗、下之法可明矣。在表俱可汗,是阴经可汗也。在里俱可下,是阳经可下也。

　　请再言其升降之义。人之一身,胸膈居上,心居中之上,腹居中之下,少腹更在下。邪在上,则越之可也;邪在上之中,则泻之可也;邪在中之下,下之可也;邪在下,泄之可也。越者,升而散之也;泻者,徐而涤之也;下者,攻而除之也;泄者,就势而推致之也。故除发汗解肌治表之外,又有泻心诸方以泻中上之邪;有承气诸方以下中下之邪;有抵当等汤以泄少腹在下之邪;外有和解一方,以治半表里之邪。皆审邪之所在,顺邪之性而治之也,俱不外升降之义也。

请再言寒热虚实之辨。正实则邪必虚,正虚则邪必实,其常也。正虚而邪亦虚,正实而邪亦实,其变也。治其邪实,而必不妨于正;治其正虚,而必无助乎邪,方为善治也。热则脉证俱热,寒则脉证俱寒,其真也;热而脉证似寒,寒而脉证似热,其假也。治其热必兼顾其阳,治其寒而必兼顾其阴,方为妙法也。其间有寒热错杂之邪为患者,则又有寒热错杂之治,而救阴救阳之理,愈可明矣。阴盛而阳衰,必驯至有阴而无阳,此扶阳抑阴,应图之于早也。阳盛而阴衰,必渐成亢阳而亡阴,此济阴和阳,应识之于预也。阳无而阴不独存,阴亡而阳不孤立,相维则生,相离则死,此又阴阳不可偏胜之大纲也。明乎此,则《伤寒论》六经之理已尽,而凡病俱可引伸触类,其理无尽矣。此余之所以再为伸言也乎。

先生著伤寒本意,字栉句比,极见苦心。每卷中俱有独得之言,以补前人所未及,余最击赏。惜其刻意求新,不无偏处;远稽博采,不无泛处。守方氏伤寒、伤风、风寒两感之说,不能正其讹;徇时俗传经为热、直中为寒之说,不能辨其非,更为执一不通。至于驳杂处、矛盾处、附会处,不一而足,总属好高之过也。独此篇跋语,寥寥数语,仲师之全论包括无遗。且能于全论中引而不发之意,一一阐出,与柯韵伯先生《论翼》不谋而合,而爽朗过之,真不厌百回读也。余于《伤寒论三注》中,取旧歌若干首,十改其七,分配六经,各立方例,每方详注其所以然之妙。事竣,录先生此跋语以殿之。盖以先生学问素高,此篇更另出手眼,疑有神助,即余自作,亦不是过也。未知海内诸君子,原余之掠美否?修园陈念祖自记于南雅堂。

内容提要

《中国医籍提要》第 238 页:此系研究《伤寒论》方剂的著作,用歌诀形式表达诸方之组成、主治、服法等。共六卷,按六经传递顺序分卷。卷一为太阳篇,分太阳上篇方法,太阳中篇方法,太阳下篇方法,太阳救误变症方法,讨论了桂枝汤、桂枝二麻黄一汤等太阳篇方剂四十八首。卷二为阳明篇,分阳明上篇方法,阳明中篇方法,阳明下篇方法。讨论了猪苓汤、麻仁丸等有关阳明篇方剂二十首。卷三为少阳篇,分少阳上篇方法,少阳中篇方法,少阳下篇方法,讨论了小柴胡汤等有关少阳病的方剂十一首。卷四为太阴篇,讨论了理中汤等有关太阴病的方剂三首。卷五为少阴篇,讨论了麻黄附子细辛汤等有关少阴病的方剂二十首。卷六先列厥阴篇,讨论了乌梅丸等有关厥阴病的方剂六首,继之讨论了《伤寒论》阴阳易差后劳复病篇方剂五首。最后附录魏念庭先生《伤寒论》跋语。

陈氏尝取仲景《伤寒论》,精心究习,揭其旨要,以分经辨证法,撰成《伤寒医诀串解》。因虑其于诸方间,叙理有未尽之处,故复撰文详陈其所以然.同时又于《伤寒三注》中,取旧歌若干首,十改其七,分配于六经之中,书末附魏念庭氏《伤寒本义》跋语以结尾,遂成本书。书中论方,以六经为纲,非就方论方,而是将它与六经病脉证合为一体进行讨论,所以本书实是从方剂学角度研究《伤寒论》的一部著作。如太阳上篇讨论了治太阳中风病桂枝汤类诸方的组成、方义、主治等,太阳中篇主要讨论了治太阳伤寒病麻黄汤类诸方的组成、方义和主治等,太阳下篇讨论了太阳病兼症之治疗方剂,即辨太阳病的同中之异,如治风湿症的桂枝附子汤、甘草附子汤等。诸方注释,陈氏既能博采柯韵伯、徐灵胎、张宪公等诸家之长,又能结合临证实际,驳谬正误而抒发己见。譬如桂枝去芍药汤则纠喻昌"阳邪盛于阳位,故胸满脉促"之误说,对桂枝去桂加茯苓白术汤之用,则认为"此治太阳里症,俾膀胱水利而表里之邪悉除"等见解,确属卓识。此外"传经发明"所论内容等,亦颇具心得。诚不失为一位有创见的研究《伤寒》的大家。书末附录魏氏《伤寒本义》跋语,实是陈氏治学求实谦谨的反应,其能择善而从,谦虚好学。同时也反映出陈氏是主张从辨证治法上研究《伤寒论》的特点。本书对学习和研究仲景《伤寒论》颇多裨益。后之学者林寿萱曾谓:"读者果得其解,是亦卫生之一助也。"确属实言。

现存版本

清道光抄本,咸丰、光绪间各种刻本和石印本,今人各种校注本。

伤寒方论辑要

清·林玉友撰　十六卷　存

见《中国中医古籍总目》。

作者简介

见《本草辑要》。

序　　跋

林玉友自序：古人云：医者意也。思虑精则得之，然亦惟在得其要而已矣。苟不得其要，虽思虑无以致其精也。故经中问答，或欲闻要道或敢问要道，或言下已指要道，复总以大要云云者，不一而足。此所以至真要大论，谓知其要者一言而终，不知其要流散无穷也。昔王损庵著《证治准绳》，据其自序先辑杂证或辑伤寒与诸科。余于杂证及诸科窃有志焉而未逮，且以俟之他日也。先辑伤寒一书，其亦王海藏所云治伤寒之法可以治杂证者欤。是书也，统而言之，其要在于入门总论一篇；析而言之，则自纂经文以及编次仲景书，俱一一发明其要。其于后贤治法，只择其论与方之可为法者。凡以云要也，因以《伤寒辑要》名之。书始于乾隆壬辰年夏日，焚膏继晷，稿经数易，成于乙巳年重九日。藏之巾笥，姑以私自检阅。二三知好见而悦之，欲为余梓之以公诸世，而余不之许，盖不自信也。纸败墨渝，复加裁酌者数载，今春同志辈见余后辑本草已刊行世，知余先辑是书，因索观之，而觉其要无遗，劝余镌之。爰授诸枣梨，以质当世。参订校字者，则余次子徽琼也。时乾隆癸丑仲冬望日，寸耕居士林玉友渠清撰。

内容提要

是书以张仲景《伤寒论》为纲目，先列入门总论一篇，次对伤寒原文予以阐释，并收录后世研究伤寒的若干论述。全书共十六卷。卷一，入门总论，藏象要略；卷二，十二经络经文，十二经络循行图；卷三，内经脉法；卷四，仲景脉法，陶节庵伤寒脉诀；卷五，运气要略，二十四气七十二候解，寒暑在至后辨；卷六，热论篇，伤寒例；卷七，仲景三阳类论；卷八，仲景三阴类论；卷九，仲景汗吐下类方；卷十，仲景和寒温类方；卷十一，仲景类伤寒类论；卷十二，仲景合并病及差后诸复阴阳易类论；卷十三，仲景汗吐下类论；卷十四、十五，后贤伤寒类论；卷十六，后贤伤寒类方，陶隐居《名医别录》合药分剂法则。

现存版本

道光辛卯年(1831 年)寸耕堂刊《本草伤寒辑要合编》本。

伤寒要论方

宋·上官均撰　一卷　佚

见《中医大辞典·医史文献分册》。

作者简介

《福建省政协文史资料选编:医家类》第 113 页:上官均,字彦衡(1038—1115),邵武人。其父上官凝,字成叔,庆历进士,调铜陵尉,历知分宁、安丘,终尚书职方员外郎,通判处州,所至有声。上官均于神宗熙宁亲策进士,擢第二,为北京留守推官。元丰中荐为监察御史里行,因为窦莘等鸣冤,谪知光泽县。哲宗初为监察御史,遇事敢言,如论罢青苗,裁冗官,劾去蔡确、张璪、李清臣,罢诗赋取士,皆切中时弊。徽宗时,入为秘书少监,迁起居郎,拜中书舍人,同修国史兼哲宗实录修撰,迁给事中。时相欲尽循熙丰法度为绍述,上官均曰:"法度惟是之从,无彼此之辩",由是不协,以龙图阁待制知永兴军(今陕西),徙襄州。崇宁初,因元祐党夺职,主管崇禧观,其《伤寒要论方》一书可能系此时之作。政和中,复集贤院修撰,提举洞霄宫,久之复龙图阁待制致仕,卒年七十八。其集《伤寒要论》,《宋史》及明朝李时珍的《本草纲目》均有记载,可见在医药方面有一定的影响。

伤寒百问歌

宋·钱闻礼撰　四卷　存(又作《类证增注伤寒百问歌》)

见《中国医籍考》《中国古医籍书目提要》《中国医籍通考》。

作者简介

徐春甫《古今医统大全》曰:钱闻礼,不知何郡人,宋绍兴中为建宁府通判,好医方,尤精于伤寒,作《伤寒百问歌》行世。

序　跋

詹子敬序：杂病有治法，伤寒无定方。盖以其传变于俄顷，非他疾比也。精是技者，旷千载惟张长沙一人。孙真人著《千金》，探赜钩微，亦特于仲景法推广之耳。宋宣和间，朱朝奉肱进《活人书》，及归，中途犹有余论，以是见尽美尽善为难也。虽然业医者心诚求之，亦思过半矣。神圣工巧，则存乎其人。汤氏、钱公又作《解惑论》《百问歌》，汇析条分，使用药者，如执兵捕寇，明指其巢穴扫清之，数君子之用心仁矣。盖朱公乃长沙太守之忠臣，钱倅又朱朝奉之忠臣也。繄人之生，六气不齐而七情汨之，苟失其养，则疢生焉。世之医者，以数君子之心为心，善用其书，使含灵不至夭枉，同跻寿域，其仁岂不溥哉。市肆刊书，节略舛讹，药方又关系最重者，曹君仲立目击斯弊，取而精刻之，惟恐是书误人之披阅也。迹其存心，又数君子之忠臣矣，可不谓贤乎。仲立冀人，随其伯父游宦江南，抚其弟而教之，不翅犹己子，以慰其伯父地下之灵，此尤人之所难能。盖熏陶唐氏之遗风，其所渐深矣，不贤而能如是乎。予故乐书之，且以敦薄俗云。元至大己酉腊月圆日，武夷詹清子子敬序。

内容提要

《四库及续修四库医书总目》第 205 页：《类证增注伤寒百问歌》，四卷，元刻本，宋钱闻礼撰。闻礼事迹无可征。书首署"建宁府通守钱闻礼撰"字样，盖亦仕而知医者。据张月霄案，至元《嘉禾志》绍兴三十年梁克家榜，有钱闻礼，未知即是人否也。书前有乾道癸未中秋日龙溪隐士汤尹才序，又淳熙壬寅夏韩玉序，别有皕宋楼藏影宋钞本，有至大己酉腊月圆日武夷詹清子子敬序。此本阙。是书卷一为《伤寒辨惑论》，余分九十三类，每类括以七言歌诀，以便记诵，注亦详赅，可为医家秘宝。

现存版本

元至大二年己酉（1309 年）刊本，明万历间雷杏泉刻本，民国初年武昌医学馆丛书本，今人各种校注本。

伤寒解惑论

宋·汤尹才撰 一卷 存

见《中国医籍考》《中国古医籍书目提要》《中国医籍通考》。

作者简介

钱闻礼,宋季建宁府通判,作《伤寒百问歌》九十三首,既以龙溪隐士汤尹才所撰《解惑论》刊附卷首,合为一书。尹才,乾道时人,良医也。

序　跋

汤尹才序:《解惑论》之作,非务新奇而沽世誉也,一本于仲景之正经。且仲景之书,昔人以金匮名之,其贵重如此。无求子谓孙思邈未能详仲景之用心,夫如是,岂庸人粗工能窥其仿佛哉？愚因三余,将伤寒或两证相近而用药不同者,或汗下失度而辨证不明者,冷厥热厥之异宜,阳毒阴毒之异候,其间错综互见,未易概举,辄备举而别白之。庶几洞晓,亦足以见解惑之深意焉。乾道癸未中秋日,龙溪隐士汤尹才谨序。

韩玉跋:汉张仲景《伤寒》一书,极为详备,议论精审,处方至当,后之医家据是说以治疗,万不失一。华佗谓此书可以活人,信不诬矣。噫！今之世所谓庸医,不究古圣贤所论阴阳虚实治状,不明脉理,不识病证,以意测度,妄投汤剂,杀人者多。余得此论,乃一儒者潜心医术,自仲景以下,集诸家之善表而出之,名曰《解惑论》,俾医者不失于谬误,病者不至于横夭,其伤寒论中之要妙,又尽善矣。余惜是书世所未见,故锓木用广其传。此论岂止解惑,乃治伤寒之指南也。淳熙壬寅孟夏望日,韩玉书。

内容提要

本书集诸家有关《伤寒论》的注解,对《伤寒论》中一些深奥难懂之处予以阐释,"将伤寒或两证相近而用药不同者,或汗下失度而辨证不明者,冷厥热厥之异宜,阳毒阴毒之异候,其间错综互见,未易概举,辄备举而别白之。"集诸家之善表而出之,名曰《解惑论》,俾医者不失于谬误,病者不至于横夭。

现存版本

见《伤寒百问歌》。

按:是书附刊钱氏《伤寒百问歌》首卷,作卷一。

伤寒方法

清·包育华撰　不分卷　存
见《中国医籍通考》。

作者简介

见《伤寒论章节》。

序　跋

包育华自序:前人有曰:《伤寒杂病论》之方,乃古圣人所作,仲圣述之,后人尊之曰经方。又曰经方能统治百病,不独治伤寒也。愚谓其述在《伤寒杂病论》中,主治各症,立个方纲而已。至若互相通用,统治百病,至广大而精微,虽曰神而明之,存乎其人,而考其论,未尝不显。但先师尝举一隅则不复也,为学者则必知此识彼,乃可用其方也。按其方二百五十有五,皆变化无穷,先师只撮其要,而论法却有不同。如桂枝汤,层层衬出,乃尽其神,故自太阳中风论至妇人妊娠及产后风止,凡二十三条。如桂枝加葛根汤,寥寥数语,撮尽其神,故以太阳病,项背强几几,反汗出恶风,论只一条。须知先师立言,多者非重,少者不阙也。苟学者能以余方仿此,参透诸方之神,而互相通用,统治百病之道,即在其中矣。惜夫后世之医,不知此理,以先师之方只治伤寒,不治他病,于是知音者寡,其道遂泯传焉。故自晋唐而起,另开分类之书,按症索方,呆规相授,学之颇易,为医者日多。而医方日盛,遂有八家刘、张、朱、李、王、薛、李、喻之方,与夫俗撰之药,汇订百种,杂出其间,偶得见效,各逞其神,竟不知其呆法误人,雷同共弊,并未闻及先师活法如何施用也。夫举世昏迷,皆趋前辙,每临场默想,如对症即投,不揣症源,专依方注,或不奏效,转念他书,索尽万方,难瘥一疾,其呆法流弊,又如是也。至陈氏始贬其非,而独遵《伤寒杂病论》之方,名曰经方,别晋唐以后之方为时方,又其次也为俗

53

方。又谓俗方即是从时方套出,而时方又从经方套来。盖前人所谓先师之书,为众方之祖,诚不谬也。由此观之,业医道者,岂可不尚经方乎?但其药品两数、制煮服次等规,稍错厘毫,即差千里。故陈氏作《经方歌括》,令人易记诵也,其未切方名,读有忘题之弊。今以方名裁作首句,原其平仄,或七言,或五言,而歌步题韵之,其药有多寡,而法有简繁,长短不拘几韵,总以撮尽方规为要也。此歌浅白,阅者易知,列码书头,原其次第,若经已明,而后读此施用之法,则庶乎其不差矣。是为序。光绪戊子岁仲秋月,闽杭包育华桃初氏作于剑津仁寿官舍西窗轩。

内容提要

《中国医籍大辞典·上》第148页:《伤寒方法》,不分卷。清包育华撰。成书于清光绪十四年(1888年)。原名《无妄集剞劂方》,书成后未付梓。1915年由其子包识生重校,易为现名,并辑入《包氏医宗》。将《伤寒论》一百一十三方之方名、药物组成、剂量、用法、禁忌等内容摘录,并按宋本《伤寒论》原编次顺序汇编而成,每一方名上加序数,书末附"经方歌括"、"加减权量歌括"。

现存版本

无妄集活法医书本,包氏伤寒三种本,包氏医宗本,2010年天津科学技术出版社据包氏医宗校注本。

按:刘时觉《中国医籍续考》:是书即包育华《无妄集剞劂方》与《经方歌括》之伤寒部分,其子包识生重新校易名,收于《包氏医宗》第一集。

伤寒论辑本

清·力钧辑录　不分卷　存
见《清代御医力钧文集》。

作者简介

见《难经古注校补》。

内容提要

《清代御医力钧文集·伤寒论辑本校注说明》：该本包含了力钧《芹溪医书》第十六种之二《唐本伤寒论·第二》，《芹溪医书》第十六种之三《唐本伤寒论·第三》，《芹溪医书》第十九种上《唐本伤寒论异文》，《芹溪医书》第二十一种下《金本伤寒论原文》，还有列入《芹溪医书》而未冠序号的《难经佚文·唐本伤寒论佚文》，以及从《芹溪医书》第十四种上《巢氏病源养生方辑本》中析出的疑为《唐本伤寒论·第三》所缺失的后续部分之残篇 22 个半叶。鉴于这些本子大抵已不完整，内容又同属关于《伤寒论》的辑佚文字，故统以《伤寒论辑本》称之。力钧辑《唐本伤寒论》，主要是采自孙思邈《备急千金要方》《千金翼方》，复用成本《伤寒论》《外台秘要》进行校勘。

现存版本

民国《芹溪医书》稿本。

按：《伤寒论辑本》的题名系中国医学科学院王宗欣先生所拟。

伤寒类书活人总括

宋·杨士瀛撰　明·朱崇正附遗　七卷　存
见《中国医籍通考》《宋以前医籍考》《中国古医籍书目提要》。

作者简介

见《新刊仁斋直指附遗方论》。

序　　跋

曹坚序：尝闻之医者理也，穷其理之谓医，而学名焉。伤寒，医学之先务也，亦医理之至精也。古人所云病万变而药亦万变者，可不谓然乎？汉张长沙初著为《卒病论》十卷，囊括奥雅，学者重之，几列于经。自是推晋王叔和编次为得其旨。迨后宋朱肱《活人书》出，乃别为类证，以成一家之学，其书盛行于世。顾吾独论夫绵德业于无穷，导渊源于未远，则惟杨氏《伤寒类书活人总括》之力居多，非仅以便记诵为切于用也。何者？医家门户之分，论者断自金始,元元氏序《伤寒会要》可推也。仁斋生于宋末,尚能荟萃群说,若当时庞安常、许叔微之流,一一博采而条贯之,虽持论加详,亦多附以己意,要使发明曲畅,不失所宗,所以遏争端之未萌者。其识为何如耶?此书凡七卷,原附《仁斋直指》刊布,并无别本孤行,年代久湮,世已罕觏。吾邑鲍约亭先生亟思传播,乃从友人假得活字数万有奇,汇集家藏医书,校雠排印,置列此为前册,命序于余。今考其文义,凡应用丸字皆作圆,自是张氏《伤寒论》旧例,已为恪守古训者。唯汤饮中引用真人降笔一条,稍为芜杂,为自乱其例,是其一失。又卷末药方条下载"本祖《南阳活人书》,其详见于《伤寒百问》"两语。按陈氏《书录解题》云:活人者,语本华佗,即世传《无求子伤寒百问方》,自张蒇序后,乃易其名者也。然《文献通考》别载有《伤寒百问》三卷,晁公武亦称无求子撰,未知孰是,当求两书互证耳。伏读钦定《提要》,详此书证治赋后附列三图,明朱崇正原刻所加,今既不存,亦非完本。然通体辞义相属,本文无阙,显然易见。且张氏伤寒一书,经明以来,诸家多所窜改,后人疑信参半,曲证旁通,亦足以资考核焉。若其虚题附遗姓氏者,遵原本,所以志慎也。道光戊子年八月,新安曹坚序。

内容提要

《四库全书总目提要》第 45 页:其《伤寒类书活人总括》七卷,焦《志》不著录,据《仁斋直指》自序其成书尚在《直指》前,此本以卷帙较少,故附刻于后。卷首标题亦称朱崇正附遗,然核其全编每条皆文义相属,绝无所谓附遗者。惟卷一《活人证治赋》后有《司天在泉图》《五运六气图》《伤寒脉法指掌图》,目录中注一附字耳,或因此一卷有附遗,而牵连提及七卷,或因《直指》有附遗,而牵连提及此书,均未可定。宋椠旧本既已不存,无从证其虚实,疑以传疑可矣。

现存版本

元刻本,明嘉靖二十九年庚戌(1550 年)朱崇正刻本,清道光八年戊子(1828 年)鲍氏汇校医学四种本,四库全书本,2005 年北京图书馆中华再造善本本,2006 年中国中医药出版社林慧光校注《杨士瀛医学全书》本。

按:是书又称《活人总括》《伤寒类书》,原无序跋,曹序系清道光刻本新增。

伤寒集成方法

元·李辰拱撰　佚

见《中国医籍考》。

作者简介

见《胎产救急方》。

序　跋

李辰拱自序：延平正心李辰拱壮岁游三山，获从仁斋杨先生游，气味相投，因以《伤寒总括》见授，且语之曰：治杂病有方，治伤寒有法，一法既通，其余可触类而长矣。来归旧隐，乃取先生活人治例，演而申之，编为《伤寒集成方法》。研精覃思，三十余年，方克成编。（录自《胎产救急方》序）

伤寒医约录

清·陈修园撰辑　三卷　存

见《中国古医籍书目提要》。

作者简介

见《伤寒论浅注》。

序　跋

陈修园自序：医之为道，何道也？曰：君子之道也。苟非存心有恒者，何轻议哉！何则？夫药之性，能生人亦能杀人，盖操之不得其要，则反生为杀矣。唯君子则立心不苟，故其为业必精，及其临病，必详以审，故能化悲痛而为欢忻。小人之性忍以贪，贪则唯利是图，忍则轻忽视人命，逮及治病则夸以略，不察病之虚实，辄投瞑眩之药，不杀人也几希！吾固为君子之道也。予幼年得子，方逾弱冠，柔软多病，习懒不能自强，必非得受此道者。日夜痛心，惧夫吾殁之后，有病委之庸医，是可以伤生灭性。孟子云：不孝有三，无后为大。

有子多病，不传以济生之道，一旦天地祖宗之祀事绝，夫岂为人父之道哉？某今年七十有七，衰迈殊甚，桑榆之日岂能久照，日夜用心，以辑成医书十余种，论法虽略，备用若无师承口诀，不能融会贯通于心。又著《伤寒医药录》三卷、《医医偶录》二卷，文虽鄙俚，然言简意到，其中包括仲景不传之妙，皆世所未尝闻见，剖露肺肝，以罄其蕴奥，实升高之梯阶，当宝之如珠玉。潜心玩绎搜索，以尽厥旨，有疑辄问，不可因循，务期日进高远。司马温公曰：达则为良相，不达则为良医。岂非君子之道乎？故宜服膺此语，敬慎而行之，他日倘能以斯济人，亦君子也。若存心不古，以吾言为妄谬，反以斯道杀人，负吾之用心，非吾之子也。嘉庆癸亥年正月望日，长乐念祖陈修园序。

内容提要

《中医古籍珍本提要》第62～63页：三卷，成书于1803年。该书为《伤寒论》的通俗读本。上卷为《伤寒论》基本理论，包括六经传变、君相二火主病、五运六气、奇经八脉等内容（其中伤寒总论、伤寒金口诀题龚云林著）。中卷以论脉论方为主，包括气口九道脉、脉诀考正、方剂古今论、古方加减论、制方大法等内容，并列太阳病方41篇。下卷承接中卷，列阳明方24篇、太阴方23篇、厥阴方8篇，每篇中备述主脉主证，组方加减。该书多采仲景、东垣、景岳、钟龄诸家之说，述而不作，删繁就简，会群籍之精蕴，约千百言为一二言，篇幅虽短而内容丰富，采用歌赋体裁，语言通俗，便于初学者领悟。

现存版本

清咸丰九年己未（1859年）书林南雅堂刻本，清二友堂刻本。

按：崔为《〈伤寒医约录〉钩沉》（《世界中西医结合杂志》2007年第1期）对本书进行了详细考证，认为是书为陈修园早期著作。不过，该书序言与《医医偶录》相同，基本照抄陶华《伤寒琐言·序》，且二书都照录了署名"永安价人氏"的七绝诗文，是否为陈氏著作，尚难定论，故以存疑处理。崔为称黑龙江中医药大学藏有该书的南雅堂刻本残卷，另有别名《伤寒存真集》。笔者藏有该书的清二友堂刻本，扉页注"仲景存真集，二友堂梓行"。至于二者之间的差别，因未见黑龙江中医药大学藏书，无从比较。

伤 寒 书

明·方炯撰　佚

见《中国医籍通考》《中国医籍考》《中国古医籍书目提要》。

作者简介

见《脉理精微》。

伤寒论集说便读

清·陈定涛撰　六卷　佚

见《中国分省医籍考》。

作者简介

民国二十二年《闽侯县志》卷九十《艺术下·医》:陈定涛,字德渊,号一瀍,侯官人。父纲,邑庠生,有痫疾,数昏仆,醒则复初。尝读书寺舍,定涛朝夕从,治膳侍药,夜不安寝,其习医自此始。父卒,家贫,长乐林作楫有蛊疾,得定涛一方而愈,邀至长邑行医,岁积数十缗归。葬父母,敬先睦族,遇父母忌日,泣减食,终身皆然。戚族有贫不能婚丧者,虽困之亦典衣助之。医以古法为宗,而运用颖悟,出于不言之表,见求医者踵门,则曰"但愿人无病,何妨我独贫"。晚年尤精脉法,能知三五年后生死。道光甲午郡多疫,犯吐泻者暴死,得疗百不失一。其用药,寒温补泻不一术,从学者莫得其秘也。污者魏犯肺伤疾,医者多云不治,诊其脉,知瘵尚未成,命服猴蔗、贝母、元明粉等数剂而愈。王道五子咳嗽半年,吐痰不休,肌瘦如柴,视之曰:此风寒未解,误服寒凉故也,温散之愈矣,果然。福清谢某腹胀脐突,医书以肿及脐突为不治,勉为治之。同郡名医陈念祖怪为妄,及闻治效,甚叹服金匮。孙尔准督闽时,屡招入署,手书"鸿术"二字题额。中山国淑世昌,执贽来学,归至国,即授医官,以书献其国王,王称善。撰《药义辨伪》二卷,《药性补遗》一卷,《伤寒论集说便读》六卷。

类编伤寒活人书括指掌图论

宋·李知先著　元·吴恕图论　明·熊宗立续编　十卷　存

见《中国医籍通考》《中国古医籍书目提要》。

作者简介

见《名方类证医书大全》。

序　跋

李知先序:双钟处士曰:尝观论伤寒,自仲景而下,凡几百家。集其书则卷帙繁挐,味其言则旨意微深,最至当者惟《活人书》而已。余留心此书,积有年矣。犹恐世医未得其要领,于是撮其机要,错综成文,使人人见之,了然明白,故目之曰《活人书括》。即一证作一歌,或言之未尽,则至于再至于三。虽言辞鄙野,不能登仲景之门,升百家之室,然理趣渊源,几于简而当者矣。同志之士,苟熟而复之,藏于胸中,以之济世,亦仁人之用心也。乾道丙戌端午日,陇西李知先元象于乎书。

吴恕序:疾患莫测者,惟诸风与伤寒也。盖风百病之长,以其善行而数变,伤寒则表里隐显,阴阳交互,疑似之间,千万之隔,其可畏者有甚于杂病也。仲景以圣哲之资、簪绂之贵,为伤寒论,始可宗而习之。后世方论叠出,散漫深严,无阶可进。今以南阳仲景诸书,裒其精粹,划为列图,号曰《活人指掌》,纵横治证,下附其说,及以变异诸证赋为八韵,表之于前,盖取其简易也。及有富春涵翁陆氏,日加劝勉,因成此书。涵翁常施药乡间,活人甚众,得此尤便观览,亦幸同志者共之。钱塘蒙斋吴恕谨书。

熊宗立跋:医之道难矣,虽杂病之有方,而伤寒为尤难。汉长沙公以不凡之圣,摭《素》《难》之精微,作《伤寒论》,垂万世不易之法。然其意旨幽深,初学犹未得其要者,故双钟处士《歌括》、钱塘蒙斋《指掌图》作焉,诚治伤寒之捷径也。愚以二书汇合成一,改次前八韵赋,与后节目相贯,以李子健《十劝》列诸篇端,开卷则提纲撮要,晓其劝戒,其表里二十证论各条,增入歌括便其记诵。行是道者,苟能熟味其歌,详玩其图,则治病之际,瞭然在目,豁然放心,虽未能升仲景之堂奥,而仲景活人三百九十七法,不外是矣。所阙者妇人胎产伤寒与小儿伤寒证治也。今采诸家经验良方,续作末卷,以便观览云。正统元年丙辰三月朔旦,鳌峰熊宗立敬识。

内容提要

《中国医籍大辞典·上》第98页:十卷,宋李知先编著,元吴恕纂著,明熊宗立续编。成书于明正统初(约1436年)。卷首载活人指掌提纲、活人指掌赋、伤寒十劝等。卷一载伤寒赋、伤寒诗、伤寒诀、用药活法、伤寒正名十六件、伤寒类证等。卷二载三阴三阳脉歌、表里歌、一十六证伤寒歌等。卷三载二十证、伤寒四十六证歌(除恶风可水、不可水、热多寒少、无汗四证无图外,余证均有图)。卷四载二十六证。卷五载伤寒表里证二十论,各证下新增歌括。卷六载伤寒遗事,各条新增歌括。卷七为药评,并新增歌括。卷八、卷九为伤寒药方。卷十为续编,载伤寒补遗经验良方,如香苏散、参苏散、十神汤等三十四方;妊娠妇人伤寒方论,如四物、葱白等汤二十方;妇人产后伤寒方如五积散、阳旦汤等二十七方。

现存版本

明嘉靖四十三年(1564年)日新书堂刻本,万历十七年(1589年)金陵书坊唐少桥刻本,日本抄本等。

按:丁福保《四部总录·医药编》第491～492页:《类编伤寒活人书括指掌图论》十卷,提纲一卷(明正德间刻本,十三行二十七字),原题"双钟处士李知先元象编次,钱塘吴恕蒙斋图说,鳌峰熊宗立道轩类编"。按宗立为建阳书林中人,通阴阳医卜之术,叶德辉撰《书林清话》,载其校刻医书凡八种;叶昌炽《缘督庐日记钞》卷二,又载其所刻《袖珍方》一种,均不及是书。是书目录后有"正德丁卯仲冬存德书堂新刊"牌记。卷末又有"正德戊辰孟冬德新书堂重刊"牌记。考是书熊氏自序在正统元年,下至正德三年凡七十二年,恐宗立未必若是长寿。张氏《适园藏书志》著录本有"天顺五年辛巳熊氏种德书堂新刊"牌记,当是原刻本。然此本不似正德间刻版,疑是正德间熊氏后人,据旧版刷印,因当时书坊已改名,遂剜改卷前后牌记也。又按李知先《活人书括》不见著录,《医籍考》作三卷。吴氏《指掌图》见《读书敏求记》,著录元刊三卷本。熊宗立合并二书,或以李歌附吴图,或就吴图增李歌,勒为九卷。又以妇人胎产与小儿伤寒,李、吴二家并阙,因撰续方一卷,列为卷十,题"鳌峰熊宗立道轩续编。"可见,是书前九卷系熊氏汇编整理李知先《活人书括》、吴恕《指掌图》而成,独第十卷系熊宗立撰写部分。

伤寒论注

清·陈有统撰　佚

见《中国分省医籍考》。

作者简介

民国《长乐县志》卷二十七《方伎》:陈有统,号环海,江田人。初业儒,因母老多病,弃举业,潜心岐黄,以医鸣,兼耽吟咏。夏秋疫作,酌古方,远近济活人无算。为人玉立风发,风雅可人,薛生白流亚也。晚益肮脏,可以礼招,不为贽动。所著《伤寒论注》《医学阐微》及《环海吟草》,凡若干卷,没后遗稿散佚无存。

金匮要略还真

清·黄骥撰　佚

见《中国分省医籍考》。

作者简介

黄骥,光泽县人,清代医家,生平不详。

按:是书道光《重纂光泽县志》卷十三《经籍略》有著录。

三、基础理论类

全体阐微

美·柯为良辑录　清·林鼎文整理　三卷　存

见《中国古医籍书目提要》。

作者简介

柯为良,美国美部会传教士,光绪时期在福州行医传教,撰写多部医学著作。林鼎文,福州人,生平不详。

序　跋

林鼎文序：医道始自岐黄,经络详于《灵》《素》,夫人而知之。其中有专立成篇者,如营气篇、卫气篇、骨度篇、皮部论是也。有散见如(而)为论者,如论脏腑,半见于灵兰秘典;论宗气,半见于营会生卫。目之功用,详于大惑;脑之部位,立于海论是也。夫圣贤之立论也,片言只字,义无不该,或隐于言中,或形于言外,或伏于此,或起于彼,词义古奥,体会极难。虽代有注家,只能于原文中顺为解释,不能于错见处会其全形,诚如王弇州所云:医书至难读,吾辈虽博通万卷,犹难综其气旨焉。余友柯为良先生,美国之良医也,来闽施医十有余载,通闽语识华文,与余讲论医学,辄终日不倦,诚好学之君子也。尝口译《全体阐微》一书,其间分肌劈膝,析络溯经,蓄形体之大成,发灵素所隐伏。嘱余笔之于书,以垂梨枣。余以医务倥偬,日无暇晷,盖有志焉而未逮也。越二年,书告竣,半出柯君手,惟华洋文义,译语难符,致句多画足之蛇,字误渡河之豕。余也前以不遑珥笔,仅撰要纲,兹复已付手民,无从删正,憾何如也,聊俟将来而已。今此书之出也,世将谓中西脏腑得无不同乎？不知天下万国殊以气,不殊以形。如书中论红血行于脉管,即经所谓营行脉中,营为清也;论紫血行于回管,即经所谓卫行脉外,卫为浊也;论脑筋为百体之主令,即经所谓统辖三焦,营卫之宗气运行于周身也。是《内经》只言其用,而西医兼论其形,名虽异而实则同也。间有发前人所未发者,盖亦从西国剖验之明征,发古圣不言之奥旨。惟善读者深求而探索之,庶不嗤解胪理脑者,无补于玉版之篇也。光绪庚辰清和月,玉甫林鼎文。

柯为良序:医之为道,动关生死,欲知治法,须识病源,欲识病源,先求部位。故泰西各医院有剖验大辟之囚以课生徒,日益求精于全体之功用,无不既明且备。余航海到闽十有余载,施医之暇学习华文,遍阅中国医书,所论骨格(骼)脏腑经络,或缺或误,不胜枚举。如肺只五叶以为六叶,肝只五叶以为七叶,则误其形。肝居右以为居左,则误其势。心为运血以为君主,肾为司溺以为藏精,则误其用。膀胱上口斜接肾中两溺管,系由此来,以为膀胱无上口,溺由小肠第四回藉三焦之气渗入,则误有形为无形。至外肾为生精之经,膀胱之底有精囊,为藏精之府。腹中另有甜肉一经,其为用也,乃会同胆汁化食物之油类。肠间有吸液管无数,其为用也,乃吸摄精液,运行周身。更有最大一经曰脑,百体内外皆有脑筋缠绕,凡目之能视,耳之能闻,鼻知香臭,舌辨酸咸,心能运血,胃能消化,手足之能动作,肌肤之知寒热痛痒,以及记忆谋虑者,无一非脑之功用也。凡此数者,或阙其功用而未言,或阙其全经而不讲。展读之下,为之三叹焉。咸丰初年,英国合信氏曾著《全体新论》一书,撮西医之大要,开中土之新闻,颇为中华士君子许可。与华友讲论医学,因荟萃近年英美所出各书,翻译成函,为卷六,为图二百六十(内百图为美国李善堂医书馆半售半送。惟图旁皆外国码号,因于其下重复注解,阅者宜察之),颜曰《全体阐微》。实部位之大成,为医学之根本,俾学医者由此入门,明部位而究病源,于造物主生生之功不无小补云。光绪六年岁次庚辰暮春之初,作于榕垣保福山之圣教医院,美国医士柯为良谨撰。

内容提要

《四库及续修四库医书总目》第 605 页:美国柯为良(Osgood)译。凡三卷。医学中之解剖学也。前有光绪庚辰林鼎文、柯为良二序。鼎文序称:为良来闽施医十有余载,尝口译《全体阐微》,嘱余笔之于书。余以医务倥偬,日无暇晷,盖有志而未逮焉。越二年,书告竣,半出柯君手。似是编首先笔受者,为鼎文。为良序称:咸丰初年,英国合信氏曾著《全体新论》一书,撮西医之大要,开中土之新闻,颇为中华士君子许可。余与华友讲论医学,因荟萃近年英美所出各书,翻译成函,为卷六,为图二百六十,颜曰《全体阐微》。今检是本,仅三卷,附图二百六十有五,与序语不合。殆原刻本分为六卷,此本为光绪乙己刻本,并合为三卷欤?西医解剖生理书,输入中土者,以合信《全体新论》为最先,继其后者即是编也。全书分别论述骨骼、皮肤、血液与体液、肌肉及隔膜、心脏与血液循环系统、人脑与神经系统、内脏及生殖系统、五官等的构造与功能,全书有电版图 260 幅,非常清晰细致。该书卷末还附有英、中文名词对照表,便于当时医者学习和使用。

现存版本

光绪二十四年(1898 年)福州惜荫书屋刻本。

按:是书初刻于福州,但据《中国中医古籍总目》著录信息,全国除新疆石河子大学图书馆藏有本书外,其他地方均未有收藏。近年来笔者也多方搜集该书,无论是福建省内各公共和专业图书馆,还是北京、上海等地的各级各类图书馆,都没有找到该书。笔者曾联系新疆石河子大学图书馆,该馆称并无收藏此书。

运气节略

宋·蔡元定撰　佚
见《中国分省医籍考》。

作者简介

见《脉经》。

伤寒必用运气全书

明·熊宗立辑录　十卷　存
见《中国医籍考》《中国医籍通考》《中国古医籍书目提要》。

作者简介

见《名方类证医书大全》。

序　跋

熊宗立自序：阴阳升降，运气之常道也。盖司天在泉，上下其位，五运有太过不及之异，六气有逆顺胜复之殊。在昔轩岐之圣，悯生民之札瘥，启素问作《内经》，有曰先立其年，以知之气，左右应见，然后乃可知死生矣。然微辞奥旨，未能究研，况伤寒之病，传变不常，非杂病可比。苟能明岁时之推移，阴阳之变异，主客之胜复，补泻之盛虚，以至实实虚虚，损不足益有余，而不罹于夭横者鲜矣。迨汉张公仲景以不凡之姿，始深究内经，探微索隐，继往圣开来学，乃述《伤寒杂病论》凡十卷。则假如再三，至于钤诀，脉病证治，一遵仲景成法。使人展卷，则三百九十七法之昭明，一百一十三方之显著，群疑冰释，次序条贯。是编既成，目之曰《伤寒必用运气全书》，敬质于致仕节判考亭黄公景冲侍御，三衢丁公元凯，金谓纂图括例，俱以详明，有裨后学。因勤工绣梓，以广其传。仆不揣凡器，自忘鄙陋，而搜求取舍之是否，尚俟高明君子辨正云。天顺二年岁在戊寅秋七月良日，鳌峰熊宗立道轩。

内容提要

《中国医籍志》第374页：本书又名《伤寒运气全书》。撰于公元1458年（天顺二年），十卷。书中伤寒的脉病证治，悉本《伤寒论》成法，详尽论述以病者所生年、月、日，可运用五运六气学说，推算出得病之日期，以及某日当得某经，某经当用某药。以《伤寒论》一百一十三方，按法施治，不须问证察脉，但推算病在此经，即用此经之药。这一见解，后世有认为是"无稽之术"，以生命为戏玩。不过运气学说的理论，尚在进一步研究中，本书可提供丰富的研究资料。

现存版本

明正德刻本。

按：明虞搏《医学正传》卷一《医学或问》对此书有评价，兹摘录之。或问鳌峰熊氏纂集《运气全书》，及撰为《伤寒钤法》，以病者所生年月日时，合得病之日期，推算五运六气，与伤寒六经证候无不吻合。谓某日当得某经，某经当用某药，而以张仲景一百一十有三方按法施治，如太阳无汗麻黄汤，有汗桂枝汤之类。使后学能推此法，不须问证察脉，但推算病在此经，即用此经之药，实为医家之捷径妙诀也。吾子可不祖述乎。曰:此马宗素无稽之术,而以世之生灵,为戏玩耳。窃谓上古圣人仰观天文,俯察地理,以十干配而为五运,以十二支合而为六气。天以六方寓之,岁以六气纪之,以天之六气,加临于岁之六节,五行胜复盈亏之理,无有不验。传曰:天之高也,星辰之远也,苟求其故,千岁之日至可坐而致也。今草莽野人,而以人之年命合病日,而为运气铃法,取仲景之方以治之,是盖士师移情而就法也,杀人多矣。知理君子,幸勿蹈其覆辙云。

八十一难经经络解

明·熊宗立撰 四卷 未见
见《中国医籍通考》。

作者简介

见《名方类证医书大全》。

按:《中国医籍大辞典·上》第 7 页:本书四卷,明熊均(字宗立、道轩,号勿听子、鳌峰)撰。约成书于明正统十一年(1446 年),现存明万历六年(1578 年)刻本,原藏于四川省图书馆,经查未见。笔者曾前往四川省图书馆查找此书,亦未见,不知是书是否存世。

华医病理学

清·陈登铠纂 四卷 存
见《中国医籍续考》《中国古医籍书目提要》。

作者简介

陈登铠(1862—1945),字铁生,福州新店乡义井村人。少聪颖,随凤山郑景陶学医。景陶字于拨,号香岩,系前清举人,其父郑德辉以儒通医,景陶世其业,迁居福州城内侯官县衙前悬壶,医声远扬,门庭若市,门前停放患者肩舆甚多,交通为之堵塞,遂有"景陶街"之号。登铠尽得名师所传,学成之后曾任北洋舰队一等军医正。因亲老子幼,家中乏人照顾,遂辞职归来,悬壶城内南后街安民巷口,屡起沉疴,医声远扬。光绪二十八年,福州中医公会成立,方澍桐为会长,陈登铠等十二人分担会务。方澍桐之后,登铠继任福州中医公会会长。

序　　跋

陈登铠自序:汉张长沙遵《内经》为准绳而著《伤寒》《金匮》以明其训,作为病理诊断,证治处方之学。近世因其义深语奥,罕读其书,致医学失传,不究病理。至于医者言时命,病者言造化,夫亦可悲矣。凡一病必有数症,有病同证异,证同病异,合之曰病,分之曰症,非细揣致病之原,于症奚从下药?是故知病理而后能诊断,知五运六气、表里虚实、阴阳标本之原委,以十以百以千以万,可推而准矣。此书汇集《内经》所论者十之九,引《伤寒》《金匮》者十之一,诚玩索有味,即读《内经》不难矣。宣统三年季春之月,闽县陈登铠铁生识。

郑奋扬序:辛亥闰六月下浣,老友铁生出示所著《生理学》《诊断学》《调剂学》三稿,读之知铁生之寝馈于《内经》及《伤寒》《金匮》者深矣。近又以《病理学》嘱余序其崖略,此铁生名山不朽之盛业,余虽不文,又乌可辞?窃维中国医学历数千年,轩岐之道赖以不坠者,幸有张长沙为之祖述,暗室一灯,流传弗灭,故生理、脉理、病理,昭然若揭日星。惜晚近学者经论之道失传,致医风日弛,欧化东渐,医界竞争,灭演淘汰,吾道几无以自存,安得有心人相与晨夕揣摩以保我国粹耶?铁生悯斯道之将丧,纂述是书,上自《内经》,下及论略,凡运气、表里、虚实、阴阳、标本之原委,旁搜博采,有条不紊,指众聩之迷途,引入门以正路,庶几由理解而征实验,规矩从心,炉锤在手,临床诊断不致漫无把握,厥功伟矣。顾铁生之为人,性聪颖,才尤俶傥。从先君游时,年方弱冠,专心审问,朝夕不倦。迨应北洋海军医官之聘,且涉泰西之学,理想愈超,而体验愈至。旋里尤以医自娱,岁活人甚多,治疗之余,检押经论,编辑诸科学,存救世之苦心以济千古也。嗟夫!轩岐之学不讲久矣,千秋绝业,倘不致淆乱于异言,则此书一出,其有裨生民之命岂浅鲜哉!爰不揣谫陋而书之简端。宣统三年季春之月,世愚弟郑奋扬拜题。

内容提要

本书汇集《内经》《伤寒论》《金匮要略》中有关病因病机的内容,分运气、表里、虚实、阴阳、标本论述有关病理的理论知识。

现存版本

宣统三年(1911 年)三山医学传习所铅印本。

考定周身穴法全篇

清·郑葆仁著　一卷　佚

见《中国分省医籍考》。

作者简介

见《灵素精采》。

按:是书民国《长乐六里志》卷十《艺文·子部》有著录。

详注心法要诀

清·吴仰虞撰　三十二卷　佚

见《中国分省医籍考》。

作者简介

民国《永定县志》卷三十二《艺术传》:吴仰虞,字怀岵,幼习儒业,以母多疾,乃专心医道,尤精外科,邑令梁君孔珍奖以"精习经方"之额,乡人咸感其德。有《详注心法要诀》,未刻。

人体虫病通考

清·郑奋扬编　四卷　存

见《中国中医古籍总目》。

作者简介

见《增订伪药条辨》。

内容提要

《中国医籍大辞典·上》第 779 页:卷一分列总论、经义篇,引经据典,论述古代医家对人体虫病病源、证治的认识,卷一末及其他三卷则分别详述二十三种虫病病因及证治方药,并举中国学说与日本学说进行比较,取西医学之长补中医学之短,撷中医学之优证西医学之劣,以融会贯通。

现存版本

清宣统三年辛亥(1911 年)袖海庐抄本。

四、脉法类

脉诀大全提要

明·熊宗立撰　六卷　佚

见《中国古医籍书目提要》。

按:《聿修堂藏书目录》云:脉诀大全提要六卷,一册,正德己巳锓梓。明熊宗立解。

察脉总括

宋·杨士瀛撰　一卷　佚

见《中国医籍通考》《中国医籍考》。

按:是书各种工具书俱著录佚。台湾国立故宫博物院编《国立故宫博物院善本旧籍总目·下册》第715页著录为:《医学真经察脉总括》一卷,宋杨士瀛撰,宋末建安环溪书院刊本,一册。考杨氏《医学真经》卷一有《察脉总括》篇,不知二者是否相同,亦或所谓杨氏专书《察脉总括》者,即为此篇。

脉　　诀

宋·杨士瀛撰　一卷　佚

见《中国医籍通考》《中国医籍考》《宋以前医籍考》。

按:《也是园藏书目》卷五《子部·医家·经论》云:杨士瀛《脉诀》,一卷。

仁斋直指方脉论

宋·杨士瀛撰　一卷　佚

见《中国医籍通考》《宋以前医籍考》《中国古医籍书目提要》。

按:《文渊阁书目》卷十五《医书》云:《仁斋直指方脉论》一部一册,阙。《宋以前医籍考》考证称,《医方类聚》引用书中,有《仁斋直指方》《直指小儿方》《直指脉诀》《伤寒类书》之目。按《直指脉诀》,即是杨士瀛之著述乎?

王叔和脉诀图要俗解大全

明·熊宗立俗解　六卷　存

见《中国医籍通考》《中国医籍考》《中国古医籍书目提要》。

作者简介

见《名方类证医书大全》。

序　　跋

熊宗立自序:《脉诀》一书,医家之准绳,犹儒之有四书六经也。然其歌演岐黄之道,辞钩《素》《难》之玄,其中阃奥,窥测难知。近观诸家注解,或泛或略,所遗而不解者亦多。由是《脉经》之义弗彰,诊治之法隐秘。区区小子,聋瞽痴愚,窃以旧注,芟其繁,拾其粹,意从俗解,复取三部九候、七诊五邪,画成图局于布篇首。使初学之士开卷披玩,便得见其意趣,则《脉经》之旨,自然渐渍而明矣。盖为此者,未审取舍之当否,非敢施于高明当达,聊为初学发蒙者设也。幸勿诮诸。时正统丁巳六月上浣,道轩题。

内容提要

《新刊勿听子俗解脉诀大全·校后记》第 428～429 页:该书分成两大部分。第一部分是书前的 16 类图解和《脉诀大全提要》,今存世的熊氏《重刻王叔和脉诀提要秘诀前集》实际上是这一部分的内容。其中共列举 16 类脉图,其《脉诀大全提要》即《脉赋》的俗解。第二部分题为《勿听子俗解脉诀大全》,

即《王叔和脉诀》注释部分,共六卷,系熊氏节录前人有关《脉诀》注解辑录而成。

现存版本

明正德四年陈氏存德堂刊本,明正统刊本,清聚文堂张心所刻本(题《重刻王叔和脉诀提要秘诀前集》,残存二卷),日本现存中国稀觏古医籍丛书(题《新刊勿听子俗解脉诀大全》),2002 年人民卫生出版社海外回归中医善本古籍丛书校注本。

脉　　经

宋·蔡元定撰　一卷　存(残)

见《宋以前医籍考》《中国医籍考》《中国古医籍书目提要》。

作者简介

俞慎初《闽台医林人物志》第 11 页:蔡元定,公元 1135—1198 年,字季通,建州建阳(今建阳县)人。南宋律学家、理学家、医学家,为朱熹弟子。因韩侂胄之诬,徙居春陵(属湖南省)。参考《内经》《难经》及张仲景之书,著《脉经》一卷,李时珍《濒湖脉诀》收录有该书内容。还著有《律吕新书》《洪范解》《大衍详说》《燕乐原辨》等书。

序　　跋

蔡元定跋:元定放逐春陵,地近西广,倏寒忽热,日备四时。素疾多病,遂尔日增。因取《内经》《难经》、张仲景、王叔和及孙真人诸家脉书读之,苦其乱杂无伦,因为之部分次第,则为一书,以便观览。近世所传叔和《脉诀》,昔年见其乖谬鄙俗,疑非叔和所作。近见《三因方》具言乃高阳生所作,颇自信以为知言。今之医者,自《脉诀》之外无所闻见,欲以意见决死生,亦何怪其悖谬也。同书于此,使学者知《脉诀》之伪。

内容提要

本书有脉论 8 篇:论十二经、寸关尺、论胃气、论三阴三阳、论四时脉、论三部、论男女、论奇经八脉。"论十二经"乃本《内经》,条理"气口决生死"的理论依据。蔡氏除引十二经脉循行路线为据外,还以"太过""不及"为纲,阐释脉理。"寸关尺"一节,明确寸关尺的确定依据是与阳九阴十的"自然之数"相冥契的。这里显露其理学家的所谓"洞见大原"。这一节内容十分丰富,始终以阴、阳为纲,讲述两手寸关尺所见脉象的主病及其原由。"论胃气"首先用极为生动的语言来形容脉的"胃气",然后把胃气脉按太过、不及分两大类:"其太过为大、为长、为实、为坚、为弦、为浮、为芤、为滑","其不及为细、为短、为虚、为软、为弱、为沉、为伏、为涩",分别讲述各脉的体状和主病。"论三阴三阳"乃从《难经·四难》中拔萃而来,将脉分作三阴三阳,又互相组合,"各以其所在名病逆顺也。""论四时脉"、"论三部"也都是取材于《素问》《难经》,阐释四季脉象与古代的三部全身诊法。"论男女"一节说的是"男脉在关上,女脉在关下,"这也是从《难经·十九难》取材。

现存版本

海外回归中医善本古籍丛书郑金生校注本。

按:郑金生对蔡元定《脉经》的流传等情况有详细的考证,参见《海外回归中医善本古籍丛书》第一册,本文所引"跋"即录自郑氏校注本。民国十八年《建阳县志》卷九《艺文》称《脉书》,疑即《脉经》。

三指禅脉诀度针

清·陈修园辑录　不分卷　存
见《中国古医籍书目提要》《中国中医古籍总目》。

作者简介

见《伤寒论浅注》。

序　　跋

陈修园序:脉理至微,理微全凭心悟;脉诀至显,诀显必待指参。古人有言:鸳鸯绣出任君看,不把金针度与人。余为之作一转语:金针线脚分明在,自绣鸳鸯也不难。即如《脉诀》一书,命名不一,有名《脉经》,有名《脉学》,有名《脉诀规正》,有名《诊家正眼》,独周梦觉道人以《三指禅》名篇,是明以金针度人也。始言得之于手而应于心,继言心中了了指下难明,终言脉归指上而后手中有脉。又特拈出缓字为宗,取生意也,余比象绘形,言简意赅。将缓字口诵之,心维之,手摩之,反复而玩味之,以此权度诸脉,了如指掌。诀以缓为极平脉,余二十六为病脉。定清缓脉,方可定诸病脉,精熟缓脉,即可知诸病脉。脉之有缓,犹权度之有定平星也。以指下之部位言,轻手得之曰举,候浮脉也;重手取之曰按,候沉脉也;不轻不重委曲求之曰寻,候中脉也。中则不浮不沉,中为缓脉,以权度乎浮沉,是金针一度也。凡濡道革牢微散芤伏,以部位而得名者,皆于指下之部位别之,是金针度于部位之间也。以指下之至数言,一息三至为迟,一息六至为数,一息四至为缓。缓则不迟不数,缓为平脉,以权度乎迟数,是金针再度也。凡促结疾代,以至数而得名者,皆于指下之至数定之,是金针度于至数之中也。以指下之形状言,三部无力曰虚,三部有力曰实,不柔不刚曰缓,缓则不虚不实,缓为和脉,以权度乎虚实,是金针三度也。凡滑涩弦紧洪动长短,以形状而得名者,皆于指下之形状辨之,是金针度于形状之际也。至六部脉解肝弦心洪肺浮肾沉脾缓,五脏之脉分五脏之部,不分是直以三指合诊六部,不分寸尺,何分左右,故不曰六指禅而曰三指禅,金针度于五脏之脉也。四时平脉,春弦夏洪秋毛冬石,皆以胃气之缓脉为本,谓三指禅为一指禅亦可,金针度于四时之脉也。岂非六指分诊六部,繁而难辨,三指合诊五脏,简而易明乎?凡我同人,留心医学,平日恬静虚无,将二十七脉之理,融会贯通于一心,临时下手,诊脉以缓字为权度,审部位,定至数,辨形状,全身脉症于瞬息间划归三指之下,得之于手,应之于心矣。手中有脉而后可以诊他人之脉,果然脉清症确,用药自能出奇制胜。胆从脉出而胆斯大,智从脉生而智斯圆。庶不负道人三指禅金针普度一片婆心,其以津建后学,而仁寿斯民之功,岂浅鲜哉。陈念祖修园识。

内容提要

是书不分卷,首论诊脉沉浮、迟数、虚实大纲,次论脉象主病,诸病脉象特征,各病依据不同的脉象治疗办法,共附录115方。书末附"先天后天论"、"经验方"和"补脏腑说"等。

现存版本

清刻本。

按：据陈修园序言，周梦觉道人著有《三指禅》一书，故是书有署名"周学霆"（即梦觉道人）者，将《三指禅》与《三指禅脉诀度针》对比，可见二者有一定的差异，是书可能系陈氏在《三指禅》基础上整理而成，抑或他人托名陈氏整理，暂时无法论断，以存疑处理。

脉诀辨明

明·熊宗立撰　佚

见《中国医籍考》《中国医籍通考》《中国古医籍书目提要》。

作者简介

见《名方类证医书大全》。

冲脉审谛

清·陈书撰　一卷　佚

见《中国分省医籍考》。

作者简介

民国二十二年《闽侯县志》卷四十八《艺文下》：陈书，字伯初，光绪乙亥举人，官博野县知县。

脉诀真知

清·陈书撰　一卷　佚

见《中国分省医籍考》。

作者简介

见《冲脉审谛》。

脉理精微

明·方炯撰　佚

见《中国医籍通考》《中国医籍考》《中国古医籍书目提要》。

作者简介

乾隆《莆田县志》卷二十七《人物志·乡行》：方炯，字用晦，襟怀高旷，不屑于家人生产。尝与方时举诸人为壶山文会。友人郭完，贫无子，既死，炯率其友为殓葬之。精医术，值岁大疫，设鼎于孔道，来求疗者，先使其徒诊视，相与审订而后施治，活人甚多。人有德其惠而酬以赀者，贫则却之，富则受而散于乡邻，以济穷乏，或道遇造桥砌路，辄以畀之。自号杏翁。所著有《杏林肘后方》《伤寒书》《脉理精微》传于世。

按：方炯，惟知其曾著医书三部，俱佚。陈世镕纂《福州西湖宛在堂诗龛征录》卷八有收方炯轶事及诗文若干，兹抄录之。

郑王臣《兰陔诗话》云：杏林初学医于蜀人虞仲文。尝有一僧暴死，口已噤矣。杏林视之，以为可活，乃以管吹药纳鼻中，少顷，吐痰数升而苏。尤工书法，诗亦清逸无俗调。

社会紫云岩予以病不赴用韵拟作呈诸同宗：朝览紫云景，夕憩紫云山。天阴月微明，露下几席寒。美人幽兴发，取琴为我弹。静听水云吟，不知清夜阑。登临恣追欢，眺望穷幽绝。山寒雪意浓，客至主人悦。闭阁留白云，开尊吸明月。长夜酒未醒，披襟散华发。

人日会瑞龙寺得发字：侵晨出郊坰，草径行露滑。古涧溜寒渐，新晴鸟声悦。兴从虎溪起，思绕龙山发。爱此人日嘉，迟留坐林樾。酒酣作莼羹，诗狂踏松雪。对景当尽欢，瑶草恐衰歇。毋为轻薄交，相期在华发。

哭郭沧洲：破屋沧洲上，清贫独可怜。书存无子读，诗好有僧传。葬卜中元夜，坟邻北漈边。穷交空白首，莫赠买山钱。

莒溪耕隐：莒溪环翠入瓢湖，古木云庄即旧居。每种秫田秋酿酒，剩收桐子夜观书。雪晴度岭闲骑犊，客至沿溪旋打鱼。老我尘中无隐处，借君余地着茅庐。

医脉真经

宋·杨士瀛撰　明·朱崇正附遗　二卷　存

见《中国医籍通考》《宋以前医籍考》《中国古医籍书目提要》《中国分省医籍考》。

作者简介

见《仁斋直指方论》。

序　　跋

杨士瀛自序：《脉诀》一书,世之宗叔和者尚矣。其间一一重复,或有所未论焉。余于暇日,采撷前古,以叔和为经,以百家为纬,讲明指要,条析件画,目曰《医家真经》者,理也。发先哲未言之蕴,而揆之理经者,正也。约诸子异同之说而归之正,诊视活法,瞭然在目。求之有余,师兹亦叔和俟来者之意也。刘元宾自序《脉括》有曰:览之者不知以我与叔和为如何。余则曰:不知是篇与元宾之书又如何。景定壬戌七月既望,三山杨士瀛登父序。

内容提要

《仪顾堂书目题跋汇编》第 498 页:《医学真经》二卷,宋杨士瀛撰,明朱崇正附遗。案士瀛字登父,号仁斋,福州人。著有《仁斋直指》二十六卷、《伤寒活人总括》七卷。《四库全书·医家类》著录此本为明嘉靖时刊,著录家所罕见也。前有景定壬戌七月既望登父自序。首为察脉总论,次脉诀,次论七表脉,次论八里脉,次论九道脉。其杂证脉状及药象,则朱崇正所附也。是书虽以伪本《王叔和脉诀》为经,而能参以百家之言,去其谬而撷其精。自序所谓发先哲未尽之言而揆之理,约诸子异同之说而归之正,非夸也。其三部九候论、脏腑部位论、诊候论、脉病消息论诸篇,简要易明,多前人所未发,以视《濒湖脉学》,无不及也。

现存版本

新刊仁斋直指本,林慧光校注《杨士瀛医学全书》本,国家图书馆中国再造古籍善本本。

按:是书又称《仁斋直指方论医脉真经》《医学真经》,多种目录类图书往往引经据典,将之作为不同书处理,实则为同书。

脉 学

清·陈道修撰　佚

见《中国分省医籍考》。

作者简介

民国二十七年《连城县志》卷二十六《艺能》:陈道修,号贯一,隔川人。幼读善悟,负笈汀州,从汤志尧学,性乐医,举业之余,浏览方书不辍。久之,医理有心得,处方能中病。师异之,父兄未以为可,师则以为良医济人,功同良相。时有太医归林下,因介与游,尽得其秘,造诣益深。遇穷人,施药赠方无少吝。年六十沾恙,昏梦中至阴司,称其治病有功,增寿一纪,病若失。七十一无疾而终。著有《脉学》及《临证扼要》等书,未付梓,遭兵燹遂失传。

脉法归真

清·卢山撰　一卷　佚

见《中国分省医籍考》。

作者简介

民国《崇安县新志》卷二十八《艺术》:山,字静夫,四隅里人。乾隆庚子恩贡生,治岐黄,熟于本草,岁试,全篇用药名,考历上等。治病往往一方即愈,人称为卢一剂。一日下乡索租,晚宿回家,适佃人少子生对口疮,病垂危,请其诊治。静夫断为走黄,非蛔虫勿治。瞥见其长子在旁,佯曰:少者病无妨,此子气色不佳,不速医即死。佃人信之,予除虫剂,下蛔虫二,取以敷疮,次日少者愈,长者亦无恙,人以为神。妇科尤精,论室女、寡妇、尼姑多郁证,独有见到之处。老年目疾,使人代写药方,或试之再三,剂量不差铢黍,其精如此。著有《脉法归真》一卷。特制午时茶,至今尚传于世。年八十七卒。子又曾世其业。

脉　诀

清·林鼎槐撰　佚

见《中国分省医籍考》。

作者简介

民国《龙岩县志》卷三十四《方技传·林滨齐条》:诸生林鼎槐亲授其传以行世,自著《脉诀》《金针医学法门》等书。

十二经脉

清·郑葆仁著　二卷　佚

见《中国分省医籍考》。

作者简介

见《灵素精采》。

按:是书民国《长乐六里志》卷十《艺文·子部》有著录。

脉　诀

明·周惟洪撰　佚

见《中国分省医籍考》。

作者简介

周惟洪,明代人,生平不详。

罗经奇门脉诀

清·章贡云撰　佚

见《中国分省医籍考》。

作者简介

民国九年《龙岩县志》卷三十四《方技传》：章贡云，字芳修，邃于星术、阴阳、五行、医卜等书，无不讨源溯流，窥其蕴奥。壮年浪迹云游，元日在湘江舟中见日蚀，忽大悟，知张果老看宫度之谬，遂自号为番果老。寻游京师，往来公卿间，名宿多为折倒。著有《番果老集》，卷帙甚伙，惜无传人。蠹朽之余，惟存《命理星案》二卷，其中附著《罗经奇门脉诀》，自谓独出己见，非剿袭臆说。康熙间侨寓都门十余年，受业者几遍海内。

理元脉诀

清·谢丰撰　佚

见《中国分省医籍考》。

作者简介

民国《南平县志》卷二十一《孝义传》：谢丰，郡庠生，父宗尹，邑之名宿，事继母以孝闻，性好施，常周人之急。丰善承父志，囊虽涩，必婉转将顺。父或稍不豫，即治具，延父素交谈宴，以娱其意。丧葬悉从厚，年八十，遇忌辰，必素衣哭泣，悲戚终日。郡守以孝足风世，旌之，欲上闻，因耿变中止。生平精医，所著有《瘴疟指南》《诸症辨疑》《理元脉诀》等书。

按：民国《南平县志》卷十二《艺文志》有著录。

脉　　经

清·陈五鼎撰　八卷　佚

见《中国分省医籍考》。

作者简介

　　民国三十八年《古田县志》卷三十二《方技传》:陈五鼎,字斯至,诸生,善医。有远乡人年七十二,暴疾危甚,将星夜舆归。五鼎诊视之曰:君不特不死,且可延十年。越二日,果愈稔。其无子,劝之曰:按君脉息当有一子,宜娶妾。其人从之,殁时子八岁矣。著有《脉经》八卷。

五、本草类

闽产异录

清·郭柏苍辑　五卷　存

作者简介

见《海错百一录》。

序　跋

郭柏苍自序：飞潜动植，盈天地间，不养人即害人，吾人多识其名则一也。凡日用养生所需，上古帝王天生明圣，尽性穷理，为生民立命，早已取义命名。如粟菽、布帛、六畜、百草，以至虫鱼之细，见于岐黄，述于孔孟者，其名千古从同，义亦如一。后人宁有呼粟菽为糠秕，金银为铅汞者乎？诸子百家出而疏证焉，其名始别；又从而辨驳焉，其义始繁。山陬海澨，续入版图，所产非人世所急，或仍外国之名目，或以方言为记载，如今之台南、台北是矣。物一名殊，义亦因之而别，非周历广见，乌足以通于古而知用。亦有古所无今始传者，又有限于地而文不达者。北人著书不及南品，奇特之物匿于志乘，弗得备《本草》、列《群芳》者，又不知凡几。学人俯首道旁，只识荆棘，不知阶前小草，得以备用，视薄宦无益于时者远矣。林谓《闽中记》、曾师建记、林世程续收《闽中记》、王应山《闽大记》、陈鸣鹤《闽中考》，其书皆久亡。旧志略引一二，各郡县志遂互相抄袭，无其物亦记其名，且引某志所载，某志则非本志明矣。即如《三山志》一书，志"福州，本州也"，各郡县无其物，亦引用之，且援《尔雅》《说文》《埤雅》，强所产之物与古合，夸多而失之伪。七闽八蛮，梁隋以前不入内州，其土物多经典史册所不载，又何必讳今以造古？吾生既晚，忽忽数十年，有限之岁月，不欲虚度，是则吾念也。少壮登山临水，协村人之寿而略文者，随遇磋切，互相穷诘。今老矣，耳目所及犹能记忆，比而订之，附于《海错百一录》之后。名曰"闽产",不以广而滥;名曰"录异",不以同而袭。异者固录,然亦有不异亦录者。五谷何足异,异其种耳。又有不异亦录者,吾说甚创,则不异为异矣。亦有异而不录者,所产之地既多,率见焉,则复不足为异。后世著书重证据,惟是方物之生,知其性乃有其用,首录之则异矣。夫首录奚从证据乎?《山海经》《博物志》,古书之最异者,所载荒远。通人不履之地,以方舆测之,以迹象推之,知耳目所不及必有其物,世久乃竟得其物以实之。苍之所录,不臆断,不求文,书成分类,以便探讨。曰谷属、货属、蔬属、果属、药属,日用养生所需者列于前;曰木属、竹属、藤属、花属、草属、毛属、羽属、鳞属、虫属,人世不急者列于后。鳞之产于海,产于潮汐咸淡水者,已见《海错百一录》,不重出。视此衰然,无益于人心世道,亦灾梨枣,不觉哑然。然皆出于不欲虚度岁月之一念成之也,遑暇计其是非工拙哉?时光绪丙戌冬日,郭柏苍白序于闽山之蕉雨宦。

内容提要

《闽产录异》是晚清学者郭柏苍论述福建、台湾两地物产的专著。书中记述了一千四百多种闽台动植物的产地分布、性状特征、实用价值和利用方法,对于某些特产,还记述了它的物种来源、历史上的产销情况、有关的艺文掌故和风俗民情。本书不但有自然史、经济史、科学技术史与医药卫生史的价值,还有文化史、社会史、思想史、方言学、民俗学的价值。是书卷二为"药属"内容,记述了民间一些用药治病的经验,尤其着重记载了本来不是药属的某些物产的药用价值,特别是某些食物对食用者健康的影响。郭柏苍十分注意福建所产动植物药用品性的介绍,书中揭露当时人们制造假药的手段,如卷二"药属·何首乌"条,他便记有"何首乌,苍所见有俨然如孩童,盖土人雕人形于石盒,取薯蓣根夹人盒中,一二年根满矣,又将薯蓣根移植于何首乌之旁,以何首乌茎再接薯蓣,居然根、叶毕具"。

现存版本

光绪十二年(1886年)刻本,1999年华夏出版社《中国本草全书》本,1986年岳麓书社校注本。

增订伪药条辨

清·郑奋扬辑　民国·曹炳章增订　四卷　存

见《中国医籍通考》《中国医籍续考》《中国古医籍书目提要》。

作者简介

郑奋扬(1848—1920),字肖岩,福州市人。出生于中医世家,其祖父郑德辉、父亲郑景陶均医名卓著。在中法马江战争中,奋扬任团防总文案。他目睹中国海军惨败,清政府腐败无能,乃弃官从医,在台江开诊行医。郑奋扬是一位充满社会责任感的医家。因其生逢乱世,疫病流行,他目睹百姓为鼠疫、霍乱等流行病折磨,遂整理总结自己的临证经验,编著诸多疫病文献,受人瞩目,主要有《鼠疫约编》《痧证宝筏》《热霍乱辑要》《验方别录》等。郑奋扬处方用药,以轻灵取效,远近驰名,在当地社会声誉颇著,一度被推选担任全闽医学会会长一职。郑氏对当时传入的西方医学,秉持兼容并蓄的态度,他"取西学之长以补中学之短",体现推动中西医汇通的学术立场。

序　跋

余祥池序:《书》有之"作伪心劳日拙",甚矣!作伪之无益而有害也。矧在药物所以疗病,一涉于伪,则不足以救人,而反足以损人,甚者或竟至于戕人。以救人之药品而至于损人戕人,其害不为细,而实由于一伪字阶之厉。吁,其可骇也!夫宋元以降,医与药分路而扬镳,货药者未必知医,而知医者未必货药。虽有良医,而药肆多伪药,则良医仍无济于事。故良医良药,宜相辅相行,而决不容伪药赝鼎之杂出其间也。曩者先君致力于实学,而于医药尤多所考订,不佞自髫龄时辄闻庭训及之,由是于《灵》《素》以下,稍稍窥见门径。弱冠之时,亲友之病者相率就诊,予不佞,治之颇有效,然终未敢自信,故嗣后有请诊者辄谢绝之。今老矣,鬓丝禅榻,专以鬻诗文书画自娱,顾每闻有医学佳著,如渴骥赴泉而不能自止。尝慨夫伪药之乱真,欲著一书以闻世,而人事匆促,学殖荒疏,因循不果。四明曹君炳章邃于医药学,临诊以外,孜孜于著述无倦容。近又取闽县郑子肖岩所著《伪药条辨》而增订之,条分缕析,博大精微,可谓尽善尽美,足以为伪药之棒喝。禹鼎铸奸,不是过也,作伪之风,其可因是而稍弭乎?民无夭札,将以是书为左券,独是不佞所有志而未逮者,而曹君乃奋笔而成之,非所谓有志者事竟成耶?兹付剞劂,爰乐为序之。中国民国十七年九月九日,绍兴余祥池序于仰师宾学净室之四积轩。

曹炳章增订序:博物固难,而于药材不得不求博焉。用药尤难,而于物性不得不求达焉。胡可人云亦云,而不致思哉?观唐显庆《重修本草》,孔约之序有言曰:动植形生,因方舛性,春秋节变,感气殊功,离本土则质同效异,乖采摘则物是时非。此数语者,诚概括神农尝味、雷公炮炙之微义,犹举医家之能事矣。无如近世业医之士,率承父师之庭训,沿习方士之俚谈,既未曾阅历山川,访众材之出处,又不能搜罗经史,采明哲之讨论,即《本草纲目》一书,乃药品之艺林,材用之渊薮,孰能细为考证?即或悉心研求,而传讹亦甚多,无怪乎习于道听途说,并惑于市侩妄言,致使真材被弃,赝物风行。如大黎子伪充巨胜,相思子混当赤豆,诸如此类,不胜枚举。沈萍如云:天地之于万物,生长收藏,本具五行之理。温凉厚薄,乃随九土之宜。然亦有禀性悬殊,而秋生、夏死、春荄、冬荣之不同。如夏麦、冬瓜、腊梅、秋菊,各以时药,天下皆然,习见不异者。扩而充之,则蜀之稻一岁二艺,滇之罂粟四时皆花,滇黔瓜茄豆蔓逾冬不凋,松木长青而六诏松针交春黄陨,梅魁春首而滇中梅蕊腊尽花开。蓖麻干空如竹,西赕成木如拱。仙人掌草木也,他处遇霜即萎,滇南可列莳方丈以作垣篱,开花如瓟,结果如瓜,此多诸家本草所不载。皆由方土气候之不齐,而致物性种类亦不一。不独此也,且收药储材,犹当审其收采之时候,察其方土之寒燠,达其物性之变更。揆之于理,而后乃收其效,非可以一隅之偏论胶柱鼓瑟耳。假如植物之皮、叶、根、荄、花、蕊、子、仁之类,而必采摘有时。若杜仲、黄柏、秦皮等,其用在皮,理当取之于夏,因夏时浆发于皮,力全而功倍,春则浆未升,秋冬则浆已降,浆收皮槁,效用已失。地骨、丹皮、芎、归、地、芍,则亦宜各因其长盛之际而采之。其他如山草类之芩、连、知、贝,本多野生者佳,取用其根,宜于秋冬为胜。若椿、樗、五茄等乔木之根皮,则亦宜采于落叶之时,其浆液归根,效力亦胜。至于杏桃、果瓜之仁核,类多收于夏秋,余目睹夏食未熟果瓜之核仁,多瘪薄无肉,可见未至其时,而生长不足也。若夫甘菊、忍冬、凌霄、密蒙等花,以及苏叶、藿香、薄荷、荆芥、青蒿、佩兰等芳草之类,则各乘盛时而采之,则气足力全。既采之后,必当即时晒燥,庋藏箱缸,使芳香之气不散,苟煎服合度,效能更胜。否则或收采失时,及任其风吹湿蒸,不但失其气味效能,且增加霉毒,暗助病菌孽长,此不可不知也。苟能收采合时，炮制遵法，必须理有可循，再加亲知灼见，屡经试验，方可传信。乃今药肆射利，在小铺则以伪乱真，以紫乱朱，但求名状相似，不别效用冰炭，甚则黑明角充犀角，山羊角混羚羊，只求己利，不惜人害。在大铺则但求形色雅观，进值高昂，不别性质良窳，如半夏用蜀产而不用浙产，橘红用川产不用建产。大抵川夏颗大，形式雅观，浙产粒小，不知川夏质松，落水即胖，且力薄性劣，较之浙夏质坚味厚、功力皆宏者大不相同。橘红之用川产，亦因平薄无瘢痕，建红卷小有瘢痕，而形色虽不雅观，然气味浓厚，不若川红之味淡气薄耳。甚至医方上书明苍术，而用茅术，书明于术，而用江西术，以苍术、于术价贱，茅术、江西术价贵。以价贵贱分高下耳，不知效能各有擅长。如苍术燥湿，茅术利湿，用处不同；于术健脾，江西术生津，补法悬殊。诸如此类，亦不胜枚举。数年前，吾绍亦有相沿此恶习，近时则已改良之。然世人茫然不察，致将确能治病之药，嫌其轻贱而不用，反以重值购求不对病之赝品为神丹，直至不效，亦不自认误药之过，而惟委之天命而已。

呜呼！吾国药物不改良，医学无从进步，欲求其改良之道，必须从医药共同研究始。如上古神农尝药，中古韩康卖药，皆医士而兼药剂师也。自赵宋设立和剂药局，售药虽有专肆，而仍有医师指导售卖者也。不若近世医自为医，药自为药。行医者只辨性味处方，不明药品之真伪。卖药者只知形色雅观，不知炮制之精当。至于产处之道地与否，丸散膏丹之遵古与否，医师既不调查，药师亦不报告，分道扬镳，两不相谋，执而不变，岂有进步哉？际此中医药竞争图存之时，医与药必须共同一气，将一切沿习积弊一一设法改良。炳章自幼娴药习医，至今仍以此为衣食谋，具有切身之关系。尝蓄医药革命之决心，恨无实行铲除能力。于民国二年春，爱集同志，组织和济药局，为改良之创始。订正丸散膏丹方书，编著膏丸说明，考定传讹药品，撰述规定药品之商榷等书。刊印以来，传诵遐迩，荷蒙海内同志所欢迎，纷纷报告改良者已有十余埠之多。余故友郑君肖岩，亦凤具此心，著有《伪药条辨》一书，邮示于余，嘱余评注撰序而刊行之。余捧诵一周，其间所采伪药，计百十一种，能将传讹作伪等弊，从实验条辨发明，与余规定药品之商榷可谓无独有偶。惜门类不分，而药品产地丛多，质性不齐，未免遗漏。炳章爱将各药别其门类，分订四卷，间有实验识见，鉴别条下，惟郑君原文，不敢更动只字。虽然吾国地大物博，岂能尽我二人所见，无非先创其例，以吾二人著先鞭耳。凡增补之、订正之，请质诸海内外医药经验家及博物家，果能相与有成，以臻完美，正不独吾道药界之幸甚，而天下苍生亦幸甚也夫！中华民国十六年七月日，四明曹炳章序于绍城和济药局。

陈赞图序：天下惟似是而非者，辨之不容不早，亦绝之不容不严。莠之乱苗，紫之夺朱，其近在目前，而尽人能识者，圣人犹恶焉。进而有关乎生人性命之原，世道淳浇之故，而又为人所难辨者可知矣。肖岩茂才，余通家子也，承累世青囊之学，居恒出其术以活人，辄应手起。盖其诊脉处方，不特于腑脏之伏也，血气之留也，空窍之塞也，关鬲之碍也，必洞见其症结，下及阴阳燥湿之宜，佐使君臣之法，亦皆考之必力，用之必神。故采药之道地新陈，采取时节，炮制经方，均讲之有素。每恨牟利之徒贩售伪药，夭札生灵，爰即生平耳目所关，严加考究者凡若干种，厘为《伪药条辨》，以为此固尽人所难辨，而又尽人所当辨者也。书成，问序于余。余维今之医者，识时方数种，读《本草》一书，辄诩诩然号于人曰：邱之虻，吾知其为贝母也；愿之堇，吾知其为乌头也；墙之茨，吾知其为蒺藜也；谷之蓷，吾知其为茺蔚也；台赓缁撮，吾知其为香附之称；邕荐黄流，吾知其为郁金之号。究之赤箭青芝，饱读雷公之赋；露苗烟蕊，未提风伯之笼。《素问》即或成书，赭鞭未尝别味，问名则是，课实则非。当夫真假杂陈，未有不懵然罔辨者，无他，耳食虽详，而讲求无本也。今肖岩世兄以霹雳手运菩提心，良楛斯分，真假立见，使牛鬼蛇神无从逃温峤之犀，而马勃牛溲皆得奏医师之效。将见向之草菅人命、渔利贩售者，无所往而可试其欺，因而愧悔之萌，良心复发，未始非由浇返淳之一机也。然则是书之有功于世道，岂浅鲜哉！余故乐为之序焉。时光绪辛丑春和之月，世愚弟陈赞图拜撰。

郑奋扬自序：古者医自采药，司岁备物，能得大地之专精，故治十得九，奏效如神。降及后世，人心不古，疑信参半，医者避嫌，但求诊脉处方无愧我心，凡药之采取时节，及出产土地，新陈真伪，一概不讲。医与药判为两途，药与病漓为二致，用药之权，反操自药肆。其自顾招牌以图驰名者，尚堪见信，有一种市利之徒，贪营之心重，则利济之志泯，得一药则赚一药之利，制一药则损一药之功，以伪乱真，以贱抵贵，巧诈相尚，夭札生灵，其流弊伊于胡底耶？余世读活人书，自束发仰承庭训，即闻有伪药之弊，阅历虽久，闻见难周。今春上元旋乡，与翥如从弟谈及，渠复示伪名三十余味。书将脱稿，又承郭表弟叔雅检示十六味，重为辨纂。不意四十年来，假药混售，有许多名色，病家罔识，药贩昧良，若不详细研究，大声疾呼，则草菅人命，未始非医者之咎也。故不避嫌怨,著为《条辨》。知我罪我,亦听诸人矣。岂有他哉,不得已也。光绪辛丑仲春之月穀日,闽县郑奋扬肖岩谨识于袖海庐。

劝戒刍言

一、劝办药宜真也。余闽人,在闽言闽。闽地僻处海峤,凡两广及外洋要药,皆自香港办来,江、浙、川、陕、辽、冀各地道,皆自上海办来,全省大小药肆,多向南北帮购置。此书所列伪药,十有六七非闽省所产。药栈为药店领袖,必当办运真药以利济群生。回忆二十年前,药帮传单议禁,实为无量功德,不意日久玩生,禁者自禁,而售者自售。夫药之真伪,医家病家固未能周知,药栈无不知之,明知故作,又奚可哉。窃愿好善君子,存仁交义取之心,矢济世济人之志,清流塞源,永远禁绝,则广种福田,不仅鄙人持一瓣香祷祝以求之耳。

一、劝贩药宜审也。凡药栈之庄友,药商之经手,一切办货批贷,均须验明正地道货色,如遇有假药,货宁缺而不买,价虽贱而不收。存利济之善心,绝钻营之念。即外府州县,穷乡僻壤,客载来省购货,亦须认货交易,勿贪小利而昧天良,勿便私图而害人命。语云:救人一命,胜造七级浮屠。彼苍福佑善人,报施原不爽也。

一、劝买药宜慎也。凡病家请医治病,为其欲愈也,有真方无真药,卢扁莫何。凡一方到手,须问明方中有无要药,特向药铺只取真药,不论价钱。与其服伪药数十剂,而无功反害者,何如服真药一二剂而奏效如神也。勿先评价钱而后购,勿第贪便宜而相商,凡方中有涉假药者,尤宜审问而明辨之,自不至为其所误矣。

一、劝用药宜谨也。医为司命之人,临证开方,凡方中有涉及假药者,须与病家详说某药有假,购药时切宜明辨,为之提醒。自不知坠其术中,在我稍费片言,于人受益非浅。至贵重之品,如人参、牛黄、麝香、琥珀、海狗肾、麒麟竭、珍珠、阿胶、犀角、羚羊之属,尤宜谨慎。倘无真药,徒费病家之钱,于病无济,必不得已而用之,须嘱力求真品,或能稍收功效。吾愿同志诸君,力挽颓风,随时随地,留心察访,严别真假,以立吾道之防,则活人之心,差堪稍慰已。

一、劝买宜诚也。项元麟曰:病家买药,原系去病求生,固非泛常日用者可比,幸勿希图价廉,多打折扣,过意拖欠,使彼货卖之家,折本含怨。请思经营问利,谁甘亏折,不得已将形色相似者代之,孰知云泥之隔,冰炭之殊。买药者，惟图价值便宜，服药者，亦大受其损矣，病情轻尚可苟延残喘，病情重以致殒命捐躯。买卖之际，生死交关，其可不慎。况世俗皆以药业为暗行，不知其如何利息。殊不知剔选正药，去头除梢，再去泥杂没屑，沾惠甚微。偶或骤让，甚至净欠不还，以致卖者进货折本不计。所以买者贪而无诚，而卖者作伪，亦毋怪其然矣。又有土人商贾，鱼目混珠，来路不清，亦非关药肆之弊，乃进货者经验阅历不到，受人欺骗耳，罪在奸商贪利忘义之徒。总之，药之良窳，关人生命，宜各本天良，搜精探髓，不避天下射利者恚怒。恪遵天道好生为念，卖者买者，思之味之。

《伪药条辨》例言

一、此书专为辨别药之真伪而作。凡药性、气味、功用、行何经络、专治何病，各家本草业已详明辨释，故考证从略。

一、诸药有天生地产之正所，则为道地正品，若土人迁地移栽地土不宜之处，即是不良。或亦兼产遍地，皆称道地者。

一、书中所列伪名，如大小稀、副先、冲剪等类，乃药肆通称之名，非假药之本名。欲绝流弊，先记伪名。

一、药之形色气味，经药肆刌切之后，不易辨识，故是书仅就药之本质者证而言之。

一、所辨伪药，只能闻见所及言之，尚望海内高明匡其不逮。

内容提要

《增订伪药条辨》是曹炳章在郑肖岩《伪药条辨》的基础上增补合编而成。郑肖岩经过多年留心观察和研究，积累了许多辨别药物的资料和经验，并认真加以汇集整理，于光绪辛丑年（1901 年）仲春，编成《伪药条辨》一书。书中记载药物 111 种，从形态、气味、色泽、产地等方面，论述鉴别药物真伪优劣的方法。书成之后，郑氏将原稿寄给绍兴曹炳章，托他评注作序以刊行。曹氏见此书与自己的著述大同小异，于是将其分门别类，保留郑氏原文，并将自己的论述作为按语，附于各药之后，于 1927 年编成《增订伪药条辨》四卷，次年正式印刷刊行。曹氏在《增订伪药条辨》中，进一步阐述 100 余种药物的辨识方法，为鉴别药物真伪优劣提供宝贵经验。此书的刊行，对于提高医药从业人员鉴别药物的能力，丰富药物知识有很大的帮助。

现存版本

1928年绍兴和济药局印本,1959年上海科技卫生出版社铅印本,2004年福建科学技术出版社校注本。

神农本草经读

清·陈修园撰　四卷　存

见《中国医籍通考》《中国古医籍书目提要》。

作者简介

见《伤寒论浅注》。

序　跋

蒋庆龄序:陈修园老友,精于岐黄之术,自负长沙后身,世医环而姗笑之。及遇危证,缰断桅横,万手齐束。修园往,脱冠几上,探手举脉,目霍霍上耸,良久干笑曰:候本不奇,治之者扰之耳。主人曰:某名医,曰:误矣。曰:法本朱、张、王、李,曰:更误矣。天下岂有朱、张、王、李而能愈疾者乎?口吃吃然骂,手仡仡然书,方具,则又自批自赞,自解自起,调刀圭火齐,促服之,服之如其言。尝以李时珍《纲目》为谫陋,有《神农本草经注》六卷,其言简,其旨赅,其义奇而不赅于正。其钩深索隐也,玄之又玄,如李将军之画,不肯使一直笔;其扃辟奥启也,仍复明白坦易,如白香山诗句,虽灶下老妪亦可与觿解。不可解而后解,及其解之,了不异人也,可谓金心在中,银手如断矣。出山后,敛抑才华。每诊一病,必半日许,才出一方,有难之者,其言讷讷然如不能出。壬戌冬回籍读礼,闭门谢客。复取旧著六卷中,遴其切用者一百余种,附以《别录》,分为四卷,俱从所以然处发挥,与旧著颇异,名曰《本草经读》。盖欲读经者,读于无字处也。修园为余言,所著尚有《伤寒论注》四卷,《重订柯注伤寒论》八卷,《重订活人百问》八卷,《金匮浅注》十六卷,《医医偶录》二卷,《医学从众录》八卷,《真方歌括》二卷,《景岳新方砭》四卷,《伤寒论读》四卷,《金匮读》四卷,《医约》二卷,《医诀》三卷。虽依类立言,义各有取,要其阐抉古经之旨,多与此书相发明。暇日余将遍读焉。嘉庆八年岁次昭阳大渊献皋月既望,侯官愚弟蒋庆龄小榕氏序。

郭汝聪后序:上古圣人,仰观天之六气,俯察地之五行,辨草木、金石、禽兽之性,而合于人之五脏、六腑、十二经脉,著有《本草经》,词古义深,难于窥测。汉季张长沙《伤寒论》《金匮要略》,多采中古遗方,用药之义,悉遵《本经》,应验如响。自李唐而后,《千金》《外台》等书,有验有不验者,盖与《本经》之旨有合有不合也。沿及宋、元诸家,而师心自用,药品日增,经义日晦,只云某药治某病,某病宜某药,因陋就简,愈趋愈下。而流毒之最甚者,莫如宋之雷敩,窃古圣之名,著为《炮制》,颠倒是非,不知《本经》为何物。洁古、日华、东垣辈因之,而东垣纯盗虚名,无稽臆说流传至今,无有非之者。李濒湖《纲目》卷帙浩繁,徒杂采世俗之说,以多为贵,不无喧宾夺主之嫌。汪讱庵照《纲目》而约为《备要》,逐末忘本,不足道也。余友孝廉陈修园精通医学,起死回生,指不胜屈。前著有《本草经注》六卷,字栉句解,不遗剩义,缮本出,纸贵一时。兹复著《本草经读》四卷,视前著又高一格,俱从所以然处发挥,且以《内经》之旨,《金匮》《伤寒》之法融贯于中,一书堪为医林之全书,洵神农之功臣也。余自髫年,以慈闱多病,矢志于医。因本草向无缮本,集张隐庵、叶天士、陈修园三家之说,而附以管见,名为《本草经三注》,而集中唯修园之说最多。今得修园之《本草经读》,则余《三注》之刻,可以俟之异日矣。喜其书之成而为之序。

凡　例

一、明药性者,始自神农,而伊尹配合而为汤液。仲景《伤寒》《金匮》之方,即其遗书也。阐阴阳之秘,泄天地之藏,所以效如桴鼓。今人不敢用者,缘唐宋以后,诸家之臆说盛行,全违圣训,查对与经方所用之药不合,始疑之,终且毁之也。

一、《神农本草》药止三百六十品,字字精确,遵法用之,其效如神。自陶弘景以后,药味日多,而圣经日晦矣。张洁古、李东垣辈,分经专派;徐之才相须、相使、相恶、相反等法,皆小家伎俩,不足言也。是刻只录一百余种,其余不常用与不可得之品阙之。其注解俱遵原文,逐字疏发,经中不遗一字,经外不溢一词。

一、是刻只录时用之药,其品第及字样,不尽遵旧本。考陶隐居《本草》,有朱书墨书之别,朱书为《神农本经》,墨书为《名医别录》。开宝间重定印本,易朱书为白字,兹因其近古而遵之。是刻遵古分上中下三品,《别录》等本,采附于后。

一、药性始于神农,用药者不读《本草经》,如士子进场作制艺,不知题目出于四子书也。渠辈亦云药性,大抵系《珍珠囊药性赋》《本草备要》及李时珍《本草纲目》之类,杂收众说,经旨反为其所掩,尚可云《本草》耶?

一、近传《本草崇原》,越之张隐庵著也;《本草经解》,吴之叶天士著也,二书超出诸群书之上。然隐庵专言运气,其立论多失于蹈虚;天士囿于时好,其立论多失于肤浅。而隐庵间有精实处,天士间有超脱处,则修园谢不敏矣,故兹刻多附二家之注。

一、上古以司岁备物,谓得天地之专精。如君相二火司岁,则收取姜、桂、附子之热类;如太阳寒水司岁,则收取黄芩、大黄之寒类;如太阴土气司岁,则收取芪、术、参、苓、山药、黄精之土类;如厥阴风木司岁,则收取羌活、防风、天麻、钩藤之风类;如阳明燥金司岁,则收取苍术、桑皮、半夏之燥类。盖得主岁之气以助之,则物之功力倍厚。中古之世,不能司岁备物,故用炮制以代天地之气,如制附子曰炮,助其热也;制苍术曰炒,助其燥也;制黄连以水浸,助其寒也。今人识见不及,每用相反之药而反制之,何异束缚手足而使之战斗哉?倡山堂之说最精,故节录之。按制药始于雷公,炮制荒谬,难以悉举。要知此人名教,宋时人,非黄帝时之雷公也。

一、熟地黄、枸杞,取其润也,市医炒松则上浮,烧灰则枯燥矣。附子、干姜,取其烈也,市医泡淡则力薄,炮黑则气浮矣。以及竹沥盐、咸枳实之类,皆庸医两可之见,不足责也。至于枣仁,生则令人不眠,熟则令人熟睡;黄芪生用则托里发汗,炒熟则补中止汗;麦门冬不去心,令人烦躁;桑白皮不炒,大泻肺气之类,数百年相沿之陋,不得不急正之。

一、本经每药主治,不过三、四证及六、七证而止。古圣人洞悉所以然之妙,而得其专长,非若后世诸书之泛泛也。最陋是李时珍《纲目》,泛引杂说而无当;李士材、汪切庵,每味必摘其所短,俱是臆说,反启时辈聚讼纷纷。修园为活人计,不得不痛斥之。

一、神农尝草而作《本草经》,实无可考,其为开天明道之圣人所传无疑也。张仲景、华元化起而述之,陶隐居之说不诬也。汉时去古未远,二公为医中之杰,遵所闻而记之,谓非神农所著可也,谓为神农所著亦可也。

一、每药注解,必透发出所以然之妙,求与《内经》《难经》、仲圣等书字字吻合而后快。古云群言淆乱衷于圣,愿同志者取法乎上。

内容提要

《中国医籍大辞典·上》第 281 页:《神农本草经读》,四卷,清陈念祖撰。成书于清嘉庆八年(1803 年)。又名《本草经读》。陈氏曾撰《神农本草经注》六卷,后从该书中选出切于实用药物撰成本书。共载药一百六十五种,其中《本经》药一百一十八种,增补何首乌等常用药四十七种。各药论述无定例,每结合《伤寒》《金匮》用药法,与《本经》药性相印证,又多附《本草崇原》《本草经解》两家之注,以及其本人的用药经验。

现存版本

清嘉庆八年癸亥(1803 年)橦花书屋刻本,清同治光绪年间各种刻本,民国时期各种石印本,陈修园医书各种本,今人各种校注本。

本草辑要

清·林玉友辑 六卷 存
见《中国中医古籍总目》。

作者简介

林玉友,侯官人,字渠清,号寸耕居士,乾隆间布衣,生平不详。

序   跋

林玉友序:《本草》一书,撰自轩皇,古今来增补著述者不啻数百家。而求其渊博精详者,虽唐宋重修,皆有善本,拾遗证类,俱称该洽,终无如李氏《纲目》格物穷理,可补尔雅诗疏之缺。第品类繁多,读之者每苦于不得其要,如涉海问津。他如歌括、药性赋、蒙筌等书,虽集其要以便初学诵读,俱在李氏之先,纂古本而多所遗。即缪氏经疏、汪氏备要,皆为祖述纲目而集其要,释药兼乎释病,以发前人之所未发,而其要仍属多遗。读之者又限于一隅之见,弗获触类而长,将何所折衷以归于至要,而为后学之津梁哉。用是搜讨群书,爰辑是编,自水土、金石、禽兽、虫鱼、果蔬、器物以及人身发肤、垢腻,凡可以养生、可以疗病者,在所必录。上自经史记载,下及诸子百家论说,凡有关于药性、有切于病情者,靡不兼收。至于名近迂僻,类乎怪诞,及以人补人,如天灵盖与紫河车,方饵用之,为自伤其类,则均所弗取。明其理辨其用,或理有未显、义有未尽,则征引互发以详其要。所归正误,期于有本而有源。考据择其无偏而无倚,部虽分而类则聚,颇易寻求。词或寡而语或详,总归包括庶几其要无遗。俾读者既不至于涉海问津,亦可以触类而长,或可为后学之津梁欤! 书始于乾隆丙午春月,成于庚戌夏日,参订校字者则余次子徽琼也。时乾隆庚戌中秋后二日,寸耕居士林玉友渠清撰。

内容提要

本书共六卷,另卷首一卷。卷首论药性总义,介绍药之性味、炮制、寒热、相生相克、道地药材等问题。以下各卷分列水土、金石、禽兽、虫鱼、果蔬、器物以及人身发肤、垢腻等各类药物。卷一,水部、火部、土部、金部、石部、卤石部;卷二,山草部、芳草部;卷三,隰草部、毒草部、蔓草部、水草部、石草部、苔草部;卷四,谷部、菜部、果部、味果部;卷五,香木部、乔木部、灌木部、寓木部、苞木部、服帛部、器物部;卷六,虫部、鳞部、鱼部、介部、兽部、禽部、人部。每一味药均介绍其性味、功能主治、炮制方法、注意事项等,并引经据典予以阐述。

现存版本

道光辛卯年(1831 年)寸耕堂《本草伤寒辑要合编》本,2015 年中国中医药出版社滕佳林等校注本。

按:现存林玉友材料不多,对其生平事迹所知无几。与其同时代的福州籍著名学者梁章钜曾为之亲书"寸耕堂"木质匾额一个,以梁氏之学识地位,可推林玉友在当时应有一定影响。

图经本草

宋·苏颂辑　二十卷　存

见《中国医籍通考》《宋以前医籍考》《中国医籍考》《中国古医籍书目提要》。

作者简介

乾隆《晋江县志》卷三七《人物志》:苏颂,字子容,绅子,缄侄,自同安徙居县治。庆历二年第进士,知江宁建业,定户籍丁产,民皆悦服。诸令视以为法,调南京留守。欧阳修委以政曰:子容处事精审,一经阅览,吾可无省矣。皇祐五年,召试馆阁校勘,同知太常礼院,议郭皇后宜附于后庙,曾公亮深叹服之。迁集贤校理,富弼与韩琦为相,同表其廉退,历擢知制诰,判审刑院,进银台司,知审刑院。以不阿王安石意,出知婺州。沂桐庐,江水暴汛,母在舟中几溺,颂哀籲天,舟忽自正,母甫及岸,舟覆矣,人谓纯孝所感。徙亳州,加集贤学士,知应天府。吕惠卿尝语人曰:子容,吾乡先进,苟一诣我,执政可得也。颂闻微哂而已。修仁宗、英宗两朝正史,转右谏议大夫。元丰初,权知开封府,未几知河阳,改知沧州,召判尚书史部兼详定官制。元祐初,迁至史部尚书兼侍读,又迁翰林学士承旨。五年,擢尚书左丞,七年拜右仆射兼中书门下侍郎。绍圣四年,拜太子少师致仕。徽宗立,进太子太保,累爵赵郡公。卒年八十二。诏辍朝二月,赠司空。理宗朝赐谥正简。颂贯穿经史,诸子百家、律吕星算无所不通。又工笔札,朝廷制作,必取正焉。苏辙尝谓曰:子容博学强识,其讲说放矢旧闻,多得详实,尝议学校及贡举,皆先行实后文艺,论者韪之。

序　跋

苏颂序:昔神农尝百草之滋味,以救万民之疾苦,后世师祖,由是本草之学兴焉。汉魏以来,名医相继,传其书者,则有吴普、李当之《药录》,陶隐居、苏恭等注解。国初,两诏近臣总领上医,兼集诸家之说,则有《开宝重定本草》。其言药之良毒、性之寒温、味之甘苦,可谓备且详矣。然而五方物产风气异宜,名类既多赝伪难别。以旭床当蘼芜,以荠苨乱人参,古人犹且患之,况今医师所用皆出于市贾,市贾所得,盖自山野之人随时采获,无复究其所从来。以此为疗,欲其中病,不亦远乎?昔唐永徽中,删定《本草》之外,复有《图经》相辅而行,图以载其形色,经以释其同异。而明皇御制,又有《天宝单方药图》,皆所以叙物真滥,使人易知,原诊处方,有所依据。二书失传且久,散落殆尽,虽鸿都秘府,亦无其本。天宝方书但存一卷,类例粗见,本末可寻。宜乎圣君哲辅,留意于搜辑也。先是诏命儒臣重校《神农本草》等凡八书,光禄卿直秘阁臣禹锡、尚书祠部郎中秘阁校理臣亿、太常博士集贤校理臣颂、殿中丞臣检、光禄寺丞臣保衡,相次被选,仍领医官秦宗古、朱有章等,编缉累年,既而《补注本草》成书奏御。又诏天下郡县,图上所产药本,用永徽故事,重命编述。臣禹锡以为考正群书,资众见则其功易就;论著文字,出异手则其体不一。今天下所上绘事千名,其解说物类,皆据世医之所闻见,事有详略,言多鄙陋,向非专一整比,缘饰以文,则前后不伦,披寻难晓。乃以臣颂向尝刻意此书,于是建言奏请,俾专撰述。臣颂既被旨,则裒集众说,类聚诠次,粗有条目。其间玉石、金土之名,草木、虫鱼之别,有一物而杂出诸郡者,有同名而形类全别者,则参用古今之说,互相发明。其荄梗之细大,华实之荣落,虽与旧说相戾,并兼存之。崖略不备,则稍援旧注,以足成文意。注又不足,乃更旁引经史及方书小说,以条悉其本原。若陆英为荪藋花,则据《尔雅》之训以言之;诸香本同,则用《岭表录异》以证之之类是也。生出郡县,则以《本经》为先,今时所宜次之。若菟丝生于朝鲜,今则出于冤句;奚毒生于少室,今乃来自三蜀之类是也。收采时月有不同者,亦两存其说。若赤箭,《本经》但著采根,今乃并取茎、苗之类是也。生于外夷者,则据今传闻,或用书传所载。若玉屑、玉泉,今人但云玉出于于阗,不究所得之因,乃用平居诲《行程记》为质之类是也。药有上、中、下品,皆用《本经》为次第,其性类相近而人未的识,或出于远方莫能形似者,但于前条附之,若溲疏附于枸杞、琥珀附于茯苓之类是也。又古方书所载简而要者,昔人已述其明验,今世亦常用之。及今诸郡医工所陈经效之药,皆并载其方,用天宝之例也。自余书传所无,今医又不能解,则不敢以臆说浅见傅会其文,故但阙而不录。又有今医所用而旧经不载者,并以类次系于末卷,曰《本经外类》。其间功用尤著,与旧名附近者,则次于逐条载之,若通脱次于木通,石蚎次于石蟹之类是也。总二十卷,目录一卷。撰次甫就,将备亲览。恭惟主上以至仁厚德涵养生类,一物失所,则为之恻然。且谓札瘥荐臻,四时代有,救恤之惠,无先医术。早岁屡敕近臣,雠校《岐黄内经》,重定针艾俞穴,或范金揭石,或镂板联编。悯南方蛊毒之妖,于是作《庆历善救方》以赐之;思下民资用之阙,于是作《简要济众方》以示之。今复广药谱之未备,图地产之所宜,物色万殊,指掌斯见,将使合和者得十全之效,饮饵者无未达之疑。纳斯民于寿康,召和气于穹壤,太平之致,兹有助焉。臣学不该通,职预编述,仰奉宸旨,深愧寡闻。嘉祐六年九月日,朝奉郎太常博士充集贤校理新差知颍州军州兼管内劝农及管勾开治沟洫河道事骑都尉借紫臣苏颂谨上。

《图经本草》奏敕：嘉祐三年十月，校正医书所奏，窃见唐显庆中诏修《本草》，当时修定注释《本经》外，又取诸药品，绘画成图，别撰《图经》，辨别诸药，最为详备。后来失传，罕有完本。欲望下应系产药去处，令识别人仔细详认根、茎、苗、叶、花、实、形色、大小，并虫鱼、鸟兽、玉石等堪入药用者，逐件画图，并一一开说著花结实、收采时月及所用功效。其蕃夷所产，即令询问榷场市舶商客，亦依此供析，并取逐味一二两，或一二枚封角，因入京人差赍送，当所投纳，以凭照证书成本草图，并别撰《图经》，与今本《草经》并行，使后人用药有所依据。奉诏旨，宜令诸路转运司，指挥辖下州军监差，逐处通判职官专司管勾，依应供申校正医书所。至六年五月又奏，《本草图经》系太常博士集贤校理苏颂分定编撰，将欲了当，奉敕差知颖州，所有《图经》文字，欲令本官一面编撰了当。诏可。其年十月，编撰成书，送本局修写。至七年十二月一日进呈，奉敕镂板施行。

内容提要

胡乃长、王致谱辑注《图经本草》内容提要：《图经本草》是宋代著名科学家、医药学家苏颂于嘉祐六年撰集的一部图谱性本草著作。全书共二十卷，目录一卷。卷一至十八按玉石、草木、禽兽、虫鱼、果菜、米谷等分类编排，卷十九、二十为本经外草类和朱蔓类。主要阐述药物的来源、形态、鉴别、炮制及运用，并将药物与方剂有机的结合起来。本书综合了北宋年间丰富的用药经验与知识，发展了中国古代药物学，是整理研究中国古代医药学家遗产的宝贵资料。本书所附 933 幅木刻表本图在中国医药史上具有特殊的重要地位。

现存版本

1987 年福建科学技术出版社胡乃长、王致谱辑注本，1994 年安徽科学技术出版社尚志钧辑校本，人民卫生出版社 2011 年《〈本草图经〉研究》本。

按：本书原稿佚，现存各版本系研究者从不同史料中辑录整理而成，故各版本之间的文字稍有差异。

海错百一录

清·郭柏苍辑　五卷　存

见《中国医籍续考》《中国古医籍书目提要》。

作者简介

《近现代福州名人》第 390 页：郭柏苍（1815—1890），字蒹秋，又字青郎，福建侯官人，生于 1815 年（清嘉庆二十年）6 月 26 日。郭柏苍自幼聪颖好学，9 岁随父到将乐读书，就对当地的自然地理十分注意。在乌石山寺读书期间，他对乌石山的名人题刻、拓片进行了深入的研究，花了十多年时间，写成《乌石山志》，该书资料丰富，考据精详。郭柏苍两次进京参加会试均落第。此后基本以从事福州水利建设和研究、整理地方文献为业，写就大量有价值的福建乡土文献。

序　　跋

郭柏苍自序：闽海滨人于海族，有终身未见未闻者。飞潜动植，陆之所产，海多有之。稍异其状而大焉，状同矣而名异，名与状皆同而作用又异。盖水有咸淡之殊，复有潮汐往来、清浊溷杂之别。网罟弗及，得尽其天年，前后数千载，海族将愈不可量矣，说者遂因而无稽之。苍，海滨人，以数十年所见者证之老渔，老渔所见者粗细必记，不厌其鄙，又以老渔所闻者证之诸书，诸书同亦录之。存其名，备其说，使音与义合，其因音讹而训背者皆从删。闽惟福州、福宁音同，其他彼此行越宿则喁喁然，不知所谓，岂但浙粤人不辨闽语，闽人且不辨闽语，故一物恒数名，一物且数志。有见其物不知其名，有询其名忽悟其物。记载之书如《三山志》《八闽通志》《闽书》，或纪全闽，或纪一郡，焉能独详物产？即王世懋《闽部疏》、屠本畯《海错疏》，非闽人又焉能尽通闽产。且讲求笔法，俚鄙之言不入捃摭，故其为书，亦复有限。且习者多同，异者各别，否则异者愈异，而习者忽矣。古人多识于鸟兽草木之名，曰多识则不拘细大矣。《周礼》覆夭鸟之巢，驱水虫，去蛙黾，焚牡鞠，若于政体无关，纪其大不遗其细者，乃备物致用于无极之意也。凡物命名之始，必有取义，义之从同者众乃共称，久之舍其义，以叶音求其雅以免俗。众人所共知共闻者，书不之载;所不知不闻者,乃凿凿焉。就一人口舌之好而称美之,因其物气味之偏而抑置之,援引多端,览者莫得确据,而于物类之性、烹调之法则阙焉。阅者复何所取?苍少壮时觉海物压市,近粤人设食馆烹鲜,则取其丰腴而弃其咀嚼,货者多归焉。城市不得美品,濒海各湾轮舟来往,轰击不宁,小鱼且远遁,渔利不及昔时十之二三矣。池馆深寂,录成五卷,记渔、记鱼、记介、记壳石、记虫、记盐、记菜,皆以闽语为目而释之。末附记海鸟、海兽、海草,虽稍违海错之例,然亦不越闽海,以求博异。间有以他事随笔附入者,欲以一知半解告人,不免画蛇添足之诮云尔。光绪丙戌秋日,郭柏苍序于闽山柳湄小榭。

内容提要

《海错百一录》以鱼、介、盐、草等分类,介绍了福建、台湾沿海的海产及渔民的捕鱼情况和水产养殖方法。分海鱼、海介、海壳石、海虫、海菜、海鸟、海兽、海草等类,载录海生药物 289 种。

现存版本

清光绪石印本,1999 年华夏出版社据光绪本影印《中国本草全书》本。

本草外类

宋·郑樵撰　五卷　佚
见《中国医籍通考》《宋以前医籍考》《中国古医籍书目提要》。

作者简介

见《本草成书》。

序　　跋

见《本草成书》。

本草成书

宋·郑樵撰　二十四卷　佚

见《中国医籍通考》《宋以前医籍考》《中国医籍考》《中国古医籍书目提要》。

作者简介

《宋史》卷四百三十六《列传第一百九十五·儒林六·郑樵》云:郑樵,字渔仲,兴化军莆田人。好著书,不为文章,自负不下刘向、杨雄。居夹漈山,谢绝人事。久之,乃游名山大川,搜奇访古,遇藏书家,必借留,读尽乃去。赵鼎、张浚而下皆器之,初为经旨、礼乐文字、天文地理、虫鱼草木、方书之学,皆有论辨。绍兴十九年上之,诏藏秘府。樵归,益厉所学,从者二百余人。以侍讲王纶、贺允中荐,得召对。因言班固以来历代为史之非,帝曰:"闻卿名久矣,敷陈古学自成一家,何相见之晚耶?"授右迪功郎,礼、兵部架阁。以御史叶义问劾之,改监潭州南岳庙,给札归抄所著《通志》。书成,入为枢密院编修官,寻兼摄检详诸房文字。请修金正隆官制,比附中国秩序,因求入秘书省翻阅书籍。未几,又坐言者寝其事。金人之犯边也,樵言岁星分在宋,金主将自毙,后果然。高宗幸建康,命以《通志》进,会病卒,年五十九,学者称夹漈先生。樵好为考证,伦类之学,成书虽多,大抵博学而寡要。平生甘枯淡,乐施与,独切切于仕进,识者以是少之。

周瑛、黄仲昭《重刊兴化府志》卷三十五《礼纪二十一》:郑樵字渔仲,厚之从弟也。父国器,太学生,尝鬻己田筑苏洋陂,人食其德。没于姑苏。樵年十六岁,夏,徒步护丧归葬。自是谢绝人事,结庐越王山下,闭门诵习。既又筑草堂夹漈山以居。久之,乃游名山大川,搜奇访古,遇藏书家,必借留读乃归。昼理简编,夜观星象,饮食寒暑俱忘,专以讨论著述,不为文章,自负不下刘向、杨雄,一时名人若李纲、赵鼎、张浚,皆器重之。初为小学经旨、礼乐文字、天文地理、昆虫草木、方书之学,皆有论辨。绍兴十九年上之,诏藏秘府。复还草堂,益励所学,从者二百余人。寻丧母哀毁,庐墓三年。部使者举孝廉者三,举遗逸者二,皆不就。

绍兴二十七年,以侍讲王纶、贺允中荐,应召。明年,上殿奏言:"臣处山林三十余年,修书五十种,皆已成之书。其未成者,臣取历代之籍,始自三皇,终于五季,通修为一书,名曰《通志》,参用马迁之体,而异马迁之法。谨摭其要览十二篇,名曰《修史大例》。"帝曰:"闻卿名久矣。敷陈古学,自成一家,何相见之晚耶!"授右迪功郎,礼、兵部架阁。力乞还山,自监南岳庙还家论著。阅四年,《通志》成,纪传、世家、载记用旧,而以年表为谱,以志为略。十五略不涉汉唐诸儒议论,五略虽本前人之典,亦非诸史旧文,盖平生所考论者,宏纲机要,皆聚于此。乃诣阙请对,上之。会车驾幸建康,戒严,樵未得见。以为枢密院编修官,寻兼摄检详诸房文字。时虏势张甚,樵言岁星分在宋,金主将自毙,后果然。明年春,高宗至自建康,命以《通志》缴进,会病卒,年五十九。学者称夹漈先生。

樵于学无所不通。其论《书》,则先按伏生、孔壁之旧,与汉儒所传,唐世所易,以辨其古今文字之所以讹。传《春秋》,则首考三家之文,参以同异,而断其简策传写于口耳授受之互有误。说《诗》,则辨大小序之文,别风、雅、颂之音,正二南王化之地,明鸟兽草木之实,类皆信而有证。居乡累岁不一诣守令,门人束修一无所受。笔札虽诏从官给,未尝取也。见人才善,推誉如不及。有来质问者,苟可告语,为之倾倒。数于当路荐林光朝、林象。增筑苏陂,以绍先志。作永实桥、来庵。苟有一利于人,必力为之。诗文之属有《溪西集》五十卷。子翁归。

论曰:按史氏谓,樵好为考证伦类之学,成书虽多,大抵博而寡要。平生甘恬淡,乐施与,独切切于仕进,识者以是少之。窃详斯言颇失之诬。故郡人彭韶续修《莆阳志》,曾著论辨之。大意谓:樵博学无前,专以著述为乐,非求仕者。考其生平举孝廉、遗逸,屡辞不就;应召诣阙,即求还山,故其山林之日最多,而都下之日绝少也。若果急于仕进,能若是乎?使樵于时位通显,不及著书如今之富,则其心必不能顷刻以自乐,其肯以此易彼乎?史氏谓:博而寡要,犹为责备;若曰切切仕进,岂知樵者乎?续志之言,非私于樵而强为之词也,盖欲暴白其心于千载之下云尔,故并著之。

序 跋

郑樵《夹漈遗稿·寄方礼部书》:樵自读书螺峰以来,念无半席之旧,又无葭莩之余,虽辱君子特达之知,欲再通起居又不敢也。乃者蔡文郎中,以礼部内幅相示,不谓平生有此遇也。谨历所以在日月之下不敢孤负寸阴者,以陈也。樵每叹天下本无事，庸人扰之而事多。载籍本无说，腐儒惑之而说众。仲尼之道，传之者不得其传，而最能惑人者，莫甚于《春秋》《诗》耳。故欲传《诗》，以《诗》之难，可以意度明者，在于鸟兽草木之名也。故先撰《本草成书》。其曰《成书》者，为自旧注外，陶弘景集《名医别录》而附成之，乃为之注释，最为明白。自景祐以来，诸家补注，纷然无纪。樵于是集二十家本草，及诸方家所言补治之功，及诸物名之书所言异名同状、同名异状之实，乃一一纂附其经文，为之注释，凡草经、诸儒书、异录，备于一家书，故曰《成书》。曰《经》有三品，三百六十五种，以法天三百六十五度，日星经纬，以成一岁也。弘景以为未备，乃取《名医别录》，以应岁之数而两之。樵又别扩诸家，以应成岁而三之。自纂《成书》外，其隐微之物，留之不足取，去之犹可惜也，纂三百八十八种，曰《外类》。

按：是书已佚，各种工具书中未见著录序跋，现存郑樵作品中有《寄方礼部书》一文，曾谈及此书，兹节录之。

原医图药性赋

明·熊宗立撰　佚

见《中国分省医籍考》。

作者简介

见《名方类证医书大全》。

药性补遗

清·陈定涛撰　一卷　佚

见《中国分省医籍考》。

作者简介

见《伤寒论集说便读》。

药义辨伪

清·陈定涛撰　二卷　佚

见《中国分省医籍考》。

作者简介

见《伤寒论集说便读》。

食物本草

明·陈全之撰　二卷　佚

见《中国分省医籍考》。

作者简介

民国二十二年《闽侯县志》卷四十七《艺文·上》：陈全之，字粹仲，嘉靖甲辰进士。另著有《篷窗日录》八卷，《辍耕述》四卷，《锦冰集》，《游梁集》一卷，《巴黔集》《芦沧集》《晋阳集》《莅荆集》等书。

福州市地方志编纂委员会编《福州人名志》第 195 页：陈全之（1512—1580），名朝銮，号津南，晚号梦宜居士，以字行，闽侯大义人。明嘉靖二十三年（1544 年）进士，授礼部主事，提督四夷馆，升员外郎。出任荆州知府，筑堤治水利民，民间称陈公堤。后任山西右参政，退休归乡，耕读于义溪。著有《篷窗日录》《游梁集》《巴黔集》传世。

图经节要补增本草歌括

元·胡仕可编　明·熊宗立补增　八卷　存

见《中国医籍通考》《中国医籍考》《中国古医籍书目提要》。

作者简介

见《名方类证医书大全》。

序　跋

刘剡序：医不读本草，何以知药之良毒，性之寒温，味之甘苦，功之缓急也欤？盖本草之为书，繇神农尝百草，一日而七十毒，始兴医药，相传谓之本草。汉魏以来，名医张仲景、华佗辈，遂著《本经》。梁有《名医别录》，然后《唐本》《蜀本》作《图经》，以至宋代诸儒，前后订之，总附凡千有余条。自是本草之书，灿然大备。然其无名草木之怪，飞潜蠡走之类，五方土产、风气不同，则有偏有胜，或以伪滥真。况市贾有以旭床当蘼芜，以荠苨乱人参之患，不惟不能愈疾，而反害之者有焉。此《图经》之所由作也。所谓《图经》者，图以载其形色根苗，经以释其性情真伪。但文词深奥，意义幽微，初学尤未易于通晓也。前瑞阳医学胡掌教，乃按图撮要，叶韵成歌，凡三百三十九条，便于记诵。予之从游友熊道轩，复取诸方中紧用而胡氏所缺未编者八十四种，悉补增歌括，纂图附注，以全其未备。观其为心之勤，亦可谓善继人之志矣。书成，请予质于编端，以寿诸梓。使初学之士，苟能熟味其歌，精研其经，即图以验其真，审方以求其效，而知药之形苗功用，不致赝伪相杂，性情相反，而得造乎真实之福矣，岂不韪欤？正统四年岁次己未五月良旦，松坞门人京兆刘剡序。

内容提要

本书是一部旨在方便初学者学习的药性歌诀，多数药物每药一图（共有图 400 幅），图下用小字注明炮制加工法、出产、形态、性味功治、反恶畏忌、君臣佐使等。这些药图和文字，基本上都是摘自《大观证类本草》，很少有新的内容。只是在熊宗立增补的部分，可以看到增加了少数《证类本草》所未收的内容。如败酱，系熊宗立补充的药物，其中有"陈良甫《妇人方》说是苦荠菜，最益妇人。"该书的特色，集中在作者与增补者所撰的 423 首药性歌诀。该书是早期药性歌之一，而且又是南宋本草的遗风，因此其歌诀与后世蜂起的众多歌诀相比，其重点虽也是放在药性功效方面，但间或介绍该药的其他内容，而不象后世某些药性歌诀，惟求药性功治。

现存版本

明刻本（题《新刊校讹大字本草歌括》，残存二卷），明刻本（题《图经节要补增本草歌括》残存八卷），日本抄本，2003 年人民卫生出版社海外回归中医善本古籍丛书校注本。

指南总论

宋·许洪辑 三卷 存

见《中国医籍通考》《中国医籍考》。

作者简介

见《增广太平惠民和剂局方》。

内容提要

是书题"敕授太医助教前差充四川总领所检察惠民局许洪编",又称《太平惠民和剂局方指南总论》,共三卷。卷上内容为论处方法、论合和法、论服饵法、论用药法、论三品药畏恶相反、论服药食忌、论炮炙三品药石类例,卷中内容为论中风证候、论伤寒证候、论瘴疟证候、伤寒十劝,卷下内容为论诸气证候附脾胃积聚、论痰饮咳嗽、论诸虚证候附痼冷、论积热证候附咽喉口齿眼目、论泻痢证候、论痈疽诸证附疮癣、论妇人诸疾、论小儿诸疾。全书多为许氏抄录他书汇编而成。

现存版本

见《增广太平惠民和剂局方》。

太平惠民和剂局方诸品药石炮制总论

宋·许洪编 一卷 存

见《中国医籍考》《中国医籍通考》。

作者简介

见《增广太平惠民和剂局方》。

内容提要

是书分玉石部、草部、木部、禽兽部、鱼虫部、果菜部等论药品炮制方法,各药品炮制过程中的注意事项。后附录"解百药及金石等毒例",分"石类、草木类、虫兽类"备述"诸药不宜入汤、酒者"。

现存版本

日本享保刻本,2002 年海南出版社据日本享保刻本校注本。

新编类要图注本草

宋·寇宗奭撰　宋·许洪　刘信甫校正　四十二卷　存

见《中国医籍通考》《中国医籍考》《中国古医籍书目提要》《宋以前医籍考》。

作者简介

见《增广太平惠民和剂局方》《活人事证方》。

内容提要

《中国医籍大辞典·上》第 255 页:《新编证类图注本草》四十二卷,《序例》五卷,《目录》一卷,原题宋寇宗奭撰,许洪校正,目次之首又列刘信甫校正。成书年代不详。又名《新编类要图注本草》《类编图经集注衍义本草》《类要图注本草》《图经衍义本草》。后世有人认为寇氏编撰本书没有根据,许、刘是否参与校正亦有疑问。刊行后主要流行于南宋所辖地区。本书分部顺序与《大观本草》相同,但卷数分析更细。内容则实为《大观本草》《本草衍义》两书合编的删节本。药物和药图数有删减,正文亦有删节,所删药物多为"余"药,尤以"陈藏器余"删除最多。每药顺序重新编排,依次为药图、正文(大字,畏恶内容也多改用大字)、《图经》及诸家注说(有删节)和《本草衍义》内容。日本丹波元胤《医籍考》将本书与张存惠《重修政和本草》相较后认为皆是"《证类本草》中附以寇氏《衍义》者……然存惠之书于《政和》原文无所节略,信甫之书则颇加芟汰,二书体裁自异"。

按:本书的流传情况较为复杂,无论是编者还是校注者,学术界都曾提出质疑,故以存疑处理。可参见尚志钧:《中国本草要籍考》第 228 页。

珍珠囊补遗药性赋

明·熊宗立编著　四卷　存

作者简介

见《名方类证医书大全》。

序　　跋

元山道人序：往尝向学，以未博医为欠事。一日，思取古人既目医类为小道，又谓人不可以不知医，噫嘻，医不可以不知也，亦不必于尽知也，非尽知不可也。顾吾所事者大，其余所谓医者，精神有分数，日月不长居也。君子于医，苟知其概，以知之者，付之专之者，斯固不害为知也，此吾有取于《药性赋》也。虽然吾为专于大者言也，苟有奇世之人，囊小大而无不知者，奚必尽守乎吾言？或曰斯人也，吾见亦罕矣，此吾有取于《药性赋》也。弘治辛酉，元山道人书。

内容提要

本书共四卷，卷一总赋，共介绍寒热温平四类药物 320 种，并附用药发明，论述用药法、标本论、各药畏反禁忌以及五脏主治补泻等等。卷二论述各药主治，后附用药须知。卷三卷四分部按味简明扼要地介绍每一味药物的性味、效用和主治病症。

现存版本

按：本书流传较为复杂，版本众多，兹将王今觉考证摘录如下。王今觉校注《珍珠囊补遗药性赋·点校注释前言》：

本书有十多种名称，何者为是？众说不一。其成书年代，或以为金，或以为元，究系何年？无据可查。至于作者，有指为张元素，有指为李东垣，有指为"元山道人"，但"元山道人"是谁，未见明示；有的不著撰人，有的只写校正者、重校者、重订者，孰是孰非？难得认同。近若干年，我结合平素科研工作，广泛搜集、研究古今本草文献，发现不少资料，尤其是新发现六种罕见、珍贵、多以为亡佚的明版古籍,并考查明版地方志等各种历史文献,研究出相互间的递嬗关系之后,才有幸为解决迄今四百余年的悬案提供依据。《诗·大雅》云"靡不有初,鲜克有终",抑可此之谓乎!

现知《珍珠囊补遗药性赋》由三部分内容构成:寒热温平"四赋"(书中称作"总赋"),为明严萃撰于弘治中期,明熊宗立在"取"入本书时略作改动。"珍珠囊"(我称之为"韵语珍珠囊")包括"主治指掌"为明严萃在元李东垣著作的基础上改编而成。"韵语珍珠囊"的补遗部分和玉石部、草部、木部、人部、禽兽部、虫鱼部、果品部、米谷部、蔬菜部等 9 部药物全文(按此为"药性赋补遗")均为明熊宗立撰写。全书最终由明熊宗立编著成书,成书年代为明弘治辛酉年(公元 1501 年)。严萃为明代浙江嘉兴世医,字蓄之。李东垣,河北真定(今河北正定)人,金元四大家之一,著作中常体现金张元素的学术思想。明熊宗立,名均,字宗立,号道轩,表德号勿听子,晚年别号"元山道人",福建建阳人,精于医学,旁通道家学说与历法。由此可见,本书非一家之作,亦非出于同一时代。

依据现有资料,本书全国共有 108 种版本,其中明版 6 种,清版 44 种,1912—1948 年间版本 42 种,1949 年以后 16 种(内地 15 种,香港 1 种)。日本国藏有明版 3 种、台湾藏有清版 1 种未统计在内。以上藏书特点为北京地区藏书占半数以上,而且藏有此书全部明版和多数清代早期版本,体现了本书的主要版本特征及版本沿革脉络。在考查、研究北京地区有关《珍珠囊补遗药性赋》(包括与本书有关及与本书无关、但也称作"药性赋")的资料之后,发现本书在流传过程中逐渐形成四个主要版本系统:(1)明代钱允治版本系统;(2)唐富春版本系统;(3)罗必炜版本系统;(4)清代王(晋三)、濮(礼仪)版本系统。王晋三版本系统又可再分为三个系统。自清至今,王、濮系统各本《药性赋》在国内传诵最广,但舛讹也最多,且均将"药性赋序"改为"药性赋原序",并删去撰著年代。

十二经药性论

清·郑葆仁著　佚
见《中国分省医籍考》。

作者简介

见《灵素精采》。

按:是书民国《长乐六里志》卷十《艺文·子部》有著录。

六、临床各科类

女科要旨

清·陈修园著　陈元犀注　四卷　存

见《中国医籍通考》《中国古医籍书目提要》《中国分省医籍考》。

作者简介

见《伤寒论浅注》。

序　跋

林鸿年序：医者意也。《灵》《素》具在，非神而明之，则拘守成方，将为斯世厉。顾医难，而医妇人、女子尤难。昔人以小儿为哑科，窃意女科亦然。盖小儿不能言，而妇女则言不能尽，惟得之指下，洞见乎脉与证之相符，庶不致于差谬矣。吴航陈修园先生儒也，幼读岐黄语，即精其理，一切时医之论，能力穷其非，引而归于至正。旋由科举出为邑宰，以四诊法佐抚宇，至今燕南赵北人犹颂之。先生不欲秘活人方，既手刊各种书，又遗嘱尽刻所著。令嗣遵之，次第行于世，为世利赖。今令孙心典一兄，又以医学成先志，检先生所撰《女科要旨》将付梓人，以年与君家世有往来之谊，命作弁言。余既心好先生书，复嘉其后人之能善承家学，存心济人，功诚伟焉。不揣固陋，因为之序。侯官林鸿年拜手。

陈芝城跋：明罗探花句："三部脉占心腹病，一囊药贮太和春。"诚以业医者之贵精其术也。同邑修园师祖，为名孝廉，与城世有通家之好，尤精于岐黄之学。先岳黄讳奕润曾随函丈，筮仕后，凡大江南北，以迄邹、鲁、燕、赵诸名区，得分刀圭者，无不沉疴立起。生平所著各种医书，灵石夫子克承先志，韵拟行世，今已玉楼是赋。兹秋师兄心典复阙《女科要旨》，城忝附门墙，因赘数语，以识简末，亦窃叹杏林、橘井之源远流长矣。晚学生陈芝城应常谨跋。

陈学恭跋：古有疾医、疡医，载于《周礼》，然其理无异，恭初治疡未能信也。嗣从游灵石夫子之门，修园太夫子著书立说，家学相传，夫子每有指授，恭始涣然冰释，乃悟疾医、疡医，二者一也。《女科要旨》为太夫子之遗，夫子续而成之。师兄心典绍厥渊源，为之剖晰详明焉。其闻披郄导款，无不简当。因请付梓以行于世，而后学者当亦不为无补，其寿世寿民之意，为维深矣。侯邑金沙晚学陈学恭敬亭焰山敬跋。

叶亨会跋：且夫医者理也，医者意也。理可以意会，不可以言传，非医之精者，不足以抉其大要而探其微旨也。会忆当年受业于灵石夫子之门，诵读太夫子之遗书、吾师之韵注，渊源有自，奥妙无穷，其济世活人之功，非浅鲜矣。何期中道分离，泰山莫仰。师兄心典留心研究，精采源流，复检《女科要旨》一书，梓行于世，庶不没承先继志之功云尔。侯邑榕岸晚学生叶亨会松友敬刊。

王长龄跋：修园太夫子，通儒而明于医者。龄生恨晚，徒深私淑。厥后从游周夫子讳易图，见老夫子赠一联云：范文正之存心如是，张长沙之遗轨在兹。是夫子得真传于老夫子，恍于此联中悟之矣。师若弟一脉相传，读《伤寒》《金匮》浅注二书，知老夫子著作宏富，遗书尚多未梓。今心典大兄承先志之道，将《女科要旨》刊行。盖"要"者，万殊总归于一本；而"旨"者，涉海不致于问津。则后之业女科者，得此书为慈航宝筏，而妇人女子亦可免夭枉之伤耳。闽邑门生孙王长龄道心谨跋。

吕凤仪跋：琉球虽僻处徼荒，礼乐逊于中华，然典章制度，以及堪舆医卜，皆以中国为依归，此足徵同文之化也。忆昔国主症患脑风，医者博采群书，凡奇方秘术皆罔效焉。兹特命随贡京师，诣太医院仰求指示，聆其议论，抑以向所曾进于国主者。逮谢恩后适闽，阅诵修园太夫子《伤寒论》等书，理精言切，足绍卢扁之传，故复受业于灵石夫子之门。得其秘旨，如饮上池，遂拟一方，专差寄至国主，厥疾乃瘳。今之蒙殊恩而得异宠者，皆出夫子之赐也。乃犹虑仪之才浅学疏，复遥寄《金匮浅注》一部，则夫子之造于仪者，意何厚欤！兹师兄心典，绍厥渊源，复阐《女科要旨》，言简意赅，诚为寿世之良书也。爰缀数语，望师兄以识之简末云尔。中山国使晚学生吕凤仪梧冈敬跋。

陈心典序：心典少随任北直，获睹先大父公余之暇，命先伯父拟注《伤寒论浅注》为前集，命先君拟注《金匮要略浅注》为后集，剖晰详明，以示来者。更遗《女科要旨》一书，命先君韵拟之，未及付梓。回忆当年，典与弟心兰伏读之余,不胜霜露之感,忽忽几数十春秋矣。是书也,吾祖所殚精瘁虑,以期有裨于世者,不能梓而行之,则吾之责也。谨校之以付攻木氏。辛丑荔月,长孙心典谨识。

内容提要

《中国医籍提要》第 324 页:本书四卷。卷一,首列调经、种子两门,论经病及不孕证之治疗。卷二,胎前门,博引诸家之论,并附己见。卷三,产后。卷四,杂证。全书内容皆属女科证治之精要,故名曰《女科要旨》。本书以问答形式阐述病证,以《内经》《金匮》为理论依据,治疗取历代良方,具有论理简明扼要,选方精炼的特点。其学术特点是:调经重脾胃,胎前善养血健脾,清热疏气;产后、杂病多效法《金匮》。如"卷一·调经"篇说:"古人以月经名为月信,不止命名确切,而月事之有无多少迟速,及一切治疗之原委,无不包括于'信'字之中。夫五行之土,犹五常之信也。脾为阴土,胃为阳土,而皆属信。信则以时而下,不愆其期。虽曰心主血,肝藏血,冲、任、督三脉俱为血海,为月信之原。而其统主则惟脾胃,脾胃和则血自生。谓血生于水谷之精气也,若经血之来,前后多少,有无不一,谓之不调,不调则为失信矣。"陈氏称六君子加归、芍为健脾养血之方剂,是调经之基本用方。本书虽篇幅不多,但所论可谓切中关键,是集前人精华和陈氏自己心得之作,是一部学习中医妇科较好的参考书。

现存版本

清道光二十年(1840 年)南雅堂刻本,清遂宁务本堂刻本,清宏道堂刻本,陈修园医书各种本,今人各种校注本。

按:《万卷精华楼藏书记》云:《女科要旨》四卷,国朝陈念祖撰,南雅堂本。前有长孙心典跋。凡分六门,曰调经、曰种子、曰胎前、曰产后、曰杂病、曰外科。每门设为问答,后附以方,间采诸家之说。卷末有门人数跋。俱无所发明,不足采录。

痧症全书

清·林森纂录　王凯辑　三卷　存
见《中国医籍通考》《中国古医籍书目提要》。

作者简介

林森,号药樵,闽县人,自号深山野人,康熙时医家。性韬晦,喜游山水,凡天文、术数、地理、方药,无不精通。

序　　跋

武林同人序:夫时疫之患,由于冷暖不齐,又失调护。近起于乙酉冬间,而今春尤甚,凡感触而毙者藉藉。每见初起,脸青手冷,舌短神昏,仓卒间莫揣其病之源。医家亦罔知所措,惟急用针刺其紫筋处,继之以疏散之剂,尚可有救。若徒投以表劫之药,非特缓不及济,且或促其死,焉可胜道哉。究其得病之急,验其起筋之处,总归痧症无疑。兹检得宋仁圃廉访题叙《痧症全书》册中,内载痧穴等症,靡不悉具,其辨痧症也精,其采方也当,其拯救也备,洵属济世之良法。但此书仅见一本,未能周布,爰集同人捐资刊刷以广流传,使州里乡井咸知治痧有术,从此而回生者,岂浅鲜也耶!更望仁人乐善印施,俾传之益广,亦公爱之道也。是为序。道光六年春三月武林同人谨志。此版镌存杭城中兴忠巷陈兰阶刻字铺。

宋仁圃序:嘉庆庚辰秋,人多吐泻之疾,次年辛巳,其病更剧,不移时而殒者,比比皆是。此症始自广东,今岁福建、台湾患者尤甚。或云自舶趋风来,此言未尽无稽。病起卒暴,多致夭横,拯救无方,殊堪怜悯。适沈君月枝自通州携来《痧症全书》三卷,系闽中林君药樵氏所著,内载青筋、白虎、霍乱等名,皆以痧治。先用针刺宣泄壅闭之邪,然后另施汤药。因思今之时行吐泻,顷刻之间转筋脉伏,医药所不及,救急之法,莫速于针刺。且《景岳全书·霍乱门》中载有此法,如法试之,屡获奇效。因嘱张子寿田重校付梓,并补绘应刺经穴之图,俾仓猝之间便于按经针刺,以广其传。想仁人君子有同心也。是为序。道光元年七月望日,分巡常镇通海等处地方兵备道兼管河务加三级仁圃宋如林识。

胡杰序：医集之广，奚啻千卷，独略于痧症。方书所见如曰青筋、白虎、绞肠痧、干霍乱，治法曰刮放，药如平安散、行军散、痧药方，并禁服米粥汤云云。然皆散载诸书，亦未发明，若近世之推拿刮放者，大都半系村媪庸夫。有善于此者，而又昧于彼，又禁人服药。患者亦不延医诊视，故医者亦无从详究，须遗弃不论。如是册《痧症全书》，内有谓落弓痧、角弓痧、羊毛痧、羊筋痧、扑蛾痧等症数十名，并辨症审脉，药食宜忌，条分缕析，明如指掌。岂古无斯症而后世有此症耶？抑岂略于古而独详于斯册耶？因思症有如是等名，治有如是等法，必此书传世已久，惜乎为人隐秘而不见用于世，不知其几何年矣。幸康熙初闽人林药樵先生始以此册传王养吾先生，刊板救世，后重刻于金陵。嘉庆戊午，泰兴何丹流名汾、芸楼名湘两先生重梓施送。奈世不以痧症为重，亦不信有若干名目，置若罔闻，是以流传未广。近岁痧疫害人甚急，赖斯册活人无算，其为功普矣。而传世甚少，观者颇以抄录为艰，爰商同志诸君子，捐资重刻，即嘱杰册校豕亥，补拾遗脱，编次付梓，以广前贤之惠泽，庶不辜其救世婆心，岂不利济永远哉！至杰一知半解，间附己意，庶不至贻讥于大雅，则幸矣。大清道光三年岁次癸未春月，如皋胡杰云溪志。

何汾序：痧无专书，虽古有绞肠痧、干霍乱、青筋、白虎、中恶等症治，而禁忌未明，剖析未尽，千古如在暗室，医家诧为怪症。稍知推拿焠刮者，又禁人服药，迷误就毙，可胜悼哉！康熙初，林药樵始以《痧书》授王养吾，丙寅刻，晰微补化，全书未广流传。乾隆丙午，江宁有重梓施送者。沈氏尊生书亦已收入，而见者卒鲜。爰为删纂开雕，较原书词理简净，视沈刻眉目清疏，中有叠出数见者，便于仓猝检阅，对症施治，毋嫌烦复也。方名原取六十四卦，今改八音分纪，省字数易记查耳。家置一册，庶几识所忌宜，无误身命，倘有同志益广其传，可也。嘉庆三年岁次戊午，泰兴何汾丹流氏志。

附原书正误一条：医家不信有痧，头痛则用紫苏、麻黄发汗，腹痛则用木香、枳实温中，不语直视则认为阴症而用桂、附、干姜，卒倒脉伏认为中风而用牛黄、苏合，小儿则误作惊风痘疹，妇人则误为经阻血凝，立刻杀人，可胜惜哉。人只知绞肠痛是痧，不知有不肚痛而种种杂症之兼现，疑似之间，必当详究也。

王凯序：吾师林姓，其先闽人，讳森，号药樵，自号深山野人。性韬晦，有山水癖，佳句妙楷，时与丘壑争奇。一日，遇于荆溪之南岳，拂石对语，片晌投洽，徐而叩之，凡天文、术数、地理、方药，无不精贯。予追随不忍释，野人曰：

伟男子立身行己，岂得虚生于天地？必将世上人维持调护，所贵一点真心耳。出《痧书》一册，付予曰：子知医，是书不道人所已言，不经人所已试，持此以往，可与古人颃颉霄汉间矣。既又授我手法。予复综核古今，即所闻见，编成是书。幸得张子一庵详加订绎，紫崖詹子慨为梓传。二十年来，始得相与有成，以广野人之惠泽，岂偶然哉！康熙丙寅，养吾山人王凯伟仙志。

海宁王君，讳治行，号服吾，新建之裔。博学多才，晚以医名。甲申鼎革，老卒于常。其子凯，号养吾，遂家毗陵，工词赋，性慷慨，博通医理，得林氏传，刻《痧书》救世。近时痧症尤多，从此人知治法。药樵、养吾，自当俎豆医林云。

花寿山序：方书自仲景以下无虑数十百家，其书之不传与传而未行远者，尚不知凡几。盖人世之病百出不穷，治之者亦日新月异，然皆仁心仁术之所为也。道光辛巳夏秋间，东省忽有异症，□□吐泻交作，手足厥逆，一二日辄不起，甚有□□□□□□□□□□□后之功臣哉！工既竣，素雯俾余叙其颠末。余窃有说焉。版本既行，家有其书自刻，因病以求方，勿执方以求病。质诸同人，其以余言为然否耶？道光五年岁次乙酉五月朔历，下南村花寿山题于春耕书屋。

内容提要

《四库全书总目提要医家类续编》第263页：删订痧证全书三卷，清林森撰，王凯重编，何汾删订。森字药樵，闽县人；凯，字养吾，海宁人；汾，字丹流，泰兴人。据凯序略云：遇森于荆溪，手授《痧书》一册，并授手法，因复综核古今，即所闻见，编成是书。又得张一庵订绎，詹紫崖付梓，二十年来始得有成。纪年丙寅，为康熙二十五年。案：治痧旧无专书，嘉兴郭志邃著《痧胀玉衡》，论证论治始具规模，于康熙十四年乙卯刊行，在是书十年之前。今以两书互勘，是书卷上总论诸篇，采郭说者居半；卷中分证，除前十余条为郭书所未见，余五十余条皆出郭书，间有删节原文，于治案删去人名而已；卷下六十四方，编为歌诀，与郭书不同，余为应用诸方，与郭书互有出入。揆其始末，森之原书论证简而未备，其要义多在方诀中。凯后见郭书，稍为移易，加入者几十之七八，而不明言其故，掠美之讥，殆所难辞。至嘉庆重刊，又经何汾删节，据汾序称：沈氏尊生书亦已收入，删本较原书词理简净，视沈刻眉目清疏，云云。屡经增删已非林氏本来面目，大致不能出《玉衡》之范围。郭氏书已著录，是书亦存其目,而揭其原委备考焉。

现存版本

清嘉庆三年戊午(1798 年)刻本,清道光、同治、光绪年间各种刻本,云南民族出版社 2009 年郑祖荣等校注本。

按:是书分三卷,上卷主要为痧症概论,罗列诊断方法、治疗手段、用药大法、药品食品忌宜。中卷分列各种痧症治疗,如风痧、绞肠痧、噤口痧、角弓痧等等。下卷为处方。道光三年,如皋胡杰云溪氏曾校订是书,其辑著之《痧疫论》附刊书前。《痧症全书》的流传及其版本情况,纪征瀚有详细的考证,可参见纪征瀚:《〈痧症全书〉及其主要传本》,《中华医史杂志》2008 年第 3 期。

婴 儿 论

清·周士弥撰　不分卷　存
见《中国医籍通考》《中国古医籍书目提要》。

作者简介

周士弥,清代福州人,以医知名,约生活于乾隆年间,著有《婴儿论》。

序 跋

吉村正隆士兴序:人之所爱,莫有过爱子者也。而爱之至,不能无所忧,忧之至,莫有过忧其疾者也。唯其疾是忧,不知所以除之之道而可乎? 传云:有疾不择医,为不慈不孝。夫苟欲免不慈不孝之讥,宜莫如择医之良矣。夫医之为技,不专其科,则不能得也。志分道歧,则其技亦不能精也,如甘绳之射,宁越之学,轮扁之斫轮,佝偻丈人之承蜩,可以观也已。自非神完守固,外物不胶者,何能有慧解哉? 是以医之为技,专门之士而往往有良言。平安广川子专业哑科,来游于吾崎,留二岁,术日大行,即越人之过咸阳也。予颇好方脉之书,广川子请与予交,每或相会,辄及脉家之说。一日,携清人周士祢《婴儿论》,告曰:某曩购此书,实如获异宝,既而验之,发惊、疳、癖诸症,率皆无不奇中。周氏之于小方脉,可谓精矣。予欲附之剞劂,以公于天下。子幸赐弁一言,可以行远也。予受卒业,乃叹曰:周氏之精哑科,犹叶生鉴病于镜,脏腑症结,了然可知也。盖神完守固,外物不胶,而后得者也。广川子之获之,亦不异越人之遇长桑君哉。斯书之行也,天下之爱其子而忧其疾者,必延熟斯书之医,则亦可不谓知所择哉,夫然后庶几免不慈之讥矣乎!宽政丁巳孟陬望日,长崎吉村正隆士兴题。

信伯虎序:天下无医书,有医书者,长沙之书也。虽然专于伤寒,而有缺婴孩与杂病。是天出其人,而未尽者欤。顷者,周士祢先生著《婴儿论》,请序于予。予翻卷以诵,则始于初生,终于杂病,其体全拟长沙之书。盖先生业哑科,而嗜长沙之书,亲谓韦编数次绝矣。有人告曰:长沙是哑科之祖者乎?笑曰:庄周所谓"无用之用",颇识斯意,则可与论此癖也。其所著蕴奥,实仿佛长沙之口气,其起死肉骨,则世遍所知。予何敢赘矣?呜呼!天运循环,或有迟速,尝出长沙氏,而后千有五百年,今又出周氏,遂全其所缺。自是以后,长沙与周氏,两衡于天地之间,而后应知予之所论非过当矣。予深感周氏能得长沙之骨髓,而醒世之言,以充其所缺。因妄习数言,冠其首,以为之叙。乾隆戊戌三月之望,福州信伯虎谨题。

广川獬跋:凡天地之间,粗者易求,精者难得,犹金玉之寡,瓦石之多。从昔医书虽多,其精者鲜矣。大方脉家,则伤寒论其精者欤。顷者,清周士祢先生著《婴儿论》,其识全出于长沙之肠,是小方脉家之精者也。呜呼!海内有此两书也,诚贵于彼金玉。盖医道书矣,其他假令有所取,犹砂石中之琐金耳。獬幸得其金玉之精者,因忘固陋,漫染兔毫,以为跋。宽政丁巳之岁,平安侨屋广川獬谨书。

平安瑶池斋藏:此书虽专主婴儿,然至杂病篇,则大人当亦兼疗焉,譬犹《伤寒论》以兼疗杂病然矣。盖多奇方妙论,余屡试屡验。今不敢自秘,遂命剞劂,以与世共之云。宽政九年岁次丁巳夏六月,平安瑶池斋藏。

内容提要

江月斐《婴儿论》校注后记:本书分八篇。《辨初生脉证并治第一》详述了初生婴儿的各种体征、脉象及辨证和处方用药。《辨寒热脉证并治第二》专门对小儿热病,包括黄疸、疟疾、痘疹、伤寒、水肿、暑热、吐痢及各种厥逆病脉证作了论述。《辨发惊脉证并治第三》分析了阳痫、阴痫、急慢惊等各种带有精神症状疾病的病脉证治,其中也包括一些如脐风、破伤风、暴卒、中暍等急症的抢救治疗。《辨疮疹脉证并治第四》叙述了各种疮疡、疔毒、风疹、斑毒、瘿瘤等外科疾病和头瘟、虾蟆瘟、走马喉、缠喉风等一些急性传染性疾病。《辨疳病脉证并治第五》对小儿疳病的各种病脉证治作了详细的分析归纳。《辨上焦病脉证并治第六》主要是小儿目鼻齿耳等五官科疾病,包括头部及呕吐、咳喘、肺痿、肺痈等上焦疾病的病脉证治。《辨中焦病脉证并治第七》主要是小儿腹部、胁下各种疼痛性疾病及癖块、癥结等病脉证治。《辨下焦病脉证并治第八》主要对小儿大小便异常,如下痢、滑泻、各种淋证,及疝肿、阴部疾患和四肢痿瘫等病脉证治。最后附《护养》一篇,对小儿的调养也有不少可借鉴之处。周氏学术上以仲景学说为宗,然因其佚缺婴儿一门深为遗憾,故仿照《金匮要略》的体例,编写了《婴儿论》。

现存版本

日本宽政九年丁巳(1797 年)刻本,1990 年上海科学技术出版社以日本宽政刻本影印本,2015 年中国中医药出版社江月斐校注本。

医医偶录

清·陈修园撰　二卷　存
见《中国医籍通考》《中国古医籍书目提要》。

作者简介

见《伤寒论浅注》。

序　跋

价人氏序:医者,意也。风寒暑湿燥火之疾,针灸药石调治之方,无非以意行乎其间。倘或拘于前法,茫不知妙手偶得之义,将良药皆成砒霜,适以速人于死,此修园先生之所以有是刻也。先生以名孝廉出为邑宰,公余之暇,举其生平所得之神奇而笔之于书,名之曰《医医偶录》。盖取乎医之为道,贵于神明其意,而一切应验方术,惟偶然得之者之妙也。向来福建旧有是书,业医学者精习其术。凡救活生灵,不可胜数。川省道途遥远,未得善本,有志民瘼者,浩叹久之。坊间友善堂主人,不惜工资,重付枣梨,而请叙于余。余不敏,素不习岐黄,何足以知医道?第念先生身膺民社而犹不忘情于医,著书立说,以为万世之生民计,诚范文公为医为相之胸襟,陆宣公活国活人之怀抱也。因赘数语于编首,非敢叙先生之书,实不负坊间之请也云尔。同治十三年甲戌岁孟冬上浣,永安价人氏题于东川旅寓。

陈修园自序:医之为道,何道也?曰:君子之道也。苟非存心有恒者,何轻议哉!何则?夫药之性,能生人亦能杀人,盖操之不得其要,则反生为杀矣。唯君子则立心不苟,故其为业必精,及其临病,必详以审,故能化悲痛而为欢忻。小人之性忍以贪,贪则唯利是图,忍则轻忽视人命,逮及治病则夸以略,不察病之虚实,辄投瞑眩之药,不杀人也几希!吾固为君子之道也。予晚年得子,方逾弱冠,柔软多病,习懒不能自强,必非得受此道者。日夜痛心,惧夫吾殁之后,有病委之庸医,是可以伤生灭性。孟子云:不孝有三,无后为大。有子多病,不传以济生之道,一旦夭札,祖宗之祀事绝,夫岂为人父之道哉?某今年七十有七,衰迈殊甚,桑榆之日岂能久照,日夜用心,以辑成医书十余种,论法虽略,备用若无师承口诀,不能融会贯通于心。又著《伤寒医约录》三卷、《医医偶录》二卷,文虽鄙俚,然言简意到,其中包括仲景不传之妙,皆世所未尝闻见,剖露肺肝,以馨其蕴奥,实升高之梯阶,当宝之如珠玉。潜心玩绎搜索,以尽厥旨,有疑辄问,不可因循,务期日进高远。司马温公曰:达则为良相,不达则为良医。岂非君子之道乎?故宜服膺此语,敬慎而行之,他日倘能以斯济人,亦君子也。若存心不古,以吾言为妄谬,反以斯道杀人,负吾之用心,非吾之子也。嘉庆癸亥年正月望日,长乐陈修园序。

俞省三序:先王父以儒医名,生平送诊施药,活人岁数百计。省三生四岁,即授读《脉诀》,且垂训曰:他日读书,务兼学医。呜呼!小子倘遵祖训,何致有今日哉?省三志学以来,徒习考据、词章无用之学。通籍后,抗尘走俗,于医学更鲜问津。遇有疴疾,一切听命于医。今之医殆杀人不血刃者。历忆此十年中,连丧一弟、二妹、一妻、六子、四女。其病非真不治之候,而辄病辄死,则大半医者误药为之也。骨肉之痛,刺骨攒心。忧能伤人,以故年未五十而精力渐衰,且得不寐之症。迩年穷而思返,始稍稍涉猎医书,终以烦冗,不克研精,惟于病情、脉理、主治方法略知一二,不至一切听命于医而已。长乐陈先生修园,邃于岐黄,所著南雅堂各书,风行海内,省三本所服膺。丁未春,舟出信州,于肆中购得先生所著《医医偶录》两卷,读之觉旨微而显,言简而赅,条分缕析,纲举目张,无论知医不知医,得此皆切实有用。先生自言实升高之梯阶,当宝之如珠玉。洵不诬也。是录乃先生晚年所作,以教儿孙,即视为先生诸书之提要可也。侯官蒋氏叙先生所注《本经》,谓尚有《医医偶录》二卷,今所刊行几二十种,而独遗此录何耶?兹刻来自蜀都,亥豕鲁鱼,触目皆是。省三随手改正者不下千余字,其中一字一句,关系出入者甚巨,传误误人,不大谬先生著书救世之志哉?余邑徐典史锡麟,精于医,公暇相与赏析奇疑。省三目中所见医,无若城北者,乃以校正本瞩其重勘而付之手民,并嘱曾孝廉秀章、李茂才学乾、张茂才铭丹、树徽详加校对,刊竣,印送千部,以广流传。省三岂敢自谓有功于先生,亦聊以告无罪于先祖云尔。呜呼!谁无父母,谁无兄弟、妻孥?天行淘汰,相逼而来,必待如省三之弟、妹、妻、儿殇亡殆尽,而后返而学医,晚矣!虽然医之为道微乎渺哉,修园老人毕生致力于医,可谓精矣!其《伤寒论》《金匮要略》两浅注,用力最勤,而今天彭唐氏医书五种,所以纠正浅注者甚夥,医之难言也如此。此录淹贯古今,历经体验,所谓无一字无来历者,殆可遵奉无疑矣!至神而明之,存乎其人,则难为不知者道也,噫!宣统元年己酉三月上巳,省三叙于余干县廨。

凡　例

一、是书本生平之心得者以立言,不敢捃摭以兢繁多,隐晦以彰深远,务令一见能解,以便取用。

一、是书于浅易之证,必虑及深远,不得伤本以贻后患,即有难措处者,亦必多方设法以救之,不忍轻置之也。

一、是书所载单方,细为揣摩,必于脉之虚实,病之表里,俱无妨焉,方敢采录,阅者详之。

一、是书立论方略,必取其中正平稳,切于病征之治法者为要,诡僻之方,怪险之法,毫不敢登。

一、是编总挈之处用□,分析病由用△,证明病状用、,切要处用○。

一、凡古人立方,寓有精意,然断不可呆用。余尝见浅医未经阅历,遇暑倦辄用清暑益气汤,而不知黄芪之闷。遇热喘辄用生脉散,而不知五味子之敛。卒至暑热伏留,缠绵床褥而毙,甚可哀也。他如六味地黄汤及麻黄汤、桂枝汤等,必须斟酌万稳而进,或用次将之品代之。否则一误之下,不可挽回。归咎古人,古人岂任受哉?

一、凡人不愿知医者,以卷帙浩繁,见而生畏,不知从何学起也。兹但言其现何病象,系何脏腑,作何治法,寥寥数语,亦易知矣。其一切经络源委,概不缕叙,避繁赜也。若欲究其全则,自有诸名家书在。

一、用药如用兵,须量其材力之大小。盖有一利即有一弊,如大补、大攻、大寒、大热之品,误用即能杀人。各部后分为猛将次将,俾阅者不敢轻用,即用亦必斟酌分量,庶知利害。

一、人生一小天地,病之轻者如日月之食,不转瞬自必回和,断不可轻易服药,恐益乎此则损乎彼也。园阅历既久,悉知其故,宁受众怨,不轻徇情。此事如老将临阵,大贾航海,愈历炼而愈知畏耳。

一、是书浅近说法,别无精意,不过愿人人稍知医理,不为庸医所误,以延寿命。且乡僻间不及延医者,亦可对症自医,取其便耳。至医家读书少而阅历浅者,得此亦有头绪,稍知把握,便可活人。

一、医家首在立品。古人云:行欲方而智欲圆,心欲小而胆欲大。人之性命,在我掌握中,专心揣求,尚虞有失,此事岂同儿戏乎?若一涉利心,则贫富歧视,同道相攻,伪药欺售,置人命于脑后矣。试仰观苍苍者,何物耶?而为病家者,亦宜以上宾礼貌相待,须思此人为我父母妻子救命而来,并非剃头剔脚者,可任我招之来麾之去也。

内容提要

《中国古医籍书目提要》第 862 页:医医偶录二卷,清陈修园著。成书于嘉庆八年(公元 1803 年)。陈氏名念祖,号慎修,另字良有,福建长乐人,清代著名医家。以名孝廉出为邑宰,公余之暇,专情于医,并广为著书立说。本书系陈氏晚年教子之作,故流传甚少。全书二卷,多系陈氏临症心得。卷一论述四诊八纲,内、妇、儿科等临床证治。卷二叙述脏腑生理、辨证及主要方药。附录"平人延年要诀"六则,强凋养性可以益寿。全文简明精要,一见能解,便于取用。非医之人,读后能稍知医理,初学医者,能得入门之道。

现存版本

清同治十三年甲戌(1874 年)蜀川蓬莱友善堂据南雅堂刻本重刊本,清宣统元年己酉(1909 年)校刊本,珍本医书集成本,陈修园医书各种本,今人各种校注本。

按:同治十三年刻本有陈修园画像一副,附永安价人氏题诗一首:深心如许济颠连,公暇犹将医术传。活国活人诚两尽,陆宣而后一高贤。是书后附录《平人延年要诀》六则,一存心,二敦本,三仁民,四爱物,五寡欲,六惜福。《中国古医籍书目提要》《中国医籍大辞典》将之列为陈氏专著。不过,本书是否为陈氏作品,民国时期即有争论,吴去疾《陈修园〈医医偶录〉质疑》(《神州国医学报》1936年第10期)指出,《医医偶录》与江秋《笔花医镜》"其相同者,十之九九"。署名为"福建中医药研究所医史研究室"撰写的《关于陈修园的二三事》(《福建中医药》1958年第4期)也认为,"至于此书,则余不唯知之不久,且曾目睹其书,手自抄录一过,并作有抄录赘语数则,知此书之来源,亦不甚可靠,谓之为陈氏遗著,恐难使人折服。"不过,从现有史料分析,陈氏的确撰写过《医医偶录》一书,本书暂以存疑处理。

医学实在易

清·陈修园撰　八卷　存
见《中国医籍通考》《中国古医籍书目提要》。

作者简介

见《伤寒论浅注》。

序　　跋

廖鸿藻序:医之为道,不可谓不难也。人身脏腑经络,隐而不可见,病有内因外因、经气形质之深浅,学之良非易易,必精究岐黄仲景之遗书,探其源而通其变,则难者不难。无如业斯道者,每因古书之深奥,畏其难而不欲前,徒涉猎宋元以后诸杂家捕风捉影之谈,欲趋易路,而不知入道之愈难也。吾乡陈修园大令,以医名于代,所著伤寒、金匮浅注不胫而走,几于家有其书。又虑读其书者泥于成法,弗究其理,以济乎法之穷,于是特纂一书,专破学者畏难之见,名之曰《实在易》。首详脏腑经络,集四诊之遗规,附运气之图说,悉本《内经》。编中论证定方,了如指掌。复汇集《灵》《素》原文,系各条下,俾览者因辨证而多涉古书,可以少助其识解,不至临证之际,茫乎而不知其源。高明之士得此书,为先路之导,因以溯委穷源,必有以见其学之易,而忘其所以为难焉,此《实在易》之名之所以著也乎!稿甫脱,其门弟子莫不传为秘本。长孙心典能承家学,续刻诸遗稿,并缮此书付梓,以广其传。吾愿读此书者,既不惮斯道之难而知其易,尤当因其易而进究其难,以无负著书之深意,则精于斯道者当必大有其人也。是为序。道光二十四年岁次甲辰孟夏月望日,仪卿廖鸿藻拜撰。

徐又庶序:医道,难言也。而于错杂疑似之中,以一字括之,何其易甚?修园亦不欲示人以易。然临证立方之时,不曰《内经》,即曰仲景,闻者不解其何谓。一遇夫见痰治痰、见血治血辈,遂心喜而来从之。修园用是忧,忧其道之弗明,而因陋就简以徇时好,是之谓害道;忧其道之弗明,而切指其实在之处,为下手工夫。举八脉之显证可见者为诸脉据,举一证之确然不移者为诸证据,线索在手,操纵自如,易之至也。示以易,欲人喜其而读之,读之久,始知病有定名、方有定法、药有专能,一一皆归于实在。一遇夫见痰治痰、见血治血辈,非若前此之心喜而来从也,道于以明。修园著作甚富,任畿辅时,恒山大水后,民患寒疫,施力全活者不少。道过江苏中丞汪稼门,先生阅而许可,出是书而传于海内。今修园再到畿辅,两旬而成此书,与前著迥殊。吾知修园意唤醒刀圭家外,欲养生之君子按八脉以定八证,如执罗经以定子午,目可睹,手可指,口可言,以为易则易矣。浅识道人徐又庶拜题。

陈心典题识:先大父所著医书十余种,惟《公余四种》《伤寒论浅注》经手定刊行,其未刻诸书,莫不争先睹为快。先严在日,检《金匮浅注》稿本,费数年精力,重加编纂,续付手民。尝命典曰:尔其勉承先志,尽刻遗书公于世,不宜私自秘也。典敬识之,不敢忘。岁辛丑,先刊《女科要旨》四卷,续检诸遗稿,有曾承先严命校对无讹者曰《医学实在易》,凡八卷,谨缮本开雕,余编嗣出。长孙男心典谨识。

凡　例

一、是书举浮、沉、迟、数、细、大、短、长为脉之提纲,而以同类诸脉附之。举表、里、寒、热、虚、实、衰、盛为证之提纲,而以所属诸证附之。一线到底,为向来第一明晰之书。

一、是书论证后加诗一首,所以便于记诵,间有诗与论少异者,当研究其殊途同归之妙。

一、每诗止取明白不晦,包括不遗,不以工雅取胜。其中有限于证方而不能合法者,不得不略变其体。

一、仲景《伤寒论》以六经提纲,而《金匮》为治杂病之书,则以病证之同类者合汇之。其病证方治可以互参,如百合、狐惑、阴阳毒合为一篇;中风、历节合为一篇;血痹、虚劳合为一篇之类是也。此书以表、里、寒、热、虚、实、盛、衰八字为主,先列伤寒之表证,即以各病之属表者合之,余皆准此。其体例从《金匮要略》仿来,盖以六经钤百病为不易之定法,以此病例彼病,为启悟之捷法也。

一、此书采集《神农本经》《内经》《难经》、仲景、《千金》《外台》《圣济》《活人》各书之精华,及元明诸家时贤著作,择其纯粹者,约千百言于尺幅之中。而又以时俗浅近之语出之,人人可以共晓,即素未习医,偶然得病,尽可按证用药,丝毫不错,妙在浅而易知也。若平时精究此道,一得此书,可以执此书而括各书,且于无书处而悟有书,妙在从难而得其所以易也。仁者见仁,智者见智,此中味惟此中人领之。

一、昔贤为秀才时,即以天下苍生为己任。余于辛酉孟夏试令畿辅,次年秋杪回籍读礼,戊辰仲春又到,除奉委办公外,止是静坐读书。因思补阙尚无定期,三十余年从事于医,若能以此道公之于人,亦可起夭札而福苍生,盖以有待不若无待也。

一、是书成于保阳官舍,非以易示时医。盖甚悯有病之家,不知择医,任医所措,以致轻者变重,重者立死。不得不举其大纲而示之以易,俾开卷了然,胸有成竹,然后与医者周旋,一问答间,便知其贤否,而去取不误耳。己卯归田后,从游诸子屡请付梓,余又恐此书过于平易,转开简便之门,遂于每证后节录《内经》原文,以示穷流必溯其源,为中人以上说法。余老矣,学问与年俱进,以为难则非难,以为易则非易也。

内容提要

《中国医籍提要》第 490 页:《医学实在易》,成书于 1808 年。本书八卷,是一部综合性医著。卷首,为中医基础理论,卷二至卷四,为内科杂证,卷五至卷七,系各证诸方。卷末,为补遗并外备诸方,以及妇科诸病方治。本书为初学中医入门之书,浅显易懂。首论脏腑易知、经络易知、四诊易知、运气易知。次论表、里、寒、热、虚、实诸证以及素盛、素衰。再论以上各证诸方。各论深入浅出,析理明白。论证以表、里、寒、热、虚、实、盛、衰为提纲,而以所属诸证分别归入以上八类之中。论脉以浮、沉、迟、数、细、大、短、长为脉之提纲,而以同类诸脉附之。纲举目张,便于掌握。如表证,下属有三阳表证、四时感冒、疟疾、瘟疫、中风证、历节风、痹、鹤膝风、脚气、中暑证、湿证、肿证、头痛、眩晕、咳嗽等十六种病证。各证辨证精确,论治恰当。每证之后节录《内经》原文"以示穷流必溯其源。"并附有每证之歌诀,便于记忆。陈氏在实践中体会到古典医籍,文字古奥,义理深邃,往往义存字外,致使时医多仅涉猎宋元以后之书,莫肯究心古典。他本着"语语为中人所共晓"的精神,"深入浅出,返博为约",使学者"由浅入深,从简及繁"而著此书,题为《医学实在易》。正如其在"凡例"中云:"此书探集《神农本草经》《内经》《难经》、仲景、《千金》《外台》《圣济》《活人》各书之精华,及元明诸家著作,择其纯粹者,约千余言于尺幅之中,而又以时俗浅近之语出之,人人可以共晓,即素来未习医,偶然得病,尽可按证用药,丝毫不错,妙在浅而易知也。平时精究此道,一得此书,可以执书而括各书,且于无书处而悟有书,妙在从难而得其所以易也。"因此,本书对普及医学知识,提高医疗技术,示后学以门径,颇有益处。它对后世医家影响很大。

现存版本

清道光二十四年(1844 年)善成堂刻本,清经元堂刻本,清渔古山房刻本,陈修园医书各种本,今人各种校注本。

医学从众录

清·陈修园撰　八卷　存
见《中国医籍通考》《中国古医籍书目提要》。

作者简介

见《伤寒论浅注》。

序　　跋

魏敬中序: 余素不解医,读刀圭书辄不能终卷,非忽之也,以其为道精深密微,非浅人所可意窥,非躁心所可尝试。又自度聪明才力皆有所不暇给,计惟节之于起居食饮之常,谨之于四时六气之辨。予以闲嗜欲、颐情志、顺性命,以托赋于天,至谈医则不敢知,诚重之也,诚难之也。忆曩在都中,吴航陈修园先生以名孝廉宰畿辅,医名震日下。尝奉檄勘灾恒山,时水渗之后,疾疫大作,先生采时方百余首,刊示医者,如法诊治,全活无数,仁心仁术,其施溥矣。后三十余载,余返自都门,与修《全闽通志》,广搜著述家言。时先生已捐馆数载,得所撰方书已刊行者十余种,条其目著于编。其遗书存于家者,哲嗣灵石先后梓而传之,令孙徽庵世其学,精其业,复取所遗《医学从众录》八卷雠校付剞劂,重以林戟门先生嘱序于余。余既叹知医之难,而何敢言医之易乎?虽然先生自序言之矣,先为医士治膏肓之疾,又云:此录简便易知,颇切时用。所谓医医者,正治不若从治之为得也。盖必治医者不谬其方,而后受治者不戕其性,此即先生作宰时刊方示医之仁术也。虽其言之峻而其心良苦矣,录以"从众"名,非徇众也,导以可从,乃所以防其不可从者也。得此说而通之,庶易言医者或深悟其难,而得所从者转因难而见易乎?愿受是书而竞读之。道光二十有五年岁在乙巳秋九月,东洋和斋魏敬中序。

林振絮序:陈君徽庵以医世其家,今岁夏间,予患沉疴,徽庵以数剂立起之,益信其学之有渊源也。一日,出其令祖修园先生所著《医学从众》一书示予曰:此先大父晚年采撷各家之精华,折衷而归于至当,堪为初学指南,将付刊以公于世,请题数语,可乎?予受而读之,其论症则穷究根源,其诊脉则剖分宜忌,其下药则酌量加减。取古人之成法,以己意运之,矫枉者不得出其范围,拘墟者有以开其神智,名曰《从众》,实大众之津梁也。先生本吾郡通儒,为孝廉时以制艺名,为吏时以循良名,而卒以医名,生前活人无算,身后济世有书。徽庵承祖砚之传,不私为枕中秘,均足令人钦佩也,因谨序之如此。道光乙巳重阳日,戟门林振絮拜撰。

陈修园自序:不为宰相便为医,贵之之说也;秀士学医,如菜作齑,贱之之说也。医者学本《灵》《素》,通天、地、人之理,而以保身,而以保人,本非可贱之术。缘近今专业者类非通儒,不过记问套方,希图幸中,揣合人情,以为糊口之计,是自贱也。余向有《金匮》《伤寒》各种医书,累数十万言,先为医士治膏肓之疾,不曰《灵》《素》,则曰南阳,虽有遵经之志,却非语下之方。畏其难者中阻,而工于欺人之术者别户分门,遂多簧鼓,而余之汲汲苦心终为未逮也。余观近今医士,不学者无论,有能读薛立斋、王金坛、赵养葵、张景岳、张石顽、李时珍、李士材、喻嘉言八家之书,即为不凡之士,尚可与言。盖此八家虽未能合《内经》之旨、仲师之法,而书中独得之妙亦复不少。兹且就世俗所共奉者,采其名言,录其方治,约数十方而取其一、二方,约数百言而括以一、二言,即间有以误传误与主张太过之处,复参他氏斟酌归于至当,颜曰《从众录》。简便易知,颇切时用,是即向之所谓医医者,知其受病已深,正治则拒格不入,不若从治之为得也。闽吴航修园陈念祖题于嵩山精舍。

陈心典题识:先大父医学宗长沙,一生精力在《伤寒论浅注》《金匮要略浅注》等书,复以余力,集长沙辨证之法,纂取《千金方》《外台秘要》以下诸方书,为《医学从众录》八卷。盖恐专用经方之骇众,特降而从众也。学者既精《伤寒》《金匮》之法,进而参究乎斯编,则宜古者亦复宜今,此书正不无小补也。谨付梓以广其传。长孙男心典谨识。

郑学检跋:修园先生陈老太姻翁,吴航名宿也,以名孝廉出宰,有政声。归里数十年,所有著作各种医书,灵石太姻翁、徽庵姻翁已节次付梓行世。兹又新刊《从众录》共八卷,分门别类,各有条理,其中分症辨脉,摘选诸家精要,附拟各按,俱极精切,足见家学之源渊远矣。读其书者顿开心目,诚为度世之金针、活人之良法也。检忝附世交,又联姻娅,不愧谫陋,谨跋数语,以志心企云尔。道光丙午七月既望,姻世再愚侄郑学检谨跋。

凡　例

一、是书前曾托名叶天士,今特收回。

一、是书论证治法悉遵古训,绝无臆说浮谈。以时法列于前,仲师法列于后,由浅入深之意也。

一、坊刻《万病回春》《嵩崖尊生》《古今医统》《东医宝鉴》等书,所列病证不可谓不详,而临时查对绝少符合。即有合处,亦不应验,盖以逐末而忘其本也。试观《内经》《难经》《伤寒论》《金匮要略》,每证只寥寥数语,何所不包?可知立言贵得其要也。此书如怔忡、头痛、历节诸证,非遗之也。怔忡求之虚痨;头痛有邪求之伤寒,无邪求之眩晕、虚痨;历节寻其属风、属湿、属虚而治之,所以寓活法也。

一、学医始基在于入门,入门正则始终皆正,入门错则始终皆错。此书阐明圣法,为入门之准,不在详备,若得其秘诀,未尝不详备也。有证见于此而治详于彼者,有论此证而彼而并论者,有论彼证绝未明言此证,而即为此证之金针者,实无他诀,惟其熟而已。熟则生巧,自有左右逢原之妙。

一、论中所列诸方,第三卷、第四卷俱载弗遗。惟《伤寒论》《金匮要略》方,非熟读原文不能领会。此书偶有阙而未载者,欲人于原文中寻其妙义,阙之,即所以引之也。阅者鉴予之苦心焉。

一、方后附论,或采前言,或录一得,视诸书较见简括,阅者自知。

内容提要

《中国医籍提要》第 491 页:《医学从众录》,成书于 1820 年。本书共八卷,约四十篇。卷一至卷七,论述内科杂病的各种证候辨治方法。卷八,记述妇人杂病方,并用歌诀形式补叙"近世治四时伤寒"之河间两解法、景岳内托之法和经验方。每类以病种列为纲目,先概述病因、病理、辨证施治大要,次为脉诊,再次列方药。法宗仲景兼采各家名言,复参己见,简明扼要,频切实用。如论"虚劳",以《圣济总录》五劳七伤六极为纲,前贤名论,方治为目,基本上把病因、症状、治疗全面作了归纳。尤其所论治法,既抓住"补养为宜"大法,又综合各家精华,总结出调营卫、补精气、调补脾(胃)、肾之阴阳等治法,详而不繁,约而无漏,分析精详。又如"痰饮",认为肺、脾、肾为痰病关键,治则当分清虚实;辨风、痹、痿之病因证治不同,析头痛、腹中上下诸痛部位、治法等等,有条不紊,"其中分证辨脉,摘选诸家精要,附拟各按,俱极精切"。足见作者研究经典有素,能取各家之长,结合自己经验,析理清楚,平正通达,精切实用,虽或有偏激之词,仍不愧为初学者指南。其为从众录者,因作者有感于时人惧经典之难,故就时俗所奉诸家,"择其名言,录其方治",折衷而归于至当,以其"简便易知,颇切时用",多为医者所喜读。

现存版本

清道光二十五年(1845 年)聚元堂刻本,湖南书局刻本,宝庆富记书局刻本,南雅堂刻本,陈修园医书各种本,今人各种校注本。

林氏活人录汇编

清·林开燧辑　十四卷　存

见《中国医籍通考》《中国古医籍书目提要》。

作者简介

林开燧(? —1739),字慕我,号京白生,福建霞浦人。出生于农家,涉猎轩岐之术。乡间之以病告者,投以刀圭,辄得奏效。后以《石镜录》为蓝本,加以增补更正,名《林氏活人录汇编》。清乾隆四年(1739 年),《林氏活人录汇编》由其子祖成校录,改名《会编纪略》,于乾隆十八年(1753 年)刊行。林开燧子名祖成,字庆维,号曲泉,自幼从父学医,兼学武术。康熙五十二年(1713年)考取武举人。康熙五十四年(1715 年)入掌太医院达 12 年,授一等侍卫衔。

序　跋

林开燧原序:窃惟圣人御极,而天下熙熙焉。民无夭札,物无疵疠,共跻于期颐耄耋者,良由太和元气弥纶布护,无愆阳伏阴之患为之扰凿于期间也,医亦何所施其智哉!然生人之气禀不齐,而情欲之纷乘莫测,一有所偏,则风寒暑湿燥火之病生焉。自轩岐出而《内经》作,实秉裁成辅相之权。厥后张、朱、刘、李名宿继起,各抒所学,发先圣之秘钥,启后进之愚蒙,微言精义,固已窥全豹而集大成矣。噫!后有学者,虽欲出其余论成一家之言,而要不越乎前哲之范围,又安能免于续貂覆瓮之讥耶?惟是山陬海隅之士,择焉不精,语焉不详,虽诸家之书具在,而读者无引伸触类之能,非求之过高,即执之太泥,医学之不明于天下也久矣。燧生长农家,遭三藩煽逆之时,不能为朝廷宣布威德,折冲疆场,穷居草茅,涉猎于轩岐之术。乡间之以病告者,投以刀圭,辄得奏效。因念古人证治诸书,汗牛充栋,门户既别,议论纷起,后学无所持循,不免惑于歧路,思有以导之而未能也。偶得《石镜录》一帙,发而读之,虽持论或有未纯,主治或有未当,然问答精详,绝无影响模棱之病,遂为校正而增损之。中间症各一门,门各为治,随症加减,了如指掌,而更其名曰《汇编》。盖举纲提要之书,虽窘边幅,而实济时用,是在学者会其理、会其意而并会其旨,归之堂奥,庶几简而易明,约而可守。由是扩而充之,神而明之,佐君相以保合太和,而登斯世于期颐耄耋,是则燧之素志也。若谓此书之作,上可以窥轩岐之奥,而下可与张、朱、刘、李诸君子方轨并驾,以调元赞化于草莽之间,此又燧之所不敢居矣。是为序。古闽长溪林开燧慕羲甫识。

柴潮生序:医之为言,义也。毫芒之际,可得而解,不可得而言。诚以用药如用兵,其间标本内外、后先缓急,一或不慎,失之毫厘,遂至谬以千里。经云:望而知其病者谓之神,闻而知之者谓之圣,问而知之者谓之工。至于诊脉浅深,呼吸至数,而后能疗治者,得巧之道焉。夫如是,则临症施治,宣通补泻,岂徒按古人成方遂可毕乃事哉!虽然神明变化,运用之妙,存乎一心,而规矩准绳,则又不能舍方书而师心自用也。上古以前,僦贷季理色脉而通神明,尚矣,然荒远难稽。粤自黄帝与岐伯天师更相问难,上穷天文,下穷地理,中拯民瘼,而《内经》《素问》作焉。他若《难经》,若《甲乙》,若《太素》,以及全元起之解、启玄子之注,俱彪炳宇宙,为一时宗。下世以往,名辈亦间出,而其最著者长沙,而后若东垣、河间、丹溪诸公,莫不各有论说,简册具存,班班可考,后之学者亦何庸再而著述乎?虽然人各一论,论各一书,苟不类萃前人之用意,用药井井,心目间如暗室之灯,如济川之筏,则泥方固不能治病,而脱离古方,病更不治,此《林氏汇编》所由纂也。是书分别门类,且效《难经》问答,备列方案,俾学者易于检阅。行世已久,司马张公出守吾浙之玉环,政清事简,岂弟慈祥,凡有利于民物,靡不倒囊赈恤。岁丁巳、戊午歉甚,赴楚籴运,以济民艰,全活甚众。又悯是郡孤悬海外,人不识医,婴疾束手,因取林氏《汇编》重为刊布,以救夭枉,遂更其名曰《活人录》,仁人之用心良溥矣。余与张公有秦晋之好,丐一言弁其端。余既略知八脉,乐此不疲,而又深嘉张公之存心为不朽也,爰奋笔而为之序。乾隆癸酉夏五,武林柴潮生题于听涛书屋。

张在浚序:余任玉环,玉环孤悬外海,风霾湿瘴无间寒暑,居人易于沉染,往往不瘳,心窃忧之。设局修合丸散以及汤剂膏丹,验症施药,苦无善岐黄者董理其事。适三山林公与余交好,出赠家藏《活人录》一册,公余之暇,悉心翻阅,见无症不有,无方不备。先讲病源,次酌加减,分门别类,瞭若指掌,依方试之,无不立起。因念宇宙之大,穷乡僻壤如玉环者,指不胜屈,若得此书,则人人卢扁,颇可寿世。其如远隔闽峤,购觅维艰,是以捐资剞劂,延请善岐黄者逐一校正,博施济众。庶使穷乡僻壤如玉环无医之境,咸得救药,岂曰小补之哉!诰封中宪大夫浙江温台玉环清军饷捕同知前任金华府粮盐水利通判兼摄两浙江南都转盐驿嘉松分司加一级记录四次又议叙加一级记录二次关中张在浚题。

罗大春序:向读具茨山人《读周礼》一篇论庸医之杀人,以为"以人之死,资彼之生",其言至为沉痛。并引《天官·医师》凡邦之有疾病疕疡者造焉,则使医分而治之,岁终稽其医事以制其食,而疾医亦于治之不效者,俾各书其所以而入之医师。甚矣!古人之重民命、谨民疾也如是。今不可复见,亦不可复行矣。予于医之一道,绝未窥见古人涯岸,只以频年受任疆场,悾偬戎马,见乎将士之风餐露宿,枕戈待旦,其况瘁已极生人所不能堪,会值暑雨祁寒,重围未解，寇焰方深，连营百里，饷馈不继，疠疫间作。山陬海澨无论已，即幸而密迩通都大邑，而兵燹之后，人民荡析，闾巷萧条，医且莫辨谁何，顾又安所得药？顾我健儿，非不如□如虎，乃晨兴蓐食，犹闻其呻吟弓刀之下，突黔未冷，遽尔填委沟壑者相藉也。转念若辈判其血肉之躯，为国宣力，侥幸解免于锋刃，百战之余，竟终不能脱二竖之手，心窃痛之，而无如何也。己巳之夏，提师泉海，消暑古安静之堂，湖州胥晋卿丈出所藏长乐《林氏活人录》一书，举而读之，中间证各为门，门各为辨，末系以方，井井然具有条理。其自相问难处，依经据理，独抒己见，又皆从二气三才、四时五行原头大处立论，以与生人五藏六府、感应生克之机互相印证，发明义理，极为精核。又修词简约，深入显出。梼昧不文，且不知医如予，然且耳入心通，迎刃而解，间以质之当世精于斯道者，亦未尝有以易也。用是慨然，益憾得斯录之晚。夜阑人靖，一灯如豆，缅想当时相同患难之人，溘然长往，先后十年，墓木已拱，其存者大抵如向晨之星，落落堪以指数，痛定思痛，不觉掩卷长吁，为之泣下沾襟不能自止也。虽然天下事失之东隅，未必不可收之桑榆，公余之暇，因亟与二三同志，以次雠校，付诸手民。曾生嗣芳，实司其事。刻既成，幕客徐君仲眉谓是录与左宫保奏议之刻，皆非武人所宜有，事卒皆成于武人之手，其事已奇，且是录行，为益于斯世斯民者甚大，非徒供行间捃摭考镜之资，不可无文以示远垂后。予虽未敢当其言，然使世之读是录者，见乎予之备员、将率是以行威为事、杀人为功者，稍弗致慎于此，且贻当时之忧，而召后来之悔。若是，彼公然挟是术以邀游乡邑，问其名则曰济世也，究其实则以治生也，己之身家系于是，人之性命亦系于是，三复活人之义，又当如何？兢兢业业，勉益加勉，精益求精，以庶几幸免具茨山人之讥，亦予所以广播此书之意。椎鲁武人，推己及物，所可见诸实事者，如是而已。若夫复三代之治，如《周礼》所云，无一夫不得其所，是又有司其责者，非区区武人之所敢知也已。同治八年岁次己巳嘉平之月，钦加提督御署福建陆路提督福宁镇总兵官冲勇巴图鲁黔中罗大春景山氏序。

张涛跋：吾家施济黎洞神丹，历三十载，活人无算。凡拣选炮制，悉皆躬亲，修合从不假手，以昭诚信，是以医之一道，深究心焉。自辛丑至壬戌岁，山左、粤东诸当事先招致。及归，适玉环，司马念亭先生出示《林氏活人录》一册，捐俸付梓。缘鲁鱼亥豕，原刻舛讹甚多，因余知医，谆嘱校正。余仰体仁人君子一片婆心，朝夕勘对，三月阅而书告竣。无方不备，岂特黎洞神丹而已哉！谨附数语，以志明德。钱塘张涛学海氏跋言。

内容提要

焦振廉等校注《林氏活人录汇编》校注说明：全书十四卷，六十二门。卷一为中风、中寒、中暑三门，卷二为湿、燥、火三门，卷三为气、血二门，卷四为痰饮、郁、发热、恶寒四门，卷五为冒风、咳嗽、喘三门，卷六为内伤、疟、痢三门，卷七为黄疸、水肿、臌胀三门，卷八为积聚癥瘕痞块、脾胃、泄泻、伤食四门，卷九为霍乱、呕吐哕、番胃、噎膈四门，卷十为痞满、恶心、中酸、嘈杂、呃、嗳气、头痛、头风、眩晕九门，卷十一为心胃痛、腹痛、胁痛、腰痛、疝气、脚气六门，卷十二为痛风、斑疹、疠风、肠风、脱肛五门，卷十三为痫、癫狂、怔忪、淋浊、痉痉、痿六门，卷十四为厥、痹、虚损、痨瘵、三消、汗、滑精七门。每门先以问答形式讨论病因病机及证治，后述其脉、形症、治法及方药，方药则先述主方，后及相关诸方各方又先立方名，次述功用、组成、制法、服法及加减等。全书内容丰富，编纂有章，且多有独特见解。

现存版本

清乾隆十八年癸酉（1753年）听涛书屋刻本，同治八年己巳（1869年）刻本（题《活人方汇编》），光绪三十三年丁未（1907年）京师医局刻古今医统正脉全书本（题《类证活人书》），2015年中国中医药出版社焦振廉等校注本。

按：关于林开燧的籍贯问题，向有争议。俞慎初《闽台医林人物志》认为系闽县，此后蔡捷恩《〈闽台医林人物志〉补遗（续一）》（《福建中医药》1990年第2期）延续俞氏说法。孔庆洛《关于林祖成的籍贯及其他》（《福建中医药》1991年第4期）对上述说法提出质疑，认为林氏父子的籍贯应为福建霞浦。此后蔡捷恩接受了孔庆洛的观点，将林开燧籍贯变更为霞浦县。本书林开燧自题"古闽长溪"，林春贵《宁德长溪考》（《福建史志》2015年第5期）一文对"长溪"的具体方位有详细考证，足以说明林氏为宁德霞浦人。2015年，焦振廉在校注是书时，仍将林氏籍贯断定为闽县。笔者认为，焦振廉可能受到本书几篇序文中"三山""长乐""古闽"的影响。

时方妙用

清·陈修园撰　四卷　存

作者简介

见《伤寒论浅注》。

序　　跋

赵在田序：古之长吏，与民相亲，饥为之食，寒为之衣，水旱疾疫，为之医药而调剂之，用能循绩丕懋，仁闻远覃。长乐陈修园孝廉，精轩岐术，作令三辅。适大水，奉檄勘灾恒山，出其方，试而辄效。嗣丁内艰旋里，读礼之暇，因刊《时方歌括》《时方妙用》二书。夫上医医国，前人如狄怀英、陆敬舆诸贤，家居时率骈集验方以自娱，亦以救世。《物理论》曰：医者，非仁爱不可托也，非聪明理达不可任也，非廉洁淳良不可信也。修园行将广其道以救心民瘼，希踪古循吏者，岂直以术衒售哉！时嘉庆癸亥至日，赵在田序。

陈修园小引：辛酉岁，余罢南宫试，蒙恩试令三辅。适夏间大水，奉檄勘灾恒山，以劳遘疾，得寒厥证几死。病间，自定汤液二服愈。时恒山东北大为温疟患，误于药者比比。余悯之，遂于公余采时方一百八首，韵为歌括。出缮本，付刀圭家按法疗治，多所全活。越明年，制府熊谦山先生见而许可，曰：子之意善矣，然有方而不审其用，则不足以活人，且以杀人，子盍明方意而广之？适余丁内艰，弗果。今岁读礼在籍，谨体先生寿世寿民意，续成四卷，诗病源于一百八首中。且余读《灵》《素》，宗仲景，向有经方之注，和者寥寥，偶以时方出，纸贵一时，投时好也。好在此，曷弗导之以此？时方固不逮于经方，而以古法行之，即与经方相表里，亦在乎用之之妙而已，因颜曰《时方妙用》。时嘉庆癸亥立春后一日，修园陈念祖题。

内容提要

《中国医籍提要》第 504 页：《时方妙用》，成书于 1803 年。本书四卷，卷一简明扼要地论述了望闻问切四诊，并讨论了中风、痨症二病之治。卷二至卷四对内科肿、胀、臌、噎膈反胃、痰饮等常见病进行了论治，并对妇人经、带、胎前、产后常见病以及外感伤寒也进行了扼要论述。陈氏曾于公余撰写了《时方歌括》,为明其方意,详其病原,言其妙用,故又撰成本书,颜曰《时方妙用》,本书则实为《时方歌括》一书的注释说明作。病之所察,四诊审定,惟诊以明,治方能中。故本书开卷先简论望闻问切四诊,继之才分议诸病,置一百八首方于诸病之中。书中所论诸病,以内科杂症为主,从病因起至治疗,均作了简明扼要地论述。陈氏广采众说,引经据典,阐发己意。如"眩晕"一症,陈氏对《内经》"上虚则眩"和"髓海不足"致眩与仲景痰饮致眩、河间风火致眩、丹溪痰火致眩逐一地作了分析,并据《内经》"诸风掉眩,皆属于肝"的理论,而指出《内经》论眩晕为虚者,是"言其病根",仲景、河间、丹溪言实者,是"言其病象",其实一也。因此,治疗上则根据其虚实的不同情况而提出逍遥散加半夏、天麻、钩藤,当归芦荟丸,六味地黄汤倍地黄去丹皮、泽泻加细辛、炙甘草、川芎、枸杞子、肉苁蓉,补中益气汤加天麻、半夏、钩藤等方剂施治。如此的论述,对读者临证颇有益处。陈氏治学严谨,实事求是,敢于对前人之说提出异议,如谓张洁古暑阴阳热之说,"未免称名不正"。纠《医学心悟》云"耳前后为肝之部位之误"等等。但是书中对某些疾病的认识和对前人的评论亦有欠妥之处,如其对"中风"的认识,"曰风者,主外来之邪风而言也,其曰中者,如矢石之中于人也"。未免失之片面。总之,陈氏此作由于叙理简明,通俗易懂,故较适合初学中医者之习用。

现存版本

清光绪十三年丁亥(1887年)宏道堂刻本,公余医录本,陈修园医书各种本,今人各种校注本。

卫生家宝产科备要

宋·朱端章撰　八卷　存

见《中国医籍通考》《宋以前医籍考》《中国医籍考》《中国古医籍书目提要》。

作者简介

朱端章,生卒年不详,福建长乐县人,南宋医家。史载其"淳熙年间知南康军",理学大家朱熹亦于淳熙年间知南康军,并于淳熙八年(1181 年)离任,朱端章随即接任该职。朱端章雅好医术,爱藏方书,一心专研,兼以世医之基础,终成一代医家。于南康任职期间,亦利用公务之暇坐堂行医,常常深入疫区,施医赠药。朱端章著卫生家宝系列方书录存了唐宋多家胎产及小儿著作,涉及内、外、妇、儿、五官诸科,内容精简,收罗广泛。其所引用前代著作,皆明确标注出处,对于整理研究宋及宋以前产科文献和发掘中医产科精辟内涵方面有重要的参考价值,对研究南宋时期药物炮制及中医临床各科发展亦有一定意义。

序　　跋

　　陆心源序:产科之有专书,始于唐杨师厚之《产乳集验方》。太和中,昝殷《产宝》继之。北宋则有李师圣之《产育宝庆集》,沈虞卿之《卫生产科方》;南宋则有虞流之《备产济用方》、陆子正之《胎产集验方》,今皆不传。《宝庆集》虽著录《四库全书》,从《永乐大典》录出,经陈言等增删,亦非原本。医书之鲜善本久矣,产科其尤甚者也。《卫生家宝产科备要》八卷,宋朱端章辑。《宋史·艺文志》著于录,明《文渊阁书目》亦有其书,《四库全书》未收,阮文达亦未见,钱遵王《读书敏求记》载有宋本,于端章仕历则未详也。案端章,福建长乐县人,淳熙中知江西南康军,宽以爱民,廉以律己,拨设官田于白鹿洞学,以赡四方来学者。著有《卫生家宝方》六卷、《卫生小儿方》一卷、《卫生家宝汤方》二卷及此书,见《宋史·艺文志》《(乾隆)江西通志》。盖南宋良吏,有心于济世救民者,非医士也。卷一入月安产法、体元子借地法、逐月藏衣游神法,本之《外台秘要》;禁草、禁水、催生符法,出《圣济总录》。卷二、卷三皆采之孙真人《千金方》。卷四全录《产育宝庆集》、张世臣《累用经效方》。卷五则采之庐江助教刘宝《经验名方》者居多。卷六则全录《备产济用方》及许叔微《本事方》中胎产诸方。卷七则全录《胎产经验方》。卷八则杂采葛氏《肘后》《巢氏病源》《千金》《外台》《圣惠》《万全》《小儿集验》《婴童宝鉴》、钱乙、张涣诸书保育小儿诸法。李、陆两集赖此以存,虞、张之方,尤为自来著录所罕见,洵乎产科之荟萃,医家之指南也。予少多疾病,喜读方书,每当众论荆棘之时,略试其技,亦尝奏效。妇人、小儿望问皆穷,尤难制剂。丙子之岁,细君临娩,胎死腹中,三日不下,诸医束手。甲申九月,家妇将娩而疟作,疟发之际,心痛欲死,医亦无策。余细心诊问,博考方书,幸赖此书,转危为安。细君恧惠付梓,爰雕印以广其传。嗟乎！秦汉以来,医书经林亿、孙兆校定,未必尽合于古,然犹无大失也。明人一再重刊,无不妄删、妄改,袭谬承讹,固已失之毫厘,谬以千里。而况庸人以医为市,目不知书,迂儒食古不化,刻舟求剑乎？以此治疾,是益之危而速之死也。妇科为医家九科之一,产又妇科之一端,自来实鲜专书,即有亦鲜善本,是编采摭宏富,持择精详,所愿家置一编而深求之,于保产、全婴之道,其庶几乎？光绪十三年岁在强梧大渊献壮月既死霸,诰授荣禄大夫三品顶戴前分巡广东南韶连兵备道兼管水利太平关监督加四级归安陆心源书于穰梨馆。

黄尧圃跋：此淳熙十一年长乐朱氏取诸家产种方合刻成书,中寓、辕、悬字俱缺笔,又丸皆作圆,避钦宗嫌名也。其所载《产育宝庆集方》,陈直斋谓李师圣有说无方,医学教授郭稽中为时良医,以方附诸论,遂为完书。今考师圣自序,知郭与李同时,是书实成于师圣也。当归一味散注引于王子亨《指迷论》。子亨名贶,《直斋书目》载之,今已失传。桃仁承气汤,谓庞安常用之验。安常名安时,今有《伤寒总病论》行世。产育方药专书,《唐志》载昝殷《产宝》一卷,今惟《宝庆集方》尚存《永乐大典》中,然已佚去借地法矣,犹赖此书传之。所采虞流《备产济用方》诸论,尤为切要,安得好事重为刊布,俾得家置一编,则活人之报当不小矣。嘉庆辛酉夏,黄君尧圃自都门购归,出以相赏,因识数语,以为奇书欣贺。

钱大昕跋：顷从陈仲鱼处借得《敏求记》,检医家有《产科备要》八卷,所载长乐云云,与后跋同。特少"十二月初十日"六字,而"淳熙甲辰岁"五字,在"刻板南康郡斋"六字上,迨少易原文入于记中尔。曾云：楮墨精好可爱。与余所收正同,想亦是宋板也。爰重志数语,以见述古堂中不乏奇秘如此尧圃。嘉定钱大昕,观时年七十有四。

内容提要

《中国医籍提要》第330页:《卫生家宝产科备要》,成书于1184年,本书八卷。卷一,产图,讨论产前将护法和产后将护法等。卷二,载孙真人养胎论,徐之才逐月养胎方等。卷三,论妊娠恶阻、胎动不安等病的治疗和将产、产后疾病的治疗。卷四,载李师圣编论、郭稽中附方,论临月将息和新生儿疾病等。卷五,为产科杂方以及产前所禁药物等。卷六,载虞氏《备产济用方》,许学士产科方等。卷七,为胎孕方、产前方、产后方等。卷八,论新生儿的保育等问题。此书搜集了宋以前有关产科的各家论著，并标明资料之来源，其中有晋葛洪的《肘后方》、隋巢元方的《诸病源候论》以及《千金》《外台》《圣惠方》《圣济总录》等关于产科的论述。至于产科专著，如《产育宝庆集》《备产济用方》等，几乎全部收录。此外，有关儿科专书，如《万全小儿集验方》《婴童宝鉴》《小儿药证直诀》等，也多摘录。因此，本书不仅包括妊娠、临产、产后诸病之治，还附有新生儿的护理和新生儿常见疾病的治疗。其内容丰富，资料充足，为我国宋以前产科的重要著作。更可贵的是该书保存了很多原书已佚的文献资料。

朱氏对于产科疾病不仅强调药物治疗，而且还非常重视护理、调养问题。如卷三"论初妊娠"中指出，妊娠脏气皆拥，关节不利，切不宜多睡。不宜食粘硬难化之物，亦不需乱服汤药。更大忌针灸，要数行步，定心神，不得悲忧惊恐，负重震动。若觉胎脏不安，腹中微痛，心意烦闷，四肢困倦，宜服安胎顺气阿胶散。临产时则更强调护理、调养。如曰："凡欲生产切不得喧闹，产妇房门常须关闭，选一年高、性和善产婆，又选稳审恭谨家人一两人扶持，切不用挥霍致令产妇忧恐。"又曰："大凡生产自有时候，痛不甚者，名曰弄痛。宜须强行熟忍，宜食软饭，若食饭不得，即宜食粥及饮蜜浆，勿令饥渴，恐产妇无力困乏。"书中所载诸方，多属前人良方和朱氏临证的经验方，也收集和使用民间的单方和秘方。如卷六"难产诸方"中就有不少方是单方和秘方。由于历史条件所限，书中也有糟粕，如卷一"产图"中的"入月安产图"、"体子借地法"等纯属荒诞之谈。又如卷六"妊娠食忌"中有"食兔肉令子缺唇，食雀肉令子盲"等亦没有科学根据。

《四库及续修四库医书总目》第 430 页：宋朱端章辑。端章，福建长乐人。淳熙中，知江西南康军，甚有政绩，载《江西通志》。是书见《宋史·艺文志》及明《文渊阁书目》。近代藏书家常熟钱氏《读书敏求记》，吴县黄氏《士礼居藏书题跋》，昭文瞿氏《铁琴铜剑楼书目》并有宋刊本，嘉定钱氏《竹汀日记》亦载之。归安陆心源得影宋钞本，刊入丛书。卷末有端章自跋云：以所藏诸家产科经验方，编成八卷，刻版南康郡斋。其书中所采者，孙思邈《千金方》、王焘《外台秘要》、宋徽宗《圣济总录》、李师圣《产育宝庆论》、郭稽中《附方》、张世臣《累用经验方》、刘宝《经验方》、虞流《备产济用方》、许叔微《本事方》、陆子正《胎产经验方》，末附小儿保育之法。所采《千金》《外台》及葛氏《肘后方》、巢氏《源候论》《圣济论》、张涣论、钱乙《直诀》《万全方》《集验方》《婴童宝鉴》

《秘要》《指迷》《子母秘录》诸书,其中多今所罕传,且有自来未经著录之书。案:端章居官为良吏,于医原非专业,而是书博采精收,多从经验,足称善本。传至今日,其所引之书,或已湮佚,赖此以存,弥为可贵。心源序称:家人遇难产及将产而患疟,医家束手,检是书中方法得效,因传刻以济世,尤其明验也。《宋史·艺文志》载端章所著此书之外,别有《卫生家宝方》六卷、《卫生家宝汤方》二卷。日本《经籍访古志》载有影宋钞残本,又《卫生家宝小儿方》二卷,未识尚有流传否,附记以待征访。

《历代中医珍本集成》第 29 册:《卫生家宝产科备要》八卷,南宋朱端章辑,约刊于淳熙十一年(公元 1184 年)。朱氏乃南宋朝官吏,淳熙中(公元 1174 年至 1189 年)曾任南康郡守,福建长乐郡人,平日喜好医药,尝谓民之疫疠不可勿问,故于公暇之余,亲制药饵以散给病者,全活甚众。以产科专著流传不广,遂广泛搜集宋以前产科之论,辑得《卫生家宝产科备要》八卷。另辑有《卫生家宝方》《卫生家宝汤方》《卫生家宝小儿方》等。全书集合宋以前产科经验,夙有"产科之荟萃,医家之指南"称誉。卷一之足月安产、借地、逐月藏衣诸法,本之《外台》,禁草、禁水、催生等又出于《圣济》;卷二、卷三采自孙思邈《千金·妇人方》及徐之才逐月养胎方;卷四全录《产育宝庆集》及张世臣之《累用经效方》;卷五则以刘宝《经验名方》为主体;卷六收录虞氏《备产济用方》及许叔微《本事方》中胎产诸方;卷七收录《胎产经验方》;卷八则杂列葛氏《肘后》、巢氏《病源》、孙氏《千金》乃至钱乙、张涣诸家保育小儿法。内容包括妊娠胎产及新生儿哺育调养法,方法宏富,切合临床,所辑前人论述均注明出处,并保存诸多已佚资料,是研习宋以前妇产科古文献的重要参考书之一。

现存版本

宋刊本,清光绪间刻本,丛书集成本,今人各种校注本。

按:民国十一年《福建通志》卷四十六《艺文志》云:《石遗室书录》云,宋本作此书名,《读书敏求记》只称《产科备要》。《铁琴铜剑楼书目》云,是书集诸家产科经验方成帙,首列入月产图,中有借地、禁草、禁水、逐月安产法。《书录解题》群载《产宝》诸方一卷,以十二月产图冠之,疑即此书也。卷第四李师圣编论、郭稽中附方疑即《直斋书录》所载《产育保庆集》一卷也。卷第六许学士《产科方》,当谓绍兴中许叔微,其余杂采诸家方论甚备。目录后有"翰林医学差充南康军驻泊张永校勘"一行,卷末有自记三行。关于此书的版本流传情况,可参见刘德荣《朱端章与〈卫生家宝产科备要〉》(《福建中医药》1987 年第 5 期);杨金萍等《从〈卫生家宝产科备要〉印签考察名家递藏》(《中华医史杂志》2006 年第 1 期)。

汇纂麻疹新编

清·黄政修纂　二卷　存
见《中国医籍通考》《中国医籍续考》。

作者简介

《黄政修传》曰:黄君,讳政修,字廉如,节孝苏安人冢嗣也。父茂才,讳调元,号赞君,生廉如昆仲二人,廉如甫数龄,赞君早逝,安人刻苦自励,抚孤课读,严同父师,卅年如一日。廉如旋受知督学使者曹宗师门,补博士弟子员,乃为安人乞旌,有"母氏青年居孀,孤甫数龄,韭粥束修之需,皆出十指"之言,可谓知母矣。君读书不苟为章句学,尝览《汉书·艺文志》所载《黄帝内经》十八篇,知长沙《伤寒杂病论》《金匮玉函经》皆发明《灵》《素》之旨,嗜之弥笃,时出其术活人,试之辄验,因是求治日众,名噪一郡。喜与郡人士朱工部雨樵、邹司谕骏如、方明经子翼诸君游,以诗酒相酬唱,诸君余友也。生子二:毓材、毓华,皆茂才,世其医。晚年著《麻疹新编》一书,成一家言,秘不示人。余曰:兵荒未必杀人,世无良相也;疹疠未必杀人,世无良医也。小儿之痘疹,即大人之疫疠,愚妄不以为岁气而以为胎毒,非通论也。君著《麻疹新编》,其哀此百万幼稚而拯其天灾乎?今春,廉如次孙焕琼茂才刊君《麻疹》一书行世,丐余一言为传。余不文,何足传君,顾念余与君雅有过从,而令孙焕琼茂才能传祖砚,又不鄙老丑,时以诗文见徵,人琴之感不能默然于中也,于是乎传。民国丙寅仲春,闽中富屯世愚弟砺斋蔡振坚敬撰。

序　跋

黄政修自序:古来医书之多,汗牛充栋,其一切症治,先儒固已备言,后人何容置喙乎!独麻疹一门,遍考诸书,从无专学,间有一二及此,无非附见痘书之末,一皆简略不详,何怪儿科之莫能举措也。近阅阛阓中往往以治痘之方治麻,在前不知宣表,在后不知清解,非误用温补,即专恃寒凉,医鲜熟手,疹儿之殒殁者多矣。矧自西洋牛痘传入中国,而世之司乎痘疹者已无专科,至捻匪发逆摇窜东南,医书之失于兵燹者又复不少。诚恐历年既久,古书湮没,而斯道愈不可问也。余是以博采群书,参以管见,几阅暑寒,勒成是编,上下分为两卷,上卷首列"麻疹精义条治要旨"及"初中末之法",下卷采集古方,订以歌诀,兼附药性宜忌,不揣固陋,胪列于后。俾未习岐黄者可按方以拯其缓急,即素知方脉者亦可参观而得其变通,后有高明者出,再为参削校正,则余之厚望也夫!清光绪己丑年春正月,闽中五溪后学黄政修廉如氏谨序。

何履祥序: 黄君聘九,以其令祖廉如先生所著《麻疹方书》将付剞劂,命余为序。余曰:此孝思之念也,保赤之心也。回忆昔年与聘九之尊人秀岚君为文字交,每观其插架医书汇数百种,不胜望洋浩叹,固知古之名医著书立说,发明精蕴,皆通儒硕彦,医道若是其难哉!先生博览群书,以名诸生负医重望,而《麻疹》一编特其绪余,盖深恐世之误于俗手,漫投药剂,不审方向,不辨气候,杀是童稚无算,因而慎考博稽以著是书。考之秦汉以前无是疾也,自马伏波征交趾,军士传染,乃有麻疹之患,故世谓之虏疮。呜乎!海外之输毒中国者岂特麻疹已乎?被其毒者,心性颠倒瞀乱,失其本来耳。此非孺子之灾疾而天下之至悲痛也!余少时见先生道貌,寡言笑,肃容仪,粹然儒者。先生事节母以孝闻,不独医学之名高足以垂世立教,其庸德庸行,又为近世士夫所不可及矣!世侄养吾何履祥拜撰。

陈撝序: 儒者呫哗一生,侈谈古博,问其书,则曰唐、虞、三代而已,汲冢、禹穴之藏,金石图画之秘而已,然究不若医家之书为最古且博。故吾尝谓:世无名医也,有之则必自通儒始。医书创自轩辕、岐伯,厥后则为伊圣之《汤液经》,若汉淳于意所上文帝表内诸书名,亦皆见所未见,书之最古者也。其衍博处则如痘症一门,传自西域,麻疹附见,凡数十家书,既浩无涯矣。读又嫌于漫散,傥非通儒,乌足以穷其源而汇其流也?而世之呫哗小儒,乃蚩蚩然以古博言,亦足笑人也。前辈黄廉如先生者,清光绪间以名诸生教授乡里,于书无所不读,尤能穷极《内经》《难经》之古奥,中外症治之博洽。晚岁以医名,凡造门而谈医者,或不能断其章句,辨其辞义,而先生独言之滔滔,洵通儒也。当时手辑医方、医按及注解诸医书多散失,惟《麻疹》一书汇为二卷,定作初、中、末之法,尤费苦心,其家独宝藏之。先生之少君亦读书能文,以医世其业,不幸与先生相继逝。今其次孙聘九,医之具有衣钵者。余初不之知,但闻其弱冠入邑庠,颇有文名,然亦未之见也。去年夏,从诸君子后来郡纂修邑志,征求二百年来艺文之选,审知廉如先生必有著述足以备一格者,爰向聘九索其遗藏而得是书,独惜余不知医,无以阐先生之奥妙。往者读"阴秘阳宣"之说,"风淫气化"之篇,"司天在泉"之图,窃叹垣一方人不我洞见,而半生呫哔之不足以言儒,实深有愧于我先生也。先生学问已见于自序及凡例中,余尤喜先生能诗,昔曾于朱部曹紫佩、黄通判护酬唱稿中见之,亦足以窥一斑。然于先生为余事,故不叙,叙其医之通于儒者,梓以行世,俾后来专门名家得以因先生之书识余名于简端,斯幸矣。是为序。民国七年仲秋之吉,同邑晚生陈搦拜撰。

建瓯医学研究会同人跋:黄廉如老前辈,为近代通儒,不多著述,所编《麻疹》两卷,名言至论,有救于小儿胎毒者,类能发前贤之所未发。文孙聘九不敢秘为家宝,付之手民,同人等实怂恿之,盖井中《心史》终当寿世,敢云发潜德之幽光哉!建瓯医学研究会同人谨撰。

内容提要

《中国医籍大辞典·下》第 973 页:是书二卷,卷首述引用诸书源流。上卷载医论七十三篇,内容包括论麻疹、痘疹发病、辨证、用药宜忌、饮食宜忌、四十种症状、初中未调治法等。下卷采集麻疹诸方歌诀一百三十四首。

现存版本

民国十七年(1928 年)建瓯兰新印刷所铅印本。

按:黄氏三代业医,其孙黄焕琮(号聘九)聚资刊刻《麻疹新编》一书,并请时贤为序。关于黄焕琮的生平事迹,其学生黄良梓撰有《名中医黄焕琮传略》一文,照录如下。

《建瓯文史资料·第四辑》第 62~64 页《黄良梓·名中医黄焕琮传略》:

业师黄焕琮,家名上震,号聘九,本县人,前清廪生,生于公元 1884 年(清光绪十一年),卒于 1948 年 12 月。黄氏家世业医,自其先祖廉如公至琮已历三世。师从事医业,四十余年,自理论到实践,均有独到见解,医誉驰闽北,桃李遍芝城,简述生平如次。

一、绝意仕途,矢志岐黄

师貌清癯,而性聪颖,好朋友,寡言笑,幼承庭训攻读四书经典,十五岁研读岐黄家言,并从先祖学习麻痘两科,先祖廉如公乃麻痘科能手,著《麻疹新编》一书,对治麻疹有独特见解,尝告诫后人:"麻痘两科是小儿之大证,不容忽视"。吾师既通内科,又精于痘疹,在继承岐黄与家学的基础上,又好问师与博采众长,其向学精神,实为敬佩,且对医林同仁,思贤若渴,在瓯邑中医学研究会成立之后,经常聚首共研国医之进展,长辈名家如黄朗若、彭载芳、林正奴等均师事之。吾师之杆以选择医学道路之原委,大抵有如下两个方面的因素:其一,绝意仕途,吾师年未弱冠,即已入廪,看到清廷已经腐败,国势日下,且外侮频仍,国事多秋,他视功名富贵如浮云,无意仕进。其二,热爱国医,幼承庭训,研习岐黄之术,其大义勉之曰:"词章之学,无补于世,我家世代业医,应继承先志,毋或怠。"师有感于怀,遂弃举子业,乃下苦功精研岐黄之术,尝谓:"医功同于良相,能为振兴祖国医学聊尽绵力,亦人生一大快事。"于是专心致志,穷研方术,朝夕如斯,冀世代衣钵,相传勿替。

二、捐费办学,培养后人

三十年代初期,国民党政治腐败,西医洋药充斥,中医毕受排挤,医道已经不振,苟非兴倡医学教育,培养后继人才,切实为民众扶危救厄,祖国医学势必日落西山。他曾慨叹:"此乃当政之过失,轻中重西,崇洋媚外,地方社会不知慎重人命,坐令武夫乱玉死者接踵,夫复何言。"有鉴及此,谦恭礼邀瓯邑名医陈颖谷、翁必丰、金雪溪、杨虚堂、余裡六、徐伯葆等共同商讨创办医校事宜,经过多次的筹备,并屈从国民党教育当局只能设所不能设校的无理批复,毅然于古楼上左畔,自任所长,担任内经课程的讲授,校中一切设备,完全自筹,伪政府不予补助,为了发扬祖国医学,培养中医后继人才,其热心树人,于斯可见。

三、胆大心细,医鉴久存

业师于1908年开始行医,求诊者络绎不绝,他有深厚的理论基础,并有祖传的医疗经验,不偏于一家一派之说,而是博采众长融会贯通数十年来临床,立论诊断确切,阐发机理丝丝入扣,辨证施治,果断有力。凡逢沉疴之证,或者危笃病员,从不推责诿卸,敷衍塞责,而是千方百计,潜心营救。尝以孙真人"胆欲大而心欲小,智欲圆而行欲方"的警句为座右铭。诊暇之余,随书笔记,医疗心得,所志无遗,数十年来,著有《聆方粹选》三卷,《脉象辨疑》二卷,《麻疹一得》一卷,《喉痧辨治》一卷,《诊余随笔》一卷,《记闻录》一卷,这是他的呕心沥血所作。在诊病和著述外,尚在余暇编教学材料,并应闽北日报社的邀请为该社医学顾问,对群众所询问的卫生保健问题一一作答。他的一生,是为人民健康奋斗的一生,鞠躬尽瘁、医誉长存。

时 疫 辨

清·林庆铨撰 四卷 存

见《中国医籍通考》。

作者简介

林庆铨,字衡甫,福州人,清代咸丰间贡生,光绪时任广东新会巡检,清代福建名人林昌彝长子,编纂有《楹联述录》等。

序 跋

联元序:医病之书,苟择焉而不精,语焉而不详,是活人者反以杀人也。晋、唐而后,叶天士、吴鞠通二家为治疫妙手,遵其法者皆知瘟疫异乎伤寒。其奈今之鼠疫,即以叶、吴之法治之不验,然而离叶、吴之谱复又不可。衡甫少尉立为变法八门,专指鼠疫而论,又博采新按名论而互证之。第三卷言瘟有九种之分,按类分治,可补前人所未及。疙瘩瘟杀人之烈,不特古名医不能道其原,十余年来,中西报亦囫囵言之。今此辨引文帝全书,发明五毒神乃五行不正之气所结也,盖平时地土禀受,相安无事,迨地运衰薄之年,土不能收毒,反合五行相助为虐,人受之安得不死? 此书全部以解毒为先,又合外科、痘科而互治之,复加引经之药而牵带之,凡所有表散补泻凉利等药不可妄投,此独出之心裁,洵千古不易之法也。其中立通解五毒饮及八面通以及紫雪丹诸方,皆核症之的药。至于药谱、经说及诸瘟治法极为分晓,又得区君子靖(笔者注:应作静)补笺表,明朗若列眉,愿业医者奉为圭臬。曩余观察粤东惠潮,见衡甫俨然道貌,卓然行品,知其隐于末吏。今衡甫巡检新会之沙村,冷官多暇,集此成书,嘱为弁首。余于医道颇知门径,三复之余,知此为近时不可少之书也。是为序。光绪戊戌八月,联元书于羊城行次。

林庆铨自序:疫病由口鼻入,直达中道,分布三焦,急者立亡,缓者或可速治。其治法,非同伤寒之可表可下也,而有时当表当下,此中权衡操纵,超乎法外而不越乎法中,非天资绝高者不足神其妙用。愚历考方书,惟叶氏天士、吴氏鞠通二家论辨最为精详。呜呼! 近来鼠疫,辛凉不应,宣泄亦不应,何也？盖疫病有常有变，有阴有阳。其症之常，照叶、吴二氏方书治之随愈；其症之变，虽有敏者，亦莫措其手。然则置之不论乎？曰：不然。有卢扁之术，人事岂不足挽天心乎？李东垣云：当瘟疫盛行之时，每有寒疫杂乎其中。黄坤载云：后世庸工之于疫病，不论寒瘟表里，概用硝黄泄下，十治九误，此助纣为虐也。盖疫病与伤寒异，人所共知，疫病有寒瘟之分，人多不觉，天下死于病者数也，死于药者冤也。愚于此道讲求十载，阅方书不下数百家，以叶案、吴辨为标准，以李东垣、吴又可、喻嘉言、张景岳诸家为旁证，首卷六方分治，本乎吴辨而变通其纲领。犹恐可治常疫，不足以御奇症，二卷于方书时论汇参之下，成变法分治八门。非谓此八法及所采良方尽可治疫，但择其与症合者用之，其不合者舍之。又附儿子慎斋药谱，以备采择。盖疫之急证，宜以治痧之法治之，因录新会区氏子静《疫论》九篇附之。考瘟有九种：曰疙瘩瘟，曰瓜瓤瘟，曰大头瘟，曰虾蟆瘟，曰鸬鹚瘟，曰葡萄瘟，曰羊毛瘟，曰软脚瘟，曰白喉瘟。古名贤并无分类制治，愚特分别详列，归于三卷。疙瘩、瓜瓤瘟二项，杀人最速，惟有紫雪丹，或可十救二三，其次只有预防一法。大头、虾蟆诸瘟，十中可救五六。白喉瘟一症，道咸以前不得其法，人之枉死者无算。自楚南张善吾《白喉捷要》书出，吴晓舟太守刊于岭南，传之于人多验。愚此书集成，九阅寒暑，本有八卷，先择四卷付梓。书中专言疫病，其他不附焉。幸得子静先生逐条参订，加以眉笺。先生治疫之道最为精详，其所诣直造叶、吴之室。余所见治疫如先生者，不作第二人视，叶、吴复起，不易吾言。既经法眼，则此书之行不至获罪于天乎？光绪庚子三月，侯官林庆铨识。

内容提要

《中国医籍大辞典·上》第 725 页：《时疫辨》四卷，清林庆铨编，区德林参订。刊于清光绪二十六年（1900 年）。本书为疫证专书。卷一载疫证初起治疗六方，卷二论鼠疫治疗变法分治，卷三集鼠核、虾蟆瘟、大头瘟等疫证治法，卷四论白喉瘟治法、附录叶天士瘟疹瘰治法。林氏认为鼠疫初起治疗原则为"先用轻剂"，可选用吴鞠通治瘟疫三方（即桑菊饮、银翘散、增减李东垣普济消毒饮）；如属寒疫可用杏苏散、葱豉汤、桂枝汤等方。如不见效，则择第二卷中通解五毒饮、紫雪丹等方。鼠疫则择用第三卷中解毒活血汤，认为此方乃"治核之准方"。卷二录区德林疫论，体现了区氏治疫思想，补充和完善鼠疫的治疗。认为"鼠疫宜与痧症互证"，"刮痧之法甚捷"，并介绍用针刺出毒血以及以虫吸毒,列敷药治鼠核的方法。

现存版本

清光绪二十六年庚子(1900 年)羊城筱龙园刊本,光绪二十七年辛丑(1901 年)广州宏经阁刊本,2009 年广东科技出版社据光绪二十六年影印本。

按:《岭南医籍考》将此书作为广东医籍,言:林庆铨,字衡甫,号药叟,清代羊城人,实误。

鼠疫约编

清·罗汝兰原辑　郑奋扬编订　不分卷　存

见《中国医籍通考》《中国医籍续考》《中国古医籍书目提要》。

作者简介

郑奋扬(1848—1920),字肖岩,福州市人。出生于中医世家,其祖父郑德辉、父亲郑景陶均医名卓著。在中法马江战争中,奋扬任团防总文案。他目睹中国海军惨败,清政府腐败无能,乃弃官从医,在台江开诊行医。郑奋扬是一位充满社会责任感的医家。因其生逢乱世,疫病流行,他目睹百姓为鼠疫、霍乱等流行病折磨,遂整理总结自己的临证经验,编著诸多疫病文献,受人瞩目,主要有《鼠疫约编》《疹证宝筏》《热霍乱辑要》《验方别录》等。郑奋扬处方用药,以轻灵取效,远近驰名,在当地社会声誉颇著,一度被推选担任全闽医学会会长一职。郑氏对当时传入的西方医学,秉持兼容并蓄的态度,他取西学之长以补中学之短,体现推动中西医汇通的学术立场。

序　　跋

陈宝琛序:会城今夏鼠疫盛行,谭彦先明府自南安邮《汇编》至,王吉人邑侯试之而验,则揭布于通衢,好善者亦重刊以行,于是闽医始知治法。以余所闻见,自六七月以来,服此方虽极危,鲜不活者,间有受病太深,疗救无及,或以疑是方之不可恃。顾越人不云乎:非能生死人也,能使当生者起耳。今之中无所主而以药为尝试者,当生且使之死矣,则乌能以是方一二之不效而掩其八九之效哉?吾友郑肖岩秀才病《汇编》之繁复,约为八篇,乍浦杨伯卿司马喜而锓之。二君惓惓于活人之心，吾愿村僻之为医者共体之，勿使病家仓卒间误于回惑也。光绪二十七年冬十二月，闽县陈宝琛附识。

陈宝琛又序：刊此书后又六年，疫未有已，然准此法治辄验，而医家动持岁运不同之说，误人不鲜。独友林少翼秀才信守最笃，施无不中，如乡僻人人明此，则有萌即遏，疫不且绝哉！余历验无算，特再苦口为病家及医者告也。丙午六月，宝琛再识。

李澍青跋：医之为术，所以寄死与生，医之书必详且尽，而后可以济人寿世者也。若吾粤罗芝园广文所著《鼠疫汇编》一书，出垂十年，活人甚众。如是书之议论醇正，推究病源，洞然有见一方之眼，窃谓近日治疫者无能出其右也。惜其书未行于闽，人犹有所憾焉。客冬，我居停彦先明府，不吝廉金，倡为锓版，以广流传。庶使仓卒遭疾，顷刻得以更生，荒僻乏术，不毙于庸医之妄，何便如之？未尝不为济世之一助也。喜今梓事告成，爰书数言于简末。光绪辛丑元月中九，守平盦主李树青跋。

周树梓序：瘟疫者，时气也。时气遍行，所以人感之而即病。夫瘟者温也，疫者役也。故瘟疫之作，始必发热，无分男女少长，率皆相似，如役使然，是又谓温役也。《刺法论》黄帝曰：五疫之至皆相染易，无问大小，病状相似。且病是证者，多起于冬不藏精及辛苦饥饿之人。盖冬不藏精，则邪气乘虚易入，而饥饿劳倦之流，则受伤尤甚。故大荒之后，必有大疫，正为此也。但此辈疫气既盛，势必传染。又必于体质虚浊者，先受其气，以渐遍传。若不施救疗，蔓延滋甚。余家世岐黄，留心考述，每临编得其法，未必见其病，临病见其证，未必合其方。适岭南雨山世丈以是编见示，展诵之余，其于治疫之法明如指掌，且经屡验。时值泉郡是疫又作，思制药施送恐难普遍，居停彦先谭明府仁爱为怀，毅然创首，爰集同人，付梓惠世，诚为活人之要术也。是为序。光绪二十六年冬月，东阳周树梓桐甫志于丰州署斋。

罗汝兰原序：疫由阴阳愆伏而作也。或中血，或中气，感其毒者，皆足以害人。顾其时同，其地同，其症同，其药亦宜无不同。观方书所载，每次止立一方，可知必拘拘切脉施方，无当也。鼠疫者，鼠死而疫作，故以为名。其症为方书所不载，其毒为斯世所骇闻。乡复一乡，年复一年，为祸烈矣，为患久矣。予初闻此，遍阅方书，无对症者。光绪十五六年，延及邑之安铺。十七年春，延及县城。偶见《医林改错》一书，论道光元年京师时疫，曰死人无数，实由热毒中于血管，血壅不行，夫已壅不行，必然起肿，予始恍然焉。盖鼠疫一症,初起红肿,结核如瘰疬,或忽起于不自知,或突起于所共见。其溃者流瘀血,非热毒成瘀之明验乎?其甚者,热愦而毙,非热毒瘀血攻心所致乎?及观其方,专以治血为主,略兼解表,信能治此症矣。试之八人,皆验。因录示人,人疑谤也。十七年冬,遇吴川友人吴子存甫于郡,出所辑《治鼠疫法》一编。予读而善之,遂与茂名许子经畬,论列此方,随症加药,嘱书其后,而附于诸君子之末。爰捐资付刻,以广其传。十九年春,城乡疫复作,同时屡用此方以起危症,一时哄传,求者踵相接。乃即人疑谤者,再加辨解,且取侄启沃所经验涂瘰一方以补之,侄启观复刻印发,远近流传,用之多效。二十年,予族陀村,感此症者数百,用之全效。故旧岁宏丰号有辨惑说之刻,本年友人文子凤笙有同育堂之刻,安舖医局有敦善堂之刻,化州局亦有刻。人愈信,传愈广焉。予思此方虽妙,惟一误于医者之蛊惑,再误于病家之迟疑,以致死亡相继,实堪痛恨。予留心此症久矣,数年所历,更有闻见。前缘平橐之暇,补缘起、释疑二则,并将陀村治疫之善法,与所传之奇效,及改方之贻误,就吴刻而增损之。二十一年陀村疫复作,按治未效,加药方效,故于施药之时,续而增之,复将十年前疫毒中气之经验方附诸卷末。俾知疫毒中于血气者皆所有救,则阴阳虽有愆伏,而血气实可调和,庶几消灾疹于无形,跻民生于仁寿,则区区之心稍慰也。如有不逮,还期高明指示,爰述其本末而为序。光绪二十一年蒲月,石城罗汝兰芝园续志于村堡别业之前轩。

罗汝兰第五刻序:是书已四刻,前序言之详矣,兹何为而复刻也?以近更有所得,不敢秘也。二十一年夏,四刻初成,秋渡琼候委,得悉是春海口以疫毙者数千,族人和隆号电催此方过海,曾著效验,而琼医未之信也。予虑其复而及他处,遂出四刻分赠同乡各位,皆以较前更详,公捐洋银三十六圆,嘱代办分赠。予遂付信高郡联经堂印六百本,并撮其要,付省经韵楼刻印一千本。旋以听鼓多暇,复购书数种,以考其详,更加添注。冬至后,琼州府城疫作,先将所存分派琼医,或从而笑之,甚从而訾之。予知其误于李时珍红花过服之说,并误于景嵩崖桃仁、红花不可过用三钱之说也。二十二年春,疫大作,群医各出手眼,百无一效,以至死人无数。及二月底,始有信避之法者,迁居海口,延予调治,并参新法,连救重危证数人,求医者踵相接也。每视病开方,即赠书一本,并嘱照送,而十愈八九,一时并救数十人。群疑始息,遂信是方。幸海口为证无多,不致大害,因补前刻所未及而求其详。爰为之序。光绪二十二年五月,署理儋州学正石邑罗汝兰芝园氏志。

罗汝兰辨误牟言：治病之道，不知其误，即不得其真，凡治病皆然，而治鼠疫为尤甚。盖鼠疫一证，前无所依，后无所仿也。是编因比类而得其方，且屡经面详其法，时历八载，版已五刊，虽云有误，谅亦寡矣。乃作者无误而用者多误，推求其故，缘人多闻于常见，狃于常习，每以轻药试重病，缓服治急疾，无怪其多误也。此其说于邻乡人得其详焉。本年多邻多疫，皆来求书，赠即嘱曰：必依法方效。数日后，多来问曰：贵乡用之极效，某等用之不效，何也？予细询之，曰：轻病乡人多不服药，迨至重危，然后服药，应加石膏者亦用五六钱，应加大黄者亦用三四钱，其余各证，亦照法加入。每日追二剂，热稍退者，每日仍一剂，追至于甚，乃不服药。予曰：噫！子误矣，子误矣。晓之曰：此重证亦急证也，初起不服药，已失之迟，一误也；重危之证，每日二服，已失之少，二误也；石膏、大黄改轻，复失之轻，三误也；热退尚有微热，至少二服，多则三服，日止一服，以至病翻，四误也；尚可服药，即不服药，坐视其死，五误也；若疫证初起之时，凡喉微见燥，头微见晕，体微见困，即中毒之渐，急宜服药，或服白茅根数味，或服本方二三服，此治于未萌，更人所易忽，六误也。有此六误，尚云依方照法乎？嗟乎！近者尚误如此，远者可知。补弁数言，以免辗转相误也。戊戌春日，芝园氏志。

郑奋扬序：昔桐城余君师愚著《疫疹一得》，以清瘟败毒饮为主方，别开生面，以补昔贤之未逮。乾隆癸丑，京师大疫，踵其法者，活人无算。纪文达公目击其应手而瘥，故一时亟称之。迨光绪十七年，粤东鼠疫流行，石城罗芝园广文以加减解毒活血汤为纲领，救活亿万人，厥功伟矣！复从吴子存原本辑成《鼠疫汇编》，殚数年阅历苦衷，拯万里艰危疫症，是皆彼苍仁爱斯民，假手于贤哲，解散疫氛，同登寿宇也。考王勋臣《医林改错》有云：瘟毒自口鼻入气管，自气管达于血管，致气血凝结，壅塞不行。此说与余所闻泰西医士所言暗合。罗氏颖悟过人，从此入手，即以解毒活血汤加减用之，为治鼠疫者提纲挈领，胆识俱到，独出冠时，故能立起沉疴，为群生托命焉。辛丑岁自夏徂秋，吾省城乡内外鼠死而疫作，为数年来最盛。余五月初首得李雨山刊本，如获异宝，即思集资重刻，以广流传。嗣闻杨孝廉芝盦昆仲已付剞劂，先获我心，不胜狂喜。自此书出，闽中诸善长踵而印施者万有余卷，虽疑信参半，然生活亦不少。锓版现将模糊，乍浦杨君伯卿司马乐善不倦，将谋重梓，嘱余参订。余虽粗工，又焉敢辞。惟原书从历年经验汇纂而成，其间羼入杂症生药与乩方，微嫌喧宾夺主，恐阅者旁皇眩惑，罔决适从，故割爱删去，且编次间有重复处、倒置处,爰不揣谫陋,厘为八篇,名之曰《鼠疫约编》,盖由博而返约,亦守约而施博也。所冀医者毋执己见以炫奇,病家毋惑人言以自误,依方照法,及时连服,生死人而肉白骨,其功德讵有涯涘哉!光绪二十七年十月,闽县郑奋扬肖岩谨识于袖海庐。

例　言

一、是编就吴子存原本增删,其首二方统以大黄为主,初证必致邪内陷故删之。其原起避法、治法、生药各方,实有可采,故存之。

一、是方本于《医林改错》,原为吐泻抽筋而设,然移用此证恰合,故以为主。

一、吴本有疏漏处,参以己见,补原起论证及禁忌释疑二则,与陀村两年轻重治法,及各处轻重治案十二条。兹又汇集前四刻而次第之,并补原起论、各家脉论、证治论,及己悟活法采用古法俱见效者,添入数法,与琼廉雷治案共五条。务求简明,人人易晓,庶稍有准则,不致大误。

一、病有舍脉而从证者,以脉微而证显也。况鼠疫起核红肿,大热大渴,明系阳证,为热何疑?然人每以热渴无核之证致误,故累辑脉论数则以明其初起,亦与中风伤寒之异,所辑不多,亦以符疫证不切脉之例。

一、细阅原书,皆从历年经验汇纂而成,急于刊布,编次间有倒置处,有重复处,兹刻次第移缀一以贯之,特表彰时贤救世之苦心。

一、原书药品,有从方言者,如犀角,或书柱犀,或书哗犀,淡竹作丹竹是也;有从别名者,如龙胆草作地胆头,螺靥菜作雷公根是也;有从俗字者,如银翘作银乔,栀子作枝子是也。恐流传误会,不识者索解末由,反至误事,兹刻悉为更正。

一、方药不用无人识,原书所列生药方,如羊不挨瓤红蛤屎□叶蚌螺花披雪麻布狗尾路兜蔃,皆粤东生草别名。现时福州考究未确,恐误采误用,反见贻害,故割爱不录。

一、原书所列治法有三千余字,皆阅历有得之言,干锤百炼而出,非细心体会,未易遵行。故不揣谫陋,略分章节,逐条发明,俾阅者心目了然,无所顾虑。为活人计少尽苦衷,非敢妄逞臆说也。

一、原书服药既以加减解毒活血汤为主方,以治鼠疫发核。此外如霍乱吐泻、发痧羊毛瘟、大头瘟等症,以及乩方杂症,概行删去,以还庐山面目。

一、是刻药方,另登本方加减解毒活血汤,附以方论,为是书提纲,其余经验各方,附列篇末以备考证。穷乡僻壤,延医既难,购药不易,尽可择其简便者用之,亦堪奏效。

一、是刻厘为八篇:一曰探源,二曰避疫,三曰病情,四曰辨脉,五曰提纲,六曰治法,七曰医案,八曰验方。俾阅者穷源溯流,了如指掌。

一、原书所列治法.无症不备,无药不灵,惟毒核溃烂,尚缺方药。兹刻补入排脓生肌收口外敷内托各方,以臻完璧。

一、医案篇末附拙案,为征信起见,非敢夸功逞技,故并索同志刘君蔚立各附数案。俾患是病者,放胆服药,不为旁人蛊惑,又可见福州成效可稽耳。

内容提要

《珍本医书集成提要》第 95 页:《鼠疫约编》,本书为闽县郑肖岩先生就罗芝园《鼠疫汇编》,删削其重复处,编次其倒置处,提要钩元,厘为八篇。方药治案,咸属实验所得,欲期医者信用,病者信服。因鼠疫一症,急不可略有余之疑虑,且西医除隔离消毒外,尚无对症疗法,有此验方,应亟为流传。

现存版本

清光绪二十八年壬寅(1902 年)双江袖海庐校刊本,珍本医书集成本,今人各种校注本。

闺门宝鉴

明·李荣撰　一卷　存
见《中国医籍通考》《中国古医籍书目提要》《中国中医古籍总目》。

作者简介

李荣,字岚溪,号樵阳子,邵武人,明代医家,生平不详。

序　跋

邢址序:常云治妇人难,治小儿尤难。夫妇人之治莫难于产孕,小儿之治莫难于痘疹。然产孕而死者百无一二矣,痘疹而死者十恒五六焉,何也? 二者均以气血为主,妇人多偏而小儿多不足,产孕顺而痘疹逆故也。一日京兆西淙洪公过邵武,出所刻《心鉴撮要》一编,曰:在桂林时诸儿女患痘,按图验症,依方治之辄效,俱赖以全。予请而传之,公善本见赠。方谋登梓,医生李荣复出《闺门宝鉴》一编,请曰:盍合刻之。济阴、保幼皆闺门一事也。内如回生丹者,荣百试百效,此书并行,济物之功溥矣。尝读《夷坚志》载:治痘疹倒靥法,不知其神也。一日,孙女犯此症,殆甚急,如法治之,少顷即红润如常,遂以获全。并附于后,命工同梓,合为一书,名曰《二难宝鉴》云。噫,闺门之中患是症者,按是书而治之,吾知其无难也。

内容提要

本书分前后两部分。第一部分为"治产后一十八证",分别为:一,子死腹中如何;二,产难如何;三,产后胎衣不下如何;四,产后血晕起止不得眼见黑花如何;五,产后口干心闷如何;六,产后寒热似疟如何(注:"似疟如何"原文作"如何似疟");七,产后四肢浮肿如何;八,产后血邪如鬼神癫狂言语无度如何;九,产后失音不语如何;十,产后泻痢痛如何;十一,产后百节酸疼如何;十二,产后小肠尿血似鸡肝如何;十三,产后崩中如何;十四,产后胸膈气满呕逆不定如何;十五,产后咳嗽寒热不定如何;十六,产后喉中似蝉声如何;十七,产后面黄舌干鼻中血流遍身色点绕顶生斑如何;十八,产后便涩腰疼似角弓如何。第二部分为续增内容,以歌诀形式对产后小便涩、大便迟滞不通、产前胎后下血、妇人经脉不通、室女经痼不通等问题进行了讨论。以上各证俱服用通畅回生丹,针对不同情况适当加减药料。本书最后附有通畅回生丹的组成和制法。

现存版本

明嘉靖二十一年壬寅(1542年)邢氏闽中郡斋刻本。

按:《中国医籍通考》云:心绀珠经、二难宝鉴合刻,李荣辑。子目:《心印绀珠经》二卷,(明)李汤卿撰;《二难宝鉴》(包括《闺门宝鉴》《博爱心鉴撮要》),(明)李荣辑。实误。

嘉靖二十一年(1542年),邵武知府邢址特地将在任职内台时得到的医书《心印绀珠经》和友人所赠专门治疗痘症和妇科的《二难宝鉴》刊刻印刷,以供当地医生诊治之用,并亲自序文论起始末。嘉靖《邵武府志》卷三《制宇》云：

《心印绀珠经序》：予在内台时，有遗以是书者，异其名。取而阅之，医书也。终阅之，乃朱好谦氏世承家学，采集素问、本草及诸名家诸书而成编者也。其论医道统系则严夫王霸之辨；其论气运与夫寒暑等剂则悉夫理治之原。非熟究诸书深探内经而卓有定见不能类粹若此，真医家之指南也。予历仕途，每携以从。虽燕粤殊方、寒燠异气，凡有感冒，按剂治之辄效。去秋入闽，邵武万山丛郁，风气蕴毒，未几病疸，诊视者云：此脾客积热感湿而成，因命医生李荣检剂服之，遂而获痊。荣踉而请曰：尽刻之以济惠下民，亦仁政之一也。予曰：诺。客曰：闽人尚鬼而远医，子之刻是书也，民无庸也。予曰：君子之心，以天地万物为一体者也，视民之有疾而弗以求者，忍也；逆民之无用而弗以传者，隘也，予病夫忍与隘也。是故将刻之也。客复曰：闽之民久病，为政不求诸彼而顾急，夫此何也。予曰：民之困于赋者存乎政，民之困之病者存乎医。治赋贵缓而治病贵急。求之政者，予既与民去，其甚而安之矣；求之医者，予又可坐视乎！是二者皆民命也，固并行而不可缺焉者也。客俯而思，起而谢曰：是，宜刻之以与民共焉。

《二难宝鉴序》：医家常言，治妇人难，治小儿尤难。夫妇人之治莫难于产孕，小儿之治莫难于痘疹。然产孕而死者百惟一二，痘疹而死者十恒五六，何也？二者均以气血为主，妇人多偏而小儿多不足，产孕顺而痘疹逆故也。一日京兆西涞洪公过邵武，出所刻《心鉴撮要》一编，曰：在桂林时诸儿女患痘，按图验症，依方治之辄效，俱赖以全。予请而传之，公善本见赠。方谋登梓，医生李荣复出《闺门宝鉴》一编，请曰：盍合刻之。济阴保幼皆闺门一事也。内如回生丹者，荣百试百效，此书并行，济物之功溥矣。尝读《夷坚志》载治痘疹倒靥法，不知其神也。一日，孙女犯此症，殆甚急，如法治之，少顷郎红润如常，遂以获全。并附于后，命工同梓，合为一书，名曰《二难宝鉴》云。噫，闺门之中患是症者，按是书而治之，吾知其无难也。

可见，无论是《心印绀珠经》还是《二难宝鉴》，都是由当时时任邵武知府的邢址组织刊刻，李荣仅为参与者之一。上述各书中，仅有《二难宝鉴》中的《闺门宝鉴》为李荣辑录。

医学三字经

清·陈修园撰 四卷 存

见《中国医籍通考》《中国古医籍书目提要》。

作者简介

见《伤寒论浅注》。

序　　跋

陈修园小引：童子入学，塾师先授以《三字经》，欲其便诵也，识途也。学医之始，未定先授何书，如大海茫茫，错认半字罗经，便入牛鬼蛇神之域，余所以有《三字经》之刻也。前曾托名医叶天士，取时俗所推崇者，以投时好。然书中之奥旨悉本圣经，经明而专家之技可废。谢退谷于注韩书室得缮本，惠书千余言，嘱归本名，幸有同志。今付梓而从其说，而仍名经而不以为僭者，采集经文，还之先圣。海内诸君子可因此一字而共知所遵，且可因此一字而不病余之作。嘉庆九年岁次甲子人日，陈念祖自题于南雅堂。

凡　　例

一、是书前曾托名叶天士，今特收回。

一、是书论证治法悉遵古训，绝无臆说浮谈。以时法列于前，仲师法列于后，由浅入深之意也。

一、坊刻《万病回春》《嵩崖尊生》《古今医统》《东医宝鉴》等书，所列病证不可谓不详，而临时查对绝少符合。即有合处，亦不应验，盖以逐末而忘其本也。试观《内经》《难经》《伤寒论》《金匮要略》，每证只寥寥数语，何所不包？可知立言贵得其要也。此书如怔忡、头痛、历节诸证，非遗之也。怔忡求之虚痨；头痛有邪求之伤寒，无邪求之眩晕；虚痨、历节，寻其属风、属湿、属虚而治之，所以寓活法也。

一、学医始基在于入门，入门正则始终皆正，入门错则始终皆错。此书阐明圣法，为入门之准，不在详备，若得其秘诀，未尝不详备也。有证见于此而治详于彼者，有论此证而彼证合而并论者，有论彼证绝未明言此证而即为此

154

证之金针者,实无他诀,惟其熟而已。熟则生巧,自有左右逢源之妙。

一、论中所列诸方,第三卷、第四卷俱载弗遗。惟《伤寒论》《金匮要略》方,非熟读原文不能领会。此书偶有阙而未载者,欲人于原文中寻其妙义,阙之,即所以引之也。阅者鉴予之苦心焉。

一、方后附论,或采前言,或录一得,视诸书较见简括,阅者自知。

内容提要

《中国医籍提要·上》第 488 页:《医学三字经》,成书于 1804 年,本书四卷。卷一至卷二,论医学源流和内、妇、儿科常见病证治等二十四篇。卷三至卷四,论常用方剂和附录阴阳、脏腑、经络、运气和望、闻、问、切四诊。本书先介绍了医学发展史,概述了从岐黄而至当朝的各大医家及其名著,评其长短,指导读书。次述数十种内、妇、儿科常见病的病因、病机、症状、诊断和治疗。简而不漏,重点突出。如论"中风"病,着墨不多,就把中风病的特点、性质、病机、症状、分类、急救、治疗,甚至把《内经》和前贤有关"中风"之论等都囊括进去了。又如"虚痨"病,古之分类繁多,他寥寥数语,就概括了虚劳病的病因、病理、证治,并包括了各家治疗经验。在介绍内、妇、儿科常用方剂上,分门别类,择要列示了各方的证治、组成、加减、运用、煎服法以及注意事项。既宗古说,又参以己见,言简旨明,切合实际。如论归脾汤为"补养后天第一药……高鼓峰去术香,加白芍一钱五分,甚妙"。又如说六君子汤"为补脾健胃祛痰进食之通剂,百病皆以此方收效",四物汤"统治妇人百病"等等,都中肯切用。最后论述阴阳、脏腑生理、经络、运气和望、闻、问、切四诊,亦提纲挈领,简明扼要。本书初刻时,曾托名叶桂,后改正重刻。全书以三字一句歌诀形式写成。"悉本圣经",广纳各家名论,并结合自己的体会,附以小注,以弥补正文的简略。由于本书文字通俗,体裁易于记诵,内容简明扼要,广而不繁,约而精要,故流传较广,是一部较好的医学入门书。

现存版本

清嘉庆九年甲子(1804 年)南雅堂刊本,清末民国时期各种刻本和石印本,陈修园医书各种本,今人各种校注本。

神验医宗舌镜

明·王景韩撰　三卷　存
见《中国古医籍书目提要》。

作者简介

王景韩,字逊魏。福建宁化人,明代医家。幼年羸弱,19岁中秀才。后杜门研究《灵》《素》《金匮》等经,所不能解晓者,走闽粤江浙,遍访名人。擅长舌诊,著有《神验医宗舌镜》一书流传于世。

内容提要

《中医古籍珍本提要》第100页:二卷,成书1701年。卷一论述舌应脏腑经脉,诊舌部分大法、怪舌、死舌、妊娠舌、小儿舌,以及各种舌质、苔色等。认为诊舌,当先论原委,次详苔色,再分经主治。卷二全为舌诊图形,共190幅,每图作诗一首,每诗逐句笺释舌症鉴别,并附以方名。既易于诵读,又易于辨析。

林雪娟、林楠《〈神验医宗舌镜〉述评》:全书共三卷。上卷分"舌应脏腑经脉"、"胎色辨"、"诊舌部分大法"、"外感内伤舌辨"、"纯胎色"以及各种舌质、舌色、苔色等十五论;中卷分"横分三截胎色"、"无胎枯瘦筋纹舌"、"怪舌"、"死舌"、"妊娠舌"、"小儿舌"、"真假舌辨"等九论。上卷、中卷为文字论述部分。王景韩认为,诊舌当先论原委,次详苔色,再分经主治。下卷为舌象图形,按舌质、舌色、苔色及厚薄润燥作舌象图190幅,分顺症、逆症、险症、死症四种情况。每图各赋诗一首,从病机、主症、方药、预后等方面加以阐述。

现存版本

明末三省堂刻本,清抄本,1993年上海科学技术出版社据明末本影印本(明清中医珍善孤本精选十种)。

按:是书有清初刻本,其目录部分分为卷上、卷下二卷,正文部分则分为三卷。《中医古籍珍本提要》系根据该书目录认定为二卷,还是另有二卷本,不明。

祈男种子书

明·熊宗立撰　二卷　佚

见《中国分省医籍考》《中国古医籍书目提要》。

按：见道光十五年《重纂福建通志》卷七十七《经籍》引《千顷堂书目》云：熊宗立《祈男种子书》二卷。

婴儿指要

宋·杨士瀛撰　五卷　未见

见《中国医籍通考》《宋以前医籍考》《中国医籍考》《中国古医籍书目提要》《中国分省医籍考》。

按：《中国医籍通考》云：仁斋有《直指小儿方论》五卷，其书今存。杨氏自序有《惊风证治指要》之称，殆即《婴儿指要》欤？《宋以前医籍考》认为《婴儿指要》即《小儿方论》。《中国医籍通考》《中国医籍考》俱称此书未见。熊宗立《医学源流》称：杨士瀛，字登父，福州三山人，号仁斋，宋理宗景定中人。著《直指方》《活人总括》《婴儿秘要》等书刊行。民国十一年《福建通志》卷四十六《艺文志》载有此书。

会篇记略

清·林祖成整理　十四卷　存

见《中国医籍通考》。

作者简介

林祖成，霞浦人，林开燧之子。

按：本书乃林氏将其父林开燧《林氏活人录汇编》重新编排而成，内容相同。

十药神书注解

元·葛乾孙撰　清·陈修园注　存

见《中国医籍通考》《中国古医籍书目提要》《中国分省医籍考》。

作者简介

见《伤寒论浅注》。

序　跋

陈念祖序：此叶天士家藏秘书也。前此流传，皆为赝本。余归田后始得原书，重为订注，附于《伤寒论》《金匮要略》之后，盖以《伤寒论》《金匮要略》为万古不易之准绳，而此书则奇以取胜也，然奇而不离于正，故可取焉。闽长乐陈念祖识。

程永培序：吾吴叶天士先生，凡治吐血症，皆祖葛可久《十药神书》，更参以人之性情，病之浅深，随宜应变，无过不及，治无不愈。然亦治之于初病之时，与夫病之未经深入者。若至五脏遍传，虽卢、扁亦莫可如何矣！家藏此书有年，几获脉望，故亟付梓。然书中仅列十方，世皆以方少忽之，不知十方中错综变化，有几千百方。故复采周氏之说，使人粗晓业是者，更察虚损二字，分自上而下，自下而上，自不致概以六味开手矣。古吴瘦樵程永培识。

林寿萱跋：姑苏葛可久先生，精通方术，与丹溪朱彦修齐名。所著《十药神书》，专治虚损。虽编中仅列十方，而用药之次第逐一条陈。吴航陈修园谓其"奇而不离于正"，诚哉是言也！顾前此流传皆为赝本，修园解组后，始得原书，重加注解，将刊附于《伤寒论》《金匮要略》之后而未果。乙卯岁，萱从旧书坊中得一抄本，于今三年矣。遍询方家，俱无是书，萱不敢私自秘藏，因并作汤方俚歌，亟谋付梓，以广其传，庶不负先生寿世寿人之意云尔。咸丰岁次强圉大荒落季冬月，后学林寿萱谨跋。

潘霨弁言：余奉使渡台后，感受海外瘴疠，吐血咳嗽，公余翻阅是编，照方试服，不旬日血止而嗽亦平矣，深服是编十方治法为切中款要。盖吐血原于肺胃上逆，十灰散用柏叶以敛肺，大黄以降胃，牡丹皮、山栀等味以泻肝胆之火，然后清舍补土，固其营卫，以次奏功，焉得不愈？经陈修园先生逐方详注，极为精当。余又以己意及名人所论,随笔添注于上。汪子用大令索阅是编,读而好之,用之有效,因为付梓,剞劂既竣,并乞弁言。光绪己卯秋,吴潘霨书于鄂署之精白堂。

内容提要

《中国医籍提要》第 304~305 页:本书是治疗肺痨的专书。书凡一卷,共立十首方剂,分治肺痨各证。十方即:十灰散、花蕊石散、独参汤、保和汤、保真汤、太平丸(又名宁嗽金丹)、沉香消化丸、润肺膏、白凤膏、补髓丹。附方有平骨散方、四君子汤。葛氏于每方后详述其组成、药量、服法和辨证加减用药,附有汤头歌和加减歌。葛氏主张呕血、咳血者先服十灰散止血,如不止须加花蕊石散止之,血止后用独参汤补之。咳嗽用保和汤止咳宁肺,肺燥阴虚者用太平丸、润肺膏润肺扶痨,痰涎壅盛者用消化丸去痰,对体虚骨蒸之证用保真汤、补髓丹治之等等。明清以来,引用此书者甚多。如清代名医叶天士治疗肺痨即多采用此书之方。后来陈修园在每方之后加上按语,进一步分析各方的组成和作用,肯定了此十方对肺痨的疗效。实践证明,此书确为很有价值的治疗肺痨的参考书。

现存版本

清咸丰七年丁巳(1857 年)文查堂镌本,光绪、民国年间各种刻本和石印本,陈修园医书各种本,今人各种校注本。

按:是书保留了葛氏两则原序,因与陈修园无关,未录。同治末年,日本谋划侵略台湾,福建船政大臣沈葆桢和藩司潘霨奉命前往台湾防守,潘氏随身携带经过陈修园校注的《十药神书》,对他在当地开展医疗活动有很大的帮助。

伤寒泻痢要方

宋·陈孔硕撰　一卷　佚

见《宋以前医籍考》《中国医籍考》《中国分省医籍考》。

作者简介

《福州人名志》第 190 页:陈孔硕,生活于南宋,字肤仲,一字崇清,侯官人。初从张栻、吕祖谦游学,后师事朱熹。宋淳熙二年(1175 年)进士,调婺州户曹,改任处州教授,任邵武、瑞金两县知县,有政声。任吏部架阁,累升至监丞、礼部郎中。后任赣州知州,摧强扶弱,奸人敛迹。提举淮东常平,叛寇胡海勾结金兵来袭,他遣子陈铧招募死士破之。后移任广西,处理少数民族事务十分稳妥。又任福建安抚司参议官,不久请辞,主管千秋鸿禧观。累召不起,进秘阁修撰直至退休,学者称为"北山先生"。

按:《直斋书录解题》卷十三云:《伤寒泻痢要方》一卷,直龙图阁长乐陈孔硕撰。道光十五年《重纂福建通志》卷六十八《经籍》有著录。

庆历善救方

宋·林士元撰辑　一卷　佚

见《宋以前医籍考》《中国医籍考》。

作者简介

林士元,宋代福州狱医,善治蛊毒。仁宗时,因福建狱多蛊毒害人,士元能以药下之,仁宗曾诏录其方。

序　　跋

王安石后序:孟子曰:先王有不忍人之心,斯有不忍人之政。臣某伏读《善救方》而窃叹曰:此可谓不忍人之政矣。夫君者,制命者也。推命而致之民者,臣也。君臣皆不失职,而天下受其治。方今之时,可谓有君矣。生养之德,通乎四海,至于蛮夷荒忽,不救之病,皆思有以救而存之。而臣等虽贱,实受命治民,不推陛下之恩泽而致之民,则恐得罪于天下而无所辞诛。谨以刻石,树之县门外左,令观赴者自得而不求有司云。皇祐元年二月二十八日序。

按:《玉海》卷六三曰:《庆历善救方》,庆历八年二月癸酉,以南方病毒者乏方药,为颁《善救方》。据《文献通考·经籍考》卷五十二云:《庆历善救方》一卷。该书注曰:"《两朝艺文志》:诏以福州奏狱医林士元药下蛊毒,人以获全,录其方,令国医类集附益,八年颁行。"又《续资治通鉴长编》卷一六三"仁宗庆历八年二月癸酉"条云:颁《庆历善救方》,上始阅福建奏狱,多以蛊毒害人者,福州医工林士元能以药下之,遂诏录其方,又命太医集诸方之善治蛊者为一编,诏参知政事丁度为序而颁之。

是书已佚,其具体内容不可知。现存最早的福州地方志梁克家《淳熙三山志》中保留了该书的部分内容,非常宝贵,照录如下。《三山志》卷三九《土俗类一·禁蓄蛊》言:庆历七年,蔡正言襄为闽漕日,禁绝甚严,凡破数百家,自后稍息。八年,仁宗阅福建奏,狱多以蛊毒杀人者,福州医工林士元能以药下,遂诏录其方,又令太医集法方之善治蛊毒者为一编,参知政事杜履为序,颁之。嘉祐六年,范兵部师道乃牒诸县,各以其方雕板,揭于县门。今碑犹存。云:准知府兵部牒,嘉祐六年十一月立碑。应中蛊毒,不拘年代远近,先煮鸡子一枚,将银钗一只,将右熟鸡子内口含之,待一饭久取出,钗及鸡子俱黑色,是中毒也。可用下方:五倍子三两,木香、丁香各一十文,硫黄末一钱重,麝香一十文,甘草三寸(一半炮出火毒,一半生用),糯米三十粒,轻粉三分。右八味入小沙瓶内,用水十分同煎七分,候药面上生皱皮,是药熟,用绢滤去滓,取七分小碗,通口服,须平旦仰卧,令头高。其药须三度上来斗心,即不得动。如吐出,用桶盛,如鱼脬类,乃是恶物。吐后,用茶一盏止。如泻,亦不妨,泻后,用白粥补。忌生冷、油腻、酢酱。十日后,服药解毒丸三二丸补之,更服和气汤散,十余日平复。解毒丸者。如人中毒,十日以前,则此药可疗:五倍子半斤(甑中蒸炮令熟)、丁香三两(焙黄焦色)、预知子半斤(一半令蒸熟,一半焙令黄色)、木香三两(一半炮令黄色,一半焙过)、麝香三文、甘草二两(一半炮黄色,一半生用)、水银粉一盂子、朱砂一两(细研为衣)。右件捣罗为细末,用陈米烂饭为丸如弹子大。用药时,研令细,同酒一盏煎,得温服。绍兴二年秋,连江、古田民有查伍等蓄蛊杀人,其家来诉,张参政守为帅,依条断遣。仍榜十二县,委保正副结五家为保,互相觉察,知而不纠,其罪与均。仍颁敕令赏格,散榜要处。

秘传眼科七十二症全书

明·袁学渊撰　六卷　存

见《中国医籍通考》。

作者简介

袁学渊,字晴峰,福建崇安(今武夷山市)人。明代医家,精眼科。

序　　跋

温洛散人序:夫银海者,五脏之精华,一身之明镜,而人之至宝,不可不以珍护矣。然或内外伤感,不能无卜商左丘之患,则有金箧青囊之疗,杂出于《内经》已降方技之诸编也。袁学渊所辑,采择群书众议,目病论治方以至图说药剂,无不备具,所以名全书焉。非专阿诸科者当留意而已,凡刀圭家者流,所可通习也。古人所谓既曰医药,则一理贯通,岂不其然乎哉。一日剞劂氏来告,重刊已竣,请题一言于其端矣,于是记之。贞享生进夏之季初吉,温洛散人忘言斋主。

内容提要

《中医古籍珍本提要》第 395 页:六卷,约成书于 1644 年。卷一、二辑录《内经》以下有关论述,包括目睛生理、五轮八廓理论、目疾致病之由、内外障之辨,阴阳气血五脏虚实,病机证候,以及眼科用药宜例和药性等。卷三至卷五详述眼科 24 种内障、50 种外障的形证、病因、病机及其治法。书中尤于各种内障的金针拨障手法阐述详尽,诸如进针部位、角度、分寸和停针时间、针后调摄以及翳膜的颜色、形状、厚薄、大小、粘连程度等都作了介绍。卷六为眼科常用之丸、散、膏、丹及点洗药方。全书图文并茂,切于实用。

现存版本

明仁和鲍氏据杨春荣绣梓本精抄本,日本宽政三年辛亥(1791 年)刻本,日本贞享三年癸亥(1686 年)刻本,日本文政七年甲申(1824 年)刻本,1984年据明抄本影印本,续修四库全书据日本宽政三年辛亥刻本影印本。

按:明刻本无序跋,日本宽政三年刻本改称《秘传眼科全书》,有刊刻者序文一篇,今录之。

仁斋直指方论

宋·杨士瀛撰　明·朱崇正附遗　二十六卷　存

见《中国医籍通考》《宋以前医籍考》《中国医籍考》《中国古医籍书目提要》。

作者简介

杨士瀛,字登父,号仁斋,生卒年不详,福建福州人,南宋医家。早年即矢志学医,对于《难经》《内经》《伤寒》和《金匮》等诸家典籍,皆一一悉心研究,博采众长,融会贯通,并成一家之言。临证之余,他还勤于著述。杨士瀛在精研古典医籍基础上,结合自身临床经验,编著有《伤寒类书活人总括》《仁斋直指方论》《仁斋小儿方论》等医学著作。杨氏所精,乃内、外、小儿诸科,且临证经验丰富。

序　　跋

杨士瀛自序:余始撰《活人总括》《婴儿指要》,俗皆以沽名讥。及《脉书》一行,于是敛肃而相告曰诚不易也。谁肯倾困竭廪以徇之哉。余曰:子亦有知天乎。天将寓其济人利物之心,故资我以心通意晓之学。既得于天,还以事之,是盖造物初心之所期也。或者隙光自耀,藏诸己而不溥诸人,正恐玉毁椟中,草木俱腐矣。虽然人有四百四病,或出于前三册之外者,可不原证释方,揭为直指之捷径乎。明白易晓之谓直,发踪以示之谓指。剖前哲未言之蕴,摘诸家已效之方,济以家传,参之《肘后》,使读者心目了然。对病识证,因证得药,犹绳墨诚陈之不可欺。庶几仁意周流,亹亹相续,非深愿欤?余尝慨而作曰:天之予人以是物,必使之有以用是物,有是物而不能用,非唯弗天,抑亦自弃其天者也。并书此为同志勉。景定甲子良月朔,三山杨士瀛登父序。

余锓序:医家者流,自有《神农本经》粤传于兹,圣贤师授,格言星焕,于是泄阴阳之秘,运变化之机,窥盛衰之理,操从逆之宜,可以事亲养生,可以仁民爱物。故自一指之外,而兼乎六合之内,至德要道,偕需于此,拘方之士不可以同语也,允矣。鼎湖既升,越人亦逝,长沙不作,叔和遂湮。思邈、东垣、子微、守真相继名世生逢之者,宜若可以尽年,而乃有不蒙其泽、不慊其术者,岂其犹未通于要妙之理耶。景定时杨仁斋以济人利物之诚,得心通意晓之学,著书《总括》,爰修《直指》,列为二十八卷,析之七十九条,刻以遗世。予自嘉靖庚子得善本,阅之不欲释手,考其撰次,旨远义陈,类分语悉,上自《本草》《素》《难》之微言,下及脉病证治之肯綮,搜元剔诀,灿若珠玑,睟盘示儿,随其所取,乃若自序任重之言,岂其矜哉。噫!仁斋已矣,其如苍生何?今其说存,使擅医业者皆仁斋之学,读仁斋之书者,皆不欲释手,心存理得而直达要妙不难矣。将以同跻斯民于仁寿之域,岂小补之功尔耶!昔朱丹溪没世,其门人戴元礼刻《心法》附以方论,而朱氏之学益光。仁斋于丹溪为先达师表,鲜有能继之者,然犹幸斯文之未丧也。今朱氏惠斋校而刻之,附之以所遗,其用心亦勤矣,继仁斋之学者,将不在于兹举乎?披览新刻,乐而玩之,致敬以序。嘉靖庚戌夏日,徽郡余镗撰。

内容提要

《四库及续修四库医书总目》第 360 页:《仁斋直指》二十六卷,浙江巡抚采进本。宋杨士瀛撰。士瀛,字登父,仁斋其号也,福州人,始末无考。前有自序题景定甲子,甲子为景定五年,次年即度宗咸淳元年,则宋末人矣。此本为明嘉靖庚戌所刻,前有余镗序,称《直指》列为二十八卷,析七十九条,今考七十九条之数与序相符,而其书实止二十六卷。焦竑《国史经籍志》载有此书,亦作二十六卷,盖序文偶误。然士瀛所撰本名《仁斋直指》,其每条之后题曰"附遗"者,则明嘉靖中朱崇正所续加。崇正,字宗儒,号惠斋,徽州人,即刊此本者也。焦志既题曰《仁斋直指附遗方》,乃惟注杨士瀛撰,则并附遗属之士瀛,亦未免小误也。

《中国医籍提要·上》第 162 页:《仁斋直指方论》,成书于 1264 年,宋杨士瀛撰。书凡二十六卷。卷一为总论。卷二为证治提纲。卷三为风(附胃风、伤风、破伤风)、寒、暑、湿(附瘟疫)。卷四为风缓(附痿证)、历节风(附痹证)、脚气。卷五为诸气(附梅核气、积聚癥瘕痞块)。卷六为心气、脾胃(附腹痛、胁痛、内伤、伤食、调理脾胃)。卷七为痰涎、水饮、呕吐(附噎膈、痞满、吞酸、六郁)。卷八为咳嗽(附肺痿肺痈)、喘嗽、声音。卷九为虚劳、虚汗、劳瘵。卷十为漏浊、梦泄。卷十一为眩晕、惊悸。卷十二为疟疾。卷十三为吐泻、泄泻。卷十四为泻痢、脱肛。卷十五积热(附火证)、痼冷、秘涩。卷十六为疸、诸淋。卷十七为消渴、胀满、虚肿。卷十八为身体、腰、肾气、木肾。卷十九为肾脏风痒、头风。卷二十为眼目。卷二十一为耳、鼻、唇舌、咽喉、齿。卷二十二为痈疽。卷二十三为肠痈、肠风、诸痔、便毒。卷二十四为瘾疹风、丹毒、癞风、癜风、诸疮、疥癣。卷二十五为诸虫、蛊毒、桃生、诸毒（附折伤）。卷二十六为妇人（附子嗣）、血气（附诸血）。本书对五脏阴阳虚实、营卫气血、脉病顺逆等逐一加以论述，剖析病源，极为详细。所搜之方，多载历代诸家有效之方和家传之方，采摭既富，选择亦精，使读者明白易晓，心目了然，对病识证，因证得药，实为阅者"直指"之捷径。

现存版本

明嘉靖朱崇正刊本，日本抄本，四库全书本，福建科学技术出版社 1989年校注本，林慧光校注《杨士瀛医学全书》本。

仁斋小儿方论

宋·杨士瀛撰　　明·朱崇正附遗　　五卷　　存
见《中国医籍通考》《宋以前医籍考》《中国古医籍书目提要》。

作者简介

见《仁斋直指方论》。

序　　跋

杨士瀛序：虹桥涉川，足以为福田乎？㴑洧济人，不足为惠，然成者有时而坏也。红粟振饥，足以为阴德乎？翳桑待哺，不能家给，然利者有时而病也。人生天地间，溥万物为一体，参大造为全仁，盍思所以广其济。余每见人以疾痛为忧，财匮者无力召医，力到者无医能疗，杂药遍尝，付性命于一掷，未尝不为之扼腕焉。于是窃暇灯窗，研精脉法，上稽《灵》《素》之书，下及汤液之论。张长沙鸣于汉，孙地仙鸣于唐，与夫晋宋而下，诸贤之所撰次者，搜览迨尽，将以推广不忍人之仁，就是而得三昧。窃谓大科伤寒法度为甚严，小科惊风方论为难尽。伤寒治法，表里阴阳，出入传变，若网在纲，固不容紊。若夫婴儿惊风，急转而慢，实俄而虚，形似实非，尤难臆度，自非审脉验证，达变知几，鲜有不以婴儿为戏，此《惊风证治指要》之所由作也。证以言惊风之状，治以言惊风之方,指者直诀以晓人,要者精义以致用。王氏非无家传,然方粹而证不详;钱氏非无诀法,然义深而方难用。是编所作,本之前圣大贤之方论,参之闻人高士之见闻,得之先畴已试之效,虚实补泻之辨其证,参苓桂术之随其方。览者历历可晓,惠之方来,传之同志,使据病可以识证,因证可以得方,为天下孩提回生立命,起惫扶衰。倘执此以登卢扁之门,或可为涓埃万分之助,周流人间,卫生救物,独不得如封君达之用心乎? 径刻诸梓,嘉与四方共之,庶几广济于无穷也。或曰:子胡不私诸己为家传计? 余应之曰:喜舍方便,释氏书第一义也,正使学者复之熟之,推是以及人之幼耳。若南阳一书,余尝绅绎其说,目曰《活人总括》,嗣此以求其传,堂上呼卢喝六作五,小子则不敢知。景定庚申闰朔,三山郡北后曹杨士瀛登父自序。

朱崇正附遗:予观世之治小儿痘疹方论,不为不多,而兴丧得失,难获万全,余心尝有不慊焉耳。既而获睹三山仁斋杨先生治疮疹之书,造理甚明,立方精粹,超迈于群书之右,实痘科之要典也。曩之所以不慊者,今则豁然矣。惜乎其状痘之形色、愈否未详,予则选附摘桂岩魏先生《博爱心鉴》顺逆险三法、形色图象并保元汤剂、经验切要方论,以补其不备。是书诚如乐之大成,网裘纲领,明白简易,便于检阅,庶几有补于保初活人之功万一云尔。

内容提要

《中国医籍提要》第 342 页:《仁斋小儿方论》,成书于 1264 年。书分五卷,卷一、二,论述新生儿的生理、病理、诊断及急慢惊风、中风等病的证治。卷三,为小儿疳、积、热病的证治。卷四,论小儿伤寒、痰嗽、脾胃病、丹毒和杂证等。卷五,为疮疹证治方论。本书重点突出小儿惊、疳、泻、痢四证的论治,认为"小儿病证,惟惊、疳、泻、痢四者难治。"尤其对小儿惊风之论,别具特色,论述颇为精当。其曰:"热盛生痰,痰盛生惊,惊盛生风,风盛发搐。治搐先于截风,治风先于利惊,治惊先于豁痰,治痰先于解热。其若四证俱有,又当兼施并理,一或有遗,必生他证。"这些精辟的总结,反映了杨氏对小儿疾病精深的研究。后世儿科医家治此四证多宗杨氏。

《中国医学大成总目提要》第 261 页:《仁斋直指小儿附遗方论》五卷,宋三山名医仁斋杨士瀛登父撰,新安惠斋朱崇正附遗。有景定庚申闰朔自序,即《仁斋直指》序称《婴儿指要》也。《四库》未经著录。分类一十有二,曰初生、曰变蒸、曰惊、曰中风、曰疳、曰积、曰伤寒、曰痰嗽、曰脾胃、曰丹毒、曰杂证、曰疮疹，每类又各分子目。崇正所附，间有插图，足供参考，是诚保赤之良书也。

现存版本

明嘉靖朱崇正刊本，四库全书本，民国锦章书局杨仁斋著作三种本，福建科学技术出版社 1986 年王致谱校注本，林慧光校注《杨士瀛医学全书》本。

按：《宋以前医籍考》云：按是书书名，《杨氏直指》自序谓之《婴儿指要》，而《经籍访古志》所载宋紫本题云《小儿方论》。意者，《婴儿指要》即为杨氏原本，而《小儿方论》乃其别名而已。

胎产救急方

元・李辰拱撰　一卷　存

见《中国医籍通考》《中国医籍考》《中国古医籍书目提要》。

作者简介

李辰拱，字正心，延平（今南平市）人，元代医家，生卒不详。李氏少承家学，擅长妇产科。壮岁师从福州杨士瀛，先后撰成《伤寒集成方法》《胎产救急方》等书。

序　跋

李辰拱自序：延平正心李辰拱壮岁游三山，获从仁斋杨先生游，气味相投，因以《伤寒总括》见授，且语之曰：治杂病有方，治伤寒有法，一法既通，其余可触类而长矣。来归旧隐，乃取先生活人治例，演而伸之，编为《伤寒集成方法》。研精覃思，三十余年，方克成编。靖思先生所刊《活人总括》《直指方论》《百药真经》《医学真经》《婴儿证治》，传施四方，家传人诵，独于胎产一科阙焉。遂采摭古今效验方书，为《胎产救急方》，板行施人，以续先生未尽之仁。客有诮余曰：扁鹊闻邯郸贵妇人，过彼即为带下医，子其携此而游邯郸。予应之曰：滔滔之者天下皆是也，前哲能事，非敢僭拟，是编盖将补仁斋老师施方之阙也。客曰：如其仁何。因题篇端，以记岁月。延祐五年戊午暮春之初，书于济安乐院。

内容提要

万芳等校注《胎产救急方·校后记》：本书共分安胎、伤胎、漏胎、护胎、弄产、滑胎、催生、难产、死胎、锁肠产、胞衣不下、子肠不收、阴逆下脱、产门不闭、阴肿、阴痒、胎前避忌、胎前食忌、胎前药忌、产后避忌、产后食忌、产后药忌、产后救急方 23 门。采录范围除家传方外，还有《金匮方》《肘后方》《太平圣惠方》等 54 种方书。作为元代早期为数不多的胎产专书，其学术价值不仅在于保存了大量已佚古医籍的信息内容，还提供了至今在临床有很高使用意义的方药与治法。

现存版本

日本江户抄本，海外回归中医善本古籍丛书续编本。

按：《中国医籍通考》云是书佚，《中国医籍考》云是书存。据马继兴《马继兴医学文集》实地考察，该书日本有收藏。《胎产救急方》1 卷，1 册，元李辰拱（字正心）撰。卷首有 1318 年（延禧五年）撰者自序，无目录。据自序此书原有刊本行世，但现仅存日本江户时期抄本三种，均收藏于日本公文书馆内阁文库中。2010 年，人民卫生出版社（海外回归中医善本古籍丛书·续编第 10 册）出版万芳、钟赣生校注本。万氏校注本序言有若干缺文，笔者未见日本抄本原貌，无从查考这些缺文，唯《中国医籍考》中所录序言为全文无缺，文意尚可，故从《中国医籍考》补之。

八种风疾专门科手稿

清·陈登铠撰　二卷　存
见《中国中医古籍总目》。

作者简介

见《华医病理学》。

序　　跋

陈登铠自序：人在天地间，即在风中，有风则生，无风则死，犹鱼在水中，其理一也。夫风者,天气也。人得应时之风则安,冒不正之风则病。如春应东风,夏应南风,秋应西风,冬应北风,反是谓之贼风,感之即发。其病轻日久始发,其病重伤于皮肤筋络可治,中于脏腑不可治。留滞筋络成为风疾,风动则痛,风息则平,热则硬痛,虚则痿痹,致为废人,岂可缓治?兹特专立是科,分为八种,按症检方,加减并详,且药品之气味与性附列方末,以便考证。由此类推,可一隅而三返也。光绪甲辰年荔月中浣,晋安陈登铠拟于榕南留香山馆。

内容提要

是书分上下两卷,上卷论湿风(附热风)、历节风(俗名流火风)、血虚风,下卷论鹤膝风、痿痹、脚气、产后风、小儿风。各种风先论病机病理,后列治疗方剂,方分主治、组成、禁忌等。书后附录十二经气血流注应配十二时,并罗列自治各种治风丸散。

现存版本

光绪三十年甲辰(1904 年)稿本。

医学寻源易简录

清·陈修园撰　不分卷　存
见《中国医籍通考》《中国古医籍书目提要》。

作者简介

见《伤寒论浅注》。

序　　跋

陈修园自序:医所以寄生死,其关系岂浅显哉!先贤云:病在里者,误发其表,谓之自撤藩篱;病在表者,误攻其里,谓之引贼入寇,此言表里之宜分也。虚者补之,实者泻之,虚虚损不足,实实益有余,如此死者,医杀之耳,此言虚实之宜辨也。寒者温之,热者凉之,以寒济寒,雪上加霜也,不寂灭乎;以热济热,火上加油也,不焦烂乎,此言寒热之宜别也。明乎表里虚实寒热之症,不难起死回生;昧乎表里虚实寒热之症,不禁之生而致死。医之理不可不穷,医之法不可不讲也。然医之理千头万绪,学医者恒畏其难;医之法千变万化,学医者又苦其繁。不知一本散为万殊,博学而详说,则见其难且繁者,从其流也;万殊合为一本,由博而返约,则见其易且简者,寻其源也。自其万殊之流散言之,黄帝著《内经》八十一篇,穷天人合一之理,运气经络之名,脏腑脉诀之异,病机针药之殊,而医道始垂于千载。张仲景作《伤寒论》,明六经传变之法,表里阴阳之辨,三百九十七法一百一十三方,而医方开创于万古。刘河间作《原病式》,以五运六气立论,分门别类举二百七十七字,比物拟象注二万一千余言,此补仲景所未备,而风热暑湿燥寒之病机治法,庶包举靡遗云。吴又可作《瘟疫论》,谓邪从口鼻而入,伏于膜原,或传表,或传里,或表里分传,合门传染,一方独盛,与伤寒六气之病,终相似而始不同者,此又发前人所未及,而外感之病尽于此矣。李东垣作《十书》,以劳役伤脾饮食伤胃,中气不足,其症亦有恶风畏寒,发热头疼,自汗口渴,困倦懒言,往往与外感相似,而实有常作间作之别者,以补中益气为主,兼以升阳散火,此又发前贤所未发,济无穷之夭枉也。朱丹溪作《心法》,以阳常有阴、阴常不足立论,其症与中气不足相仿,而实亏损在肾者,以滋阴降火为主,兼立一切杂病诸法,此又补东垣所未备。而内伤与外感有别,肾虚与脾虚亦异,庶审症明而用药当,不致杀人于冥冥中也。薛立斋作《医按》,特辨肾中有真阴真阳,乃先天无形之水火也,阴阳平和则无病,偏胜则病,偏绝则死。火之有余,水之不足也,不必泻火,只补水以配火,所谓壮水之主以镇阳光。水之有余,火之不足也,不必泻水,只补火以配水,所谓益火之源以消阴翳。此驳丹溪过用寒凉之弊,而济无穷之夭枉,且于一切杂症久不愈者,总以元气亏损为主,而归重于脾肾两家,培补先天后天根本,以滋生化之原,此特为虚损家独开一条生路,其泽及万世为无穷。而张景岳之《全书》、赵献可之《医贯》,咸宗其说云。他如妇科与男子不同者,调经种子,崩漏癥带,胎前产后,前阴乳疾诸症;幼科与大人不同者,胎毒脐风,撮口变蒸,痘疹疳疾,急惊慢脾诸症;眼科有内障外障之别,外科有阴症阳症之殊,针灸分补泻迎随,正骨辨亡血停淤,其流之枝分叶派,散漫无穷者,至难且繁也。自其一本旨源头言之,不过阴阳五行生克制化而已。盖天地以阴阳五行化生万物,气以成形,而理亦赋焉,于是人物志生,莫不各具一阴阳五行之理。何谓阴阳,气机之动静是已;何谓五行,水火木金土是已。今试即阴阳五行生克制化详言之。天地既立,阴阳即在天地之中,阳动而变,阴静而合,生五行也。天一生水,地六成之;地二生火,天七成之;天三生木,地八成之;地四生金,天九成之;天五生土,地十成之。是五行各一其质也。东方生木,木质气风;南方生火,火之气热;中央生土,土之气湿;西方生金,金之气燥;北方生水,水之气寒。是五行各一其气也。在地曰木,在天曰风;在地曰火,在天曰热;在地曰土,在天曰湿;在地曰金,在天曰燥;在地曰水,在天曰寒。是五行质具于地、气行于天也。木位东方,风气布春;火位南方,热气布夏;土位中央,湿气布长夏;金位西方,燥气布秋;水位北方,寒气布冬。是五气顺布,四时行焉。木生火,火生土,土生金,金生水,水生木,是五行相生,主生养万物者也。木克土,土克水,水克火,火克金,金克木,是五行相克,主杀害万物者也。相克则死,相生则生。木亢害土,土亢害水,水亢害火,火亢害金,金亢害木,此克其所胜者也。然我所胜之子,即我之所不胜者也;我畏彼子,出救母害,不敢妄行,承受乃制,制则生化,则各恒其德而生化万物。此所以相生而不害,相制而不克,而生生化化,万物立命之道,即在于是矣。医必明阴阳五行之理,始晓天时之和不和,民之生病之情由也。十天干所属配合脏腑,甲胆乙肝丙小肠,丁心戊胃己脾乡,庚属大肠辛属肺,壬属膀胱癸肾脏。五阳干配五腑,五阴干配五脏,岁岁之常也。天干阴阳,合而为五,故主五运。甲化阳土,合人之胃;己化阴土,合人之脾。乙化阴金,合人之肺;庚化阳金,合人大肠。丙化阳水,合人膀胱;辛化阴水,合人之肾。丁化阴木,合人之肝;壬化阳木,合人之胆。戊化阳火,合人小肠;癸化阴火,合人之心。天干所化,配合脏腑,年年之变也。五阳干所化太过,则害其所胜;五阴干所化不及,则受胜已者之害。故六壬六己年,风气木太过,脾土受害,肝脾同病;六戊六乙年,暑热火太过,肺金受害,心肺同病;六甲六辛年,雨湿水太过,肾水受害,脾肾同病;六庚六丁年,清燥金太过,肝木受害,肺肝同病。六丙六癸年,寒气水太过,心火受害,肾心同病。太过者抑之,不及者扶之,承制之法也。十二地支配合十二经络,肺寅大卯胃辰宫,脾巳心午小未中,申膀酉肾戌包络,亥焦子胆丑肝终。始肺终肝,周而复始,十二时挨次流行,日日之常也。地支阴阳,对冲为六,故主六气。子午主少阴君火,合人之心与小肠;丑未主太阴湿土,合人之脾与胃;寅申主少阳相火,合人之三焦包络;卯酉主阳明燥金,合人之肺与大肠;辰戌主太阳寒水,合人之肾与膀胱;巳亥主厥阴风木,合人之肝与胆。地支所化,配合脏腑十二经络,年年之变也。少阴司天热下临,肺气上从病肺心,燥行于地肝应病,燥热交加民病生。太阴司天湿下临,肾气上从病肾阴,寒行于地心脾病,寒湿交攻内外淫。少阳司天火下临,肺气上从火刑金,风行于地肝木胜,风火为灾是乃因。阳明司天燥下临,肝气上从病肝筋,热行于地心肺害,清燥风热互交侵。太阳司天寒下临,心气上从病脉心,湿行于地脾肉病,寒热湿内去推寻。厥阴司天风下临,脾气上从脾病生,火行于地冬温化,风火寒湿为病民。夫五运六气合人脏腑经络,其为病如此,此言其常也。然阳干太过被克,阴干不及得助,皆为正化,平和之年,应病不病。气寅午未酉戌亥正司化令有余,子丑卯辰巳申岁对司化令不足,有余病甚,不足病微,此又其变也。故未达天道常变,反谓运气不应,既识一定常理,再审不定变情,任尔百千杂病,要在五运六气之中也。由脏腑之五行推而广之,肝与胆为表里,其体筋,其毛眉,其窍目,其色青,其嗅羶,其味酸,其声呼,其液泣;心与小肠为表里,其体血脉,其毛发,其窍舌,其色赤,其嗅焦,其味苦,其声笑,其液汗;脾与胃为表里,其体肌肉,其毛脐阴,其窍唇,其色黄,其嗅香,其味甘,其声歌,其液涎;肺与大肠为表里,其体皮,其毛孔,其窍鼻,其色白,其嗅腥,其味辛,其声哭,其液涕;肾与膀胱为表里,其体骨,其毛须,其窍耳与二阴,其色黑,其嗅朽,其味咸,其声吟,其液唾。因脉而审病,其阴阳五行又宜详也。心火之脉洪而散,促疾动数实革伴;肺金之脉浮涩短,微虚濡芤皆属软。肝木之脉弦细长,脾土之脉代迟缓,肾水之脉沉滑弱,紧牢伏结皆宜暖。用药以治病,其阴阳五行何如也。药之气味分阴阳,阴阳之中五行分,气之厚者阳中阳,气之薄者阳中阴,味之厚者阴中阴,味之薄者阴中阳。气有温热平凉寒,味有酸苦甘辛咸,各分木火土金水,轻重枯润亦皆然。约而言之,天时五运六气,一阴阳五行;人身在表十二经络,一阴阳五行;在里五脏六腑,一阴阳五行。望以目察者,五色五窍五发;问以言审者,五味五嗅五液。闻以耳占者五声,切以指参者五脉。凡外因六淫,内因七情,不外内因之饮食起居,其为伤寒瘟疫,内伤杂病,妇科幼科,眼科外科,针灸正骨,因病而用药,集药以成方,莫不以阴阳五行统之。其源之返本归根,一言而毕者,不可谓非易则易知,简则易能也。其理既明,其法宜精。凡病之在十二经络者,皆表也;病在五脏六腑者,皆里也。表里既分,而药之升浮上窍发腠理,沉降下窍走五脏,无误用矣。正气不足,表里俱见虚证;邪气有余,表里俱见实证。虚实既辨,而药之补其不足,泻其有余,无误用矣。外寒宜散,内寒宜温,而沉寒之药不可误用矣。虚热宜滋阴,实热宜清凉,而辛热之药不可误用矣。予自弱冠后,患虚损痨瘵数年,调理服药,幸而获全。弃举子业,博览医书,选运气脏腑、经络脉诀、药性汤头、病机心法要诀,熟读精思,反复玩味。久之觉有以得其要领,亲师访友,谓医道在是。及至临症,本阴阳五行之理以审病源,辨表里虚实寒热之症以拟治法。暴病实症,或取效于旦夕;久病虚症,或收功于岁月。辨顺逆以断吉凶,审生克以决生死,不大差谬者,始信前贤之言不我欺,无非寻其源头,得至易至简之法耳。因将平日所心得而经验者,录成一册,名曰《医学寻源易简录》,以为初学入门之阶级云耳。陈念祖修园自记。

内容提要

《中国医籍大辞典·上》第 626 页:陈氏认为医之理法千头万绪,千变万化,学医者畏其难,苦其繁,故寻其源流,将纷繁复杂之医学,万殊合而为一,著成是书,由博返约,至易至简。书载五行、天干地支、经脉、五脏六腑、五运六气、方剂、内科诸疾、妇科、儿科、外科及应用诸方,概以歌诀撰述。其理论本诸《内经》《难经》《伤寒论》,并结合刘完素、李东垣、朱丹溪、吴又可等医家诸论。

现存版本

清刻本。

按:是书不见于陈修园医书各种本,目前不易判定,以存疑处理。

家藏心典

清·陈修园撰　十六卷　存

见《中国医籍通考》《中国古医籍书目提要》《中国医籍续考》。

作者简介

见《伤寒论浅注》。

序　　跋

陈修园自序:粤自羲农、轩辕作而医道兴,《《灵枢》《素问》实万世医书之祖。迨后名贤继起,自汉唐迄元明,著述不下数百家,然其间阐明宗旨者固多,而偏执己见者亦不少。我朝高宗纯皇帝,轸念民瘼,钦颁《医宗金鉴》一书，遵行天下，寿世福民，允称尽善。虽其精微未易窥测，然皆先正之规矩，后学之津梁。余幼困羸疾，长成钝拙，窃慕范文正公良相之言，独于医学有偏嗜，涉猎方书，精求要妙，虽愧井天之见，深怀济世之诚，惟念简册流传，不无沿讹袭谬、纯疵互见之弊，苟非斟酌变通，奚以措施咸宜。故化而裁之存乎变，推而行之存乎通。从悦心研虑之余，不揣固陋，考古证今，辨疑订误，汇纂大小杂证、妇科、外科、紧要药性，共十八卷，计二百五十余症，其中皆宗前贤而参以鄙意，理求精当，词芟繁冗，晦者使之明，奇者约之正，乖舛者去之，试验者证之，虽无法善之铁镜，窃慕董仙之种杏。阅数寒署书始成，名曰《家藏心典》，意以韫诸箧笥，俾子弟辈有所取资，固不敢徒务虚名，妄希行世也。不料脱稿后，亲友等争相传观，教正之余，谋欲灾诸枣梨。愚皇然愧谢不敢，又恩斯理之精奥，非浅尝者所能遍观而尽识也，倘斯编一出，更得高明摘其疵而正之，则愚之获益良多，而活人之功不亦更大耶！惭恂所请，用志管见，知我者当亦原其心而谅之。道光十一年辛卯花月，闽长乐陈念祖修园拜题。

　　陆建瀛序：余幼多染疾病，至老亦然。课读之下，遍阅古今方书，几尽囊中秘本。然所说同处微异，临用未免滋疑。求其按之愈深，恢之弥广，罕见有言简意赅、精微莫易者。客岁诣王老师署中，遇黄公谈及医理，出所写本披读，见夫远祖长沙，近宗寓意，凡刘河间、李东垣、朱丹溪、赵养葵、薛立斋、张景岳辈，均不仰名而附会其编。且余照证投方，无不立效，乃叹向之惑乱罔定者，一玩陈念祖之《金匮心典》，击节称快，曰：此其删繁就简，真玄之又玄，众妙之门也。讵非万病回春之深助也夫！时道光十年庚寅春王正月二十日，愚弟陆建瀛拜题。

　　潘世恩序：今圣天子御极之二十四年，世尽恬熙，物无夭札，经二百年之调燮，济亿万姓以和平，固无烦宵旰之忧思，而已臻寰区于仁寿也。然覆载生成，天地之大，灾祥寒暑，阴阳之愆，凡怀施济之仁者，不为良相，当为良医。自神农尝草，岐伯典药，以及仲景、叔和诸人，红杏青囊等书，此尤大彰明较著者矣。且医书之作也，岂惟是远稽古籍，近搜旁门，涉猎以博售世云尔哉？必将窥其奥妙，究其精微，上按天时，下侔地理，深符乎上帝好生之德，洞彻乎百家奥衍之精，而后探本推标，条分缕析，有一病则次一脉，断一脉则著一方，即病有千变万态，而治病仍百虑一致。否则蠡测管窥，虽千卷何益？长乐陈修园先生幼习儒书，长攻医术，得医之意，察脉之真，九折臂而三折肱，调九候而成千金，直可追踪葛氏，媲美桐君，奚心羡龙宫禁方三十、金匮秘书万卷，始足等为相于为医，以活人者活国哉？且颜曰《家藏心典》，意谓枕秘一家，自以为家传奇方，不知欲立立人，欲达达人，即天下一家之验也。退藏于密，未敢公诸当时，不知无微不显，有美必彰，即显仁藏用之徵也。又谓蒙以养正，筌自有真，示童蒙知所真筌，尤恐贻笑方家，不知幼习既得所取资，而艺成自几于神化，亦即训蒙作圣、得鱼忘筌之至理也。用是播之人海，付诸枣梨，不惟幼学得其指南，即老生名流，究十八集之微言，探二百余之多症，心得手应，熟极巧生，于焉起死回生，疗疾延年，并五方百族之膏肓痼疾，危亡迫于旦夕，性命悬诸呼吸者，无不有以神明其针砭而出人之疾于无遗也。将见佐皇上布德施惠之政，匡台辅调元赞治之功，跻万民寿寓，胥一世而福林也，岂不懿欤！道光十年庚寅春月上浣日，同年弟潘世恩拜撰。

内容提要

《中医古籍珍本提要》第 523 页：十六卷，成书于 1830 年。此书系作者汇纂大小杂证、妇科、外科、紧要药性共十六卷，二百五十余证，学术上宗前贤，而参以己意，撰述力求精当。书中所述各证均列病因、病机、证治方药而予以阐发。但考陈修园传记与传世之著以及有关目录学等工具书，均未载此书，疑后人托名所辑。

现存版本

清道光十一年辛卯（1831 年）文焕堂刊本。

按：是书是否为陈氏所作历来有所争议。陈修园道光三年去世，而此书中竟然出现道光十一年陈氏自序，且无论陈氏自序还是潘世恩序，均言该书十八卷，现存《家藏心典》为十六卷本，疑点甚多，多有怀疑托名刊刻者。王姝琛、崔为《陈修园〈家藏心典〉探赜》（《长春中医药大学学报》2007 年第 2 期）则力证该书为陈修园作品，并对十八卷与十六卷的差异、该书编校者等问题提出自己的见解。笔者暂以存疑处理。

集验背疽方

宋·李迅撰　一卷　存

见《中国医籍通考》《宋以前医籍考》《中国医籍考》《中国古医籍书目提

要》。

作者简介

李迅,又名李逸,字嗣立,福建泉州人,生卒年月不详,南宋外科医家。迅本以儒学传家,官至大理评事。以医闻名,尤精于外科。

序　　跋

李迅自序:耕当问农,织当问婢,业之贵乎专门,固也。苟得于口耳道听,古人所不取。余自上世,本以儒术名家,取科第与乡荐,代不乏人,今犹未艾。于医方特寓意于其间,志在济人而已,他无苟焉。其视徒广于收方,每有所得,靳而不与人者,心实病之。凡士大夫家传名方,每喜于更相传授。至于医生术士,或有所长,赂以重贿,幸而得之,则必试而用之,心知其经验。有因病来叩,随证赠方,一无吝色,行之无倦,继志述事,今历二世。独背疽之疾,世医以为奇疾,望风敛手,于是尤尽心焉。始则试之田夫野人,中则用之富家巨室,久而献之贵官达官,有如印券契钥之验。屡欲编集以贻后人,愧非专门而止。兹因贤士大夫适尔过听,谆谆下问,欲广其传,乃退而敬叹其存心之良,高出收方之士数百等。用是不敢固辞,取平昔所用经验之方,从而编次,明辨其证候,详论其颠末,与夫用药之先后,修合之精粗,病者之调摄,饮食居所之戒忌,靡所不载。自知鄙俚而繁赘,然以口授心传之术而寄于笔端,一或不详且尽,因致错误,则性命所系,阴谴之报,其谁尸之?故不耻而为之撰集,用药之际更宜谨思之,明辨之。宦游四方,闻见益广,续得名方,因风教告,以警不逮,岂特愚之素志,实君子闻善相告之意也。庆元岁在柔兆执徐律中大吕中浣日遂江李迅嗣立书。

郭应祥序:始予奉亲携幼,来官泉江,未入境,首问邑有良医师乎?又问市有佳药肆乎?或对以医固不乏人,而庸庸者实多;药肆仅一二数,然稍贵细者则缺焉。予谓二者老幼所依以为命也,今顾若此,其奈之何哉?或曰邑有李嗣立廷评者,广收方书,多蓄药味,有问方者必告,有求药者必与,了无吝色厌心。予固私窃庆幸,时方至旅见,亦未暇询及也。久之,嗣立来请,间与之款语,见其持心近厚,非爱人利物之言不谈,叩以《难》《素》《脉诀》《病源》等书,其应答如流。厥后,家人子或有病,疏方惠药,虽数数不惮烦。三年间,不医之求,而唯嗣立之谒。一日,嗣立出示一编曰:此治背疽方也。今人例以此为恶疾,悉付之外科,而邈不加之意,不知治疗之失宜,盖未有能得全其生者。某于此究心有年,所治甚众,君能捐二三万钱,刻板流布,不犹愈于刊他书乎?予且图之,会有黄冠师曰刘道渊者,主邑之太霄观,忽得此疾。刘素号晓方脉,得嗣立之书而敬信之,凡服药次第,悉按书以从事,不两月遂获安。予益信其书之有验,乃为之序其首。嗣立名迅,以儒传家,父兄相继收科,子弟亦登名贤书,乡评翕然推重。予与其兄嗣宗,尝同校长沙试,契分为不薄,又有针膏起废之功,故乐为之,成其志云。郭应祥序。

内容提要

《四库及续修四库医书总目》第 410～411 页:《集验背疽方》一卷,宋李迅撰。迅字嗣立,泉州人,官大理评事,以医著名。此书见于陈振孙《书录解题》,称所集凡五十三条,其议论详尽曲当。马端临《经籍考》亦著于录,而题作李逸撰,与《书录解题》不合。今案此书,前有郭应祥序,亦云嗣立名迅,则《通考》误也。背疽为患至巨,俗医剽窃一二丹方,或妄施刀针,而于受病之源、发病之形,及夫用药次第、节宣禁忌之所宜,俱置不讲。故夭阏者十恒八九。今迅所撰,于集方之前,俱系以论说,凡诊候之虚实,治疗之节度,无不斟酌轻重,辨析毫芒,使读者了如指掌。中如五香连翘汤、内补十宣散、加料十全汤、加减八味丸、立效散之类,皆醇粹无疵,足称良剂。至忍冬丸与治乳痈发背神方,皆只金银花一味,用药易而收功多,于穷乡僻壤难以觅医,或贫家无力服药者,尤为有益,洵疡科中之善本矣。谨从《永乐大典》中采掇裒订,仍为一卷。其麦饭石膏及神异膏二方,乃诸方中最神妙者,而《永乐大典》乃偶佚之。今据《苏沈良方》及危亦林《得效方》补入,又《赤水玄珠》亦载有神异膏方,与《得效方》稍有不同,今并列之,以备参考焉。

现存版本

清光绪二年丙子(1876 年)归安陆氏刻十万卷楼丛书本,四库全书本,三三医书本,今人各种校注本。

按:关于李迅的籍贯问题,可参见洪荣铨:《李迅里籍考略》,《江西中医药》1995 年第 3 期。

疯门辨症

清·侯敬庵、郑凤山撰　一卷　存

见《中国医籍续考》。

作者简介

侯敬庵、郑凤山,清代福州医家,生平不详。

序　　跋

沈锦波序:方伯乃以侯、郑二子《疯门辨症》一书刊刻,其好善之心则一也。余思夫圣贤心无弃物,尧舜道在并生,共此血气心知,不幸成疠。父子异席,夫妇别室,亲戚朋友且掩鼻而过之,古今之憾事,莫大于是。诚能按斯图而明辨之,即是书而详究之,安在残疾疲癃不可享康乐福耶?余嘉侯、郑二子之志,与夫乐善不倦者之多也,故喜而叙其缘起如此。光绪二年丙子葭月中浣愚弟沈锦波拜序。

侯敬庵序:夫学医必先学儒,明德成己也,新民成人也。学医克己成己也,活人成人也。古之庖牺氏知天而八卦列,神农氏知地而百草辨,黄帝知人而脏腑别,故君臣问答,两相发明,著《素问》《灵枢》各九卷,垂不朽之仁慈,开生民之寿域。然其理渊深,文辞古雅,非精思明辨,鲜有得其旨者。至伊尹方有汤液治病之法,扁鹊因之著《难经》,发《内经》之未发。王叔和撰《脉经》,演成十卷,而脉法始灿明于世。至张仲师出,而伤寒杂病专以方药为治。继而名贤辈出,著述甚富,各有所长。盖病有万变,药亦万变。至我朝御纂《医宗金鉴》一书,集群圣之大成,启后学之宗旨,内外并传,风行海内,足以寿世而福民矣。学者恭遵方药治病,犹射之于的也。苟不先识其的,欲学穿杨,杨安在乎?知其的矣,又须知古今元气之不同,贫富处境之各异,药材异地,禀气厚薄,大相径庭。苟非穷理格物,医药安能效如桴鼓?故必先克己而后学医,学医而辨脉,辨脉而审症,审症而愈疾,愈疾而寿世。则儒与医,成己成人,其功一也。光绪二年七月既望,三山后学侯敬庵序。

郑凤山跋:自先儒有癞之名,而后世麻疯之症所由起。然往往非麻疯卒成麻疯者,以辨症之无其法,施治之无其方也。闽省濒海苦湿,此症恒多,亦地气使然。但中有似是麻疯与未成麻疯者,辄为时医误认乱投,弄假成真,种种弊端,殊堪深悯。山家严普龄公,精岐黄术,每于趋庭之下,谆谆以此垂训,并嘱务将祖传经验方法,随症施治,以期普济,不可终秘失传。山恭承先志,博览群书,得江右萧晓亭先生《疯门全书》,读之如获异宝。既又搜各家之说,揭要绘图,并同侯君敬庵就正于福州医局凌君,以达丁抚军。荷蒙批准,饬属按方验治,一见凌君婆心济世,一见抚军轸念民艰。此书盛行于世,不特麻首无从勒迫,抑自通都大邑,以迄僻壤遐陬,无人不可照法认症施治。与张子云:疲癃残疾皆吾昆弟,同是心也。虽然山才疏学浅,只采昔贤之用意,其中保无缺略之处,当世君子,匡予不逮,是则区区之心所属望者。兹因叶方伯乐善为心,怂恿付梓以广其传,因掇鄙语于简端,唯希高明鉴之。光绪二年腊月上浣,侯官郑凤山谨跋。

凡 例

一、通邑大都,无难延医觅药。若山野村境,延觅甚难,兹故偷闲随为集录,词谢浮华,惟期平易。但句俚词俗,门类不论,未免有乖体例。是专为外府州县、穷乡僻壤之区,马足船唇之地,虽粗通一二文字者,亦可一目了然。轻者按症即可医治,重者细查《疯门全书》内或正治或类治,依方按症,则不至被俗医所误。

一、集中虽集录古圣名贤方法,内亦有从《疯门全书》中择其最紧要之语和盘托出,欲人着眼,次则再参本文,庶不致误。非敢掠美沽名,高明谅之。

一、凡遇闺女幼童、妇人婢女偶沾似是而实非之症,医者切不可妄指其为麻疯。即或病深失治之人,诊视者何妨一隐其恶疾之名,俾患者疾愈,则终身无玷矣。若稍存射利之心,捏词惊吓,旁观者则随声附和,百啄无辞,至于无与为婚,因兹绝嗣者不少。悲夫,抱是疾者,失治误治,骨肉离散,戚里恶闻,甚至有投水悬梁自残其命者。而衔冤泉下,抱恨难言,是谁之过欤。

一、患麻疯疬疡者,然其气血,无有不伤,切不可概施攻毒之药,即常用平和之药,亦必有效。医者当先助胃气,使根本坚固,而后再治之标症可也。不然,因药克伐过度,变成坏症者有之。斯时若非大补元气,何以起死回生。即外治制药,亦不可忽略。宜细心照法精制,其药纯则其效速矣。

一、用药,大黄、皂刺、牵牛等药,惟体实者可用,气血虚者反耗元气。至蛇蝎、蜈蚣、斑蝥,症之极重者,不得已而用之,不可恃此以为常用。若服轻粉,多生轻粉之毒者,是一疾未愈,又生一疾矣,可不慎欤?如川乌、草乌、附子、肉桂,虚寒之人,病愈后以之收功则可,以之治病则不可。盖辛热之品能燥血耗血,血亏而病愈加。故录此数语,以为吾辈者戒。

一、真麻疯病,亦有浅深,医亦有迟速。轻者脚未吊、手未蜷、鼻未塌、肉未崩,症尚可治。所谓在外而浮者易愈,在内而沉者难瘥。气血盛者易治,衰者难医。在外而浮者,病本不久而浅,重扭则痛,毒发在外,尚可速愈。在内而沉者,面上手脚背腿各处,红紫之色,浸入肉内,重扭不疼,针刺不知,治之必须一二年,方可全愈。若富足之家,宽以岁月,尚可医治。然此症每多贫寒之辈得之,或药饵难继,或半瘥囊空,或治之未尽。有一二点痹肉未活,或痹肉虽活,而皮色尚未复原,或瘥后不戒食物,不守禁忌,以致复作。当是时也,虽悔无从,空乏资财,则延医不至,购药无方。惟望好善诸君,遇斯人随力救济,遇良方即为广传,俾患者得超苦海,种德无涯矣。

一、闽中风俗,精医之士恶麻疯之秽污而不经心,或目为正报而托于数定。不思张子云:疲癃残疾,皆吾兄弟之颠连而无告者也。惟江西萧晓亭先生集录名贤医论,苦心冥索,三易寒暑,详加注释,成书二卷,尝言全医得愈不下数百人矣。其救人济世之心,彰彰可见也。而福州省会并无刻本,惟一二家抄写以为秘本,不肯轻示于人。庵于《验方新编·疯门论》中所云,板藏广东省城双门底刻字店,后因购得是书,并庵手录《辨症》,不揣冒昧,禀请上宪广刊,俾随地利人,免斯人而有斯疾也。

一、麻疯谚谓正报,似非妄谈。若自信罪愆难逃果报,能矢志力善,力可回天,即自信并无过恶,亦当力行善事,种后代之福根。所谓守礼守法,常存善念,见善必为。果能如此,尤当戒杀放生,则所患之疾不但易愈,且为后嗣获福无穷,所益匪浅矣。

一、真麻疯之症,千百年来,明哲代出,无不为之束手。圣如丹溪先生医治四人,后三人复发而毙。若非病者铁心,医者神手,罕有效乎?故庵所集皆为似疯而实非疯者,辨之更恐庸医以攻破毒药,遂至假者变真,实者变虚,虚者死矣,此必然之理也。有狂妄无知之人,平时不守礼法,贪淫纵欲,病人膏肓,竟有求治,服一二剂,即欲速效。偶稍未效,而辄弃去,遂至恶症俱彰,难以挽回,良可悲矣。

一、《准绳》书曰:果系真疠疯,用疯门之药必效。若脾肝经血热,脾经血虚,肾经虚火,脾肺气虚,遍身作痒,挠破成疮,或内热生风而眉毛脱落,或皮肤赤晕,或挠起白屑,而类于疠疯者,服疯门之药,反成疠疯矣。

一、按类于疠疾者,当审何经之风热,何经之部位,用药治之。气虚则补气血虚则补血。外有火衰作痒一证,并无红点亦无白屑,当重用附桂,大补元阳则善矣。

内容提要

本书一卷,论述麻疯病辨证事宜。感染麻疯病,心、肝、脾、肺、肾受病症状,治疗办法,用药注意事项。本书以图文结合的方式逐一列举了大麻疯、暑湿疯、紫□疯、白□疯、紫癜疯、白癜疯、隐疯内发、干疯、猪头疯、拔毛疯、侵热疯、侵寒疯、癞癣疯、癫皮疯、牛皮疯、蛇皮疯、牛蹄疯、鸡爪疯、面游疯、金钱疯、银钱疯、胎毒疯、淫毒疯、肺毒疯、心毒疯、肝毒疯、脾毒疯、肾毒疯、血热疯、疹毒疯、痕毒疯、软脚疯、破伤疯、暗滞疯、流毒疯、感疠疯等共计 36 种麻疯病症状和治疗办法。

现存版本

附刻于萧晓亭《疯门全书》,珍本医书集成本,1990 年人民卫生出版社校注本。

十二经方议秘要

清·陶思渠撰　二卷　存
见《中国分省医籍考》。

作者简介

民国十八年《霞浦县志》卷三十七《方技》:陶思渠,柘洋玉山人,附贡生。敏而好学,博通经史,精岐黄术,诊脉验证,论断如神,有起死回生之妙,人称仲景再世。著有《十二经方议秘要》行世。

序　跋

周艳杰校注说明:庚寅年末,恩师连君建伟示余一油印本,名《十二经方议秘要》,谓其乃福建福鼎名医林上卿先生所赠。因年代久远,恐其不传,嘱余暇时点校，以方便当代。

余粗览其书，蓦然忆及《灵枢·经脉》篇"是动……所生病"之言。顾襄（编者注：据文意应作曩）者裘沛然、石学敏诸公执训诂、医理诸学释之，仁智之见，各有千秋。然十二经脉与临床证候密不可分，毋庸置疑。考当今学间，十二经脉及其证候于针灸学界沿袭如故，然于以方药行走者，相去何远也！即或执六经辨证者，不过衍仲景学术，而置《内》《难》之经络证候于不顾矣。

诸多证候既由十二经脉所起，则经方、时方与十二经脉之联系不容小觑。《十二经方议秘要》于病证、功效统方之外，另立法门，以十二经为经，以风、寒、暑、湿、燥、火和气、血、虚、实、虫、积为纬，并于病因、证候下列方剂及其权衡法。其论述多遵经旨，亦不乏独到之处。

嗣后，余按图索骥，获悉是书为清乾隆年间福建霞浦乍洋乡人（今柘洋县）陶思渠（1785—?）所著。陶氏事迹于《霞浦县志》有载："陶思渠，一名芝田，乳名阿程，柘洋乡玉山人……附贡生……人称仲景再世"，其《十二经方议秘要》已佚，幸有手抄本传世。

是编以福鼎县中医研究所、福鼎县医药卫生学会1960年4月油印本（系郑秀清中医抄自郑敏生中医所藏的手抄本）为底本，旁参福建中医药大学刘德荣、肖林榕、俞宜年三先生之校注本。中国中医科学院中国医史文献研究所李经纬研究员谓二者名同，而实有不同。是编以手太阴肺经为肇始，恰与当今经脉循行之识契合，且文字、权衡法等亦与后者有异。以余浅见，若学者重医理方议，而轻古籍版本之憾，则本书洞然秩然，未尝非弥珍也。

校注过程中，予以重新标点。凡繁体字、异体字，径改为简化字；讹误字、模糊不清或据文意改正者，出注说明。凡引用书名、古籍原文，若无关宏旨，不出注；字词有悖文意者，出注说明。此外，于疑难字词简略注释。

余素不敏，纰缪之处，祈望方家斧正。周艳杰，2012年11月。

福鼎县中医研究所、福鼎县医药卫生学会前言：中医学遗产有丰富多采的内容，不但在行世书籍中琳琅满目，美不胜收，而且在民间亦有很多宝贵的手抄本著作。我们在贯彻党的中医政策，开展"采风访贤"运动中，由本县沙埕公社医院川石分医院郑秀清中医献出《十二经方议秘要》手抄本二册。该书根据十二经学说分析病因和治疗方法，具有中医辨证论治的朴素唯物观点。但原书文字简奥，虚词甚多，排列次序，不无颠倒，特别是没有标点符号，更使读者不易领会。因此，我们本着发扬祖国医学遗产精神，加以整理。在保留书中论点的前提下，将其重复隐晦之词，稍加删易，略予调整编次，使其条义清晰，并补充标点符号后，付印成册，以供作西医学习中医及中医温课的参考资料。

至于本书的来源，根据我们初步了解，郑秀清中医抄自点头公社医院郑敏生中医所藏的手抄本，郑敏生中医于少时得自民间，因书无序文，究竟何代何人所著，尚属茫然，有待深久探索。

在整理中，由于我们的祖国医学知识有限与时间匆促关系，书中尚有疑问之处，未能详细考证，提出见解。虽然尽了一些努力，缺点之处，在所难免，请读者多多提出宝贵意见，供作再版时修正的借镜，是所至盼！福鼎县中医研究所、福鼎县医药卫生学会，1960 年 4 月。

阮诗玮序：中国医药学是中华民族几千年来与疾病作斗争的经验总结，是中国人民智慧的结晶，也是中华民族优秀传统文化的重要组成部分。早在 20 世纪 50 年代，毛泽东主席就指出："中国医药学是一个伟大的宝库，应当努力发掘，加以提高。"改革开放以来，国家十分重视传统医药的发展，《中共中央、国务院关于卫生改革与发展的决定》中强调指出："中西医并重，发展中医药"，要"正确处理继承与创新的关系，既要认真继承中医药的特色和优势，又要勇于创新，积极利用现代科学技术，促进中医药理论和实践的发展，实现中医药现代化"。2003 年颁布、实施的《中华人民共和国中医药条例》明确规定："县级以上各级人民政府应当采取措施加强对中医药文献的收集、整理、研究和保护工作。"

祖国医学源远流长，历代名家辈出，他们在与疾病作斗争过程中发挥了各自的聪明才智，为我们留下了许多宝贵遗产。《十二经方议秘要》（手抄本）一书，系我在福鼎师从林上卿老中医时，于 1984 年从福鼎市点头卫生院郑兆希中医师处获得的珍贵文物。据郑兆希中医师说，该书系他的曾祖父郑在烟先生（又名章慕桐，字若霞，号雨舟）亲手抄写，并珍藏三代之久，由其祖父——福鼎知名中医郑敏生传给他。二十多年来，我读过两三遍，受益匪浅。该书以十二经为纲，风、寒、暑、湿、燥、火等为目，病机、证候、方药并举，权衡加减，提纲挈领，纲举目张，汇集历代医家之精华，又有作者的独特见解，是一本好书。但由于年代久远，当时并不清楚作者是谁，经中医处组织刘德荣、肖林榕、俞宜年等医史文献专家进行深入研究、考证，始知原书作者是我省清代名医陶思渠。经校勘、整理的《十二经方议秘要》一书，将以崭新的面貌呈现在人们面前,我感到十分欣慰。祖国医药学为我国人民的身体健康和繁衍昌盛作出了重要贡献,其丰富的理论和实践经验在历代医家的著述中得以保留,经过发掘、整理、总结,古为今用,推陈出新。我省中医药工作者应当在这方面有所作为,在"继承不泥古,发扬不离宗"精神的指导下,为发掘、整理具有福建特色的传统医药作出自己的贡献!福建省卫生厅副厅长、福建省中医药学会会长阮诗玮,2006 年 5 月 30 日。

内容提要

周艳杰校注本《十二经方议秘要》内容提要:本书以经论症、以症议方、以方析义,体裁独特。全书内容以十二经为纲,分经论列风、寒、暑、湿、燥、火与气、血、虚、实、虫、积等各种病因、证候,每一病因、证候之下,提出治疗方剂,释明方义与权衡法,每经之后附方若干条。其论述多遵经旨与前贤理论,间有根据作者个人见解而发挥之,对病因、脉、证、理、法、方、药的分析简明扼要,可供中医临床人员参考。

现存版本

郑在烟抄本,福鼎县中医研究所、福鼎县医药卫生学会 1960 年油印本,中国中医药出版社 2013 年周艳杰校注本,福建科学技术出版社 2006 年刘德荣等校注本。

按:是书系抄本,原无序跋,1960 年福鼎县中医研究所、福鼎县医药卫生学会据抄本整理油印本一册。与抄本相比,油印本有一定的改动。此后,2006 年和 2013 年,刘德荣等与周艳杰分别据抄本和油印本出版校注本,由于所据底本不同,两校注本有一定的差异。相比较而言,刘注本更接近原貌,周注本编排次序较佳。为使读者明晰该书的来龙去脉,周艳杰校注说明、1960 年油印本说明、刘注本阮诗玮序一并收录。

目经大成

清·黄庭镜撰　三卷　存

见《中国医籍通考》《中国古医籍书目提要》。

作者简介

黄庭镜(1704—?),字燕台,自号不尘子,福建建宁人,清代著名眼科医家。黄氏少时聪颖,深因父亡悲伤过度而患目疾,乃考求眼科医籍,潜心钻研。为博取众家所长,他曾远赴湖北武昌学习眼科,久而通晓眼科知识。黄氏行医期间,整理总结眼科临床心得和经验,于乾隆六年(1741年)撰成《目经大成》3卷,但未刊行。其弟子邓学礼得此书后于嘉庆十年(1804年)刊行,更名为《目科正宗》。嘉庆二十二年(1817年),黄庭镜之孙复名《目经大成》,正式刊刻公之于世。

序　　跋

魏定国序：尝谓临民不爱钱,能为循吏;视疾不爱钱,能为良医。吏与医,境相远,而恫瘝在抱,福惠元元,于以入德一也。是故阿堵物虽卫生所必须,非分所当得,取尚廉而与不伤惠可矣。爱则涉欲,欲则贪念生,所为不可告人。予承先宗伯庭训,成进士,历官少宰,寡过未能,不爱钱三字守颇坚。年七十有二,蒙圣天子予告归田,复覃恩特加一品,得力亦未必不在此。黄庭镜,濰水一寒儒耳,藉眼医活二十余口,宜以钱为性命,观其行事及所著书,宛合循吏风范,不谓奇迹技流,深造能如是耶?因喜而为序,且于其行大书"八闽高士"以赠。虽然天官职秉铨衡,斯人有有为之才,不及身亲举用,周游湖海而仅以良医闻,不亦滋愧已乎。平昌慎斋魏定国撰。

黄香泉序：闽中濰水族兄庭镜手著《目经大成》,而自为序例。魏相国定国表而章之,其为书分论、症、方,各为上、下卷。近盱江邓氏改名《目科正宗》,去其序例,任意窜易,攘为己有。而玉峰氏瑛怀,族兄嫡孙也,乃以家藏本校而刊之,去伪存真,悉还其旧。嗟乎!祖宗有田宅,他人冒而侵之,其子孙能厘清疆界,以复故业,犹谓之孝。况是书之有功于世,本所心得精思审定,岂容妄庸子窜易一字,使贻祸无穷哉!夫人盲于目,犹可信也;医盲于心,不可言也。然盲心之医,祸至盲百数十人之目而止。若既自盲于心矣,又欲尽盲天下后世之医之目,使之真伪不辨,伥伥焉维吾所出入而奉以为师,相与盲其心焉。此其祸不胥天下后世之有目者而尽盲之不止。则玉峰之汲汲是书,为天下后世之有目者杜绝受祸之原因,非第为其祖之书计也。盖用心可为至矣!玉峰能世其医,且立心行己有祖风,客信州,所传渐广。而是书之校刊，予尤嘉其志焉，因著之于简端。嘉庆戊寅，上饶族祖香泉序。

李明序：黄子不尘，明同学弟也。天姿灵异，博学多识。其为诗、古文词不落言筌，自成一家。向有《抒怀居存草》，见者每击节，想见其为人。惟帖括一道不事事，人示以疵醇，岸然似不屑听。余尝痛责之曰：求名不务此，是犹南辕而北辙也。□□离索而处，与黄子日疏阔，方意帖括售知，悔以诗、古文词为累，不谓弃经史治岐黄，变好古之心而好术也，亦已久矣。夫以黄子之才，吾党素所推服，使善其所养，将立德立功，匪异人任驽骀，如余莫得追其后尘。顾不自爱惜，甘心降志以混迹于眼科中也，悲夫！厥后遨游名胜，颇有远名，窃疑聪明欺人，未始为异。适余疾，明几丧，遇治而痊。因问果何神秘奏效乃尔，黄子逡谢勿敏也，发箧得《目经》三卷。读之，喟然曰：不尘子游心斯艺也，一精至此乎！余虽不识医，觉医之源委洞辙（澈），若不止为专经而设，抑且罕譬快论惊心解颐，又若并忘其医书者，知非破格以耸观览，实失好古之本色云。是集出，定争《存草》先传不朽，视揣摩帖括老死牖下，而湮没不彰者，相去何如！黄子雅有卓见，而不为不自爱也。嗟夫！天占（与）不尘之镜，化成重离之书，将照耀于天下后世，而盲者赖以不盲。彼昏不知学，或等诸寻常方脉，盍欲訾议于其间者？其为盲也，虽黄子亦无术以救之矣。同学兄李明谨题。

黄子裘序：《目经》一书，裘同母弟庭镜所编著也。庭镜甫成童，轩轩霞举，颖敏过人。老父特爱之，寝处与俱，逐事提训，一一理会。比长，博涉古学。时老父滞于酒，凡应酬笔墨皆弟出，爱益至。居尝语母大人曰：鸡鸣一鞭，裘为先着矣。然承予之志，终镜也，否则坠厥业。逮裘叼附诸生，老父寻烛谢尘土。弟既文战不利，又当大事，哀毁过情，双睛不利于用。乃放浪形骸，每花辰月夕，与二三知己，或扁舟，或名园，或溪桥山寺，随在有觞觯，具丝竹，具茶具文具，啸嗷其间，几不知有身世，家人亦莫测所往。已而博古为师，刀圭丹灶自作周旋，病忽瘥，遂以儒易医，不复问制科事矣。近年游艺湖海，贫不较利，戴德者转相牵引，车马往来无虚日。虽一时声施藉甚，而家私销耗不少。盖交游广则费用不赀，四体惰而百务莫给也。况弟年三十有四，子八人且抱孙耳，非惜福养财，何以为燕贻谋。一日，徐及先子之语，弟面热不自安，既而曰：缓急人所时有，能使镜无内顾忧，有所成就，眼前名不与若争也。明发结装，告母氏以服贾。自豫而吴，五载旋家，风仪言笑，前后判若两人。有顷，出是书，印可细绎，个中妙理，在古人未言与言过处，侧锋谐语随叙随断。又有所见,皆借题发挥其抱负。根柢既积,见地自高,较诸坊本何啻霄壤!始悟畴昔怏怏而去者,盖以为今日地也。嗟夫!木槿夕死朝荣,士固不长贫也,东方曼倩不云乎?弟有才如此,而流落不偶,正天诱其衷,成兹学术,秘不授人,尽可世收其利。似裴硑硑穷年,徒读父书,未能出朋辈一头地,遑计身后名、眼前名耶?予以叹老父知子之明,而嘉弟立志之远,更喜北堂爱日,母大人娱乐如初。谨陈巅末,以启嗣子之善承厥业而不坠。海内医家,知汲古有识如庭镜,观摩砥砺,亦可奋然兴矣。同怀兄冶子裘序。

黄璧峰序:先大父燕台公,精眼科,本其心得著为笔乘,颜曰《目经大成》。藏诸家以授先考在田公暨不肖瑛,未遑付剞劂也。时旴江邓君赞夫者叩门请业,大父乐育为怀,不靳授受,出所著予以录读,赞夫于是有其书矣。逮大父谢世,欲镌板,力未及。厥后,闻赞夫已为付梓,窃谓大父姓氏由是益著,深归功赞夫,其复更有他虑耶?岁甲戌,瑛游信江,郡侯箐山王公相召,适晤赞夫,索刻本阅之,竟署曰《目科正宗》,邓某著辑。吁!附为冒其名以自见耶!夫名者,因实而著也。实之不立,名将焉附!是书也,即赞夫自序黄某先生所授《目经》云云,亦知实有不容掩者,奈何复冒其名以自见耶?虽然,吾于赞夫何尤?但细阅书内,舛谬殊甚,淄渑并泛,不独有负先志,抑且贻误后人。中夜辗转,思更梓传,又苦力难支,抑郁者久之。饶邑族祖香泉先生,家素丰而笃义举,弃儒业岐黄,究心方书。瑛以《目经》进,不胜击节,曰:吾兄深造若此,殆远胜古人。子荷其薪传,技臻神妙,亦固其所知。予力难更梓,为之抚然者累日,爰命表弟胡君鹏南、四令郎文标共师事焉,倾金勒为成书。此其欲得予术以共济世欤?抑以广大父之传,而无致湮没不彰欤?嗟夫!先生于先祖遗书,一见犹惓惓如是,若赞夫者亲炙门墙,讵忘教泽,读其书想见其为人,刻以垂世而没其名,是诚不可解也。今幸雕工告峻,缕陈颠末,惟冀吾祖、吾父在天之灵,闵其不逮,默为佑启,庶家学渊源不致或坠,而叔祖同胡君赞襄之力,亦并垂不朽也夫!孙璧峰瑛怀氏熏沐谨序,族弟漾回澜氏谨书。

黄庭镜自序:理通太元者莫如医,而医责十全者尤在目。盖目为人身至宝,非明则无以作哲,古立专科有以也。今人以外症易识,往往枵腹从事村学究间。及之狃于小道贱役,薄不经意,故书无佳本,授受不得其人。余时命不犹,因先子见背,明欲丧,学殖顿荒。先儒谓虚度岁月,无恩泽及人,直造化中赘物。乃广购方书,凡涉眼症者,考特力,自治、治人,功效倍于老宿,遂藉此为修德补过也。然内障、头风,针砭未窥其秘,不免缺而不全之讥。或言培风山人工是术,所许治无弗瘳,有心人愿见之乎?亟恳为介绍,速而来。洎至,风仪肃整,伟然一丈夫也。与语益异,即日请受业焉。夫培风固江夏旧家,道高望重,口不言钱,相与客次名区,携囊挥洒殆尽,是假游艺而游侠者。夙夜谨事,无敢怠山人。度得其心法,坚辞南归,爰治具郊饯。时山叶翳红,江涛飞白,嘘唏起吟曰:马耳批风进八闽,星霜三易鬓垂银。命续之,余曰:知君到处留青眼,长恐江湖断送人。语冷而隽,山人以为知言,大笑策马而去。呜呼!以庭镜之才,未为驽下,顾一事之微,用心如此,费资斧如此,恭以礼人又如此,而其技始克进。孰谓太元之理,医不通儒,而十全之责目不当严于他病乎?博古尚论,实有不容已者。岁辛酉,春雨浹旬,检所笔乘症治,分汇成卷,署名《目经大成》,燕石自藏,无敢问世。冢宰魏大人一见悦服,曰:此有用之书,愿与天下共之,为序趣付梓。冢宰,巨乡大儒,言论不苟。伏乞当代高贤,雌黄损益,以教不逮。潍川不尘子黄庭镜自序。

黄庭镜小序:岁己酉,余年二十六,得是术于江夏。思坊刻缺谬良多,欲编一善本,授嗣子开瞀医医,至辛酉草草成卷帙。见者面谀腹诽,乃披沙拣金,博采详说,又越十数寒暑,稿四易,书始定,苦饥躯无暇缮写。今五月初,客钟贤石竹居,馆既精洁,心益清宁,取全集录而装好。客散睡,余随意展玩,觉书味与茶甘俱永。不惭大言曰:观止矣,可以启迪后人矣。因诗以志喜:艺游无泽惠中原,笔乘经书数万言。妙理存存通大易,生机隐隐见贞元。敢期姓字留天地,合有清芬及子孙。后学勿嫌吾道小,活人功可国医论。

童德敦跋:右潍川黄先生笔乘《目经》三卷,证治具备,方注加详,名固专家,实医贯也。且文词隽爽,老妪能解。凡吉凶悔吝,有关性命者,莫不谆谆劝诫,而异端伪学,辟之尤力,不啻等身风雅兼赞翼名教者也。或谓先生丰神英俊,肝胆澄澈,故能高出手眼,勘入性灵。清夜读之,恍若重离之照,上下昭明,化溥仁风,飘扬遐迩,医教其兴欤。或谓先生里居裕如,卓荦好奇,技学九鹍,无所短长,乃博极群书,造成绝艺。自序培风山人一段,盖子虚耳。皆知其然,不知其所以然也。方今风会日新而士习日下,知名之子,不过留心帖括,博科名,收利禄云尔。求其体皇仁,恤民生,行世既远,树德无穷,代有几人。先生其勇以自立,特藉此而发其所寄乎?高山在望,仰止兴思,伊人岂独移我情哉。敦不敏,谨受斯业,谅先生古道照人,将更阐其元秘,不特矗矗于纸上成言已也。杉阳门人童德敦百拜跋。

凡　例

一、眼科古无善本，名家亦绝少发挥。行世者，惟《龙木论》《七十二症》《良方》《银海精微》诸俗刻。《原机启微》仅通，然太容易。《审视瑶函》系抄汇成书，疵弊多端。至时师症方串歌，尤鄙俚不足道也。若夫刀针等治，未需片药，盲瞽立开，何如神妙，以学难而教亦不易，精斯道，世无几人。前书不自贬损，行且诋之，益可发噱。兹集无法不备，无微不显，敢谓经术湛深，颇得自家意思。

一、本经三卷，上卷立论，中卷考症，下卷类方。论未明详于症，症未明释于方。书不尽言，辞且难记，立案作证以括之。言不尽意，理有难明，旁通曲喻以晓之。在此在彼，后先辉映。

一、钩割针烙，有时日人神禁忌；痘疹疟疫，有水碗符咒口气。杂见方书，遍传人世。以余观之，直鬼道耳！人而笃信，窃恐为鬼所笑。故凡涉荒诞邪辟，以祸福惑人者，语虽恺切，斥而不录。

一、前贤医案，尽有神识，不惟当标集首，即录数则于座隅，足当举一。然效颦之士，未得其清，先得其隘。守株失事，略不惩儆，翻执此典故以为口实，所谓兴一利，又生一弊也，不载。愚间有案者，乃印证病情事体，故立于本方本症之下，观者察之。

一、药用汤者，盖荡之也，治暴病用之。散者散也，治急病用之。丸者完也，治缓病用之。一剂一料，作者曲尽匠心，病情合度，实为功用。间有不胜药势，与药力不充，无妨对症增删。张氏谓古方今病决不能相值，然则今症古论，又曷足以相从。元素之语亦过矣。其分两，丸散三五钱、汤剂一两为中正，年壮症险者倍之，小儿与不耐毒者减半。尝见浅人治病，无长幼，无轻重，无论汤剂丸散，少以分计，多则钱许，是将病试药，以药酿病也。班氏曰不服药为中医，殆为此辈而发耶。

一、服药节度，历来有食前、食远、食后之分，胡为不列方后？凡人饮食入胃，脾火变化，然后分布脏腑。盖胃为人身分金之炉，脾为薪炭也。若上膈之药须令食后，中膈之药须令食前，下膈之药须令食远。则治头之汤以头濡之，治足之汤以足濯之，岂不更快，何必纳入胃中而俟渠传送耶？至于眼病，窍居极上，其丝脉又在肉理之内，药之渣滓如何能到？所到者，不过性气耳。必食后服之，胃中先为若物所填，直待前者化完方后来，是欲速而反缓、欲纯而反杂也。汪切庵明其道，而谓不敢擅改，然不能无疑，腐儒无勇决类如此。制药勿委僮妇，药料须拣道地，若以伪抵真，卤莽将就，徒费功力。如炮煨者，以整药面裹，或湿纸重裹，入于灰火中煨，令药外有纹裂、内无白点方熟，附子、南星、豆蔻之类是也。炙者，以整药涂蜜或姜汁、酥油，用炭火炙，令香熟，甘草、黄芪、厚朴、龟板、鳖甲之类是也。煅者，以整药置炉中，炭火装好，烧红，或淬以醋、酒、童便，牡蛎、石决明、炉甘石、磁石之类是也。飞者，一切金石之品，任经细筛，终乎粗硬，安可使入肠胃，须用活水和药加研，飞取其标，落底者再研、再飞，以手拈如粉为度，朱砂、磁石、自然铜、铁英之类是也。焙者，以绵纸盛药，火烘干劲，天麦门冬、葳蕤、石枣之类是也。炒者，以铜锅、砂锅炒，候香熟得宜，毋致焦枯。炼者，以银器、锡器炼至稠粘则止，不可太过。

一、汤液之升、合、铢、两虽有定式，亦当因时制宜，不必泥古。仲景为医方宗匠，录其方而铢两不载。盖猛重太过，恐我无彼见，病非昔比，不敢妄用治人。他方亦尔者，示人以活法耳。李东垣谓古之三两即今之一两，古之一升即今之一大白盏，非惟强解，实觉背谬。何为？即如桂枝汤，桂枝三两，大枣十二枚；竹叶石膏汤，石膏半斤，竹叶一把。诚如垣言，桂枝但只一两，大枣何用许多？石膏虽过倍桂枝，竹叶亦不消一把。难道先朝花果数目，色色与东汉迥异耶？

一、某症列某方，不过提起大纲，如笼灯就月，引人上道。欲窥全豹，必入阵精熟，精熟之至，尚须以意圆通，庶方为我有，可出而治人。若泥定成法，白首亦只庸流。

一、是集不曰纂辑编著而曰笔乘。乘也者，统所见所闻，姑凭臆裁，备载成书，犹"晋乘"、"家乘"、"文乘"之谓。其中集腋为裘，浑忘所自，安能直注某句系某人之言，某段出某书之论。间有引古折证，及独出机杼、翻驳成说者，特欲质诸慧眼，不得不标姓字，以使参考，非敢点金成铁，而又冒美眩名。

一、从来方书，节要者不无缺漏，铺衍者未免雷同。兹集症、因、脉、治，纲目井然，似乎详略得中，且章法整而句调明达。懒医不艰博涉，通儒亦可旁求，飙馆披阅，帷灯搦管，载评载读，自有合辙逢原之妙。

一、古今至言妙理，直从肺腑中流出。既无雕饰，讵论出处。如"环滁皆山也"，不过即目；"枫落吴江冷"，亦只意想。必欲讲求故实，则六经皆杜撰矣。又凡文章不险不奇，题义越难越易。盖文有文心，题有题窍，任枯窘无情，认定窍在某处，便从某处构思。思通机到，心花顿开。更用侧笔、衬笔、反笔、隽语、警语、未经人道语、人不敢道语，切实刻入，自尔夺目惊人。譬邓士载袭州，凿石登巘，费尽艰辛，一望断崖千尺，上下如削，稍前令人破胆，惶愧无地。然卒奋其智勇，一鼓成功，非越难越易，不险不奇乎！徒以熟而铺叙，博而织砌，所谓餖饤与空疏，均非作手。甚而佶倔聱牙，艰深费解，此文坛悭鬼，亟宜屏绝。治病亦当作如是观见。故本集寓儒于医，不落铅椠家蹊径。后之人，法吾言而行吾志，则书有传人，不忧覆酱。若夫附青云，声施后世，繄唯名山事业，非庭镜所敢望。

以上凡例俱先祖自著，赞夫刊本一概削去。又书中凡属先祖庭镜名字，亦尽抹消。盖欲掩其冒刻耳。其刊本字句舛谬错落难以枚举，今悉照先祖原稿刊印，阅者鉴诸。瑛又识。

内容提要

《中医古籍珍本提要》第 400 页：《目经大成》三卷，成书于 1741 年。此书首论五轮八廓等眼科理论及开导、钩割、针烙、金针拨内障等治术。介绍阴阳、五行、脏腑、经络、六淫、七情、脉象等与眼病相关之基础理论，并从风、寒、暑、湿、厥郁、毒、疟、胎产、痘疹、疳积等方面列述眼病之病因。其次，详列眼病证候，阐释病机，指明治法，间附案例，以证己说。最后为眼科方剂之大成。作者仿景岳之法，设补、和、攻、散、寒、热、固、因八阵之制，每阵各列眼科常用方数十首，于组成、主治之外，阐述方义及随症化裁，灵活变通。书中所收外治 19 方，概括眼病之点、洗、擦、涂、熏诸外治法，俱实用而效著者。

现存版本

清嘉庆二十二年丁丑(1817 年)达道堂刻本，清同治十年辛未(1871 年)文馨堂刻本，清宾城述古堂刻本，今人各种校注本。

按：关于《目经大成》的版本流传问题，可参见汪剑、和中浚：《眼科名著〈目经大成〉版本调查及整理概况》，《中华中医药学刊》2013 年第 2 期。

外科辨证

清・力钧辑录　不分卷　存

见《清代御医力钧文集》。

作者简介

见《难经古注校补》。

内容提要

本书主要论述各种外皮癣、癜等干证,外皮水泡、水痘、湿癞等湿证,外皮苦瓜瘤、蚕食桑瘤、蟒瘤、花椰瘤、马蹄瘤等瘤肿症,外皮斑点、黑点等变色症,外皮鸡屎堆、莓苔毒、秃疮等毛发症。外皮症由疗毒致者,一要究其根源,二要验其皮色,三要辨其形状。

现存版本

民国《芹漈医书》稿本。

痢证辨疑

明·齐洪超撰　佚

见《中国分省医籍考》。

作者简介

民国二十二年《闽侯县志》卷九十《艺术·医》:齐洪超,字仪鲁,闽县人。大父任吾以医名。时东南遭倭乱,民多露宿,多泄泻暴□之疾,巡抚许某校刻薛氏《保婴全书》以济世,通其学者惟洪超。初以母郑氏病痢卒,辄以不早习医为恨,因究心医理,以传家学,贫者与药不受值,乡人称为仁医。遭耿氏之乱,族有贫而窜身戎伍者,捐金赎之,更给以衣食。

按:是书民国二十二年《闽侯县志》卷四十七《艺文上》有著录,称齐为明末文学。

千金宝鉴

明·雷伯宗撰　佚

见《中国医籍通考》《中国医籍考》《中国古医籍书目提要》《中国分省医籍

考》。

作者简介

康熙《建宁府志》卷三十九《人物·方伎》：雷伯宗，名勋，字以行，幼读书明医，尤精于小儿科。洪武间，授医学正科，卒年八十四。著《千金宝鉴》，得其旨者，用之辄效。子野僧，亦明医，为郑府良医。

胎产万全

清·林达撰　五卷　佚

见《中国分省医籍考》。

作者简介

民国二十二年《闽侯县志》卷四十八《艺文下》：林达，字奕上，号云簾，乾隆丁巳明通进士。

瘟病条理

清·刘勷撰　四卷　佚

见《中国分省医籍考》。

作者简介

民国二十二年《闽侯县志》卷七十一《文苑上》：刘勷，字勖为，号赞轩。家旧有资，以官局票之累中落。同治甲子举于乡，礼部试报罢，则设讲席授徒，成就称盛。嗣以大挑教职，除长泰教授，朔望课士于衙斋，士风一变。离长泰南门三十里，有巨盗陈奎壁，以符咒惑众，奉林九为主帅，自称军师，谋陷长泰未遂。汀漳龙道委总兵孙开华往缉，林九逃，勷密禀林九终在长泰，当办保甲严察，必可得。镇道遂委勷提调长泰保甲局事，后其党林姓者果出首，遂委勷同长泰、龙溪、南靖三县令缉获焉。嗣开华守台湾，败法人，勷坐探军情，保知县，以母老仍就教职，调补宁洋、诏安，卒。著有《非半室文集》《诗存》《词存》，明易数，有《随机决疑》一卷，研究医理，有《瘟病条理》四卷。

治喉举要

清·陈书撰　佚

见《中国分省医籍考》。

作者简介

见《冲脉审谛》。

小儿秘论

清·黄鸿元撰　佚

见《中国分省医籍考》。

作者简介

民国十年《闽清县志》卷七《方技传》：黄鸿元，号胪初，邑庠生，习医，精于脉法。尝谓脉行血中，血不变，病不生，人得病，必先变其脉。有某秀才妻，鸿诊之，谓其脉气缩，心必郁，此妇遇变必自戕。后果以家道中落，服毒死。又某贡生新娶之妇，鸿诊数次，即劝其娶妾，谓其妻脉隔日一变，忽伏左尺，忽伏右尺，当是经乱而胞滞，此终身不育之象，后果然。延诊者，贫不计资，富者受其物而返其金。著《小儿秘论》，尤乐义举，清光绪间创设文泉书院，极力劝募，不辞劳卒。

伤寒汇证

清·许燮撰　佚

见《中国分省医籍考》。

作者简介

民国十年《闽清县志》卷七《方技传》：许燮，字阳吉，号理斋，邑人。生有奇质，博闻强记，善诗文，不求工于制艺，有以童子试劝者，则曰否否。精于医学,凡难证延诊,活者颇多。尝往侯邑治病,中途遇雨,乃避于小村落人家,雨停天暝,方谋寄宿,主人以家有病者濒死辞,與夫曰:此名医某也。延入诊,只令以黄土水调服,阅数时许,病者证渐瘥,翌时寻愈,其神效如此。一时衔恩者,口碑载道,登门习医者,亦不乏人。生平多与文人学士游,言论诙谐,后辈未有以老厌之者,晚著有《雕篆诗集》,及《伤寒汇证》等稿,均未梓。

按:许燮学生许炳西曾协助其师编纂《伤寒汇证》。民国十年《闽清县志》卷七《方技传》:许炳西,字庚阳,号梦园,邑四都葫芦门人也。少业儒,未售,乃学医于许燮之门,专心致志于医道,大有神悟。由是医名闻于时,凡就诊者,病辄起。尤善于治疗,求诊者履满户外,当时咸以国手目之。尝与其师协编《伤寒汇证》等稿。又善书法,人多以纸素索书,至今称为墨宝云。

小儿科秘诀

清·黄作宾撰　佚
见《中国分省医籍考》。

作者简介

民国十年《闽清县志》卷七《方技传》:黄作宾,字祖嘉,号寅轩,邑人。年十六沾瘵疾,十九岁,娶溪头埔张氏女为室。氏善侍巾栉,嘉亦善自珍摄养疴,十五年清心寡欲,出言未尝高声,由是疾瘳。遂究心医术,尝设一药铺,颜曰:体天医道,极形发达。无论族邻来诊者,不取金钱,即远地求医者亦然。凡病夫非属不治之证,服一二剂,罔不见效。壮年以太学生应秋闱试,屡荐弗售。著有《小儿科秘诀》,惜未梓。

肺病准绳集

清·黄绍定撰　佚
见《中国分省医籍考》。

作者简介

民国十年《闽清县志》卷七《方技传》:黄绍定,号澹如,邑增生,力学工书,累试秋闱,弗获入彀,因辍举子业。嗣以继配许氏多病,乃潜心学医,得高祖寅轩公奥诀,遂精于医,而尤长于痨证。凡所诊治,存活甚多,从无受值。遇时疫,辄告人以防疫之法,人咸德之。晚年著《肺病准绳集》,未就而卒,年五十有二。

种痘秘要

清·陈民瞻撰　佚

见《中国分省医籍考》。

作者简介

民国五年《建宁县志》卷十八《方技》:陈民瞻,字学古,年十六弃儒习医。壮岁游湖粤间,遇瘟疫,辄出奇方,制药布施,活其命者无数。所尤工者,麻痘二科。著有《种痘秘要》一书行于世。

医学实验录

清·黄良安撰　四卷　佚

见《中国分省医籍考》。

作者简介

民国十一年《长乐六里志》卷七《人物·艺术》:黄良安,字晦斋,黄李人。精医术,尝修黄氏世谱,致力阅三十年,抄录盈箧。著《医学实验录》四卷。

临证心得

清·郑际升撰　佚

见《中国分省医籍考》。

作者简介

民国六年《长乐县志》卷二十七《列传七·方技》:郑孔禧,字郁夫,坑田人。弱冠,弃举子业,学为医。性慈祥,贫家延请,不计谢金,有不能备药资者,且给以药,全活无算。子际升,邑庠生,能世父业,著有《临证心得》《痘疹指南》二书。

痘疹指南

清·郑际升撰　佚

见《中国分省医籍考》。

作者简介

见《临证心得》。

麻科要诀

清·应昌德撰　佚

见《中国分省医籍考》。

作者简介

应昌德,清代福建医家,善治小儿科,生平不详。

按:民国五年《建宁县志》卷二十五《杂著》有著录。

热霍乱辑要

清·郑奋扬辑录　四卷　存

见《中国医籍续考》。

作者简介

见《增订伪药条辨》。

序　　跋

郑肖岩题识:刊此书阅十五稔,锓版寄藏刻铺,惜已残缺弗完。今夏天气酷热,至秋恐有伏暑霍乱之症,故竭绵力重付排印五百部,以便分送。俾仓猝间得是症者,方有标准。如蒙海内慈善家继续印施,方便济人,尤鄙人所祷祝耳。丙辰秋七月饮井山人肖严又识。

郑肖岩自序:霍乱古无专书,临证者卒鲜依据。汉张仲景著《伤寒论》,于伤寒转霍乱,立理中四逆等法,原以调中气而拒寒邪也。后人印定眼目,偏执参、术、姜、桂、附为宗,不分寒暑,不辨阴阳,统治一切霍乱,贻误多矣。国朝海昌王君孟英,于流离兵燹之余,睹疹疠夭札之惨,因时论证因证立法,而有《霍乱论》之作。二十余年惮精竭神,阅历既深,揣摩愈到,所辨寒热二症如燃犀照水,病无遁情。其《随息居重订》之本较道光间初刻益为详备,海内医林早奉为圭臬。唯此书汇刻潜斋五种中,未易人人购读,亦一憾事。吾省近年鼠疫盛而霍乱尚少,今夏鼠疫未息而霍乱又起,无他,五六月间天时亢旱,暑热逼人,加以疫气秽气与内伏之邪欲化热而不得者,卒然相触,遂致清浊淆乱而为热霍乱,吐泻转筋者,比比皆是。且伏邪内发客邪外入,两邪交注,气机立时闭塞,血脉不能流通而发为干霍乱者又有之。王氏云:霍乱之属热者,主病之常也,众之所同也。霍乱之属寒者,他气之逆也,人之所独也。奈何一见肢厥脉伏,不辨挟暑之现证,即已为寒,又以为脱,叠投热剂之药,使邪无宣泄愈闭愈冷,尚谓服此热药一身尽冷,可见黍谷春回之不易。再遇此症,仍用此法,死者之冤无从呼吁,亦可哀已。蒙触目伤心,不忍坐视,乃检王氏原书,将热霍乱病情治法,揭其要者而条列之,刊行传布,俾僻壤征途,仓猝间先有把握,不至为热药所误,则活人苦心,差堪少慰耳。若夫寒霍乱之症,有仲祖圣法在,司命者早熟读之,必不混于所施,又奚庸置喙耶。光绪壬寅秋七月双星节,闽县郑奋扬肖岩谨识。

例　　言

一、夏秋间霍乱之症,因热者十有七八,因寒者十无二三。故是刻专治热霍乱,非喜用寒凉,有所偏见也。

一、辨热霍乱,当以口渴、苔黄、便臭、溺赤为的据,即肢厥脉伏,亦不可竟投热药,细读各家辨证名言,便知不谬。

一、汤药王氏既以栀子豉汤为主方,故只录主方加味法,此外不复详录,恐不知医者未能悉问明辨,反致误事。

一、所登策应单方,多经验古方,最便取用,如能对证,立奏奇功。

一、外治各法,为开闭妙术,实足起死回生,屡试辄验。王氏亦有所本,非别开生面而创此新法也。

一、是刻分为四篇:一曰辨证要言,二曰内服要方,三曰外治要法,四曰临诊要略,阅者一目了然。

一、是刻为救急补偏起见,故从简约,欲考究详明者,需购读《随息居重订霍乱论》尤能启悟。

内容提要

《福建医学史略》第 235 页:该书是郑氏针对当时霍乱流行状况,精选及补充王孟英的《随息居重订霍乱论》而编写成书的。该书语言通俗,文字浅显,通俗易懂,辨证选方明确。如王孟英治疗热霍乱的内服主方栀子豉汤,郑氏则补充应根据患者的不同症状,加入相应的药物。郑氏不但摘录王孟英的治霍乱应急单方,而且补充 20 个经验方。另介绍伐毛、取嚏、刮法、刺法、揭洗等一些外用急救疗法和患者生活调摄、饮食起居的注意事项。《热霍乱辑要》论述详细,诊法明确,方药简单易取,既为业医者临证时指出诊治方法,也为普通民众选取单验方自救、平时饮食调理提供方便,该书类似于一部防治霍乱的科普读物。

现存版本

民国五年(1916 年)郑氏刻本。

按:裘沛然主编《中国医籍大辞典·上》第 723 页:《热霍乱辑要》,不分卷,清·郑奋扬编。成书于清光绪二十一年(1895 年),原存 1916 年铅印本,藏于福建中医学院图书馆,经查未见。郑氏 1916 年重新刊刻此书,其题识云:"刊此书阅十五稔",可见,该书应当成书于 1901 年左右,并非 1895 年。经本次清查,福建中医药大学图书馆有收藏该书。

保赤指南车

清·邓旒撰　十卷　存

见《中国医籍续考》。

作者简介

杨家茂《早期名医邓旒业绩》：邓旒，号乐天，邵武人，祖籍河南光州固始县，早于南宋末年迁闽。家族中有以医名于世者。邓旒自幼聪颖过人，读书业儒，过目成诵，时有学习医经，略知医术。二十七岁时，其妻张氏因病逝世，激发其博览医书，探求良方，治病救人之志，足迹遍八闽，间有涉足江、浙、台湾一带。嘉庆年间偕黄梅园同往广东，和两粤之邱熹、汪崇德诸贤向英国医生琴纳学习牛痘接种术，嗣后在福建推广其法，对防治天花做出了一定的贡献。

序　　跋

王十玉序：避非邓君，其先太祖乐天公隐德之君子，而识尤不可及。僻处乡隅，不屑屑功名事，而惟以救人济世为心。故善岐黄之术，尤精麻症之科，注书十卷，切实详明，是以名传远近，妇孺皆知，延医者踵相接焉。一经公手，譬诸春园之草，遇阳和而靡不有生，非公之识过乎人哉！或曰人之生也，有命自天，谁非贪天之功，谁是有回天之力？公曰唯唯。尝见一乡一邑，或天时传染，发为麻症，遂不免有顺有逆，有安有危，致生死于须臾，令存亡于顷刻。揆厥由来，始则辨症未精，继则用药不当，遵古而泥乎古，依样葫芦，殊堪痛惜！公独恻然自出己见，另具一识，不废乎古，不泥乎古，转逆为顺，转危为安，活者无数。若徒以观形验色，审经辨络为公善，抑何浅视乎公耶！当乎平居无事，非不愿人人安泰，赤子自乐其天真，无如既有痘症，又有麻症。麻科较痘科每多缺略，不搜奇采秘，博览群书，遇疑难之症，鲜不束手无策。岂知古人著书，原以供后人之采择。一麻症也，其方见于他书，有传诸口语，有藏于人家祖传为诀者，公则一一竭力搜求，辨其是非，观其配合，验其药性之轻重热凉，务期有益无损，有得无失，缀录成书笥。用心如此，诚保赤之生佛也。其余小儿杂症另具一册。予与邓君避非为总角之交，丁丑北上宦游西江。是年季春告假回梓，与邓君晤，剪西窗之烛，话巴山之雨。偶道及痘麻二科，邓君出是书以示予，名曰《保赤指南车》。予盥手三复，知公之识过夫人而用心良苦。邓君又道其太祖生前之品学，予益信公为隐德君子也。夫邓君乐善不倦，乡中有一言一行可取者，缀乐道之不已，遇有善事，向往惟先。岂太祖之善书而忍久藏之而不救世乎？不惜重资付之于梓，请序于予，敢不承命？后之业斯术者，能不奉为慈航宝筏欤！光绪四年岁次戊寅季春月，樵川后学石峰王十玉敬序。

邓举峰序：且天地之于物，生生不已，而阳舒阴惨，运与气每随时而变，人事之剥复，亦往往因之。此调元赞化，而《本草》《灵枢》《素问》《难经》之所由而作也。自是以述，或言法或制方，历三代汉晋以来，著书立说，几于汗牛充栋。余僻处山陬，未能博览群书，遍搜秘策，然俚索具活人之心，遇有恰意者辄购藏于家，以备参考。历数年来，敝精劳神，略光其旨，而于小儿一科尤加意焉。盖小儿有本科、有痘科、有麻科。本科之书，经名公巨手固阐抉靡遗，即痘科亦业有书焉。尝考诸家所著，其议论透辟，考核精详。第余得牛痘一传，其功更善于先哲。诚慈世之宝筏，保赤之金丹也。惟麻科一门，虽散见各部之中，然略而不详，缺而不备，医家动至束手。余父乐天与梅园先生二人共相琢磨，素勤搜采，凡书中之不易得者，缀手录成部置之巾箱，故汇集麻科书藏之久矣。岁癸巳，东乡麻症盛行，其险更甚于痘，余对症投方，一时活全无算。余因叹先君之用心过人而泽留之及于身后者，又有如此也。盖是书，首揭明论麻之格言，次则统括其病源，又次分析其各症，复继问答以畅其旨，而应用之方附焉。至于痘科亦解极详，而于小儿惊搐痫吊一切杂症，认脉心法，莫不备载。审气明理辨症定方，朗然晓畅，毫无遗恨。虽不敢曰天地之缺憾，俚肯从此神而明之，则救危喘于万一，而于两大生生不已之心，亦未必无小补云。时维道光十四年岁次甲午桂月，举峰邓焜志。

邓镠序：丹桂籍云尊师重医。又古人云为人子者不可不知医。盖医也者，昔人有出蛇走獭之术，而能寿世延龄之功也。考自唐虞以前，神农编本草之书，黄帝著素问之语，岐伯心传，雷公炮制。继而后之贤哲林林，集书伙矣。举世学者执信古书，宜为准绳也。然间有读而竟不穷书之义用者，其故何也？大抵鲜察地理原隰之殊，水土辛凉之别耳。较诸先葛后榕，山雀海蛤，南橘北枳，夏草冬虫，似兹草木物类尚有因地因时之变，何况人为万物之灵，得无天运地气之移异乎。水土既有不同，而其发症自然有别。是故用古方而疗今病，呆无加减者是惑也。噫！我生不辰，行亏德薄，幼失怙恃，逢天惨怒，瘨我饥馑，嗟莫堪言。予犹希记先祖举峰公临终嘱曰：吾家荷天恩之默佑，赖祖德以栽培，六传不染官非，十代未经冻馁，吾父乐天公即汝之曾祖也，著有格言十条，医书十卷。格言谨守为家法，医书留畀之后人。汝庸且鲁，毋得轻视医行，不闻脉诀苍穹远，医书碧海深！勿甘渔绳末利，须知性命关天。寸衷之间,常修阴隲;三指之下,莫结冤魂。倘他日运际不前,宜乐事陇亩,矢志清勤,谨守斯言,切要介怀,吾永别矣!今也公虽已往,而音容如昨,敢朝夕或忘欤?岁己巳,东北麻症大行,余出此书以授识者服之,万发万痊,果有奇验。或患杂恙,余亦对症投方,真是得心应手。余于此不能无感先人之德行矣。嗣后村邻竟信余为识医,延者接踵。余屡拒之曰:我若能医,牛马可飞也,君等误矣。及丁丑春,偶众友咸集敝舍,谓余曰:医乃世之最上,大堪种德,亦可润家,别者恨无入门,今子既精而反辞之,殆乎不可。余曰:我非知医,所应验者悉有底录耳。于是出是书以示友,各皆三复细玩,曰:既有此良方,何不剞劂拯世,无负先人之苦衷也。余曰:虽然效验可必,奈笔辞浅俚,不堪寓文人学士之目。友曰:恶是何言也,若修史作鉴,尚乎文辞,著医传术,贵取乎效。玩此篇中悉载的验良方,条理极详,公子愠之吝刊,是无济世之心,亦不免过矣。余感贤友之命,尤虑囊索之艰,历年夏积,以付之梓,今幸告竣。是书一出,俾天下后世活国活人,咸登人寿之域,略承天地好生之德云尔。光绪己卯年麦秋月,避非邓镠。

李绍坦序:大凡富贵不足荣,贫贱不为辱。匹夫曾为百世师,将相鲜不没其名。稽古圣贤功垂千古,名昭万世,朝廷为之祀典,州野钦为典型。盖有功于世,姑勿论其大小。而医术虽属小道,亦体天地好生之德,上洽乎天心,下济乎人民。人生世上,不为良相,便为良医,盖可忽乎哉!予友避非邓君祖传岐黄之术,治病如神,增注医书十卷,名为《保赤指南》。内载治小儿痘痳及内外大小杂症。予适北游,谒邓君之府,登楼眺望,把酒临风,咨询时事。言及病症,邓君如是,出是书示予。予观此书,诚济世之慈航,度人之宝筏也。然则邓君克绍先业,当以济人利物为心。自开基来不食牛犬,故乐天公曾见牛神救火灾之验。由是治病知其本源,用药能以次序,遵古法而不凝滞于古,知今时而能与时推移。不论病之至危,症之极逆,能拯危为安,转逆为顺,有起死回生之力。一经自手回春者,辄录其详细以为医案。篇中所叙各症及用药之轻重,前后无不厘然备载,使后学了如指掌,永无赤病之虑,咸登仁寿之域,而邓君之益于世可谓深矣。至若邓君仗义疏财,乐善好施,遭困穷不为利动,见富贵不生谄容,还白金全一家性命,保赤子劝数乡育婴。处丰盈冬一棉夏一葛,朝夕饭一盂蔬菜一盘。读书常嗜经史,谈论历叙报应,时时以劝善为心,故乡曲中人心风俗间有转移。无如世人读圣贤书,胸罗万卷,而无一毫济世之功业,此亦大丈夫之所当耻。虽然穷达有命,然穷有穷之事业,达有达之勋猷,是以古人达则利于天下,穷则闭户著书。故行足以建百世之勋,言足以为天下之法。今观邓君见善如不及,常以读书养业,且能继成先志,以《保赤指南》付之于梓,功垂后世,则是有补于天地。如邓君之立心为善,而其后日之功业更有不可量者矣。是为序。樵川盘谷李绍坦谨识。

内容提要

杨家茂《早期名医邓旒业绩》:《保赤指南车》一书十卷,以儿科为重点,兼内、外、妇产诸科计十余万言,说理词精义奥,病案记载详细,图文并茂,单方草药,针灸炼丹,无所不备。小儿"外感六淫,风寒邪火易袭;内因诸症,心肝脾肺为多",以望气色,察指纹,闻声音,辨部位,诊断病情,强调分清标本,辨证论治。本书对天花的治疗有特别研究,根据天花的流行情况,注重气候、时间和小儿身体的差异,对牛痘苗的采制、保管、接种方法都有具体阐述,更条分缕析小儿惊风四十余种,所用艾灸药治诸法,均是经验之谈,很有借鉴意义。

现存版本

清光绪祖述堂刊本,1985 年福建科学技术出版社邓启源等校注本。

温症癍疹辨证

清·许汝楫撰　一卷　存

见《中国医籍通考》《中国古医籍书目提要》。

作者简介

许汝楫,字济川,莆田人。以外科扬名于京师,得恭亲王奕䜣推荐,官刑部郎中主事。某年北京无雪,他推测明年必多瘟疫,著《温症癍疹辨证》一卷行世,书中附有治温病药方,次年果得大效,救人无算。

序　跋

刘雅士序:医之为道难言矣,自黄帝《素问》以来,无虑数十百家,丹溪、河间渐分门户,《伤寒》一论,尤言人人殊。习是业者,非博览群书,参以活法,鲜不为成方所拘。世之为医者畴不寝馈古籍,矩矱前贤,而药性脉理全未了然,漫以人命为儿戏,言之酸鼻。许君济川,菩萨其心,扁卢其术,四十年来所全活者指不胜屈。其间众医束手垂危之症,经其诊视,无不应手奇效。温症瘾疹尤确有把握,百不失一。余于此道未三折肱,然时聆其绪论,皆非时医所能梦见。今将出心得,刊以问世,虽卷页无多,而辨证用药了如指掌,其救世婆心,即是足见一斑。传曰:仁人之言,其利溥哉!敢以质诸读是书者。是为序。光绪戊子冬月,通家愚弟刘雅士倬南父书于曲藤吟馆。

李象贤序: 岁乙酉三月,余病温,初头晕目眩,嗣昏迷谵语,十余日后陡然气绝,后事毕具,戚友哭临。而济川先生谓尚可为,投以极竣厉之剂。家人目病至如此,不遑顾药力之猛,亟煎就灌服,逾两刻许,气始续。于是日日诊视之,越月气体如常。计服最上犀角一大枚,他药可等金。呜呼,奇矣!先生由闽入都,数十年间名噪中外,岂偶然哉?今年冬,两月无风雪,暖过曩岁,先生戚然忧之,谓明春温瘟必多,都门鲜良医,而一人之身即疲于奔命,亦恐日不暇给。因出方若干,系以辨症用药诸说,义唯取于简明,词无尚乎奥赜,按症拣方,按方用药,不啻诣先生之门而亲为诊治也。余劝亟付梓,并任校字之劳,乃见不胫而走,不冀而飞,灾疫不侵,人鲜夭札,讵非盛德事欤?光绪十有四年岁次戊子十有二月,世愚侄李象贤叙于京寓共墨轩。

孟宪彝跋: 著书难,著医书尤难也。盖儒有定理,而医无定法,病情万状,难守一宗。同曰医而内外科异,同曰病而内伤外感异,同曰外感而伤寒、瘟疫、温病各异。昔吴有性著《瘟疫论》,论以三时不正之气发而为瘟疫,其病与伤寒相似而迥殊,古书未有分别,乃著论以发明之。瘟疫殊于伤寒,有性论之详矣。至春温、暑温各症不同于伤寒,并不同于瘟疫,有性尚未分析。伤寒一症,自长沙立论后,各家注释迄无余蕴。瘟疫则古人视为杂症,医书往往附见,不立专门,以专门名一书,自有性始。若温症之不立专门,散见各书,与瘟疫同,有心康济者憾焉。夫以古方治今病,其势不能尽合,丹溪翁犹且病之,况未经前贤详说者乎?此济川比部《温症瘾疹辨证》之所由作欤?比部以医术鸣日下垂四十年,临症既多,认症弥确,都人士赖以起死回生,如恒河沙数,而精思积学,老而倍笃。今将出所心得,寿诸梨枣。余受而读之,见其佐使君臣,衷诸古法,剖析毫末,熔以心裁,同而异者辨之,似是而非者辨之。理皆得自体验,既不若《济阴纲目》有全相因袭之嫌;语无尚乎新奇,复不若《四圣心源》蹈词胜于义之弊,可谓和缓功臣,岐黄嫡嗣矣。余恐抄胥之徒不谙字义,焉乌帝虎,贻误非轻,乃为缮录成帙,用付手民。时当旋车归省,骊唱在门,勿遽治严,抽暇弄翰,竭五日之力,爰竟斯役。惟愿读是编者悉心玩索,俾膏肓之症应手回春,不惟比部拯济民生之志以大慰,即鄙人之笔墨亦与有光焉。光绪戊子嘉平,孟宪彝秉初甫谨跋。

陈璧跋:忆幼侍先子,尝患脚气,因遵《内经》治风先治血法,治而愈,益信为人子者不可不知医。自是欲求心解,而究难问津。嗣旅食京华,亲见吾闽济川比部世叔精于岐黄,名噪辇毂之下,蒙活者以数万计,于治温尤效。璧时过从聆其绪论,心向往之。适客秋染温几殆,往视曰:病固危,正气犹胜,可治。进峻剂匝月复元。璧之受赐者深矣,所谓生死而骨肉也。世叔将铨太守,由此医国医民,岂特为和缓已哉!而拳拳然犹阐四十余年心得秘旨而著《瘟疹辨证》一书,以此活人将遍天下。昔范文正尝曰:不为良相,必为良医。陆宣公晚年留心于医,闻有秘方,手自抄录。世叔诚躬践而力行之也。爰缀数语,以志衔佩。光绪岁在著雍困敦涂月,世愚侄陈璧玉苍父谨跋并书。

马德春跋:余素不知医,每遇急难危症,窃见病家张皇无措,心辄怦怦,恨不得国手医之。既思天下之大,生齿之繁,阴阳寒暑,时令不正之气又多发于仓卒,令和、缓并世,亦安得尽人而医之?己丑夏,林晴江贤契将宰黔中,临别以许济川先生《温症瘟疹》相示,盛推书中辨论精确,斟酌完善,试之奇效,真名下无虚士也。余不谙岐黄,未敢多赘,窃思济川先生盛名久著,都人士咸知之。苟得此编,家藏一帙,虽神而明之存乎人,然仓卒翻阅,不啻与国手相晤对,亦可稍有主持,不至于张皇无措,诚得参酌而善用之,未必非济危拯灾之一助也。爰借印成帙,转相持赠,以广其传。时光绪己丑端阳前三日,马德春润田氏谨跋。

内容提要

《四库及续修四库医书总目》第 274 页:《温症瘟疹辨证》,一卷,光绪刊本,清许汝楫撰。汝楫字济川,莆田人。光绪中官刑部郎中,出为知府,在京师行医颇久,有名于时。长于治温,以温症中发瘟疹尤为险证,而瘟与疹有发于阳承于阴、发于阴承于阳之别,相似而实不同,治各有宜,不可混为一例。拟定诸方,其普救化温散、加味清毒化瘟汤、加味青蒿鳖甲汤、养阴复液汤以治瘟,荆防松肌败毒汤、消毒散、清营解毒汤以治疹,有兼喉证者,必先用刺法泄其毒,又有外敷辟温丹、冲和膏及取羊毛疗法,皆经验历效者。后附治霍乱诸方,其治法大致参取吴有性、吴瑭之说,加以变通。其认证则阅历久而自得之,乃时医之条理清晰者也。医籍中有裒然大集无所发明者,有寥寥小简转为可取者。是书仿馆阁楷字,传写精刊,所载数序,皆当时病家,得其施治获效,称扬不无阿好,然其治效固非诬尔。

现存版本

清光绪十四年戊子(1888 年)初刻本,光绪十八年壬辰(1892 年)翰文斋刻本,清宣统二年庚戌(1910 年)张亮清石印本。

医学新知

明·朱朝樾撰　十一卷　存
见《海外回归中医善本古籍丛书》。

作者简介

朱朝樾,字元夫,号师韦,建阳县沧洲人,先业儒,后罹患抑郁,自检方书治疗,遂通医。

序　跋

台山高序:夫君子肖形函负间,上则燮理阴阳,此则博济苍生,以功在宇宙,泽被民物也。若朱子元夫者,身未籍名第而膺宰职,然而伤民瘝而醒民灾,功不在相牧下。盖其学究农黄,术先卢扁,按造化呼吸之候,夺天地斡旋之机。因借砭石梗仁、丹炉焦煅,以为调疗之资。于是自皮疲以迄膏肓,由术顶以放髓踵。一揣摩间,而脉络分明,究其全体根柢矣。乃一试而沉疴起,再试而颠仆立,羞毙者康壮,婴危者宁谧。跻斯民于乐生之天,锡斯世于灵长之福。又不欲自私帐中秘,嘉与方来含生,共登寿域。凡先圣之遗言,诸儒之确见,辩论之精,脉方之神者,尽采而集焉。噫,余所谓燮理阴阳,而功在宇宙;博济苍生,而泽被民物,朱子其无忝哉。志是业者,取而读之,自兹以后,必不至以愈为剧,以生为死,蹈于罔罔无知矣。于其镌也,遂跃然泚笔而弁诸首。融邑台山高题。

陈子壮序:家坐热如甑蒸,病魔渐来侵人,因借榻招提以消溽暑,知友名僧以外，不接一人。清昼杜扉下榻，焚香读《楞严》《圆觉》诸内典，倦则倚枕匡床，齁齁熟睡，梦于于而觉徐徐，念人生热恼场中，八苦交煎，都无可乐。惟心中无事，身上无病，便是莲华佛国，别无西方极乐世界。沉吟未既，而朱元夫相过，快谈天下事，聆其言觉心旷神怡，风生满座，不必销暑之珠而性地为之清凉，病魔为之退舍。出所编医学以问序。夫元夫，豪爽士也，夙负妙才，蜚声词苑，肯舍青云业而精长桑术，不欲以人世猥琐务撄其宁，犹虑以药济人，弗类以方书济人之较溥，此其日用之燮理，与得位而参赞者可颉颃视耶！况君医学甲于海内，声名啧啧人耳，则济人之广，经验之素，与时医杜撰者当不啻莛与楹、厉与西施矣。信君者自有眼在，予言不足为玄晏也。丁卯中伏日，岭南陈子壮书。

朱朝櫆序：予数困公车，栖迟沧洲。壬子夏，抑郁罹疴，遍延名医，俱乏见垣。家慈严仓皇失措，宵昼相对欷歔。维时予如螃蟹落汤，手足忙乱，计无解二老人忧，强以"非贤那畏蛇年至"宽之。于是刀圭甫饵，即从枕上披《药性病机集》，功刚浃旬，觉有一线透入，病亦顿为霍然。秋初养疴，资化兰若，矢心尽读方书。凡《灵》《素》诸家秘典，以迄阴阳五行之理，身心性命之奥，风土厚薄之故，汤液煎造之法，无不寻其流而溯其源。闻宗党笃疾，不惮躬赴诊治，率手到功成焉。嗣是浮名四迄，以沉痼见招者，则文巧生于熟，神而明之。乃知太史公曰："人之所病病疾多，医之所病病道少"；玄晏先生曰："受二亲之体，具八尺之躯，而不知医事者，谓之游魂"，良不我欺也。夫何时医者流，夸浅伪为独得，拘成方作帐秘，拾残沉以负捷诀，泥数卷而矜博综，三世之书弗阅，一腔之妒滥肆，毋怪乎其以人命为尝试也已。予热血婆心，积有年所，偶因同人咨询，遂著兹帙。虽不敢妄希论病及国，原诊知政，然凡属予职，试一究心，可以卫生，可以寿人，是亦仁孝之旁资也。爰登枣梨，俾世胥知。新天子崇祯践祚首夏浴佛日，沧洲元夫朱朝櫆书于寂光土。

凡　例

一、病症须知洞彻，《脉诀》实医首务，故《内经》及诸家脉学，学者须知。

一、弗通五运六气，遍检方书何济？故《素问》及各名家要括，学者须知。

一、弗知十二经络，开口动手便错，故《明堂》歌括及《内经》引导法，学者须知。

一、药性既明，斯治不忒，故《汤液本草》及《雷公炮制》，学者须知。

一、医有案据,犹事有征符,故《立斋医案》及朱丹溪、易思兰诸名家所参定,学者须知。

一、伤寒以《陶氏六书》为主,参《仲景全书》《活人图诀》。

一、温暑修《刘河间原病式》。

一、杂病用《丹溪心法附余》为主,次《仁斋直指》及各名公得效方书。

一、女科以《妇人良方》为主。

一、痘疹以《丹溪心法》《陆氏金镜录》为主。

一、外科以《外科枢要》为主。

一、眼科以《原机启微》为主。

医书由《天元玉册》以来共五百九十六种,一万九十二卷,国朝续三千余卷,凡编内采用俱列其名:《皇帝素问》《黄帝灵枢》《素问玄机》《素问钞》《内经注辨》《内经类钞》《内经补注》《灵素发微》《难经》《王氏脉经》《西山脉经》《玉函经》《昭明隐旨》《铜人图》《脉诀刊误》《诊家枢要》《丹溪脉会》《甲乙经》《玄珠密语》《东垣十书》《丹溪四书》《仲景全书》《河间三书》《绀珠经》《十四经发挥》《医通》《必效方》《医衍》《儒门事亲》《格致余论》《原病式》《此事难知》《医家大法》《玉机微义》《运气易览》《运气奥论》《医垒元戎》《卫生宝鉴》《褚氏医书》《仁斋直指》《明医杂著》《千金方》《十药神书》《证治准绳》《折肱录》《溯洄集》《心法附余》《病机赋》《活人书》《医经小学》《巢氏病源论》《内照图》《寿域神书》《养生主论》《保命歌括》《士林儒业》《医学正传》《医学纲目》《医学会编》《医学大成》《医学权舆》《医学会同》《医学六书》《医学碎金》《医学启蒙》《伤寒六书》《明理论》《元气论》《伤寒百证》《伤寒百问》《伤寒指掌》《伤寒琐言》《伤寒肤见》《伤寒直格》《伤寒症辨》《伤寒全书》《伤寒指微》《本草蒙荃》《本草集要》《本草补遗》《本草纲目》《本草会编》《大观本草》《食性本草》《症治要法》《祈嗣真诠》《原机启微》《妇人良方》《医方考》《立斋医案》《悟真编》《参同契》《阴符经》《尔雅》《稗雅》《医镜》。近时明医所著,如卢不远《芷园医种》、李士材《颐生微论》,皆洞窥医奥,另辟生面,玩披其书,向往其人。

鉴定:福州董崇相先生,讳应举,天部;徽州汪和丘先生,讳元标,天部;母舅袁曦台先生,讳文绍,地部;业师王象九先生,讳元鼎;术师袁彬宇先生,讳文熙;叔祖吾沧先生,讳钟文,明府;叔步紫先生,讳汝登,州牧;友人龚应圆,讳居中,金溪人;袁日昭,讳懋官;张来倩,讳运泰;杨当道,讳志仁。校正:弟朝材,字遴夫;朝楷,字直夫;侄莹,号崑原,翰博士。

内容提要

　　本书为临床性综合医书,共十一卷。卷一所述为脉诀并五运六气,主要论述脉理脉象。卷二论及本草诸方面,如药性要旨、药类法象、本草单方、君臣佐使等。卷三论中风、类中风、预防中风、伤风、伤寒等,并附相关效方,以总论、治法、医案顺序排列。卷四为伤寒,主要节录自《陶氏六书》。卷五包括中暑、中湿、燥、火、痰五门,分总论、治法排列。卷六为嗽、哮喘、吃逆、脾胃、内伤五门,分总论、治法排列,基本不引用他人原文。卷七为杂病,包括酒食所伤、呕吐、霍乱、翻胃和抑郁病,附录部分方剂。卷八为积聚、疟、痢、痛风、惊悸五门,卷九为赤白浊、头痛、眼科、喉痹、虚损五门,卷十为水肿、诸疮二门,卷十一为妇科和儿科。

现存版本

　　日本藏明崇祯刻本,人民卫生出版社 1999 年日本现存中国稀见古医籍丛书据日本藏本影印本,人民卫生出版社 2002 年海外回归中医善本古籍丛书王咪咪校注本。

类证注释钱氏小儿方诀

明·熊宗立补注　十卷　存

见《中国医籍通考》《中国医籍考》《中国古医籍书目提要》。

作者简介

见《名方类证医书大全》。

序　　跋

　　望三英序:刻书者,谋传乎不朽,及于后世而刻焉。而间有遗害于不朽者,如然者,毋宁其有刻,孰与无刻焉。士君子者,为道刻而不谋利;书贾者,为利刻而不虑道。雅俗霄壤,大殊其趣,固不足言也。然至其谋于不朽者,其揆一也哉。自古公侯缙绅捐资助费,今之君子此道舍而如土,特贾人恣为钓利之具,谁不慨叹乎。医方刻于我者,亦多矣,然世医贵新贱古,故元明末学,十居其九,如古方书者甚稀,余居常忧之。田隐安者,亦用志于此,日者欲校刻宋钱仲阳《小儿方诀》,而与世好古之士共俱焉。乃披藏中之秘而命梓,请序于余。取读之,乃熊宗立所校注也,余亦藏真本,以此校之颇亦同焉。惟熊注作蛇足,不若无注为胜焉。而今世所刻行《直诀》者,出于薛己妄作,残害旧编,混附臆度,无足取者。如己肤浅,视其编述,往往如瓦砾投珠玑,采螺蝇祝似我,然世无识其妄者,至今令人缘木求鱼者,非己之过乎!钱陈二家者,为哑科之方祖。仲阳之书,当时即散失,门人阎孝忠撼其遗逸,撰次而传于世,而无刻于我,今亦益希世,况为己见残害,若存若没。陈氏者幸不经己之手,完璧无恙。既亦刻于我,鸣呼古方书显晦,职此之由也。因此观之,使仲阳不朽者,非孝忠之力乎?欲令孝忠不朽者,非隐安之志乎?然则孝忠之功倍蓰于仲阳,隐安之功倍蓰于孝忠乎?隐安既隐于医,退隐于市,然欲达志于千载之上者,亦犹欲隐于古乎?以隐为名,亦为得焉。老子曰:名者实之宾。鸣呼!吾于隐安取焉。仍为序云。宝历辛巳之冬,江都望三英。

冈田隐安序:传曰:扁鹊名闻天下,过邯郸,闻贵妇人,即为带下医;过洛阳,闻周人爱老人,即为耳目痹医;来入咸阳,闻秦人爱小儿,即为小儿医,随俗为变。由是观之,带下耳目痹之病,委顿凡医之手,故传举称扁鹊之技,微妙玄通,不窥证而先知可治焉。独异彼凡医也,必矣。小儿医与之鼎足,儿医之难为,岂虚言哉。是以由百世之后,等百世之医,专门之学,仲阳是选矣。而遗书之出,门人之所为而自宋及明,岁亦邈焉。誊写已久,钱传亦已亡矣。比之印行者,一龙一蛇,不可狎致焉。故方可方,非常方,论可论,非常论,方论相将,惟在读者裁之而已。宝历壬午之春,江都冈田隐安。

熊宗立序:小儿脉科,为医之难事。古人云:宁医十丈夫,莫医一妇人!宁医十妇人,不医一小儿。何也?盖小儿谓之哑科,疾痛不能言,精神犹未备,形声尚未正,脉理犹未全。所以难治者,证不能问其得病之由,脉不能诊其必然之理,况脏腑虚实,更变易如反掌。主治者苟有毫发之差,以致千里之谬,是故黄帝有云若吾不能察其幼小也。诚哉斯言!昔宋钱氏仲阳著《小儿直诀》,世称活幼之筌蹄、全婴之轨范。当时门人传写本,未免有造次错简之患,后之读是书者往往莫无疑难。予不揣凡陋,已知僭妄,窃以此书溯其源流,类其证治,要之支分节解,脉络贯通,间附注以发明之,使我同志初学之士,展卷观读,则前之疑难者,今悉涣然冰释而一归至当矣。抑亦人人保赤子之心油然而兴,不至委命于庸夫之手乎。为之医者,苟能以此书浃洽于胸臆之中,扩而充之,奏功取效,如鼓应桴,庶乎太上好生幼幼之仁,而不负国家惠民之旨。岂其视钻核独善之人,吾不忍为之,遂繍诸梓,以广其传云。正统五年岁在庚申季秋华旦,鳌峰熊宗立敬识。

内容提要

《中国医籍大辞典·下》第 901 页:十卷,宋钱乙撰,阎孝忠编,明熊宗立注。成书于明成化元年(1465 年)。本书以薛氏校本考订,旁取楼英《医学纲目》、王肯堂《证治准绳》等书而成。卷一载小儿脉法、五脏所主和病证等八篇医论;卷二、卷三论述变蒸、发搐、急慢惊、痫症、伤寒、疮疹、吐泻等,共三十一篇;卷四载钱氏医案二十三例;卷五至卷八集方共一百七十首;卷九、卷十为外编,系阎氏附方并说,补仲阳论之未悉。

现存版本

明正德三年戊辰(1508 年)刻本,日本宝历十三年癸未(1763 年)谦龙轩刻本,中国医学大成续集本。

宝产篇

清·邹成东撰　佚

见《中国分省医籍考》。

作者简介

民国《长汀县志》卷三十《艺能传》:邹成东,字小鲁,监生,太学砥柱之子,父子精医。著《保产篇》《简便方》《稽古汇编》《航中帆》等书行世,有邹活人之目,言其手到病除也。性好施药饵,贫不取值,乾隆丙午刘郡尊赠"杏林春暖"匾额。

黄有霖《福建省政协文史资料选编:医家类》第 140 页:邹成东,字小鲁,号东山,生于清雍正六年(1729 年),卒于乾隆五十二年(1788 年)。祖籍四堡乡大坪头村。其父邹砥柱,是汀州府名医,于雍正年间迁居长汀城内,以医业济世。邹成东自幼聪慧好学,受其父影响,尤爱钻研医学,熟读《本草纲目》。为了发掘出更多的中医药方,他从青少年开始就经常走进深山,尝草辨药,所以一生发掘了近百种中草药。相传,有一次他发现飞鸟啄食一种状如鸡肫的植物果实,便将其采集回家。经多方临床验证,发现其对中风有显著疗效,因此将其取名为"鸡肫子"。至今,此药已成为闽、粤、赣一代民间常备用药。

邹成东对癌症(古称毒瘿)也曾深入研究。据他所著的《航中帆》一书记述,他曾用自己配制的药方医治好多起乳腺癌。许多奇难杂症、无名肿毒,经他医治后大多能康复健体,因此有"神医"之名传播遐迩。邹成东不仅医术高超,医德亦有口皆碑。一次,他见一女子自愿卖身以救病父,便毅然为其父免费治病。乾隆五十一年(1787年),汀州大旱,粮食颗粒无收,饿殍遍地,疾疫流行。邹成东倾囊济困,义务疗疾,灾民跪拜感恩。邹成东一生行医济世,凡穷人均免费医治,在闽、粤、赣一带有盛誉,人称"邹活人"。乾隆三十五年,汀州知府刘若鹏感其医术和医德,特赠匾额"杏林春暖"。为了让自己的医术传之于世,服务人民,邹成东在晚年一边行医济困,一边钻研医学,并根据自己的实践,潜心著述,写出了《航中帆》《宝产编》《简便方》《稽古汇编》等多部著作,并流传至今,被收藏在国家医学博物馆内。其本人因此成为汀城内外屈指可数、能为世人传授古代医学的医学家之一。

急救异痧奇方

清·觉因道人编　清·陈修园评　一卷　存

见《中国医籍通考》《中国古医籍书目提要》。

作者简介

见《伤寒论浅注》。

序　　跋

觉因道人识:乾隆年间,黔人多感异证,病发辄立死,方书不载治法。有人于丹平山得神授奇方,分四十九痧,全活甚众。后此方传至关中,以治诸怪异急证,无不奇验。道光壬午年,粤东奇证,多有相似者,偶得此方,试之立效,当经刊布。今岁夏秋之间,浙中时疫,俗名吊脚痧,亦颇类此,爰亟重梓,以广流传。至原抄本内字画容有一二讹脱之处,无从考证,姑仍其旧,以俟知者。咸丰辛亥仲秋上浣,觉因道人识。

内容提要

《中医文献学辞典》第 310 页：一名《急救奇痧方》《异痧杂证经验良方》，一卷。撰人不详（书前简介有"觉因道人识"字样），陈念祖原评。分述四十九种病状奇异的痧症证治，并介绍疟、痢、伤寒、温疫、中暑、霍乱、喉症、外科、伤科、皮肤科等病证。其中疟、痢部分辑自《倪涵初疟痢三方》。

现存版本

清咸丰元年辛亥（1851 年）刻本，清光绪十三年丁亥（1887 年）刻本，陈修园医书各种本。

医经会解

明·江梅授　邓景仪述　八卷　存
见《中国医籍考》。

作者简介

见《未然防》。

内容提要

王咪咪《医经会解·校后记》：本书共八卷。卷一、二统论了临床诊断、病原、治法及方药，并十二经络脏腑病情用药。卷三至卷八分述了风寒暑湿燥火六淫邪气所致的以内科为主的各类病症。其中卷三论风，主要为中风、风痹、风痉、热风、骨风、酒风、暗风、五脏风等。卷四论寒证，以伤寒诸证为主，并十数种疟证及瘟疫病证。卷五为暑论，以时令病为主，如霍乱、泄泻、痢疾等。卷六为湿证。卷七除燥论外，还有辨三消。卷八除火论外，又论及癫狂并痰证。

现存版本

日本藏明崇祯元年刻本，人民卫生出版社 1999 年日本现存中国稀觏古医籍丛书据日本藏本影印本，人民卫生出版社 2002 年海外回归中医善本古籍丛书王咪咪校注本。

按:是书又称《医经臆语》,书前有江梅同乡赐进士第文林郎知广东海阳县江愈敏序言一篇,因编者力有未逮,无法辨识,未录之。

卫生家宝汤方

宋·朱端章撰　三卷　存(残)

见《中国医籍通考》《中国医籍考》《宋以前医籍考》《中国古医籍书目提要》。

作者简介

见《卫生家宝产科备要》。

序　跋

丹波元简跋:按《宋·艺文志》,朱端章《卫生家宝汤方》六卷,又《卫生家宝产科方》八卷,《卫生家宝小儿方》二卷,《卫生家宝汤方》三卷。今此本全阙第一、第六二卷及《汤方》二卷,无妇人、小儿二科,存者仅五卷。旧订为十二册,乃延享中望鹿门先生校《和剂局方》时从秘府而借钞者也。此书世鲜流传,李濒湖修《纲目》,搜罗荟粹殆尽矣,而以琼玉膏为出于《臞仙》,殊不知此书已具其方。盖濒湖之博,犹所不觏,实罕世之秘笈,为古方书,学者不可不珍惜也。前年借抄先生门人向氏本,自秋及冬始成。呜呼! 断锦残玑,无补完之日乎? 书以俟焉。天明己酉春正月初三日,丹波元简廉夫。

内容提要

卫生家宝汤方系以内科为主,兼及外科、五官科及保健、养生等类的方书。共录实用诸方34门,758个,且多出自宫廷。用药考究,炮制精详,组方缜密,尤以"琼玉膏"、"富贵汤"、"长生汤"、"寿眉汤"等疗效显著。

现存版本

日本抄本,中医古籍出版社1994年影印本。

类证陈氏小儿痘疹方论

宋·陈文中撰　明·熊宗立类证　二卷　存

见《中国中医古籍总目》。

作者简介

见《名方类证医书大全》。

内容提要

是书二卷,卷上论小儿痘疹受病之由、痘疹治法、痘疹形图、疮候轻重、热作未出、已出未靥、疮色欲靥、结痂已靥等条,叙说小儿痘疹致病原因,辨证治疗方法。卷下列痘疹经效名方,斑疹水痘方论,并增补类证续附痘疹经验良方。

现存版本

日本宽政五年癸丑抄本,日本永禄六年癸酉据明正德戊辰存德堂刻本。

按:是书传世流行者多为明薛己校注本《陈氏小儿痘疹方论》,熊氏类证本流传不广。二书在论述小儿痘疹病因治疗等问题时,均首列陈氏小儿痘疹原文,对其中不明处或需商榷处予以阐述之,例证之,增扩之。如论小儿"热作未出"条,陈氏原文为:小儿才觉伤风身热,是否痘疹,便服四味升麻葛根汤。薛氏校注为:愚按,痘疹未明而元气实者,最宜前汤。若元气虚者,又当详治,恐发得表虚而痘难出也。一儒者年三十余,因劳役倦怠发热,服补中益气汤数剂,发赤点以为斑,另服升麻葛根汤一剂,更加恶寒,仍服益气汤四剂,至九日出痘甚多余用八珍汤加黄芪、白芷、紫草四剂,至二十日脓始贯,用十全大补汤,月余而靥。熊氏类证曰:古方以升麻葛根汤治疮疹,已发未发皆可服,世习以为常。盖葛根升麻,性皆寒凉,能亏损胃气。倘小儿脏腑虚弱,恐水凝血脉,使未出者陷伏,已出者不能起胀,故陈氏只用于未见红斑之先,戒于已出红斑之后。愚谓小儿才觉发热,未明痘疹,疑似之间,不如仁斋杨氏用参苏饮青皮木香尤为稳当。可以说,薛氏和熊氏注解均能补陈氏之不足。陈氏曾言,是书将祖传方论集为一卷,薛氏和熊氏本辑录陈氏祖传均为 21 方,其中相同者十八,不同者三,熊本为木香散、四圣散、灭斑散,薛本为解毒汤、十二味异功散、人参麦门冬散。薛本增补痘疹良方共计 69 条,后附制附子法和稀痘方,熊本增补痘疹良方共计 24 条,后附疮痘入眼成翳方。总之,二本各有千秋,不可偏废。

卫生家宝小儿方

宋·朱端章撰　二卷　佚

见《中国医籍通考》《中国医籍考》《中国古医籍书目提要》。

作者简介

见《卫生家宝产科备要》。

按:《宋史·艺文志》称是书二卷,原书佚。《卫生家宝方》卷六有"治小儿惊风"、"治小儿诸疾"等内容(已佚),不知与《卫生家宝小儿方》是否相同。《永乐大典》存其佚文,惜《卫生家宝方》原文缺失,无法比对。

外科精要附遗

宋·陈自明撰　明·熊宗立补注　三卷　未见

见《中国医籍通考》《中国医籍考》《宋以前医籍考》《中国古医籍书目提要》。

按:《经籍访古志》云:《外科精要》三卷。按是书,世唯传熊均校本及薛己补注。熊本有二,其一天顺甲申种德堂原刻,其一正德戊辰叶元昊重刊,俱稀流传。《中国医籍通考》云是书佚,《中国医籍考》云是书存,《宋以前医籍考》引《内阁文库图书第二部汉书目录》曰:外科精要,三卷,明熊宗立补遗,日本写本,一册,据此该本应存。2011 年中国医药科技出版社顾漫校注《外科精要》云是书尚有明刻残卷。

增广病机汇论

清·沈郎仲原撰　清·田伯良增广　九卷　存

见《中国医籍续考》。

作者简介

见《中华古圣医经大全》。

序　跋

田伯良自序:古人不得为良相,每愿为良医,盖良相与良医,其功正相等耳。余自幼不得专诗文之学,转习轩岐之业,意谓可以自活者,并可以活人,正《内典》所谓自利利他之道也。故晨窗夕几,博览群书,究心《灵》《素》,不敢虚詹。殆其日积月累,年数颇久,于是始自悟之曰:医者理也。夫《神农本草》《黄帝素问》,医道所自肇,而仲师《金匮》与《伤寒论》,诚医学之规模也。其余各家诸书,虽未尽合《灵》《素》之旨、仲师之法,而书中独得之妙,亦复不少。然旨晦方杂,未易窥测,读者不免望洋之叹。惟沈郎仲先生所著《病机汇论》一书,先脉后因,先证后治,颇得先圣之矩矱。而是书蜀粤间又甚罕睹,业医者不啻欲从末由乎?余欲公诸同好,犹觉书中未甚完备,乃从其脉因证治之准绳,逐汇参稽,窃于《灵》《素》《金匮》以及群书中理所甚确者,爱其汇而补之,使方外有方,法外有法,灵机活泼,变化无穷。又观其论脉而无脉象,论男病而不及女病与儿病,故再增脉学一卷,女科、儿科各一卷,以补其所未备,庶无得此苦彼之忧,故名之曰《增广病机汇论》。其论证也颇得圣贤之指归,其制方也颇合本草之渊源。审机握要,了澈透宗,学者得此,可当漆室一灯,庶几得会归之源,去烦杂之苦,聊为济众之一助云尔。光绪己亥秋九月,闽南丹诏田伯良捷卿题于晓溪之忠恕斋。

韩希琦序:《隋书·经籍志》称炎帝神农氏著《本草经》三卷。《帝王世纪》曰:黄帝使岐伯尝味百草,典医疗疾。今经方本草之书咸出焉。又曰:黄帝有熊氏命雷公、岐伯论经脉,旁通问难八十,为《难经》。教制九针,著《内》《外》经十八卷。医之为道,所由来也。自时厥后,虽代有闻人,然阙不可录,率湮没而不彰久矣。汉南阳张机始著《伤寒论》三十二篇,史称其善于治疗,尤精经方,为后世方脉之祖,何也?仲景书以"伤寒"名,而实则千变万化,皆从此出,用固不以伤寒止也。顾温热、温疫之旨有未畅,河间从而发之;内伤之旨有未备,东垣从而详之;阴虚之内伤及诸杂病,抑又缺如,至朱丹溪又因倡为阳常有余、阴常不足之论,以补前贤所未及。而治病大法以次修明,医道遂于是乎大全焉。窃以为业兹术而生古人后,不有论著可也。虽然古人之书,合之见其全,分之则见其偏,苟会通其意,以各适于用,兼总条贯,神而明之,则又曷可少哉。顾今之汗牛充栋者,或博引繁称而无中乎肯綮,或因陋就简而未澈夫源流,立言之弊,大率坐此二者,审矣。吾邑世医田先生伯良,方今国手也。自幼从事于斯,寝食俱废,上至岐黄,下逮百家之书,靡不悉心研究,俱得其所以,迄今二十余年,常砣砣不能倦。以是出而救人,用其方,试辄验,盖生死人而肉白骨,有难以更仆数焉。其家居故里,以至往来南北间,莫不推倒一时,声称大噪,余心服久之。庚子春,出其所辑《增广病机汇论》一书见示,蓝本沈郎仲旧作,而旁搜博采数十种书,及其素时读书临症独得之妙,一一详附各门。各于其所本无者,增入脉诀、脉象、妇科、儿科若干卷,视之旧本,其详略殆不啻天渊隔者。余披阅一过,见其于脉因证治、望闻问切之间,探本推标,条分缕析,举病者之千态万状,医者之层见叠出,纤悉毕具,详而能核,信乎医林之渊薮,百家之囊橐也。是书一传,不惟后之学者得所依归,即起沈郎仲于地下而质之,吾知其必且逊谢之不遑矣。继往开来以此刊金石,永垂不朽,固其宜哉。抑又有进者,《物理论》曰:夫医者,非仁爱不可托也,非聪明理达不可任也,非廉洁淳良不可信也。此以德言也。伯良固用其术,行其德,以尽夫博济之仁者。余不敏,未尝窥见藩篱,谅不能具道万一,因其书缮写既毕,将以付之手民,区区之心,窃乐其与斯世之人共之也。于是乎书。愚弟韩希琦拜撰。

陈璧序: 医家类祖《灵》《素》,予尝披其书而读之,大率窥著于微,彻里以表,盖上工治未病意也。《难经》虽稍切近,惜书阙有间,至长沙《金匮》《伤寒论》出,神明变化,有体有用,洋洋乎综集大成矣。然其理微,其法严,其方验,其妙皆在无字句处。故其书世不敢读,读亦不敢用。自汉而降,刘、张、朱、李,家自为书,人自为说,互相疵驳,医学中晦,其夷为贱艺而固宜。近代喻嘉言、柯韵伯、陈修园、吴鞠通诸君子,后先代兴,辟群言之淆乱,阐先圣之渊秘,卓然成一家言。要皆根柢《灵》《素》,绍述长沙,原原本本,每三致意焉。夫病变无穷,古人所能言者,糟粕焉而已,非好学深思,心知其意,则脏腑之若何功用,筋脉之若何运行,血气之若何流通,乌足以悟新理而神古方之用哉!沈氏郎仲所著《病机汇论》,刀圭家久奉为枕中秘。丹诏田君伯良,寝馈其书有年,凡六气变化,阴阳消长,靡不了然心目。本其所得,笔之于书,为《增广病机汇论》,可谓补郎仲所未备而自抒新理者矣。夫医犹兵也,剿抚攻守,先后缓急,其机间不容发,失机与误药等。读斯论者,倘克先机勿忽,临机勿失,有裨民瘼,匪独郎仲之功臣,抑亦伯良之知己也已。光绪壬寅年二月中浣,陈璧玉苍氏题署。

韩熙华序:医道不外乎理法,有定者医之理,无定者医之法。西医恒以法胜,中医则以理胜。然西医每挟其法以訾议中医,非中医果劣于西医,实今之中医,昧于古人之理,不能如扁鹊、华佗之出神入化、洞灼元微,遂使西医妄肆诋毁,概加中医以无能之目,不知中国古圣人之论医也,幽远莫测,精理入神,深赖越人探其微妙,启其余绪,著为《八十一难》,与《内经》相辅导而行,为千古治医之准绳。洎乎宋、元以来,复添七表、八里、九道之脉,共为二十有七脉,理精而优,试问西医能否乎? 自约翰以电学治病,毕始利以化学治病,而西医之名,始大噪于全球之上。然终不免有尼舍亚之偾事者,则恃法以行,病状变态无常,法有时而穷也。故以今之中医与西医较,则中医粗而劣,西医精而优。若以今之西医与中国古时之医相衡,则中医精而优,西医精而劣矣。丹诏田君伯良所撰《增广病机汇论》,余虽未获窥其全书,而观君之所自序,固已知其于此道三折臂、九折肱矣。第不知田君将求并于古之医如扁鹊、华佗其人耶? 抑将求胜于今之医、一戢西医之气耶? 将求胜于今之医,固已胜于今之医矣;将求并于古之医,则以田君之才,揆理准法,必有堪于自信者。欧阳子曰:求其生而不得,则死者与我皆无恨焉,言治狱也。余谓田君之《增广病机汇论》亦然。时光绪二十八年岁次壬寅孟春下浣,户部主事江苏朐城韩熙华拜题。

曾宗彦序:洪荒之世医无书。自圣人甄陶万汇,品育群生,窥天察地,见微知著,识脏腑之分配,筋骨之歧异,皮肉之包裹,经络之缠绕,然后作《内经》,为万世法。千百年英贤辈出,如张长沙之独倡伤寒,刘河间之善治温热,李东垣之明于内伤,朱丹溪之精于杂治,皆有著述,传诸后世,自郐以下者无论矣。丹诏田君伯良,治医有年,颇明五运六气之所在,七情九候之所异,以及脏腑之虚实,经络之源流,阴阳之变化,气血之周转,于是出其绪余,笔之于书,谓之《增广病机汇论》。原本沈郎仲所著,而阙焉未备,伯良缀补,然后阅者始无恨矣。顾或谓病机变化莫测，彼此壮弱各异，所集虽备，如不适于用何？不知治病若用兵，亦若对弈，良将之于兵，不必泥兵书，国手之于棋，不必拘成局，而其调度精审，落子详慎，终不师心蔑古，以自即于庸妄者，法在故也，则伯良之《增广病机汇论》，亦若兵书与成局而已。善医者苟克神而明之，变而通之，其所奏效，岂不足与长沙诸君争烈也哉？闽县曾宗彦拜撰。

邱寂园序：处缩毂中外之星坡，当百年文物之盛纪，为华侨雄骏所趋集，以烟户之溽蒸，物变之推移，风土之改易，则医家尤为时势其所需要也固宜。然而人才既多，则角竞于优胜之地实难，其能以汉医见重而与西医竞爽者，尤未易于旦暮遇之。脱或百万侨中幸遇其一，又岂易见凤具内心，导源今古，博学详说，著书满家，以嘉惠夫医林，为增光吾国粹者乎？若今日之田伯良先生兼斯二者，不诚戛戛乎难哉？先生居星坡久，医功轶众，素为同侨各界所推重，其高名厚实，行道有福，虽极妒者悠悠之口，亦无足以掩其殊长。且时流方媟西医，其理论与施术，诸回视汉医，犹各背驰驱走于两极之端也。然余有精于西医专业之老友数人，如殷博士辈，每与余语，一涉及先生鸿名，即趣服其成绩不置。余自十年来闲居养性，尝发箧陈编，向中西医道之源冥悟求通，时或得之，为读书之一乐。既见林博士忙中拨冗，时复孜孜考求中药，而丁博士顷在上海大刊医书，特举所谓《古方通今》等辑远道邮赠，则益信田先生之善用汉医有以卓立于今日，无惑乎同侨中有初由西医久治未痊者，转求先生，每获奇效也。先生不自秘其技能，曩在国内闽粤巨城镇市行道而兼传徒，望重一时，编著有专书，凡诚心求学之雅士，均获其尽情指授，由是成大名、享厚实者不可胜数。其早著盛誉，如今时之沈君守元，尤昭昭在人耳目间云。余与沈为世交，见彼童角，阅三十年之长岁月，沈今为坡中之医界明星，然则田先生之耆硕更可知矣。先生现年七十余，齿德俱尊，虑所著书仅有抄本，卷页繁重，久而或讹，将付之出版界以广益来兹，其用情仁厚有足多者。日尝使沈持示于众，余曰：凡医家之为用，有医道焉，有医术焉，恃术者易穷，知道者无尽。田先生诚有道之士哉？盖自二十年前已衷然有此一集，胸中成竹，具三折肱，其术则诚精矣。比乃以心得所在，公诸同好，其道不更大耶？余观其书，题名《增广病机汇论》，分帙九卷，上溯轩岐仲景，中采金元四家，下逮明清巨子，穷源竟委，脉因症治，条理秩然，是能尊古人而不薄今人，且有以教后人，冀为世界群众苍生福也。田先生诚有道之士哉！遂序以归之，并拭目以观刊刻之成焉。中华民国十二年癸亥佛诞日，邱寂园序于华严室。

内容提要

《中国医籍大辞典·上》第776页:《增广病机汇论》九卷,沈朗仲原辑,田伯良增订,成书于清光绪二十五年(1899)。田氏以沈朗仲的《病机汇论》为蓝本,论述各种常见病的脉因症治,并增补脉学、女科、儿科等内容。卷一为中医基础理论,论望闻问切四诊、藏象、五运六气等;卷二至卷八论述中风、劳倦、咳嗽、疟证、积聚等六十三种病证的脉因症治;卷九为女科及儿科。本书承原著之精髓,论病先脉后因、先证后治,博采轩岐、仲景及张景岳、喻嘉言、李士材等各家宏论,存其精要,参以个人心得,在五运六气、七情九候、脏腑经络、阴阳气血、脉象等诸方面缀补了原著缺略。书中所列二十九种脉象主病歌诀颇具特色。

现存版本

1923年中华书局铅印本。

吐泻辨

清·刘克光撰　佚
见民国《长乐县志》。

作者简介

民国六年《长乐县志》卷二十七《列传七·方技》:刘克光,字桂岩,小刘人。初以经纪谋生,继习岐黄,通医书,精脉理,方不悖古,亦不泥古。所医者,百不失一。咸丰间,时疫大作,著《吐泻辨》遍贴乡村,赖以全活者无数。

甦生的镜

明·蔡正言撰　十卷　存

作者简介

蔡正言,字受轩,号默尼子,建瓯人,宋蔡元定后裔。先为举业,后从医。

蔡氏习医十分刻苦,闭门面壁凡十载,反覆长沙公宗旨,而神游《内经》,著《甦生的镜》等书。

序　跋

方尚恂序:予非知医者,然少时每见采药野人挂葫孤衲,必就之问奇焉。虽匕匙亡当大道,以为中流而壶,无宁壶而中流之为庶几也。闽瓯山谷逼仄,岚毒射人,民颇戒于疠。予守郡之四年,从昭武获《绀珠经》二卷,所晰运气机法良旨,谓与《敖氏金镜》以舌本辨症,书足并珍。而顷又得《甦生的镜》一书,则默尼蔡子所自勘悟者。蔡子系出西山,以医鸣。能多读书而探其要渺,户外问奇者屡相错也。其书一师古经,间出独解。去倍工标奇误世远甚,岂肱九折、面九壁者耶? 在汉仲景为长沙长,参剂《内经》,辨论阴阳、太少,合痉湿暍、阴阳变易,为三百九十七法,迄今范围焉。默尼其长沙之伯子乎? 以当中流,何啻壶矣! 予几年于兹,而民解疾苦,其必蔡子之功也夫。天启岁癸亥季夏初,古睦方尚恂书于郡斋之申申堂。

史缵烈序:闻学书纸废,学医人废,而学治之废人,尤甚于医。是故学治邑,则废人以邑量;学治郡,则废人以郡量;学治天下,则废人以天下量。皆由不识治脉,而以参、苓、耆、术投实症,以芒硝、大黄投虚症,宜一望中原,十家而九废矣。余尹兹建邑,深以父母之任,凛庸医之惧,欲端居堂上,举百里而自我调其脉,虽能隔重垣以视人肝胆者,犹恐格于势,穷于御,况余尤谢不敏耶? 用是越数月以来,药笼中物,未敢轻投。姑俟阴阳传变,察其表里盈亏,然后执方以往耳。不意山川瘴疠,人心染毒已深,余朝夕较温剂凉,概投以清平散而不效也。适览蔡生《甦的镜录》,憬有悟焉。明于标本之说,可以瘳病;亦必明于标本之说,可以瘳治。凡医一邑病者,无他多术,惟是荡隶胥之风邪,疏奸宄之积滞,扫凶顽之克伐,塞淫侈之内伤。奖士类以提其气,佑善良以养其血。躬教化为粱肉,以培其和,庶四境霍然起乎。是刻也,奚独功于医,且功于治焉! 持此医一郡,而一郡可;持此医天下,而天下可。吾以征之,钟王之门无废纸,蔡生之门无废人。金沙史缵烈书于建安之琴署。

梁梦环序:夫轩、岐既邈,仓、缓鲜觏。窃神楼以自诧,借碧海以标奇,是皆貌以荣名,实则乌有。自非妙抉阴阳,精探脉窟,曷克揭真窍之覆,而破症结的焉? 受轩蔡君,翩翩儒雅。方且掃摭二酉之藏,而犹纵观乎百氏之圃。若谓世多贪支离而习孤技,则何如矢志方书之有济。于是考金匮,博参元,按症于六气之先,投剂于九折之后。有若省括,不爽针芒。倘所云"的镜"者,非耶?盖余闻之:树于有礼,其艾必丰,君德好行,所在活人,其树滋矣。亨发怒飞,当自其身,以贻于后,比之丰艾,宁有既乎?是刻也,诚轩岐之授受,而杏林之正鹄者也。讵曰貌以荣名而乌有者等乎哉?万历庚申岁菰宾月,赐进士出身知欧宁县事岭南梁梦环书于西瓯公署。

江士英序:人含阴阳之和,以托生于世,而外浸于六气,内牿于七情,不胜殊殃之患。于是回苏起踣,寄之药王股掌间矣。自轩黄改絷,察药辨方以来,至伤寒一书,如仲景、节庵,最为详著。第说愈详,而施愈涸。经候何以传变,阴阳何以运递,愚者暗于临症,智者逞于创奇。率扪烛扣盘,妄投乌啄,实为医蠹矣。讵知运气标本,暨七表八里九道诸脉弦妙处,原自洞彻无障也。我受轩蔡君,咀英六艺,漱芳百家,郁郁无所就,而尽肆其奇于医。乃著《甦生的镜》,慧心理解,森而该晰。而尽错综变化,胥绾之其病源证论及三百九十七法、一百一十三方,灿若星列。虽古之铁镜照人肝胆者,应不过是。余因为之击节曰:受轩为文节公西山先生后裔,乃焚膏于丙夜,而犹神游于《内经》,其西山之家传乎?实今日之轩岐乎?且余闻施药不如传方,今出青囊之珍,揭寿世之的,近者固耳提受轩之教,远者亦神承受轩之旨。尸祝神工者,宁有涯耶?余持求蔡君,付之剞劂,使世之有志寿民者,又获一指南云。天启辛酉仲春后社一日,建安江士英颖生父撰。

臧照如小引:蔡君为今达士也,所著《的镜录》遗余。余读未竟,而凛然于脉理之微也。忆《黄庭经》云:子欲不死修昆仑。夫昆仑山,发源为宿海,而江淮河海四大渎因之。其脉瘀则天下受沉溺之苦,其脉畅则天下享安澜之润。是山之昆仑与身之昆仑,非有二也,而可不察其脉?第医于形骸筋骨,已溃间哉。兹录也,准的《内经》,复参考诸书同异,以辨其指归,会心甚细,用力甚苦,始衰于成集。盖惓惓于脉理者也。诚得是说,存之导引养生,藉以获益,予谓昆仑永可不病,而岂廉微病者,投之剧药,有弗立起乎?若蔡君者,真可谓达观焉。品题有诸公在,余不能赞一词,亦赞以昆仑真人可。东海臧照如。

杨瞿崃序:五行之在天地,即其在人身也。天地逆,生人顺,故生人之身,其气血一有不顺,则其脉理亦逆行而不调剀。人误以其逆也,而以顺理之。不知其逆者,正天上五行之气,第当从其逆疏导之,而不可复求之顺也。夫木之生火,土之生金,金之生水,水之生木,而土行于火金相禅之季,寓于金水木火相生之会者,此生人之五行顺而不逆者也。天地五行则不然,有金而有火,有火而有木,有木而有水,有水而复归还于金。未有天地自古以固存,逆行而不悖,是故顺行而又不穷也。达于天地生人之五行者,而天下之事毕矣。何但医?夫医固内典修炼,复本还原之一端,生人所取用其最切者耳。余于岐黄诸书,素不寓目,既入建,得《甦生的镜》,暇间披阅,读其自序云:心医有制,医心无涯。集彼灵方,翻为新刻。总之,溥生生之心于天下,不觉为之抚掌。夫诚识是心,而后可以语医矣。今禁方所论,著以心脾肝肺肾,分属五行,而余独有疑焉。假令五部之中,一部不足,且从其所不足而补导之乎?夫一经失和,则五经俱乖;方寸失序,则百病俱至。生人五行之□于心,犹天地之五行之握于中。五之五也,以心属火,窃以为未必然。心不可观,观火则知心矣。谓心配火则可,谓属火则不可。五行一阴阳也,阴阳一气血也。惟心能统气血,气属火,血属水,其说近是。盖五行具于人身,火阳而水阴也。若其在天地者,则又以离火为阴,以坎水为阳矣。今气不足而欲补其气,是知气之属阳,而不知其为阴。血不足而欲补其血,是又知血之属阴,而不知其为阳。如是而阴阳之关界,脉理之精微,夫孰从而辨之?然则先理其心乎?使病者自见其心,而后气血所不足,可以剂调导补,而五行不失经。一身之五行不失其经,而后肝脾肺肾,其所受害之处,必不能为大伤。而补治之功,可以随施而随效。夫所谓先理其心者,不过从其逆处疏导之,顺则止,逆则生,天地之道也。甦生所最重者,莫先于伤寒一症。余尝病寒者,再绝而复苏者三矣。其初之病也,或以为阴,或以为阳。诸药杂进,而余不敢不慎。至其绝,而言阴者固远避,言阳者亦谢去。迨一二日而复苏也,诸言阴阳者尽来相贺,且问余何所见,何以再生。余谓吾何见之有?吾心自定,吾默固守吾气,护惜吾血,不使冲决溃散,幸而生耳。且又有说焉。此病不发于四季之正,而发于四季之余,是天地之逆气而以身偶受其感也,亦安得不绝?虽然吾感天地之逆气,而吾不与之斗也。资其逆气以守吾生,生又安得不苏?夫金之余而火焚,火之余而木梗,木之余而水淫,水之余而金劲。是以天地有此其逆也,然而木水金火之禅而寒疾少,火木水金之交而寒疾多者,何也?以天地木水金火之气为生人,水木火金之用,皆顺而不逆;而以天地火木水金之气为生人,火焦而木枯,水涸而金寒之候,是天地之逆气,生人不足以受之也。当其不能受之际,而急欲其不逆而顺也,难以几矣。诸闻者皆默然。第谓余新瘳,何辨如此。今读《甦生》所载,则余虽不习医,于此书若有先合焉。锲是书者,蔡君受轩,西山裔孙也。喜为草数言而敢冥质之西山先生云。赐进士出身中宪大夫江西按查察司副使前分守九江道参议奉敕提督广东通省学校建州流寓温陵人杨瞿崃稚实父顿首书。

陶宗器《蔡受轩先生小像赞》：都哉先生，承家正学，术精九流。龙文凤翥，希秦仪周。宗岐伯于上古，迈神楼以作求。揭玄元于心字，拯将溺之蜉蝣。使君而在商，可称舟楫、盐梅之佐；使君而在汉，将飘飘乎遇黄石、发圯桥之秘。翩翩然与赤松子而同游，亘然道貌，永贲千秋。建安磊石山人陶宗器谨赞。

陶宗器序：医经治伤寒方术，不啻数十家，大率宗师汉长沙公。公师张伯子，总之抽关启钥，则渊源《内经》，岐伯以上，寥寥不可考。惟《内经》一书，具二气五行之理，分阴阳寒暑之辨，准气盈朔虚之限。虽其中错综变化不可胜论，然盈而受缩，屈而受伸者，离合进退，井井条理。然痌瘝之念，告诫一堂，岂非先天圣人开济之心，斟酌于周天者如是，而发挥于《内经》者亦如是耶？伯子方术，诸经不载，长沙公师意略迹，而于《内经》诸篇，妙契其理。若亲授于羲黄之庭，而面承岐伯之诲者。于是以属太阳者，其法一百八十有八，阳明八十有八，少阳十，太阴九，少阴四十有五，厥阴五十有七，合痓湿暍、阴阳变易，此三百九十七法所由准。说者谓长沙公独精于易，其立法欲仿过揲，当期之日，而后世民故日烦，呻吟日众，又有不得不加者，通数之穷也。所著之方一百一十有三，无非按气验症，按症定药，按药标方。其开济之心，何异古先圣人，而天下后世利赖者远矣。晋王叔和寻绎注补，用心良厚，独以世远言湮，十挂七八，使后世学者不得博览全书。甲乙之说流于四方，叔季之民，多不得与三代以上比年较久者，其故或在是欤。宋儒先辈出，各守师说，而蔡西山先生受业紫阳之门，独称畏友。冥心理学之外，其于医经、天文、地理、音律之纪，直窥真奥，开济之术与长沙公相为后先。先生卒后几五百余年，寂寂无传。顾其断简残编，为长沙公之唾余，叔和公之衣带。贤子若孙，尚存十一于千百。厥后吾建法师许公宏、叶公奇，皆受异传，独精内外诸科。上溯长沙、叔和之统，以证西山先生家传伤寒，仪的匪独。起闽中疾苦，登之春台，即海内士大夫车辙至闽，无论贵贱老幼，赖其全活者居多。惜二公以末年蜚声当途，爱而私之，未及越境，亦窥观也。蔡君受轩为西山先生后裔，读祖父书，潜心举业，数奇未售。且也垂白高堂，食指既繁，笃于暇日，取西山之家藏，备搜许、叶二公余言绪论，反覆长沙公宗旨，而神游《内经》。闭门面壁凡十载，不但浏览诸书，而会意传神。残者续之，缺者补之，游于方以内，复游于方以外。

其所接谭四方上池佳客,风雅贤豪,靡不矢志请益。且自谓开物济世,非异人任,倘得心应手,未广其传,其于古先财成辅相之道,终为缺典。因竭己资,与知交所赠者,撰为是书。于一百十三方中,所缺禹余粮丸,特从秘而不传者,苦心竭力而钩致之。如禹余粮丸,缺略尽补,法中注论,论中注症,症中注方,暨脉方中注天、地、玄、黄等号,以便搜阅,毛举星列。其间直中者温之,转入者解之,提内伤以发外感之所未发,令读者一开卷,而伤寒诸症与受病之源、传变之状,灿然如指诸掌。持此以往,谓试而无成效,吾不信也。夫施药不如传方,信心而后应世。神楼论纱,隔垣而解玄诠者,不可复见。然高谭名理者,吾取其术,或未如其心;起死回生者,吾取其心,而多未传其术。蔡君精通儒术,神解医经,名实已加,辄试辄验。故有时而辨症尊经,脉脉沉潜,聪明不露;有时而反经合症,独信独往,因应有神。标本参用,后先互施。譬名将用兵,守不老师,攻非挑战,审固穿杨,宛持轩辕之镜而四方八面洞然明悉也者。而犹不忍愦愦者较计于刀圭,茫昧其意,指令宇内,彭殇修短。我不得执其权,而喋喋谓数为政也。心古人之心,术古人之术。是书一行,可令天下后世无殇子,庶几哉称《内经》之指南,即谓《甦生的镜》也亦宜。明天启辛酉暮春,东关老农建安陶宗器撰。

蔡正言自序:人有天君,身其委形也。世人苦身病,而不知从心病始。何以明其然也? 富贵者牿于嗜欲,贫贱者厄于穷愁。天君受扰,百瘁骈臻,天下之为心病者不少。予初事铅椠时,辄有斯念。以膏肓之锢未彻,参芪之剂奚神? 然而尊生秘笈,孰非疏涤灵源之捷径乎? 因而倾心于《素问》,列篇四大家,纂入《锡类钤方》。兼之群访博采,乃能投匕设剂,穷神极变,千古为之心印。然心之医有制,而医之心无涯。集彼灵方,翻为新刻。总之溥生生之心于天下,使嗜欲者、穷愁者,一披阅之而洞心豁目,庶几其于心病有瘳云。有如不按其心,以东施之捧心,嗤我颦效,则博济热肠,自不能已。予亦听之而已,惟得使后学同志,留心于此,不至以人费乎! 固予所深愿也,是为序。天启元年岁次辛酉复月穀旦,富沙受轩蔡正言书于达观堂。

陈三谟跋:我明玉烛常调,金瓯不倾;国运维新,国脉绵远。盖国手不知经几调燮矣。惟是观风云雨露之异状,察南北高深之异形,按至分启闭之异候,调缓急伸缩之一法。闯其域,其款自中;入其室,其窍自合。其经济若斯之效也,医道亦然。胡今之医者,或读伤寒一二,而不理会杂病内伤;或窃杂病内伤一二,而不理会伤寒。其不至误人者几希。吾友受轩蔡君,曩时同肄儒业。二西四库,靡所不窥,而尤究心医学,以福国寿民为念。内伤杂科无不善,而于伤寒独著。因参往帙,抒所自得,著有《甦生的镜》一书。反复把玩,真有功于长沙,为后学之法程者也。夫《伤寒论》岂不美也?《活人书》岂不妙也?至于传经、直中,分别阴阳;杂病内伤,前书所未尽言者,今经吾友阐明后,直洞若观火。且又图列三层,分名定经明脉,识症验症用方,必使人真知其在表而汗,在里而下,直知其直中阴经而温,如此而汗,如彼而下,又如彼而温。伤寒之书,至此可谓全且备矣。又附列内伤杂症调理诸方,方后解义注论,诚万世之指南,拯济之慈航也。呜呼!今圣天子加志穷民,存心海内。欲登苍赤于衽席之安,离边圉于锋镝之惨。启沉痼之疾,甦清新之脉。杏林倍见生意,橘井森起春色。吾安得尽如蔡君,若而人与之共议天下事。是为跋。天启元年辛酉一阳复生日,友弟陈三谟顿首谨跋。

蔡正言《的镜补遗》自序:余向梓《的镜》,凡三卷。自分集狐之腋,尝鼎之脔。侍御梁公,忻而行之。惴焉!如蚊负山。今复何见,有此补也,不庞赘乎?虽然世至今浇风日煽,阴气日凝。滋无端之感,病在肌骨者什三;种有情之痴,病在肠胃者什七。肤理色泽如故也,饮啄舒啸如故也,而岑岑然、忡忡然,渐凋渐疲,至神气耗,真元散。误投以燥湿之剂,病入膏肓者十八九矣。余重伤之,更为蒐取诸家,勒为一集。其法随证,立论必推其症与法合;其病随方,取效必穷其方与病合,而又不执师心。实者虚之,虚者实之,正者逆之,逆者正之。如老吏断狱,平反在手;如大将出师,进退有我。庶不至寒热杂投,缓急倒施耳。不然,运气不齐,古今易辙,风土异宜,强弱异禀,贵贱异境,老少异躯,新旧异致,内外异因,而概以七情所伤,与六淫所致者,同类而交诋之,其不以人命尝试者几希。镌成,或从旁嘲之曰:今日读成方,明日思活人,不重其不习也乎哉?然余亦以俟夫善养生者,先病而医。所谓未雨桑土,既济衣袽,其于人世必有瘳乎。假语病而待方,其何以处夫无病者也。聊掇数言,以质之海内博雅君子。天启三年癸亥春王正月人日,富沙蔡正言默尼父题于倩阁。

江挺楫《的镜补遗》序:予非明于医者也,而明于理。予惟明于理者也,乃爱夫医。然医非独予爱之也,天若不爱医,天应无医星;地若不爱医,地应无医草。古之帝王将相若不爱医,则草木不必尝,《素问》不必著。今之圣明辅弼若不爱医,则医院可不设,职署可不立。甚矣!医之能令人爱也。所以令人爱者,谓其公乎?谓其私乎?则爱医者,政当体父母之心,阅人之疾苦疴痒，如己之疾。随症立方，十全无漏于一失，斯称能手耳。倘见一病便若索之厚利，传一方便欲居之为奇珍，上干天地之和，妄希圣贤之秘，予亦何爱乎？蔡君受轩，慷慨君子也。少以儒名冠郡县，长而搜祖父遗书，擅医名于富沙。前集甚详，后方尤备。付予校阅，见其理致渊邃，议论奥渺，诚可树帜医囿。而且欲授之梓人，以公天下。噫！是诚何心哉！天，此心也；地，此心也；古之帝王将相，今之圣明辅弼，皆此心也。如邹生吹律寒谷，而寒谷之高下，皆转阳春。比之见理不明，夹一得以为私者，望之而走矣。予甚爱蔡君之业精，且重蔡君之心仁，因为之序。时天启壬戌端阳吉旦建东江挺楫济之甫顿首拜撰于五龙集会山舍。

　　蔡正言《甦生的镜补遗》自跋：天倾东南，娲石补之。地陷西北，卫鸟填焉。不佞尝搜古今奇，探寰海珍，以成《的镜》。行将释犹病之怀，杜有憾之隙，而更纂《补遗》，不几骈指乎？凡正病率意，用以取效。若内伤之关键，舍东垣之《十书》，云间李士材之《颐生篇》，其谁任之？故二家不可偏废。正如日月之两行于天，而江河两经于地。兹补则又窃效娲之石、卫之鸟也。尊生君子，当有鉴其寸心独紫，其赏其诸法森备者，岂曰小补之哉。天启癸亥社前，受轩蔡正言漫题。

剖明《的镜》示要

　　一、书以"的镜"名，何也？以物至明莫若镜，至端莫若的。夫镜以"的"名，精微要渺，毫无弗洞。况人身之脉络脏腑，精微要渺，其孰如之？岂容以私见揣摩，而独无藉镜以察者乎？故察形必以铜为镜，取资必以人为镜，甦生必以此书为镜。正以此书所著伤寒剖论，反复阴阳症辨，皆根极至理。精无弗究，微无弗察。苟有疑殆弗决，一览证照，则此心了然，万不失一。以之对症治病，直如射之中的，即当日华佗《内照篇》，不外是矣。名曰"的镜"，岂其诬耶？

　　一、脉理为医之首务。病症由脉，洞彻其情。故辑《内经》正脉及叔和《脉经》，参各名家以证之。绘列手图于首，以便同道，过目心明。

　　一、是集是法，皆遵《内经·素问》，私淑仲景先师为主，不敢杜撰，妄自增减。

　　一、歌括条目，悉循陶氏《六书》《活人全书》，许宏法师《金镜内外台论》，删入叶奇《歌括》，不敢擅用意见。

一、首帙著脉、症、治三层法门，专言六经正伤寒、正伤风法则。至于杂病，不可以正伤寒法治之。细著诸汤名于下，以便分轻重查治。

一、治伤寒方论尽多，惟汗、吐、下三法最难措手。后列条款，剖之省悉，须得症脉相合，方可与服。

一、阴阳二症，极难辨别，须识破直中急温，转入急下，庶免差误。

一、病症有内伤兼外感者，有感冒兼饮食者，有劳役兼房欲者，不可执仲景一方概治，须参东垣法合治乃妙。

一、伤损呕血、热血、暑血，与太阳伤血、阳明蓄血、动少阴经血，数种不同，必参《丹溪附余》《仁斋直指》，及古今各民公治验方书，不可以伤寒法门治之。

一、瘟疫温暑、燥火热病，河间先生已详言在《原病式》，首卷甚详，不敢再赘。

一、十二经络穴道，与六经脉络、任督脉络，曾经诸书细剖，故不重著。惟选入切要脉诀及奇经八脉的论。

一、六经所当用针灸，惟遵《内经》奥旨，及皇甫谧《甲乙经》，并窦太师、杨、徐二氏针灸子午流注、灵龟八法、补泻手法。

一、女科调经胎产，前已著在《保孕全婴》书中，不在此《的镜》之内。

一、小儿虽正伤寒、伤风，方以是法酌治。或急慢惊风，或夹食感冒，时疫麻痘疹疳，须以钱仲阳、薛立斋、陈氏活幼全书，前刻《保孕全婴书》，及《痘疹心书》，陆氏《金镜录》为主，不可以正伤寒法治之。

一、伤寒病症，吉凶止在六七日内。于歌括之上，每方序以"千字文"号，以便对症合药。有圈字号，病症的确，其方即中；无圈字号，临时应变而治。

一、书分天、地、人三卷，一著法，一著方，令观者易于寻讨。

一、麻黄、桂枝二药，世多叱而不用。若正伤寒、正伤风，舍此恐传变坏病，不得不用此以取效。

一、六淫之气，及痉、湿、暍、霍乱、疟、痢数种，皆有条款，学者须潜心把玩。

一、是书全镌《伤寒论》，及搜集百家，不必方外觅方。

一、酒色过度，元气亏损，不在此治法中。

内容提要

本书由《甦生的镜》和《甦生的镜补遗》构成。其中《甦生的镜》分上中下三部十卷,卷一论脉学及伤寒各病症的脉证治对照表,卷二讨论伤寒各专题,卷三至卷八为伤寒六经 397 法,卷九为痉湿暍症治,卷十汇编伤寒 113 方。《甦生的镜补遗》不分卷,讨论治疗杂病诸汤丸散膏方的运用。

现存版本

日本藏明天启刻本,2003 年人民卫生出版社海外回归中医善本古籍丛书郑金生等校注本。

按:是书有蔡正言画像一幅。

保赤新编

清·魏秉璋撰　佚

见《中国分省医籍考》。

作者简介

道光《永安县志》卷十《方技·补遗》:魏秉璋,贡川人,世业医,至璋尤精,著《保赤新编》,李驾轩为序,而传长子德嘉、孙宗辕。代擅能医,活人无算,至曾孙廷桂俱存心济物如璋。璋年八十七。

外科密录

清·吕尤仙撰　佚

见《中国分省医籍考》。

作者简介

民国十八年《同安县志》卷三十七《人物·方技》:吕尤仙,归得里蔗内保架口乡人也。不衫不履,指名为姓,俗因呼为乞丐。尤仙性潇洒,精堪舆,尤善医术,有奇癖,不以货财为念。凡病家一不中意,辄望望然去。诊视外科,随拈数味,皆有奇效。用方甚多,乡里争传抄之。著有《外科秘录》行于世。

按:是书后经吴瑞甫增补修订,改称《外科理法》。

胎生达生合编

清·虞景熙撰　佚

见《中国分省医籍考》。

作者简介

见《疟疾奇方》。

痘科精义

清·徐璋撰　十卷　佚

见《中国分省医籍考》。

作者简介

民国二十五年《重修邵武县志》卷三十一《方技》:徐璋,字东坡,家贫业医,尤精痘疡。为人和粹易与,目短视,而善察脉证虚实,一见知吉凶。有一儿患痘甚危,璋视之,辞以不治。将出,忽闻儿啼,璋曰:是声亮而清,元气未损,犹可救。复视之,投以异功散,两服而愈。又有妇怀孕发痘,二便涩秘,璋用下利法。有言痘忌下,孕妇尤甚者,璋曰:此火盛毒炽,不下则法无所施。如其言治之,胎气安好如故,痘寻愈。其他治效通变多此类。晚年用功益深,因本其祖梧所传,著《痘科精义》十卷行世。

内伤砭肓

清·何觐光撰　佚

见《中国分省医籍考》。

作者简介

见《急救奇方》。

痘疹新书

清·陈扬祖撰　佚

见《中国分省医籍考》。

作者简介

民国《长乐县志》卷二十七《列传七·方伎》:陈扬祖,字耀甫,江田人。专门幼科,诊痘疹奇效,著有《痘疹新书》。子明佃世其业,尤善种鼻痘。

四科治要

明·赖沂撰　佚

见《中国医籍通考》《中国医籍考》《中国古医籍书目提要》。

作者简介

乾隆《延平府志》卷三十一《方技》:赖沂,字汤铭,永安庠生。父病,群医莫救,痛之一旦。弃举子业,精医,以赎己罪而未能也。于是无贫富,病者虽百里必视之,投剂辄验。郡守郑祖法几不起,铭既效治,且曰调养元气上策也,参术草根斯下耳。郑闻言,益加礼焉。著有《内伤外感法录》《四科治要》,闽医多祖述之。

按:道光十五年《重纂福建通志》卷五十八《技术》记载稍有不同:赖汤铭,永安庠生,痛母为庸医所误,遂弃举子业。精医,无论贫富,虽百里必视之,投剂辄验,著有《四科治要》,闽医多祖述之。民国二十七年重印《永安县志》记载又异:赖沂,字阳铭,庠生,妻殁于庸医,父病莫疗,乃究长沙之旨,为剂痊之,遂专《灵》《素》之学,拯危起痼如神,从学者踵。著《内伤外感法录》《四科治要》。

内伤外感法录

明·赖沂撰　佚

见《中国分省医籍考》。

作者简介

见《四科治要》。

经验辑要

清·沈邦元撰　佚

见《中国分省医籍考》。

作者简介

民国二十七年《连城县志》卷二十六《艺能》:沈邦元,字朗西,邑痒生。仁厚孝友,仗义好施,精医学。其叔父鸿基初艰于嗣,与其父际周友善,指腹以为之嗣,甫生,婶即抚养之。及长,鸿基妾生五子,独钟爱元,立为嫡嗣,乃兼祧两房。元以生父分得田产,悉数为生父清理积债,以继父分得田产,完全为继父春秋祭田。喜排解,息争讼。行医数十年,不受诊金。晚年勉为收受,将所得资助族中贫寒、修筑路桥诸善举,终其身囊橐无余。子孙十余各自立。配陈氏,琴瑟静好,中年丧偶,不忍续娶。受堂兄晏英遗产之托,力为经纪,不辞劳怨。著有《经验辑要》遗稿,经匪乱散失。

内外科方书

清·林滨齐撰　佚

见《中国分省医籍考》。

作者简介

民国九年《龙岩县志》卷三十四《方技传》:林滨齐,精岐黄术,审脉察证用

233

方,独具心得,每遇沉疴,辄以己意疗治,多奇效。著有《医案》及《内外科方书》,未刊行,岁久蠹朽。

　　按:民国九年《龙岩县志》卷二十四《艺文志》载有林氏《内外科方书》和《医案》,说明二书当时的确存在。

瘅疟指南

清·谢丰撰　　佚

　　见《中国分省医籍考》。

作者简介

　　见《理元脉诀》。

疟痢奇方

清·虞景熹撰　　佚

　　见《中国分省医籍考》。

作者简介

　　咸丰《邵武县志》卷十四《义行》:虞景熹,建阳诸生,籍邵武有年。生平重信义,好施舍。嘉庆癸酉大水,枯骨暴流,出资捡拾,并置义山(坐落北郊骆驼山背)合葬之,泐曰"义冢",迄今获扦者二千余姓。又每岁施棺木以百余具计,如是者二十五年。尤精医,刊《胎生达生合编》及《疟痢奇方》,贻之远近,不下数万余部。时当盛夏,施送药材,闾里各井遍放白矾、雄黄等味,活人无算。并善堪舆,著有《地理都是春》十一卷。以上寿终。

临证扼要

清·陈道修撰　　佚

　　见《中国分省医籍考》。

作者简介

见《脉学》。

证治一隅

清·陈兆泰撰　十六卷　佚

见《中国分省医籍考》。

作者简介

民国《长乐县志》卷二十七《列传七·方技》：陈兆泰，字祖偕，号六符，东渡人。祖松、父衡，俱习医，泰世其业，精研伤寒、金匮等书，临证洞见本源，细心体验，投药效如桴鼓。道光间，邑令王履谦以"恒心"扁之。著有《证治一隅》十六卷，《医学时习》十二卷，《万方主治》八卷，未梓行。

诸证辨疑

清·谢丰撰　佚

见《中国分省医籍考》。

作者简介

见《理元脉诀》。

丹溪治要法

明·熊宗立撰　一卷　佚

见《中国分省医籍考》。

作者简介

见《名方类证医书大全》。

按：见道光十五年《重纂福建通志》卷七十七《经籍》。

金疮跌打接骨药性秘书

明·郑芝龙辑录　不分卷　存

见《中国医籍通考》《中国古医籍书目提要》。

作者简介

郑芝龙(1604—1661),字飞虹,福建南安人,民族英雄郑成功之父。明天启年间曾任总兵,后降清。生平爱好医学,尤喜收集骨伤科秘方。

内容提要

本书为郑芝龙收集各种骨伤秘方辑录而成,全书有金疮赋、按脉论、行拳法分轻重论、打人论、运熏灸倒四法去宿伤论、秘授跌打损伤要诀、金枪论、接骨诸方、金枪不治论、接骨议论方等篇。

现存版本

民国抄本,1991年人民卫生出版社《中医骨伤历代医粹》校注本。

伤科秘书

明·郑芝龙辑录　不分卷　存

见《中国医籍通考》。

作者简介

见《金疮跌打接骨药性秘书》。

序　　跋

序经曰:有不因气动而病生于外者,审是即指跌打损伤而言也。夫上古神农御极,尝药辨性,制方炼丹,以拯生民之疾苦,而损伤之方,其论尤为谆谆而切切焉。自是而降死不代,明人奈何,治法错综,丹散变易,要知断言之当,即属济世之慈航,断言之不当妥,啼殊民之利。又则伤科一书,其所系岂浅鲜哉。余少承家学,抱志青云,工夫之闲,觅索余筐而究心于治伤之秘籍,雪影萤灯,亦非伊朝夕矣。阮而专业,此书不辞结驷连骑之劳,始得参互考订之切,弥痛近日方法多差,论证罔据,恐以误传误,相衍或致日弥。于是不揣鄙陋,用敢校正修饰之下,适会窗友,见而善之,亟请付诸剞劂以公海内,非以炫美,第为后学品据焉云尔。

内容提要

本书列金疮赋、跌仆打斫金刀损伤总要、行拳分轻重论、伤科治法至要录。附秘传药方一卷。载有上、中、下三部煎方,上、下部接骨煎方及周身伤重方、飞龙夺命丹和胎骨散等 90 余首。

现存版本

民国抄本,2007 年中医古籍出版社《伤科集成·续集》校注本。

按:是书与郑氏《金疮跌打接骨药性秘书》有部分内容重复。

七、针灸推拿类

秘传常山杨敬斋针灸全书

明·陈言辑录　二卷　存

见《中国医籍通考》。

作者简介

陈言,建阳人,生卒不详。

序　跋

范行准跋:《秘传常山杨敬斋先生针灸全书》二卷,题建阳九十翁西溪陈言著,御医直隶长州怀仁张应试校正,江右安福县怀州欧阳惟佐录。没有序跋。陈言的始末无考。但这却是一部从未见过著录的针灸书,它的内容大致与明徐凤《针灸大全》相同。我也有一部徐氏《针灸大全》,是明末镌刊而清初三多斋印刷的本子,同样是没有序跋的。而且由于风伤和经过几次借出展览之故,那一张插图的扉页也破碎了,连带把徐凤的里贯也破损了,剩下的只有"石塘徐凤廷瑞编次"的几个字,石字以上无从推测它是什么字。但从旧题杨继洲的《针灸大成》中所记录徐氏此书,知是燕山人。燕山是今之河北玉田县西北二十五里的地方。

现再来讨论本书著作者的姓名问题。本书虽题陈言著,从书名看来,恐怕还是杨敬斋的书,或是由杨氏传授陈言的。但敬斋似为杨氏之"号"或"斋"名,他的名字无从考查,匆促间检了一下《常山县志·方技门》,也没有他的名氏。按杨继洲《针灸大成》在杨济时《玄机秘要》下有云"三衢继洲杨济时家传著集"。丹波氏《医籍考》作杨继时《卫生针灸玄机秘要》三卷,并云"未见。"但又引有王国光序云:"三衢杨子继洲……祖父官太医,授有真秘,纂修《集验医方》进呈,上命镌行天下。"又云:"世宗朝,命大宗伯试异选,侍内廷。"则杨济时之祖是明嘉靖时的御医。赵文炳在万历二十九年序《针灸大成》有云："余承乏三晋，值时多事……弗克匡济，由是愤郁于中，遂成痿痹之疾，医人接踵，日试丸剂，莫能奏效。乃于都门延名针杨继洲者至，则三针而愈。"那末撰《针灸大成》的杨继洲，即撰《针灸玄机秘要》的杨济时。《四库全书提要》作者纪昀之流说，"继洲，万历中医官，里贯未详，据其版刊于平阳，疑继洲为平阳人也。"似误。因王国光序和《针灸大成》中并著继洲为三衢人，继洲的里贯固可考见的。

但又有问题发生的是本书末尾有书肆莲花木牌子刻着"万历辛卯仲冬月书林余碧泉刊行"二行文字。辛卯即万历十九年。较赵文炳序《针灸大成》时适早十年。而本书《金针赋》《标幽赋》等注又略与《针灸大成》之杨继洲注解略同（与徐氏《针灸大全》完全相同）。且《针灸大成》卷一"针道源流"中也引用《玄机秘要》之书，更明标"三衢继洲杨济时家传著集"之文。因此我很疑心《针灸大成》一书，并不是杨继洲的书，而应当是晋阳靳贤的书。证据也是根据《针灸大成》卷一"针道源流"之后的结语："《针灸大成》总辑以上诸书类一部分为十二卷，委晋阳靳贤选集校正。"再王宏翰《古今医史》也不言继洲曾著《针灸大成》。因而我疑心本书倒是杨氏家传的书，敬斋可能是济时祖称。所谓"建阳九十翁陈言著"者，或因就杨氏原书重加编次、图绘而居其名，或竟为书肆余碧泉嫁名陈言，均未可知。

再从本书与徐氏《针灸大全》作一比勘，可知二书内容除各图外大致相同的。本书上卷第一篇是《周身经穴赋》，以下就是论一穴有二名、三名以至六名，及论一名二穴。而以《梓岐风谷飞经走气撮要金针赋》《流注指微赋》《通玄指要赋》《灵光赋》《席弘赋》《标由（笔者注：针灸大成作"幽"，针灸大全作"由"）赋》六种赋文厕其后。卷下则于各种经脉、经穴、脉络，及禁针孔穴、时日、九宫、太乙神人禁忌与论子午流注法、窦文贞公《八法流注》等文之后，有十二经流注图及头部孔穴正侧四图，以下又杂厕背、颈、膺、腹等十四图，而以诸病孔穴图占全书一半的篇幅。在诸病图中，又以伤寒居其大半，最后为崔氏《取四花穴法》《骑竹马灸法》等图，为宋元以下针灸书中所习见。

前已提到，本书大致与徐氏《针灸大全》相同，仅有篇目次第前后略有出入而已。如《金针赋》诸穴一名至六名等，本书在上卷，而徐书居于第六卷之末。惟此书把诸病穴之法并绘制为图像，徐书却都没有，此其最异之点。而本书一病一图，或更把一病的每一证候也绘制为图，尤为前此针灸书所未见。

不能不说是本书所首创的特点。

至此书与徐书究竟谁抄谁的,现尚难断言,虽《针灸大成》把徐氏之书列于杨氏《玄机秘要》之前,和徐书卷六"定取四花六穴之穴"小引有"廷瑞谨识"字样,仍难断定出于徐书,因此类文字,也见于他书。我们更从本书的渊源来看,它是撷取元明以来针灸书中的重要文字,为学习针灸者诵读便利,对穴下针而作,故多录取歌赋一类的文字和绘制多量的图像,而许多亡佚了的书实际也无形中被它保存下来。如《医藏书目》著录之《窦文贞公六十六穴流注秘诀》,实即本书窦文贞公八法流注之文。按窦文贞公,即窦杰的谥号,他后来改名默,字汉卿,以针术显名于金元之交,"子午流注"之说,或是他所倡导的。成为针灸史上一突出的史踪,也是以前针师所未见,和我们过去某些号称对针灸有研究的专家所懵然的。

内容提要

本书是杨敬斋以家传针灸秘书重新编次而成,以歌赋和图解为主要内容,是一本简明扼要的针灸古籍。上卷歌赋部分如周身经穴赋、金针赋、流注指微赋、通玄指要赋、灵光赋、席弘赋、标由赋等;下卷为十二经脉歌、经穴起止歌、十五脉络歌、经脉气血多少歌、禁针灸歌、十三鬼穴歌、天星秘笈歌、马丹阳天星十二穴并杂病取、四总穴诀、千金十一穴歌、治病十一证歌,及论子午流注法等无不备载,且歌赋内附有注解,既便学习,尤切实用。此外为十二经流注图和诸病取穴图,又以伤寒图居多,更为通行版本所无,颇觉可贵。

现存版本

万历辛卯余碧泉刊本,1957 年上海卫生出版社据明万历刊本影印本。

按:此书是否为建安人陈言著作不明,以存疑论之。

针灸四书

元·窦桂芳辑　存

见《中国医籍通考》《中国古医籍书目提要》。

作者简介

窦桂芳,元代医家,福建建安(今建阳县)人,生平不详。

序　跋

窦桂芳序:针灸有劫病之功,其言信矣。针必明其孔穴,灸必定其尺寸,孔穴明,尺寸定,则膏之上,肓之下,何患乎厥疾之弗瘳欤?在昔孙公真人有曰:为医知药而不知针,知针而不知灸,不足以为上医,必也药与针、灸三者俱通,始可与言医已矣。余先君汉卿公,以药与艾见重于士大夫,如雨岩吴宪,与以借补宪司官医助教之职;达斋游宪,亲为书其药室曰"活济堂"。至元丙子以来,余挟父术游江淮,得遇至人,授以针法,且以《子午流注针经》、窦汉卿《针经》《指南》三书见遗,拜而受之。珍藏玩味,大有进益,且喜其姓字、医术与先君同也。因是作而言曰:南北有二汉卿,姓同字同而为医亦同也。北之汉卿,得行道针法,精于八穴以愈疾,名显于世,官至太师;南之汉卿,隐居求志,惟以药与艾,推而积活人济世之阴功,由是观之则信矣。南北气质之不同,而达则为相,不达则为医,亦其志之出处有异矣。今将面授针法,已验《指南》之书,朱提举所刊窦汉卿《针经》二本参究订误,与遗《子午流注针经》及家世所藏《黄帝明堂灸经》、庄季裕所集《灸膏肓穴法》四者之书,三复校正,一新板行,目是书曰《针灸四书》,乐与四方医士共宝之。凡我同志,留心是书,则药与针、灸三者并通,庶可进而为上医之士,亦可无负于孙真人之垂训欤!谨书以纪此书之本末云。至大辛亥,建安后学静斋窦桂芳序。

《黄帝明堂灸经》序:夫玄黄始判,上下爰分,中和之气为人,万物之间最贵,莫不禀阴阳气度,作天地英灵。头象圆穹,足模厚载,五脏法之五岳,九窍以应九州,四肢体彼四时,六腑配乎六律,瞻视同于日月,呼吸犹若风云,气血以类江河,毛发比之草木,虽继体于父母,悉取象于乾坤,贵且若斯,命岂轻也。是以立身之道,济物居先,保寿之宜,治病为要。草木有蠲痾之力,针灸有劫病之功,欲涤邪由信兹益矣。夫明堂者,圣人之遗教,黄帝之正经,纪血脉循环,明阴阳俞募,穷流注之玄妙,辨穴道之根源,为脏腑权衡,作经络津要。今则采其精粹,去彼繁芜,皆目睹有凭。手经奇效,书病源以知主疗,图人形贵免参差。并集小儿明堂,编录于次,庶几命是长幼,尽涉安衢,欲俾华夷同归寿域云尔。至大辛亥春月,燕山活济堂刊。

庄绰《灸膏肓腧穴》跋：余自许昌遭金狄之难，忧劳艰危，冲冒寒暑，避地东下。丁未八月，抵渭滨，感痎疟。既至琴川，为医妄治，荣卫衰耗。明年春末，尚苦腹肿腹胀，气促不能食，而大便利，身重足痿，杖而后起。得陈了翁家传为灸膏肓俞，自丁亥至癸巳，积三百壮。灸之次日，即胸中气平，肿胀俱损，利止而食进。甲午已能肩舆出谒，后再报之，仍得百壮，自是疾证浸减，以至康宁。时亲旧间见此殊功，灸者数人，宿疴皆除。孙真人谓：若能用心，方便求得其穴而灸之，无疾不愈，信不虚也。因考医经同异，参以诸家之说，及所亲试，自量寸以至补养之法，分为十篇，并绘身指屈伸坐立之像图于逐篇之后。令览之者易解，而无徒冤之失，亦使真人求穴济众之仁，益广于天下也。建炎二年二月十二日，朝奉郎前南道都总管同干办公事赐绯鱼袋庄绰记。

阎明广《子午流注针经》序：窃以久习医业，好读《难》《素》，辞理精微，妙门隐奥，古今所难而不易也。是以针刺之理，尤为难解，博而寡要，劳而少功，穷而通之，积有万端之广。近世指病直刺，不务法者多矣。近有南唐何公，务法上古，撰《指微论》三卷，探经络之源，顺针刺之理，明荣卫之清浊，别孔穴之部分，然未广传于世。又近于贞元癸酉年间收何公所作《指微针赋》一道，叙其首云，皆按指微论中之妙理，先贤秘隐之枢机，复增多事，凡百余门，悉便于讨阅者也。非得《难》《素》不传之妙，孰能至此哉。广不度荒拙，随其意韵，辄申短说，采摭群经，为之注解。广今复采《难》《素》遗文，贾氏井荥六十首，法布经络往还，复针刺孔穴部分，钤括图形，集成一义，目之曰《流注经络井荥图歌诀》，续于赋后，非显不肖之狂迷，启明何氏之用心，致验于人也。自虑未备其善，更祈明智仍恳续焉。常山阎明广序。

牛良祐《针经指南》序：夫医者以愈疾为良，其愈疾之理，莫妙乎针。故知针者，有决病之功、立效之能。且夫学针之士，宜审而刺之，莫纵巨胆，妄为施设，非徒无益，而又害之。要在定孔穴以精于心，是以取神功而应于手，信知除疴见于目下，决病在于手中。是以轩岐开端，越人知要，《素问》隐其奥，《难经》彰其妙，况为针者，岂曰小补之哉！人受阴阳以生，一岁之日有三百六十五日，肢节亦分三百六十有五穴，象周天之度也。若稽古神圣，成天之功，立民之命，爰作针法。针某穴，疗某病，手得之，心应之，非天下之至神，孰能与于此。卢扁尚矣，此法罕传。余先人心友窦先生，以针法活人甚多。尝著《八穴真经》，演之为论为赋，钩深索隐，披泄言蕴。后学之士，得此一卷书而熟读之者，思过半矣。余于壬辰冬被旨来南，遍历闽中诸郡，求其所谓针法者，皆不获。旧箧中得先生之遗书,敬用锓梓,以广其传。先生名杰,字汉卿,古洺肥乡人,官至太师,以医学传于世云。时元贞元年,燕山牛良祐序。

内容提要

本书包括《子午流注针经》三卷(金何若愚撰,阎明广注)、《黄帝明堂灸经》三卷(著者佚名)、《灸膏肓腧穴法》一卷(宋庄绰撰),《针灸指南》(金窦汉卿撰),并附《针灸杂说》(元窦桂芳撰)。《黄帝明堂灸经》,三卷,原书不著撰人。据考宋初太平兴国三年(公元 978 年)编纂《太平圣惠方》时,已收载本书的主要内容,可证其成书年代当在宋以前。本书实为"明堂"及"灸经"学术分野中具有代表性的早期作品之一。内容首列定穴法、点灸、下火、用火法等灸法的基本知识,次载正人形、背人形、侧人形及小儿明堂应验穴图计四十五幅,并以图为题,详述循经取穴与其主治各痘。本书文字简洁,内容丰富。《灸膏肓腧穴法》,又名《膏肓灸法》,不分卷,宋庄绰编。内容首列有关文献论述膏肓穴及其主治等理论,次分十篇,专论膏肓穴的部位、主治及不同流派的取穴法,并多附有示范图,为后世研究膏肓腧穴的主要范本。《子午流注针经》,三卷,金何若愚撰,阎明广注。首卷为流注指微针赋,流注经络井荥说,平人气象论经隧周环图;中卷为井荥俞经合部分图、五子元建日时歌;末卷为针经井荥歌诀及五行造化。全书附插图 28 幅,是一部学习和研究流注针法的必要参考书。《针经指南》,不分卷,元窦杰(汉卿)撰。因窦氏为当时富有经验的针灸名医,对于针灸学术有一定的贡献,所以书中的内容多富于创造性。如针经标幽赋、流注通玄指要赋,已为历代习诵的针灸歌赋;再如针经直说、络说、交经辨、手足三阴三阳表里支干配合说、流注八穴、古法流注、刺法、补泻、针灸杂忌等,则是作者的宝贵经验。最后所附《针灸杂说》为元窦桂芳所类次,主要内容为月内人神所在、每月血支、每月血忌等。

现存版本

元至大四年辛亥(1311 年)刻本,1983 年人民卫生出版社校注本。

针灸杂说

元·窦桂芳辑　一卷　存
见《中国医籍通考》《中国医籍考》《中国古医籍书目提要》。

作者简介

见《针灸四书》。

内容提要

《针灸杂说》主要内容为月内人神所在、每月血支、每月血忌等。高武《针灸聚英》云:《针灸杂说》,建安窦桂芳类次,取《千金》禁忌人神及《离合真邪论》,未能曲尽针灸之妙。

现存版本

见《针灸四书》。

针灸六法秘诀

清·郑葆仁著　佚
见《中国分省医籍考》。

作者简介

见《灵素精采》。

按:是书民国《长乐六里志》卷十《艺文·子部》有著录。

金针医学法门

清·林鼎槐撰　佚
见《中国分省医籍考》。

作者简介

民国《龙岩县志》卷三十四《方技传·林滨齐条》：诸生林鼎槐亲授其传以行世，自著《脉诀》《金针医学法门》等书。

八、方书类

名方类证医书大全

明·熊宗立辑纂　二十四卷　存

见《中国医籍通考》《中国医籍考》《中国古医籍书目提要》。

作者简介

肖林榕《闽台历代中医医家志》第70页：熊宗立，字道宗，号道轩，又号勿听（子），明代建阳崇泰里熊屯人。其先祖熊秘在乡建鳌峰书院，为子孙肄业之所。祖辈熊彦明为元代名医，故有一个良好的家学环境。宗立自幼多病，稍大即立志学医，曾从建阳名医刘剡学医卜、阴阳之术，深得奥旨。及长悬壶于世，因医术高超，屡起沉疴，声名日噪。明正统年间，熊氏开始把精力集中于医书的校勘、撰注工作。他一生勤奋，著述颇多，曾对《内经》《难经》《脉经》《伤寒论》以及外科、妇科、儿科、本草等方面的医籍加以编纂和注释，计有二十余种之多。注释者有《难经》《脉诀》诸书，释义者有《黄帝内经素问灵枢运气音释补遗》一卷、《素问运气图括定局立成》一卷、《勿听子俗解八十一难经》六卷、《王叔和脉诀图要俗解》六卷、《伤寒运气全书》十卷、《外科精要附遗》三卷、《妇人良方》《妇人良方补遗大全》《药性赋补遗》《增补本草歌括》八卷、《类证注释钱氏小儿方诀》十卷、《类证陈氏小儿痘疹方论》二卷、《名方类证医书大全》二十四卷，并撰有《洪范九畴数解》等书行世。熊氏的著作在当时有一定影响，且流传到日本，在日本多次翻刻印行，对当地汉医的发展有影响。

序　　跋

吴高序：建阳熊均宗立，勿轩后人也。自幼婴疾，甫十岁，受业仁斋刘先生之门。天资颖敏，书无不读，读无不通，早承师训，以医道有活人之功，极留心焉。乃取古人《医学源流》所著方书，会同一选，始于风寒暑湿，终于小方脉科,厘为二十四卷,名曰《医书大全》,刊传四方。予得而读之,如登昆山,琼瑶琅玕,灿然毕陈;如入武库,戈矛甲胄,森然具备。究病之所由起,审药之所宜用,所以体天地好生之仁在是,所以广圣朝一视同仁之心亦在是矣。嗟夫!人生两间阴阳,风雨晦冥感其外,男女饮食之欲伤其内,疾疢生焉。扁鹊、思邈之良,世不常有,治病者其可以无方乎?然古今专门名家,或得此失彼,家无全书,人无全见,临证用药,几何不至于误耶?宗立自幼至长,采摭之勤,服食之精,所谓三折肱而知医之良也。是编之行,业术者得以取众论而折衷,僻远无医者亦得以依方而救济,仓卒无夭横之忧,顷刻有回生之力,立心何其仁且博哉!其视得一方秘而不以与人者,大有径庭矣。昔人谓:达则愿为良相,不达愿为良医。夫相之与医,势位虽相悬绝,而其调燮元气,以寿君民之命脉,心则一也。宗立是编,岂非良医之用心乎?由是推而达之,于良相之事,有不难矣。噫!相之用心,皆能如宗立之用心,庶乎天下之福乎?宗立以为何如?时大明天顺二年岁在戊寅六月初吉,赐进士秋官员外太中大夫资治少尹福建等处承宣布政使司右参政惠阳吴高尚志书。

熊宗立自序:医善专门,方贵经验。古今方书,传于世者甚众。盖初学之士,犹临海问津,焉能适从哉!书林旧刊文江孙氏《医方集成》,后之名医续增《宣明》《拔萃》等方,又谓之《大成》,是皆经历效验,有不待试而百发百中者,诚卫生之捷径也。然其方中证类混杂,分两欠明,俾我同志不无憾焉。余自幼多病,喜读医书。暇日因取前方,芟证归类,措方入条,复选诸名方中有得奇效而孙氏未尝采者,与夫家世传授之秘,总汇成编,凡二十四卷,目之曰《医书大全》。各卷分门,各门析类,各类载方。方名之上,次序顺流,以一二三四之数而标记之。与目录互相贯通,使人展卷,提其纲领而节目分明。治病之际,审其证候而方药备具。得无检阅之繁,庶免狐疑之患。书成藏于家塾,以供自治之需,非敢谓之当也。坊中好事者固请梓行,与众共之。余不能已,因述其梗概,题诸篇端云。正统十一年岁在丙寅暮春之初,鳌峰熊宗立道轩序。

内容提要

《珍本医书提要》第90页:本书二十四卷,明熊宗立编集。熊氏以《孙氏医方集成》及《宣明》《拔萃》诸方书,虽皆经历效验,有不待试而百发百中者,顾其分两欠明,证类混杂,翻阅诸多未便。因取前方芟证归类,措方入条。复选集诸名方中有得奇效,而孙氏未尝采录者,约二千余方,总汇成编。自风、寒、暑、湿以次伤寒、疟痢诸杂症，至于妇女胎产、小儿各科，厘为二十四卷。各卷分门，各门附医论。又析类别，各类载方，方名之上，次序标记数目字，与目录互相贯通。开卷展读，提其纲领而节目分明。治病之时，审其证候而方药备具。既无检阅之繁，又免狐疑之患，可为临证秘典读之。

《中医古籍珍本提要》第152～153页：二十四卷，成书于1446年。全书列治诸风、治诸气、治诸虚、治脾胃、治鼻、治痈疽疮疖和妇人调经众疾及小儿方等68门，总录秘方2233首，包括内、外、妇、儿、五官等临床各科。所选方剂多是历代名医名家所制，以证为纲，条目分明，条理通贯，剂量准确，煎服用法详备，足见熊氏医术之高明。本书不失为临证处方时的参考书，亦是研究明代及明以前方剂学理论体系的重要文献。

现存版本

明成化三年丁亥（1467年）熊氏种德堂刻本，日本大永八年戊子（1528年）刻本（附医学源流一卷），今人各种影印本和校注本。

景岳新方八阵砭

清·陈修园撰　四卷　存

见《中国医籍通考》《中国古医籍书目提要》。

作者简介

见《伤寒论浅注》。

序　　跋

许天霖序：以药治病而有方，方既行于世，何以砭之？以其似是而非，害经方也。经方云何？即仲景撰用《素问》，按六经而集伊圣汤液之遗方也。医道肇于轩岐而昌明于仲景，犹尧舜之道赖之孔子。后之学者虽天分极高，总不可舍先圣范围而求新厌故也。且人可以胜人，而不可胜天。天欲明至道而垂万世，必生一至人以主之。如《灵枢》《素问》，医学之全体也；《伤寒杂病论》，医之大用也。天授之书可述而不可作，作则误为新方矣！吾以为医学之误不始新书，而始于叔和，而新方之误，尤甚于叔和者。叔和以《伤寒论》中六经括百病者,谓为冬月用不关三时,致后人相袭相悖,虽六经之法因之而废,至今尚知推崇乎仲景。景岳生于明季,有志著书,则当明经卫道,指叔和之误而正之。其何反作新方,欲驾仲景而上之?余初得景岳《类经》,阅叶敬问序文称:"景岳经、史、子、集无不研究,会稽中杰士也。"意其人必能真识仲景,可以羽翼圣经,不意其治阳虚者,不知求之太阳;(治)阳盛者,不知责之阳明,而专主人参。欲补阴者,不知求之太阴;欲救阴者,不知取之少阴,而专主地黄。满纸之论阴论阳,依流俗之好尚,不尤甚叔和之认《伤寒论》之专为冬月而设耶?余为景岳惜,斯不能曲为景岳讳也。尝考轩辕继天立极,与岐伯诸臣互明医道,何重民病也!汉仲景任长沙太守,慨世医之误,为轩岐阐法以开蒙昧。读其自序,又何悲悯也!古圣人推其不忍人之心,而大有造于天下万世,岂浅鲜哉?余友陈修园治举子业,以文章著,而尤究心于《内经》《伤寒》《金匮》等书,常言医道在兹,著述颇富。仕畿辅,大水后民患湿疫,施方药,全活者不可胜数。目击一时方士因陋就简,语以仲景集群圣之方法则茫然,心甚痛之。夫阳托仲景之名,而实与相反者,景岳之邪说也。圣训不明,总由邪说不辟。为邪说之最者,莫如景岳之《新方八阵》。修园取新方而砭之,宁获罪于景岳,而思有补于苍生,斯不得不于宗景岳者,脑后痛下一针也。修园出其书以示余,旋自悔其言之激而焚之。余与修园有同志,私觅其原稿,嘱坊友付梓而出之。俾紫不夺朱,郑不乱雅,于医道不无少补云。嘉庆九年桂月,愚弟许天霖在田氏拜题。

陈修园小引:景岳《新方八阵》,余友林雨苍徇时好而为歌括,嘱余注解,余固辞之,又力请,遂不能却。考景岳用功,以多为贵,曾著《类经》《质疑集》,而《全书》六十四卷,世传出其甥手,要皆拾前人之糟粕而张大其言,斯道为之晦,而通行之套法实为之开也。余即取通行之套法与经旨不戾者,借景岳之方而畅发之。景岳谓熟地补阴,即于"阴"字疏其义,其不能补阴处自在言外;人参补阳,即于"阳"字疏其义,其不能补阳处亦在言外。注之即所以贬之也。然业是道者,绝少通儒,保无有读书死于句下者?且师友相传,因陋就简,谓景岳方最切时用。每出方论,反借余之注解以覆空疏,竟使余寓贬于褒之意,尽为庸耳俗目所掩,可知笔墨之不可浪用也。余过矣!徐灵胎有《医贯砭》一书,谓赵氏之荒唐不足责,吕氏负一时之望而嘉之,则流毒无有已时,犹赏盗之罪大于为盗者,则向者之新方注解岂容姑存乎?因效徐灵胎例,著《新方砭》四卷,知者必于矛盾处,鉴余之苦心焉。嘉庆七年岁次壬戌端阳,陈念祖修园题于保阳差次。

内容提要

《中国医籍提要》第 170～171 页：本书又名《新方八阵砭》，为书评性质的著作。陈氏针对张景岳在"新方八阵"中所载的自拟新方及有关论说，逐一阐析，辨驳而成，故名《景岳新方砭》。书凡四卷，分补、和、攻、散、热、固、寒、因八阵，共列方一百八十六首。其阵、方之序，皆本张氏原书。每方皆先载张氏之方、论，然后详为阐析、驳正或评述，申明己见。陈氏认为，景岳所立新方，其配伍、方义多"杂踏模糊"，尤其是张氏关于熟地补阴、人参补阳之说，既有悖于《本草经》之说，又与仲景立方之旨不合。斥其"不论何方，加入熟地，即云补肾，治真阴不足；加入人参，即云补气，治元阳衰乏"为"臆创"、"邪说"。其对诸方的辨驳与评述，论理则本《内经》，论药则本《本草》，论立方之旨则本仲景。立言有据，言必从经，表现了作者较浓厚的尊经思想。总之，全书以贬为主，旨在抨击张氏自拟的新方而维护经方。由于陈氏尊经崇古思想甚为浓厚，故立言多有偏激之处，对景岳所制新方武断地持否定态度，实不切实际，是以此书不为后世所重。

现存版本

清嘉庆刻本，道光、光绪间各种刻本和石印本，陈修园医书各种本，今人各种校注本。

症治备览

清·卢思诚撰　二卷　存
见《中国医籍通考》《中国医籍续考》。

作者简介

卢思诚，字实夫，福州晋安人，清末医家，曾任职临滁、澄江、胸山、东阳、江浦等地。除是书外，尚著有《医舆必读》《卢氏医案》《丸散丹膏会全》《洋痘新书》《古今验方》若干卷，多未刊行。

序　跋

陈宗濂序：吾乡卢实夫大令，家世善医，君亦以是名于时。舆疾而款其门者，踵趾相错，随宜施治，奏手辄愈，古所称效验多状者欤？既慨世局多故，舍业出山，历宰大邑，所至延父老，问疾苦，瘠者起之，困者息之，疲癃残疾者存活之，民藉藉然称慈父母。君之以医为政也如是。今年夏，以疾解江浦县职，养疴会城，出所著《症治备览》一书，将付剞劂，而问序于余。余不知医，何足以序君书，顾念君绾符绶膺荐剡，而于旧学终不忍舍置，其必有得矣。受而读之，言近而旨远，守约而施博，慎疾之道尽是，治疾之道亦尽是。令家置一通，阴阳寒暑之戾，其知免矣。君以贤劳移宿迁，大府方以治民之事需君，度疾愈当复出，即本向者以医为政之道以治宿迁，何不可之有！抑余有感也。今天下之病棘矣，贾谊之所谓痼疾者比比也，君能一一尽药之乎？其力未能，姑以其心焉，幸勿轻谢斯民以去也。光绪癸未孟夏，年愚弟陈宗濂拜序。

胡垣跋：官之治民，与医之治疾一理也。古人不为良相，必为良医，岂非补偏救弊，行道有同乎？岁己卯，晋安卢实夫刺史始宰吾邑，垂询民瘼，治法维精，吾邑人咸称医国来巨手矣。壬午重莅，复折节分席，与垣乐数昕宵。因携儿子课读，感时疹内郁，蛔扰儿腹，呼痛可骇，刺史诊视，应手奏效。今年以行笈中手辑《症治备览》见示，提纲挈要，披隙导窾，足为医学津梁。信乎！医国、医人，同此仁心，且同此妙手也。亟劝付手民，以广其传。至刺史先后莅澄江、朐山、东阳，成政书若干卷，所著《医舆必读》《卢氏医案》《丸散丹膏会全》《洋痘新书》《古今验方》若干卷，犹藏以待梓，此编特其嚆矢云尔。时昭阳协洽岁痶月，临滁部民胡垣谨跋。

卢思诚自序：医理至繁，方如烟海，窃思有以得其简明要旨者。凡病症不离六经，感冒不外六淫。六经者，太阳、阳明、少阳、太阴、少阴、厥阴也；六淫者，风、寒、暑、湿、燥、火也。忆庚申岁，潞水钟仲山观察峻出守瑞阳，濒行谓余曰：眷属数十人，赖子治疾久矣，子知其气质所偏，盍为我豫一方，俾服以免疾乎？余曰：体质变迁无定，难于默揣，姑拟六经合六淫，分门主治，选择前人验方，参以管见，附之增减，编录赠之，以便舟车备览。庚午复见观察，则云：按证验方，此编屡效，已梓行于所部矣。今年临滁官舍，检故纸得此原稿，为胡紫庭广文备述前事，广文索观，辄怂恿发刻。爰录副本，重加校订，出与知己者共商度焉。光绪九年仲春，闽中卢思诚实夫谨序。

内容提要

《中医古籍珍本提要》第 241 页:《症治备览》二卷,成书于 1883 年。是书为内科外感病之专著。作者以六经合六淫,分门主治,选择前人验方,参以己见,附之增减,编录而成。凡收方 38 道,共分伤风、伤寒、伤暑、利湿、润燥、泻火诸门。

现存版本

光绪九年(1883 年)自刻本,2016 年中国中医药出版社刘德荣等校注本。

卫生家宝方

宋·朱端章撰　徐安国补　六卷　残存
见《中国医籍通考》《宋以前医籍考》《中国古医籍书目提要》。

作者简介

见《卫生家宝产科备要》。

序　跋

徐安国序:传曰:古之人不在朝廷之上,必居医卜之中。医卜贱伎,而有道之士所注意焉,何也? 吉凶死生,民之大患也。卜以知来,医以起死,与民同患,孰先斯二者? 故世之奇人,道不时遇,和光同尘,与世俯仰,不鬻卜于人间,则卖药于都市,盖忧国惠民,无所发泄,不得不然也。若乃进而抚世,泽加于民,视医卜之伎犹日中之爝火耳,何足混吾天君耶? 今有人焉,不以声华荣利易其心,而刻意方药,形愁思眇,若逃世之士不得志者之所为,是必爱人利物之诚发于天性,有不容自已者,则古岐伯、伊尹、大仓公、张长沙其人也,而今于南康郡守朱公端章见之焉。公政不徒善,志在及物。曰:问民疾苦,州刺史事也,而民之疫疠,则疾苦之大者,吾可勿问乎? 乃辨四时寒暑燥湿之气,处方治药,家访庐给,旦旦以之,全活者众矣。复于暇日,召州从(公)事徐安国,出方书数编示之曰:此书传自先世,或经手录,无虑百方,世莫得睹,将广其传,虑搜罗未尽而利不博,盍为余增广之。仆久蓄是志,耳剽目窃,编类狠多,禀命而退,复加访讨,或僚朋秘以全生,乡贵珍而世鬻,寒儒穷年集验,方士肘后密传,一旦尽得之,删去繁重,采掇秘要,与类相从,咸归于条贯,就道齐而正焉。公喜而名之,曰《卫生家宝》,共八百余方,凡四十三门,锓诸板,以遗天下与来世。噫!是书比《千金》《圣惠》虽略,比《本事》《必用》则详,家藏一本,以备缓急,老幼可安堵矣。仁人之利,岂不博哉!或曰:用药如用兵,徒守古法,不知合变,鲜不败事者,纸上语何可恃耶?仆曰:不然,医之有方书,如射之有正鹄,虽不必中,而失亦鲜矣。若夫智悟神圣,学精工巧,心术之妙,运于杳冥之中,而应于色脉之表,则方书特土苴尔。故曰:神而明之,存乎其人。淳熙十一年十一月十五日,承议郎签书南康军判官厅公事徐安国谨序。

丹波元简跋:按《宋·艺文志》:朱端章《卫生家宝方》六卷,又《卫生家宝产科方》八卷,《卫生家宝小儿方》二卷,《卫生家宝汤方》三卷,今此本全缺第一、第六二卷,及汤方二卷,无妇人、小儿二科,存者仅五卷,旧钉为十二册,乃延享中望鹿门先生校和剂局方时从秘府而借钞者也。此书世鲜流传,李濒湖修《纲目》搜罗荟萃殆尽矣,而以琼玉膏为出于《臞仙》,殊不知此书已具其方,盖濒湖之博,犹所不睹,实罕世之秘笈,为古方书学者,不可不珍惜也。前年借抄先生门人向氏本,自秋及冬始成。呜呼,断锦残玑,无补完之日乎。书以俟焉。天明己酉春正月初三日,丹波元简廉夫。

内容提要

本书又名《卫生家宝》,刊于公元 1184 年(宋淳熙十一年),六卷,卷首一卷。系朱氏"传自家世"以及平生所收集和试用效方汇编而成,又经徐安国增广补订。卷首为方剂目录、药件修制总例,记述三百种药物的炮制法,全书与类相从,列四十三门,分内、外、妇、儿各科,载方八百八十余首。"是书比《千金》《圣惠》虽略,比《本事》《必用》则详。家藏一本,以备缓急,老幼可安堵矣。"

现存版本

日本抄本(残存卷二至卷五),1994 年中国科学技术出版社据日本抄本影印本。

按:是书卷首附《药件修制总例》。《宋史·艺文志》云:朱端章卫生家宝方,六卷。《经籍访古志》:卫生家宝方,六卷,卫生家宝汤方,二卷。影宋旧抄本。卷一、卷六汤方下卷缺,枫山秘府藏,首有淳熙十一年徐安国序。每半叶九行,行二十字。结合丹波元简的跋文可知,起初《卫生家宝方》和《卫生家宝汤方》应为合刊,后《卫生家宝汤方》散佚。宋人陈造曾搜集该书,并以此书中处方为自己疗病,颇为灵验。其《江湖长翁集》卷31《题卫生家宝方》云:予幼多病,老且衰,偶未死,然亦以收方书,故延视息至今,诸子以是为忧。故凡方书,闻见必求之,必得之乃已。《卫生》一书,尤为该备精密,房之医者李生有之,遂传其本,一再用,良验。其版乃南康军何人家,或曰遗火灰已久矣,是宁可不传,尤不可不宝藏也。

时方歌括

清·陈修园撰　二卷　存
见《中国医籍通考》《中国古医籍书目提要》。

作者简介

见《伤寒论浅注》。

序　跋

赵在田序:古之长吏,与民相亲,饥为之食,寒为之衣,水旱疾疫为之医药而调剂之,用能循绩丕懋,仁闻远覃。长乐陈修园孝廉,精轩岐术,作令三辅。适大水,奉檄勘灾恒山,出其方,试而辄效。嗣丁内艰旋里,读礼之暇,因刊《时方歌括》《时方妙用》二书。夫上医医国,前人如狄怀英、陆敬舆诸贤,家居时率骈集验方以自娱,亦以救世。《物理论》曰:医者,非仁爱不可托也,非聪明理达不可任也,非廉洁淳良不可信也。修园行将广其道以救心民瘼,希踪古循吏者,岂直以术衔售哉!时嘉庆癸亥至日,赵在田序。

陈修园小引:经方尚矣,唐宋以后,始有通行之时方。约其法于十剂,所谓宣、通、补、泄、轻、重、滑、涩、燥、湿是也。昔贤加入寒、热,共成十有二剂,虽曰平浅,而亦本之经方。轻可散实,仿于麻黄、葛根诸汤;宣可决壅,仿于栀豉、瓜蒂二方;通可行滞,仿于五苓、十枣之属;泻可去闭,仿于陷胸、承气、抵当之属。胆导、蜜煎,滑可去着之剂也;赤石脂、桃花汤,涩可固脱之剂也;附子汤、理中丸,补可扶弱之剂也;禹余粮、代赭石,重可镇怯之剂也;黄连阿胶汤、湿可润燥之剂也；麻黄连翘赤小豆汤，燥可去湿之剂也；白虎、黄连泻心等汤，寒可胜热之剂也；白通、四逆诸汤，热可制寒之剂也。余向者汇集经方而韵注之，名为《真方歌括》，限于赀而未梓。缮本虽多，而刀圭家每秘而弗传，大为恨事。辛酉岁，到直供职，适夏间大雨，捧檄勘灾，以劳构疾，脉脱而厥，诸医无一得病情者。迨夜半阳气稍回，神识稍清，自定方剂而愈。时温虐流行，因余之病，而知误于药者堪悯焉。盖医者生人之术也，一有所误，即为杀人。余滥竽人后诸多，有志而未逮，而可以行其不忍人之心不必待诸异时者，医之为道也。向著《真方歌括》，非《内经》即仲景，恐人重视而畏避之。每值公余，检阅时方，不下三千首，除杂沓肤浅之外，择其切当精纯、人人共知者，不可多得，仅收一百八首而韵之，分为十二剂，以便查阅。又采集罗东逸、柯韵伯诸论，及余二十年读书临症独得之妙，一一详于歌后，颜曰《时方歌括》。为中人以下立法，徐可引以语上之道也。至于张景岳《新方八阵》，汇药治病，不足言方。缘一时盛行，余友林雨苍俯以从时，韵既成帙，共商注解，业经梓行，亦不遽弃，别其名曰《新方歌括》。此三种者，浅深高下，明者自知之。嘉庆辛酉孟冬，修园陈念祖题于保阳差次。

林霆跋：医有三，贯通《灵》《素》及仲景诸经之旨，药到病瘳，曰名医；讲求唐宋以后方书，按症施治，功多过少，曰时医；剽掠前医，套谈模棱，以文其过，迎合而得其名，曰市医。医之不同如此。余友陈修园，精通医理，闭门注经，以正千古相沿之误。念当世名医既不数觏，市医又不可与言，唯于时医中有诱掖无已之心。仕保阳，公余著有《时方歌括》二卷、《时方妙用》四卷，出以示余。余读之，或连篇累牍而不繁，或寥寥数语而不漏，一字一句皆古圣贤之心法，从时即从古也。爰为参订圈点，颜曰《公余医录》，怂恿授梓，公之海内云。嘉庆癸亥小春东，侯官愚弟林霆拜书。

凡　例

一、是书前曾托名叶天士，今特收回。

一、是书论证治法悉遵古训，绝无臆说浮谈。以时法列于前，仲师法列于后，由浅入深之意也。

一、坊刻《万病回春》《嵩崖尊生》《古今医统》《东医宝鉴》等书，所列病证不可谓不详，而临时查对绝少符合。即有合处，亦不应验，盖以逐末而忘其本也。试观《内经》《难经》《伤寒论》《金匮要略》，每证只寥寥数语，何所不包？

可知立言贵得其要也。此书如怔忡、头痛、历节诸证,非遗之也。怔忡求之虚痨;头痛有邪求之伤寒,无邪求之眩晕、虚痨;历节寻其属风、属湿、属虚而治之,所以寓活法也。

一、学医始基在于入门,入门正则始终皆正,入门错则始终皆错。此书阐明圣法,为入门之准,不在详备,若得其秘诀,未尝不详备也。有证见于此而治详于彼者,有论此证而彼而并论者,有论彼证绝未明言此证,而即为此证之金针者,实无他诀,惟其熟而已。熟则生巧,自有左右逢原之妙。

一、论中所列诸方,第三卷、第四卷俱载弗遗。惟《伤寒论》《金匮要略》方,非熟读原文不能领会。此书偶有阙而未载者,欲人于原文中寻其妙义,阙之,即所以引之也。阅者鉴予之苦心焉。

一、方后附论,或采前言,或录一得,视诸书较见简括,阅者自知。

内容提要

《中国医籍提要》第 182 页:《时方歌括》,成书于清嘉庆六年(1801 年)。是书分上、下两卷,按宣、通、补、泄、轻、重、滑、涩、湿、燥、寒、热十二剂分类。卷上为补可扶弱、重可镇怯、轻可去实、宣可决壅、通可行滞、泄可去闭六类,论述了四君子汤、磁砂丸、九味羌活汤、稀涎汤、导赤散、备急丸等五十九方。卷下为滑可去著、涩可固脱、湿可润燥、燥可去湿、寒能胜热、热可制寒六类,讨论了芍药汤、当归六黄汤、清燥救肺汤、神术散、泻白散、回阳救急汤等四十九方。全书一百零八方皆编成七言歌诀,贯药物组成、主治功用、服法禁忌等于一赋,以便于学诵。此系简便易读的方剂学著作。作者曾汇集经方而韵注之,著成《真方歌括》,因"恐人重视而畏避之",故又于公余检阅时方,"择其切当精纯"者,而韵注之,则成本书。书中对诸方之注述,乃采集罗东逸、柯韵伯、汪訒庵、吴鹤皋、王晋三等诸家之说,并间以抒发己见。此对理解方义、灵活运用诸方颇有益处。尤其陈氏之"读书临症独得之妙",诚又倡一家之言,别有旨趣。如谓"人参补阴养液,燥药得之则臻于和平,故理中汤中姜、术二味,气胜于味,以扶阳;参、草二味,味胜于气,以和阴"。并引《神农本草经》、仲景小柴胡汤、半夏泻心汤等十八方以证之。论必有据,言必有源。药物之性味功能,乃本《神农本草经》;医理方义,遵于《黄帝内经》。然而,陈氏又并非泥古而不化者,对前人所论绝不附会盲从,敢于提出异议。譬当归六黄汤指出"注家向多误解",而当以治"阴虚火扰之汗"意释之;玉屏风散之黄芪非时医认为的"止汗之品",而是"其质轻味淡,偏走皮毛",有"补养皮肉之虚而已";认为河间地黄饮子的制方之妙"汪䘏庵辈从未悟及"等等。本书虽仅录一百零八方,但若能掌握其制方规矩,加减变化之奥理,足资各科临症之应用。本书于医界有一定影响,而尤为初学者所喜读。然而,书中亦有欠妥之处,如前言人参虽有养液之功,但并非不能益气扶阳,因此陈氏对薛立斋、张景岳、李时珍等诸家之责斥,显然有失偏激。

现存版本

嘉庆年间刻本,光绪民国时期各种刻本和石印本,陈修园医书各种本,今人各种校注本。

经验济世良方

明·陈仕贤辑 十一卷 存

见《中国医籍通考》《中国医籍考》《中国古医籍书目提要》。

作者简介

陈仕贤,字邦宪,福清人。嘉靖壬戌进士,官至副都御史。

序　跋

沈宏序:余少多婴疾,赖先人访名医救活之。长业章句,游邑庠,漫不知医为何术。及先妣苦肺疾,医弗验转剧,乃数日更一医,竟莫能救,吁号无及。后遇名医论方脉,乃知先妣氏实误于医也。深咎不孝,哀痛至今。故曰:为人子者,不可不知医,信哉!既筮仕游四方,得传经验者储笥中,类久成帙,凡数卷,出入赖焉,顾未能传布耳。己未夏,舟行遇风漂水中,甚惜之。及得此书,乃希斋陈公刻于浙,与余所类者十之同六七,公固先得我心者也。乃未兹粤偏燠,真名医不能无横夭者。遂谋锓梓以传,乃捐俸助公羡克成之。余谓医者意也。书所未备者,其道有四:曰运、曰气、曰质、曰味。夫五行交禅否泰相仍,如刘向所谓太乙所纪者,运也,而司天在泉不与焉。南北燥湿水原凉燠,如不习水土致生疾病者,气也,而四时寒暑不与焉。刚者踈、弱者滞、劳者坚、逸者脆,其质也,非虚实表里之谓也。貉不踰汶,鹦鹉不踰济,橘生江北为枳之类,其味也,非沉浮补泻之谓也。运以世迁,气以地殊,质以人异,味以物变,要之在人以意消息之耳。果能参考诸家,则医其庶几乎?又闻用药如用兵,此则八阵图也。或演为六花,识为常山蛇势者,皆善用八阵图也。若徒读父书不知变通,率以取败而乃归咎于兵法焉,其可乎?刻是书所以广仁人孝子之用心,未必无小补也。嘉靖庚申春三月朔,广东按察使嘉禾芹溪沈宏书。

内容提要

本书为一部辑录体方书,分门别类收集了中医内、外、妇、儿、五官等各科疾病的治病处方。其所论各门,先引经据典对各病作简要介绍,而后列处方。处方首列方名,次主治功能、方剂成分、炮制、服用方法、各种禁忌等。本书共分四集十一卷。元集:卷一,通治诸病门、灸瘰疬法门、救危病门;卷二,虚损门、自汗盗汗门;卷三,诸风门。亨集:卷四,伤寒门、伤风门、暑门、湿门、热门、消渴门、诸血门、肠风门、疟门;卷五,霍乱门、痢疾门、泄泻门、脾胃门、腹痛门;卷六,积滞门、痞满门、鼓胀水肿门、痰嗽门、癫痫门、哮喘门。利集:卷七,淋浊门、遗精门、大小便秘门、痔漏门、黄疸门、胁痛门、腰痛门、心气门、疝气门、脚气门、头痛门、须发门;卷八,外科诸疮门。贞集:卷九,眼目门、耳门、鼻门、口疮门、牙齿门、咽喉门、体气门、折损门、诸毒门、妇人门;卷十,子嗣门;卷十一,小儿门。本书强调实用性。卷一"通治诸病门"云:夫病必资于医,医必资于药,药如不备,术何由施。故曰牛溲马勃蓄用无遗者,医之良也。譬之工欲善事先利其器,将欲取胜预淬其兵,此理之自然,无足怪者。奈何世医仓促视病,虽切知方剂,顾无成药可假而用,危迫之际不过付之叹息而已。乃今深惩其弊,于此书之首备列通用诸方丸散,使医者知所预焉。庶免孟氏求三年之艾之诮云。书中收集的通用诸方,多为平和中正之品,历经效验。对于一些从别处得来的经验效方,多述其来龙去脉。如"松梅丸"下注云:此方得之南吏部林尚书大人者,自云西域异人见惠,服无虚日,且诸士夫服饵,最能加饮食,致身肥健,小便清大便润,及精神不倦。"四圣不老丹"下注云:此方云阳王都宪五一翁所传,云渠方伯陕西时授之一总戎,总戎年九十余,自幼服此,精力倍加,胃气强健,饮食日增,寿故弥长。本书辑录内容中,也有不少糟粕,以今天眼光观之,甚为荒诞不经。如"转女为男法"云:受妊之后,用弓弦一条,绛囊盛,带妇人左臂,近肩垂系腰下,满百日去。雄黄一两,绛囊盛,带左边。斧一把,置产妇床头,仍置刃床下,勿令人知。鸡抱卵时,置斧窠下,皆雄鸡也。已上数法,用其一可矣。

现存版本

明嘉靖三十九年(1560年)沈宏刻本。

按:是书又称《经验良方》,《医藏目录》作十一卷,同书另有作四卷者。《续通志·艺文略》《续文献通考·经籍考》作十一卷,《国史经籍志》《千顷堂书目》《万卷堂书目》《徐氏家藏书目》《传是楼书目》俱作十卷。《贩书偶记续编》云:《经验济世良方》十一卷,闽陈仕贤辑,医官孙宗校,嘉靖庚申嘉禾沈宏刊。据笔者在国家图书馆阅览原书,《贩书偶记续编》的记载是准确的。据《浙江采集遗书总录》云:《经验良方》十一卷(天一阁刊本)。右明布政使闽人陈仕贤撰。搜辑古方,分门编次。卷首有医指、脉诀、本草要略。《四库全书总目提要》云:《经验良方》十一卷(通行本)。明陈仕贤编。仕贤,字邦宪,福清人。嘉靖壬戌进士,官至副都御史。其书首载医旨、脉诀、药性别,为一卷。次为通治诸病门,如太乙紫金丹、牛黄清心丸之类,次分杂证五十二门,皆钞录旧方,无所论说。自序称与通州医官孙字考定而成云。很明显,从具体内容看,无论是《浙江采集遗书总录》还是《四库全书总目提要》记载的《经验良方》与国家图书馆藏十一卷本非同一版本。沈宏序文言,"及得此书,乃希斋陈公刻于浙",可知,先前陈仕贤在浙江曾经刊刻此书,而这一版本可能也就是《四库全书总目提要》中的版本。由于目前我们没有见到陈氏自刻本,无从比较两个版本的异同,但从《四库全书总目提要》的记述看,陈氏自刻本可能"首载医旨、脉诀、药性别,为一卷",沈宏刻本没有这部分内容。《中国中医古籍总目》称,该书有嘉靖三十七年戊午(1558年)沈宏刻本,藏于国家图书馆和天津中医药大学图书馆(残本),实误。

寿世简便集

清·林清标辑　不分卷　存

见《中国中医古籍总目》《中国古医籍书目提要》。

作者简介

林清标,字韦亭,莆田人,约生活于清代乾隆年间,具体生卒年月不详,曾任螺阳学署官员。林氏主要医学著作除本书外,尚有《救急方》《林氏辑著良方》两部。

序　　跋

林清标引:有病有药而良方不多得者,又良且简而便于人者更不多得。余以偶有见闻,得其简便可立效者,每喜而笔之。于是,□□其症,询即以所见闻,告多符,验于其救急数条,乃□大□曾刊布,而赖以活者众也。在江宁时,得百岁翁赵氏所刻书,为医家称善共宝而藏之。乙酉送闱暇,客寓寂寥,特此笔及所得者,命长儿需总辑小本,付梓分送,信而试此,咸云甚验。数年来又得各种良方,陆续刊附,独是随时编入,伦次纷如,阅之者不无□心焉。前以所刻及新得者分门别类,以资便览。末附杂记数条,特为备不虞,便安处利,蓄养见也,仍合小本,易于随笔批阅已耳。嗟乎!症不一症,而方不一方,自惜见闻有限,不能兼备无遗,只以偶有所得,不敢不以告人。又喜其简便捷效,为荒陬僻壤,穷人旅客□为力者,梓而行之,倘阅此者□以其所得之秘,增而集之,□而传之,使种种病症均有良方,颠危此安,于衽席疾痛者,转为舒和,岂非人间一快事哉。乾隆戊子腊月,韦亭氏书于螺阳学署。

凡　　例

一、是集有经试验者,方书"已验"、"屡验"等字。若得诸见闻而未尝试者不书,俟有试验另行补刻。

一、是集得于某人传者则传其人,得于某书载者则载其书。有闻于人而失记其人,得于书而忘其为某书则不录。

一、是集有一症而载数方者,以其皆属良方,且人有时便于此而不便于彼,故并记之。

一、是集方药取其简便易得者采之,若参、桂等物采入无益。

一、病有表里虚实寒热邪正之异,脉有浮沉迟数滑涩大缓之殊,此在神于医者随时用药,不敢就坊刻诸方附会采入,兹只就解救及某症惟某方法有效者采而入之。

一、是集所列各种不能全备,俟有新得,随时增补,其杂记数条特以见闻所及者附之。

内容提要

《中医古籍珍本提要》第 183～184 页：不分卷，成书于 1768 年。是书分为救急、杂病、妇人科、小儿科、外科、杂记等内容，凡收方 460 余道。杂记中多属兽医内容。是书为作者边录边刻，所以其内容交叉杂乱。书中所集之方均为验过有效者，对未尝试者不收。是书对方之来源有较详细的记载，来源不详者不录。是书所集方药，多取简便易得者。

现存版本

清乾隆三十八年癸巳(1773 年)武陵同心堂刻本，清咸丰六年丙辰(1856 年)敬堂刻本。

按：据本书"增补救急良方"云：增补良方三百有奇，皆药易得而价廉，其于贫家及山巅水涯处，尤为便益。方虽平易，是屡经见验，录之以救急扶危，宁有尽也。余故不惮搜寻，继前编而登诸末，以成全璧，幸读者无以平易忽之。可见，较之于乾隆三十八年刻本，咸丰六年刻本可能新增了这部分内容。惜笔者未见乾隆刻本，无从比较。

陈氏手集备急经效方

宋·陈抃撰　一卷　佚

见《中国医籍通考》《中国医籍考》。

作者简介

陈抃，建安人，宋代医家，生平不详。

按：《宋史·艺文志·医书类》云：陈抃《手集备急经效方》一卷。陈振孙《直斋书录题解》卷十三云：《陈氏手集方》一卷，建安陈抃。

集　验　方

宋·朱端章撰　佚

见《中国古医籍书目提要》。

作者简介

见《卫生家宝产科备要》。

按:《本草纲目》卷十五《草部·天名精》引朱氏《集验方》云:朱端章《集验方》云:余被檄任淮西幕府时,牙疼大作。一刀镊人以草药一捻,汤泡少时,以手蘸汤挹痛处即定。因求其方,用之治人多效,乃皱面地菘草也,俗人讹为地葱。

袖珍方大全

明·熊宗立撰　四卷　佚

见《中国分省医籍考》。

作者简介

见《名方类证医书大全》。

按:见道光十五年《重纂福建通志》卷七十七《经籍》。

阴骘汇编

清·吴堃撰　六卷　未见

见《中国古医籍书目提要》《中国医籍续考》。

作者简介

同治六年《城步县志》卷六《政绩》:吴堃,福建崇安人,廪贡生。道光九年任,治民有方,宽猛相济。其待士林,虽属童生,常优礼之,至于痞棍盗贼,则尽法究惩,其亦刑期无刑之意,后果奸宄敛迹,县境肃清。且情殷济世。在任著有《阴骘汇编》详载岐黄,其书至今盛行楚省。后调署邵阳,遂不回任。

按:《中国医籍续考》云:载方 2225 首,卷一胎产,卷二保婴,卷三伤寒 130 方,卷四卷五内科方,卷六外科 413 方。早期传本已失,莫氏重刊。《联目》不载,《大辞典》已佚,据《中医文献辞典》载录有光绪五年四川刻本。《中国医籍通考》第 3341 页:《阴骘汇编》,佚名,存,现有版本:清刻本,残存卷四。

岭南卫生方

宋·李璆、张致远原编　元·释继洪撰　三卷　存

见《中国医籍通考》《中国古医籍书目提要》《中国医籍考》。

作者简介

　　李璆（？—1151），字西美，号清溪，北宋大梁（今河南开封）人。徽宗政和进士，调陈州教授，入为国子博士，出任房州知州。宣和三年廷议将取燕，璆上疏反对，贬监英州清溪镇。赦还，试中书舍人。上疏言元祐名臣子孙久被废锢，宜稍宽之。山东乱，州县不能治，璆奏十事，忤大臣，罢官。高宗绍兴四年以集美殿修撰出任吉州知州。累迁徽猷阁直学士，四川安抚制置使。治蜀九年，修复成都旧城及三江堰，民受其利。饥年发仓赈济，得救者甚众。有《清溪集》二十卷传世。

　　张致远（1090—1147），字子猷，南宋剑州沙县（今福建沙县）人。宣和进士。除殿中侍御史，论"折纳绢钱，本欲稍宽民力"。迁侍御史，言"善理财者，宜固邦本"。擢户部侍郎，疏"力务省节，明禁僭侈，自宫禁始，自朝廷始"。擢给事中。《宋史》云："致远鲠亮有学识，历台省、侍从，言论风旨皆卓然可观。"

　　释继洪，号澹寮，汝州（今河南汝州）人。自幼勤奋好学，在名师指点下，二十五岁精通佛学和医理，被授予禅师称号，取得单独出外从事佛教活动和行医的资格。他相继云游了岭南地区的柳州、连州、广州、封州以及浙江沿海一带。据其另一著作《澹寮集验秘方》"自序"谓："早岁南游，辄刊瘴疟诸方于岭表，或谓可以济人以缓急，兹复以生平所取杂方，编次门类，叙以鄙见，质之同志。"此"序"作于元至元癸未（1283 年），而《岭南卫生方》所辑继洪诸说后则缀有宝祐乙卯（1255 年）、景定甲子（1264 年）、咸淳丁卯（1267 年）等字样，是知继洪为宋元间的著名医僧。

序　　跋

　　梯谦晋造序：秦越人云：伤寒有五，有中风，有伤寒，有湿温，有热病，有温病。伊尹用《神农本草》以为《汤液》，历代相传，以至东汉张仲景论广《汤液》，作《伤寒论》，即为众方之祖。然其言幽微，其旨隐赜，独素为后人所窜改，且

经兵火,残缺亦不为少。是以论者纷纭,取舍之说起。渔者走渊,樵者入山,竟无归一之论。本邦医家百年以来,分古今,相是非。偏于古者,以仲景之方为百病之治法尽于此,专务攻击,而不取温补;僻于后世者,专据刘、张、李、朱之说而斥峻猛。猖猖相谤,如冰炭不相容也。呜呼!夺圣经之封疆,削先哲之区域,使斯道颓败,全坐于此。古人云:说不乖理,方不违义。虽出后学,亦是良师。读仲景书,用仲景之法,然未尝守仲景之方,乃为得仲景之心。譬如拆旧屋构新屋,不再经匠氏之手,不可用也。旨哉言也,何必至拘泥如彼。天保丁酉夏秋之间,札疫泛滥,阖门伏枕,病者大率系上盈下虚及少阴证。当时,遵用古方者,专为汗下,或主吴氏《疫论》荐投下剂,而不晓正气之亏也。所被大黄死者,十居其九;被附子死者,百中一二耳。夫正气不能自病,邪之所客辄病焉,以正气之乱亏损也。苟使正气充实,精元内守,病何从来乎?四方有高下之殊,四时有非序之化。百步之内,晴雨不齐;千里之外,寒暄各异。岂可以一定之法而待非常之变耶?余读《岭南卫生方》,颇得其三昧,不为猖猖之徒所摆动。盖此书数百年来,时见时隐,清舶赍来百年矣。然未刊布于世,不知何人深藏而固秘之。余谓:古之秘书者,以非其人不可传也;今之秘书者,以非其人而藏之。胡宁饱蠹鱼不借人也?世既乏传本,遂旁探远索得数本,校雠讹谬,属剞劂氏。岂敢云振起斯道,聊欲使彼夺圣经之封疆,削先哲之区域者,息猖猖之讼也。但恐订字未精,有扫叶遗漏之过,所望海内同志,幸赐是正云。天保庚子季秋,南洋梯谦晋造甫书于平安之学古馆。

梯谦晋造题识:《宋史·艺文志》云:李璆、张致远《瘴论》二卷。张致远,字子猷,南剑州沙县人,宣和三年进士,八年知广州。李璆字西美,汴人,政和进士,出知房州。共见《列传》卷第百三十五。按李焘传,李焘,字仁甫,眉州丹棱人,雅州推官。据此则未尝官于岭南也。《范石湖文集》《本草纲目》《正字通》诸书云焘著《卫生方》,恐谬。《石湖文集》以雅州为雷州,尽传闻之诈,当以正史为据。《唐书·艺文志》载《岭南急要方》三卷、郑景岫《南中四时摄生论》一卷、李暄《岭南脚气论》一卷、李继皋《南行方》三卷,郑樵《通志》载《治岭南众疾经效方》一卷、《广南摄生方》一卷。以上六种系岭南方,而无一种传于本邦。赖有是书耳,可不宝重。

邹善序:尝读沈括《良方·序》谓:治病有五难,辨疾难,治疾难,饮药难,处方难,别药难。而于治疾尤详。且谓古之治疾者,先知阴阳运历之变故、山林川泽之窍发,而又视其老少、肥瘠、贵贱、居养、性术之好恶,忧喜劳逸,顺其所宜,违其所不宜。其精过于承蜩,其察甚于刻棘,可谓至密矣,然恐非医之浅浅者所能。比至岭南,见外方至者,病不虚日,虽居民亦鲜有不病者。因思岭以外号炎方,又濒海,气常燠而地多湿,与中州异。气燠故阳常泄而患不降,地湿故阴常盛而患不升。业医者,苟不察粤地山川窍发之异,有以夺阴阳运历之变,而徒治以中州常法,鲜有不失者。何也?夫以其常泄之阳而重汗之,则元气不固;以其常盛之阴而轻利之,则真气愈陷。是医药之害与山川之害,交为吾人病也。每思有以济之,而未得其术。一日获《岭南卫生方》读之,曰:此仁人之用心也。虽其处方投剂在临证审酌之,然其论瘴病始末,诚有以握其要领矣。因手校之,告于叶江施公、图公诸人,乃遂慨然捐俸,共梓以广其传。复命娄医安道,附"八论"及"药性"于其后。"八论"者,虑人惑于病证之似也,使知有所辨;"药性"者,虑僻壤之鲜医,或可因证考药而增减之,使知有所据。亦昔人辨疾别药意也。读是编者,诚知岭外受病之由与所以服药之宜,而又能参以老少、肥瘠、贵贱之别及居养性术好恶、忧喜劳逸之殊,庶几顺其宜,违其所不宜,握阴阳升降之机,而不致为山川风气所侵,以各全其天年云。万历四年端阳日,广东布政司右布政使安成颖泉邹善书。

罗荣序:神农尝百草,立九候,以救昏札。黄帝缘性命,著《素问》《灵枢》为《内经》。大要穷血脉、经络、阴阳、表里,本虚实而施针石、汤火,调寒温平热之所宜。至论病以及国,原诊以知政,其《本草》《内经》之谓欤!周秦以来,演述名家者踵趾相接,经方简帙充栋,殊途同归,九州万国咸尊用之,未有析南北而为书者。然天地之化,四方风气异宜,时义亦相生胜。今夫朔漠岭海,相去何惟万里。塞北肌肤皴瘃,砂碛不毛,入燕冀少和煦,淮泗流澌渐旱,岭南隆冬,林无凋叶,野有蔓草,四时把握葵箑,山海黎蜓,老死不识霜雪。寒暑大异如此,则调摄之剂,安得而尽同哉!岐伯曰:南方者,阳之盛处,其地下,水土弱,雾露之所聚也。其民嗜酸而食腐,故皆致理而赤色,其病挛痹,其治宜微针,故九针者亦从南方来。是治法之异,古亦有言者矣。《岭南卫生方》,前元海北廉坊所刻。景泰间,重锓于省署。惟其言为"岭南",则一方之书也。抑粤俗重巫轻医,故传布弗广,岁久板不复存。北客入南,首询孳孳。俗医既乏师承,应求草率,鲜有寻其绪者。予甚患之,思得是书以嘉惠兹土,访购实勤。今总镇笃庵潘公,适出所藏抄本,藩臬群僚,见者忻忻,遂梓以传。所谓雾露炎蒸,为瘴为疠,与虫蛇草木之毒,缓急所需,立俟良愈。吾知生于斯,寓于斯,继今黾勉以卫生者,舍是书何求哉!正德八年岁次癸酉六月朔旦,中奉大夫广东等处承宣布政使司左布政使古田罗荣书。

冈田龟跋：无用之书可秘，有用之书不可秘。虽秘之，竟为具眼者所赏拔，公行于世，如《卫生方》之遇梯子是也。闻是书世仅有写本，误脱复杂，钩棘刺目，不可读，不知原本为何人帐秘而私之也。今梯子使之免秘书之伍而就有用之列，其校订之力，殆比述作，可谓是书之功臣矣。抑人情贵少不贵多，闻某家有一秘书，则恳祈而宝视之，及其书印行，则草芥视之，是校刻之功不如帐秘之私也。是书遇梯子，为幸耶，不幸耶？具眼者必能辨之。庚子秋日，冈田龟。

内容提要

郭瑞华校注《岭南卫生方·内容提要》、张效霞校注《岭南卫生方·校注说明》：全书三卷。上、中两卷，辑入李璆、张致远、汪南容、释继洪等人论治瘴疟的理论与方药，后附治疗蛇虺螫蛊毒诸方；下卷为明代以后医者所增添之内容，有娄安道八证标类、东垣药性赋两部分。日本天保辛丑（公元 1841 年）梯谦晋造氏刊行该书之时，又将《募原偶记》附于书后。当时的岭南地区医学不很发达，治疗瘴疟、蛇伤、蛊毒等地方性常见病，多搬用北方医家方药。因南北气候等自然条件的差异，治疗效果不佳。本书的最大贡献，就是依据南方气温高、多雨、潮湿等异于北方的自然条件，提出瘴疟与伤寒不同，及岭南"草木水泉皆禀恶气，人生其间，元气不固，感而为病，是为之瘴"的病因说，并主张治疗上必须因地制宜，与晚于其 300 余年的《温疫论》有互通之处，但在治法上由于时地差异等原因，而一主苦寒，一主辛温，可以互参。此外，本书纂集了岭南地区的早期医学著作，对了解岭南医学的学术发展，也有重要参考价值。

现存版本

日本天保十二年辛丑（1841 年）平安学古馆刻本，日本抄本，1983 年中医古籍出版社据日本平安学古馆刻本影印本，2003 年郭瑞华校注本，2012 年张效霞校注本。

山居便宜方

明·熊宗立辑录　十六卷　存

见《中国医籍通考》《中国医籍考》《中国古医籍书目提要》。

作者简介

见《名方类证医书大全》。

序　跋

丘福序：济世之术莫大于医，去疾功莫先于药。夫药分三品，病感七情。药有温平冷热，病生暑湿风寒。然非深明其理者，固无以收其功。况能著方书以除疾疢，保性命于永久者乎？古人有能之者，如张仲景、孙思邈，是以去古既远，气习顿殊。世医不明义理，不审机变，往往取用一二，或未即效，辄曰医特意尔，古方不必泥也。殊不知方书为医之指南，用药之筌蹄。行医而不本方书，正犹舍舟楫而渡江河，其能济者鲜矣。鳌峰熊先生道轩，承家世之传，精医道之妙，古今方书无不淹贯，深得其指归。尝注《难经》《脉诀》，以示同志。又增《妇人良方补遗》，可谓深于医者也。既而独虑穷方僻壤，人或有疾，卒无善药，多罹夭横，恻然忧悯。乃搜辑诸方书易得之药，有经验者及其家传之秘，类成一卷，名曰《山居便宜》。疾以门分，证以类别，立论允当，指诀精明。使人一览，瞭然心目，如指诸掌。缓急有用，不必造市肆以求药人，岐黄以为医良为简便。书成将寿诸梓，以公其传，俾予序其端。予惟医以利济为急，方以效用为良。先生于医，既得其理，又制为方，以济及穷僻，其用心之仁，不亦广博矣乎。使医家者流，皆能如先生用心，则圣皇仁育之化，天地生物之功，岂不为可少补其万一云。景泰辛未春正月之吉，乡贡进士括之遂昌儒学教谕考亭丘福序。

熊宗立自序：医之用药，犹将之用兵。将兵虽有三军之勇，不善将者，用兵不能决千里之胜。用药虽有上品之方，不善医者，有方无药，其不罹于夭横者几希。予心尝恻然，有不忍人者矣。因寓意于其间，访古寻今，辑诸医之粹，采百氏之方，兼会祖父家传授受方之秘者，悉附赘焉。要之不犯穴、僻、贵三者之难，第取其经验、简直、易得者之药，积累成编，凡十六卷，分门析类，证

267

论详明,目之曰《山居便宜》。开卷一览,方无捡讨之烦,药不待价而沽,间附灸法,皆直指其分寸,罔劳摩索,而孔穴立见。倘贫居山僻者,家置一帙,遇有病之际,虽无□元振之,可告缓急。眼前自有药,不有孙思邈之在,使人人皆可为医也。彼之苟得一二方而近效者,辄胶口秘藏,不肯示人。与夫医者用心不臧,贪图货利,迁延病剧,遂主不救者,观此编亦可少知其劝矣。然予自愧山林鄙见,妄意纂为,尤虑谬误者,多尚赖缙绅医师,高明当达,指而教之,订其讹舛,补其偏陋。庶几广太上好生之仁,抑亦前人君子,闻善相告之意,岂特予之素志云。正统六年岁次辛酉春正月穀旦,鳌峰熊宗立道轩序。

栎窗主人跋:此熊氏采集俗间草药者,卷数正与焦氏《经籍考》符矣。世医特知有《医书大全》,而不知有此书,良可慨也。今兹幸从白云后人玄琢借抄,庶乎发其幽光为耳,时予痰痹在床,会钉装始成,因喜书卷后尔。壬子秋仲十有一日,栎窗主人简题。

内容提要

本书 16 卷,囊括内、外、妇、儿科常见病证方药。每一病证前简短论述该病发病病因病机、诊辩要点、治疗原则。提纲挈领,了然于目。方药次序于后,单方验方为多。所列诸方因地制宜,方药为山居而设。本书反复强调山居寻医不便,故收录方药考虑就地取材,贵重稀少药物基本不予录用,功效峻猛而攻逐泻下、易伤元气之品也慎少之。方中药味少而功效单一,不过三味者居大多数,罕见有复方药物众多繁杂者。本书方药颇为简单,但同样以辨证施治原则为依据,它是方药使用的规矩准绳。每篇病证前的论述,对该病证的辨证施治关键均予以强调,有些论述甚为精当。本书方药虽简单,但治法却适证而立,灵活多样,亦不失为其特点。内妇儿科病证方药以内服汤剂、丸散为多,皮肤、外科折伤等病证局部外治占主导,急症针刺灸法与方药并用。

现存版本

日本抄本,2003 年人民卫生出版社海外回归中医善本古籍丛书万芳等校注本。

圣惠选方

宋·何希彭辑录　六十卷　佚

见《中国医籍通考》《宋以前医籍考》《中国医籍考》《中国古医籍书目提要》。

作者简介

《福州人名志》第 137 页：何希彭，生活于北宋，闽县人。宋太宗命集古今名方药石、诊视之法，下旨国医编纂，号《太平圣惠方》，颁发各州郡。他精通方技之学，凡是《圣惠方》中异域瑰怪难寻之物，如"食金石草木得不死"之篇，皆搁置不用，选其便于民用者得方六千余。蔡襄任职福州时，取其本誊写于板上，列衙门之左右。

序　　跋

蔡襄序：生者天地之德，成者圣人之业。运化流物，随之不遗，生之之理至矣；推本兴治，安而有伦，成之之道著矣。是故作天下之美利者，其圣人之事乎。传称神农味百草，黄帝录《内经》，以除民疾。其术能死者生而夭者寿，以言乎功，虽大禹之疏浚水、驱龙蛇，汤武之用金革、戡祸乱，特救患于一时，孰与无穷之赖乎！故曰：作天下之美利者，皆圣人之事也。宋当天命，出九州之人于火鼎之中，吹之濯之。太宗皇帝平一宇内，极所覆之广，又时其气息而大苏之。乃设官赏金缯之科，购集古今名方与药石诊视之法，国医诠次，类分百卷，号曰《太平圣惠方》。诏颁州郡，传于吏民。然州郡承之，大率严管钥，谨曝凉而已，吏民莫得与其利焉。闽俗左医右巫，疾家依巫索祟，而过医之门十才二三，故医之传益少。余治州之明年，议录旧所赐书以示于众。郡人何希彭者，通方伎之学，凡《圣惠方》有异域瑰怪难致之物，及食金石草木得不死之篇，一皆置之，酌其便于民用者得方六千九十六。希彭谨慎自守，为乡间所信。因取其本誊载于版，列衙门之左右，所以导圣主无穷之泽沦究于下，又晓人以依巫之谬，使之归经常之道，亦刺史之要职也。庆历六年十二月八日，右正言直史馆知事蔡襄序。

内容提要

《中国医籍大辞典·下》第 1638 页:《圣惠选方》,六十卷,宋何希彭撰。刊于北宋庆历六年,本书选录《太平圣惠方》中便于民用之方六千零九十六首,誊载于版,供百姓参用。

按:民国《福建通志·艺文志》卷四十六称:《删定太平圣惠方》一百卷,闽县何希彭著。有误。

玉历金方合编

清·兰玉居士辑录　四卷　存

见《中国医籍通考》《中国古医籍书目提要》。

作者简介

兰玉居士,号觉非子,福州人,生平不详。

序　跋

黄庆安序:当世劝善之书夥矣,为劝善书读,并为活人书读者,则《玉历金方合编》最有裨于心身也。利人者莫大于劝人为善,感发之念由于恐惧而生,《玉历》备之矣。救人者莫亟于济人以方,凶险之时转为平康无事,《金方》备之矣。昔人云:哀莫大于心死,而身死次之。医心病既有针砭,疗身病复有方药,天下不登仁寿之域,未之见也。同乡觉非氏者,于是书敬信有年,藉以寡过,屡获休徵,增订合编,以公诸世,好善之士剞劂而广传之,不与是书共不朽耶!同治丙寅永阳黄庆安书。

郭轩序:甚矣!为善之难也。非为善之难,为善而有财之难;亦非为善而有财之难,有财而不惜其财之为难。如觉非子者,闽中善士也,举凡善书皆嗜之笃,爱之深,特于是书尤凛若冰渊焉。爰将旧本增订格言,添选良方,集成全帙,彼庸俗视为习见之文者庶几珍重,不致委弃。久欲付诸梨枣,奈力有所不逮,维时浙乍葛封翁寿芝肇基客闽历久,好善笃诚,于《玉历》一书尤不释卷,可谓有心而有力者矣。为其先太母张太夫人荐祈冥福,立愿刊付。嗟乎!美必归亲,何其孝也!以善及人,何其仁也!仁孝之君子余得而见之,知其必有兴也。梓成,故乐为之序。同治五年岁次丙寅小春上浣,内阁中书衔署建宁府政和县儒学教谕晋安郭轩介眉氏拜撰。

省心道人序:世皆知《玉历》为劝善之书矣,抄传者什百,受藏者千万,敬信而奉行之者,何叹其未见也。觉非子心窃忧之,爰将旧本敬谨增订,录神明训诫以阐明之,摘古今报应而佐证之,论要证而别之以类,采验方而择其至良,分为四集,帙为一函,颜曰《玉历金方合编》。将使海内洗心涤虑,内省之疚尽除;起死回生,外感之疴若失。当此太平之世,共登仁寿之区,不几转恨事而为快事耶? 愿世人共谅而共宝之。三山省心道人敬识。

内容提要

《中国医籍大辞典·上》第 458 页:《玉历金方合编》四卷,清兰玉居士编,成书于清同治五年(1866 年)。卷一为醒集,卷二为世集,卷三为寿集,卷四为民集。书中以宗教言论,开导世人忏其前非,悔不再犯,并藉以治疗各种疾病,消灾延寿。在寿集与民集中,附载医方数百首,大多是古代名方,对愈病确有疗效。

现存版本

同治五年(1866 年)葛氏刻本,同治十年(1871 年)刻本。

叶氏录验方

宋·叶大廉撰　三卷　存

见《中国医籍通考》《宋以前医籍考》《中国医籍考》《中国古医籍书目提要》。

作者简介

叶大廉,南宋医家,福建南平人,官太社令,叶氏好收藏古书,尤其注重医书的搜集。

序　跋

叶大廉跋:《叶氏录验方》,大廉先世所传,平日受用者也。大廉少好藏书,而于方书尤所注意。宦游四方,每岁率传录成册。虽所积卷帙甚富,前此未见人用,或用而未见其效,与夫大廉疑之而未敢轻用者,皆不敢传之于人。大廉尝见医家有能疗人之疾,而少肯授人以方者,每自思之,与其施药于人,岂若录己验之方,使其传之寖广。遂略分门类,别为上中下三卷。俾寿春刘良弼、三山许尧臣二医士详加校正,而镌木于龙舒郡斋。淳熙丙午孟冬朔,延平叶大廉谨书。

李景和跋:右《叶氏录验方》,太社顷在龙舒,面以见授,具言集此书之不苟。予归而试之,如治伤寒神捷解肌汤、补心气七宝丹等药,皆有奇效。予后为雪为婺日,两狱遇有病囚,居民间值时气,辄施解肌汤为剂,动以数十斤计,服者无不立愈。得名神捷,诚不忝,江淮间人多信用之。它所或未之见,予故刻之冬阳郡斋。嘉泰甲子九月望,浔阳李景和书。

内容提要

海外回归中医善本古籍丛书(第七册)《叶氏录验方·校后记》云:本书分上中下三卷,主要收录诸风、伤寒、气、补益、痼冷、积热、痰饮咳嗽、泄痢、妇人、小儿、杂病、眼目、治咽喉啮、疮肿、伤折等病症。书后载香谱与备急方。全书方药囊括内外妇儿五官诸科病证,皆为临床常见病、多发病。本书收集方药518首。作者利用为官之便,多方搜集,所录方药简约注明来源,全书方药注明来源者达一百余家。其中不少系一人提供数首方药,也有方药几经数人相传,方得于作者之手。提供方药人士,或为政府供职人员,或为医生,或为出家之人。或有家传秘方者,贡献出来,以济世救人。方药来源非一时一地,仅注出地名者即有:绍兴、明州、池州、江南、衢州、舒州、南阳、建州、江东、四明等。与同时代医方书比较,如此注明出处者,几乎没有。表明作者虽不通医药,但对医药之性命攸关,格外审慎。作者非历史上产生影响的著名医家,也不是正史里留有传记的达官显贵,但这不妨碍作者为普通庶民尽力。作者在大多数方药之后注出来源,聘请精通医药的医生审核厘定,是对使用者负责,诚待读者。而不是将它们俱归个人,炫耀于世。全书没有高深的理论阐述,所述方药的适应证、组成、炮制,以及丸散膏丹制备方法,均条理清楚,文字通俗易懂。粗通文字者,即可据书所述,自己制备,尤适宜平民百姓患病之用。山乡僻壤,面对急症,不至于束手无措。作者良苦用心于此可鉴。

现存版本

日本文政六年癸未（1823 年）抄本，海外回归中医善本古籍丛书本，台北故宫珍藏版中医手抄孤本丛书本，上海科学技术出版社 2014 年据台北故宫本校注本。

按：日本抄本和海外回归中医善本丛书本为全三卷，台北故宫本缺卷上，仅存中卷和下卷。

林氏辑著良方

清·林清标辑录　　不分卷　　存
见《中国中医古籍总目》《中国古医籍书目提要》。

作者简介

见《寿世简便集》。

内容提要

本书为林清标辑录的内外各科方书，注重实用，多数验方载来源出处，有录自古代典籍者，有录自各种方书者，有录自当地民间医家者。部分未注明来源之验方，也多为屡试屡验者，如误吞水蛭方，"此吾乡林弼臣身尝试验之。"全书含救急、解中毒、误吞诸物、诸病良方、妇科、儿科、外科、杂记等。杂记系搜罗治虱、臭虫、蚊蝇、鼠穴办法，以及鸡鸭猫犬、猪牛羊马等家畜治疗验方。

现存版本

清刻本。

按：《万卷精华楼藏书记》云：《神农本草经读》四卷，附《救急方》四卷。国朝陈念祖撰，南雅堂本。前有嘉庆八年蒋庆龄、林霨两序，凡例，目录。所采皆时用之药，只百余种。其不常用与不可得者，阙之。注解透发其所以然，务与《内经》《金匮》之旨吻合。非若《药性赋》《本草纲目》并《备要》杂收众说，反掩经旨也。救急诸方，为林清标所辑。笔者查阅南雅堂本《神农本草经读》，卷四附录为《本草附录》,并非《救急方》四卷。笔者手头有林氏辑录方书一部,无序跋,无书名;不分卷,与所谓四卷者不符。考其内容,与林氏辑录《寿世简便集》多有重复。据《中国中医古籍总目》云,林氏有清刻本《救急方》《林氏辑著良方》存世。我们手头这部林氏方书,题署"莆田林清标韦亭氏辑著",疑即《林氏辑著良方》。然又有说焉。余瀛鳌、傅景华主编《中医古籍珍本提要》云:《救急方》,林清标撰,不分卷,成书于1768年。是书载有救急、解中毒、误吞诸物、诸病良方、妇人科、小儿科、外科等内容,涉及280种病证,凡收方600余道。与《万卷精华楼藏书记》云四卷者亦不符。刘德荣《福建医学史略》亦言:该书论述临床的救急、解中毒、误吞诸物,以及妇科、小儿科、外科等各科病症的治疗。本人现有方书卷首即列"救急"类,且内容与上述提要完全一致。综合以上信息,余瀛鳌和刘德荣所谓《救急方》者,可能与《林氏辑著良方》为同一书。四卷本《救急方》的情况目前不明,至于《寿世简便集》《救急方》《林氏辑著良方》彼此之间的传抄关系,待考。

活人事证方后集

宋·刘信甫辑　二十卷　存
见《中国医籍通考》《宋以前医籍考》《中国医籍考》。

作者简介

见《活人事证方》。

序　　跋

小引:是书前集,盛行于世,第限方之未全。今再求桃溪刘居士编集常用已效之方,约计一千余道,分门析类。先原其病候,次引事以证之,使用者无疑,服者必效。此方诚可活天下也,幸详鉴。

内容提要

李克夏校注《活人事证方后集·内容提要》:《活人事证方后集》乃因前集辑成药处方未备,再辑常用之方而成之。全书无序跋,惟目录前有无名氏小引一则,略叙原委。本书与前集一致,亦为二十卷,列有总目及分目,条理秩然。计分二十七门,论及中风、心气、虚损、白浊、盗汗、中暑、瘴疟、霍乱、痰饮、呕吐、肿满、疝气、肠风、胎产、淋闭、发背、血疾、中毒、咽喉、头目、口齿、耳鼻、疹痘、汤火等各病证候,分门别类,先原其病候,次引事以证之。病源证候多用巢元方所论,所引各方类证,更达百家之多,而引证之中时有商榷批正,发明己说。全书共集方约一千余首,皆经验已效之方,故称此方可活天下。在每方后详列了主治证,同时还具体说明了有关药物的炮制法和药剂的修制法,因此不但在理论上具有参考意义,且临床上亦便于采用。

现存版本

日本抄本,台北故宫珍藏中医抄本,上海科学技术出版社 2003 年据台北故宫抄本李克夏校注本,上海科学技术出版社 2014 年据台北故宫抄本刘小兵校注本,珍版海外回归中医古籍丛书据日本抄本影印本。

赣州正俗方

宋·刘彝撰　二卷　佚

见《宋以前医籍考》《中国医籍考》《中国分省医籍考》。

作者简介

《宋史》卷三百三十四《刘彝传》云:刘彝,字执中,福州人。幼介特,居乡以行义称。从胡瑗学,瑗称其善治水,凡所立纲纪规式,彝力居多。第进士,为邵武尉,调高邮簿,移胊山令。治簿书,恤孤寡,作陂池,教种艺,平赋役,抑奸猾,凡所以惠民者无不至。邑人纪其事,目曰"治范"。熙宁初,为制置三司条例官属,以言新法非便罢。神宗择水官,以彝悉东南水利,除都水丞。久雨汴涨,议开长城口,彝请但启杨桥斗门,水即退。为两浙转运判官。知虔州,俗尚巫鬼,不事医药。彝著《正俗方》以训,斥淫巫三千七百家,使以医易业,俗遂变。加直史馆,知桂州。禁与交人互市。交趾陷钦、康、邕三州,坐贬均州团练副使,安置随州。又除名为民,编隶涪州,徙襄州。元祐初,复以都水丞召还,病卒于道,年七十。著《七经中义》百七十卷,《明善集》三十卷,《居阳集》三十卷。

按:《宋史·艺文志》云:刘彝《赣州正俗方》二卷。《直斋书录解题》卷十三云:《正俗方》一卷,知虔州长乐刘彝执中撰。以虔俗信巫,无医药,集此方以教之。《遂初堂书目》作《赣上证俗方》。

瘐狗验方

清·廖廷璋撰　一卷　未见

见力钧《槟榔屿志略》。

作者简介

力钧《槟榔屿志略》卷八《艺文志》:廖廷璋,字锡五,海澄诸生。此方重刻于槟城。方中得力,在紫竹根一味。闽医有专治瘐狗,用紫竹根获效者。紫竹,即市肆制生烟筒管所用者。考之诸家本草,皆未录。

序　　跋

廖廷璋自序:此方余丙子秋试所得也。余不晓方书,置诸箧中。后邻右有被瘐狗伤者,出方以试,药到病除,凡服而愈者四五人。戊子南游,闻因瘐狗陨命者多,心甚恻然。因与林君葆光言,此方奇效。林君志切济人,邀诸乐善君子,鸠资印送,以广其传。服法原序已详,不赘。

悬壶须知

清·力钧撰　存(残存上卷)

见《清代御医力钧文集》。

作者简介

见《难经古注校补》。

内容提要

王宗欣校注《清代御医力钧文集·悬壶须知点校说明》:原书是一个写本,以力钧所习用的朱丝栏格钞书纸写就,半页十行,行二十四字,上卷正文二十二页。以现存的内容观之,是一部丸药方辑录;以字体的风格观之,似非力钧本人所为。再从力钧所亲笔书写的封面题笺和卷端看来,原书之命名和在《芹溪医书》中的排序亦与誊录并非同时完成。又依理推之,《悬壶须知》当有下卷抑或还有中卷作为《芹溪医书》第四辑的别册,其内容是否均为丸药方,目前尚不得而知。

现存版本

民国《芹溪医书》稿本。

活人事证方

宋·刘信甫辑　二十卷　存

见《中国医籍通考》《宋以前医籍考》《中国医籍考》《中国古医籍书目提要》。

作者简介

刘信甫,一名信父,号"桃溪居士",邵武人,生活于南宋时期。信甫幼习儒学,"屡摈名场,而壮志弗就,乃敛活国之手,而为活人之谋",以医为业,救人甚多,研究典籍,颇有心得。著《活人事证方》二十卷、《活人事证方后集》二十卷、《新编类要图注本草》四十二卷。

序　　跋

刘信甫小引:余幼习儒医,长游海外。凡用药取效者,及秘传妙方,随手抄录,集成部帙,分为门类,计二十余卷。每方各有事件引证,皆可取信于人,并系已试经效之方,为诸方之祖。不私于己,以广其传,庶使此方以活天下也。桃溪居士刘信甫编。

叶麟之序:医家之攻疾,如兵家之攻敌,其术一也。是以古之善用兵者决机制胜,虽若纵横出于己,然求其谋计之所施,无不暗合古法。如韩信之背水,虞诩之增灶,往往皆祖孙、吴之故智。此无他,取事之已然者以为证,果何往而不收效耶?兵家且然,而况于医家之疗病者哉!考之往昔,以医名世者无出扁鹊、和、缓之右,观其望齐侯而退走,辞晋侯而弗治,亦不过按疾在骨髓膏肓而为之辞,然后知不证以古方而尝试以私意者,皆非三折肱之良医也。

桃溪居士刘君信甫,本儒家者流,屡摈名场,而壮志弗就,乃敛活国之手,而为活人之谋。既而思之,囊有妙剂,仅可以济一隅,曷若鸠千金之秘方足以惠天下之为博也,于是此书作焉。夫作非己私,而证以成效,欲使观者有据而用者不疑,仁矣哉! 信甫之用心也。予尝怪世之庸医,未必得《周官》十全之术,设或遇人危笃之疾,反欲自珍其药,以为要利之媒,贪心未餍,虽匕剂而不轻试,尚何望其以秘诀而授人哉! 斯人也,其不为孙思邈之罪人者几希矣! 正尔伤夫医道之趋薄,而深有感于刘君之近厚,此所以伻来谒序而不敢辞。时嘉定丙子腊月朔旦,从政郎新监行在惠民和剂局叶麟之棠伯书。

丹波元简跋:《活人事证方》二十卷,目录及药性歌一卷,宋桃溪居士刘信甫撰。凡二十门,每方各有事件引证,盖许白沙《本事》之流亚也。本邦性全《万安方》、有邻《福田方》,往往援引其方。而世无传者,每以为憾焉。兹吉医官长达偶携其所藏宋本来而见借,予惊喜不知所况,遂速付写手影钞,以藏于家。但是书《宋·艺文志》及晁氏《读书志》,陈氏《解题》并不著录,故信甫履历不得详焉。考叶棠伯序,信甫本儒者,屡摈名场,而为医者,乃与叶同嘉定时人。享和壬戌夏五月十七日,栎窗书丹波元简。

内容提要

《珍版海外回归中医古籍丛书·活人事证方》影印说明:《活人事证方》二十卷,各卷分门为:一卷诸风门,二卷诸气门,三卷伤寒门,四卷虚劳门,五卷补益门,六卷妇人门,七卷脾胃门,八卷水肿门,九卷泻痢门,十卷喘嗽门,十一卷小肠气门,十二卷脚气门,十三卷头风门,十四卷痔漏门,十五卷痈疽门,十六卷疮疡门,十七卷补损门,十八卷小儿门,十九卷消渴门,二十卷通类门。该书以论述病证为主,分诸风、诸气、伤寒、虚劳、妇人、疮疡、小儿等共 20 门,选方颇多,各有医事引证,皆可取信于人。其中有一些较有价值的药方,如取痔用砒、矾、草乌、蝎梢等外治,是历史上较早的枯痔疗法。是书刻后,盛行于世。底本前集之前,尚有本草附卷一卷。《宝庆本草折衷》称之为《本草要略》,称"凡方内所用药物,并于本草中以括治效之要,冠于卷首"。今检视原书总目卷一之前,有文曰:"药有金石草木鱼虫禽兽等物。其出温冻寒热,酸咸甘苦,有毒无毒,相反相恶之类,切虑本草浩繁,卒难检阅。今将常用药性四百余件,附于卷首,庶得易于辨药性也。"可见并非就该书方内所用药物,括其治效之要,而是从本草中精选药物四百余种(实有药物一百二十四种),简述药性功治,以便检阅。这种在大型方书之前,附药性提要的做法,在南宋已成风气。该卷于各药解说之前,载有"药性相反歌"、"药性相妨歌"、"六陈歌"、"十八反歌",均为早期的药性理论歌诀,且不同于当今流传的同类歌诀。

现存版本

日本抄本,珍版海外回归中医古籍丛书据日本抄本影印本。

增订验方别录

清·郑奋扬辑　民国·徐友成增订　四卷　存

见《中国医籍通考》《中国医籍续考》《中国古医籍书目提要》。

作者简介

见《增订伪药条辨》。

序　　跋

陈宝琛序:郑君肖岩以所辑验方千五百余则,欲付剞劂,属为弁言。余尝病世俗所传《验方新编》者繁驳无原本,然乡曲鲜医药,十试亦复一二效。肖岩家世儒而业医,以其阅历所得,证之诸传本,删补校订以成此编,不更切实有用耶? 余尝与肖岩村居,相去才四五里,而肖岩鬻技于近郭。是编刊成,吾知其不胫而走矣。时光绪二十年冬十月,陈宝琛序。

郑奋扬自序:善化鲍君云韶成《验方新编》,番禺潘氏序之,比为《苏沈良方》。迨同治甲子重刊,冯序又以思邈《千金》为喻,盛传海内,洵为济世慈航。十年前,揭阳丁中丞有缩印本,删繁就简,一抵于醇。嗣南昌梅中丞复增广原书,益以八卷,灿然大备。删也、补也,两中丞关心民瘼,实欲使天下苍生悉登于仁寿之宇焉。余世读活人书,自束发习举子业时,即涉及岐黄之学。甲申、己丑,丁内外艰,橐笔山庐。七年中风木衔悲,思有以承先志者,临症之暇,爰检古今载籍,及亲友传闻,并家传秘方,得验方一千五百余则。复将鲍氏本、梅中丞本逐一校对,雷同者复去三分之一,中有一二重见处,因历试奇验,不忍割爱,颜之曰《别录》。所以别于新编,而不敢言续也。嗟乎! 穷乡僻壤之中,马足船唇之地,有病无医,有医无药,间有医药,其不能深中肯窾者,反不如得验方一编,按图而索,尚可共庆生全矣。今夏陈君锡轩过谈,获见是书,曰:此活人宝笈,不宜自秘,当为集资以寿梨枣。予喜陈君利济为怀,重加校订,付诸手民,伏望海内大方家匡所不逮云尔。时光绪二十年夏六月,闽县郑奋扬肖岩甫识。

林纾序:尝读南北史,至徐之才、姚僧垣、褚澄、张文伯事,列方处病多骇怪不经,涉于神鬼,心窃非之。夫五脏受病,投以汤液,能拨脉切理,勿涉歧误足矣,何必托为鬼神以乱耳目。虽然,骤尔中恶性命,呼吸仓遽,安从得医即得矣。然暑难火动,致晷刻而疾者已殆。于是独方奇味奏效,亦几于神鬼所为。其方或杂取金石瓦砾、草根木屑,实搜粪壤之中,广罗虫豸之窟。世所传《验方新编》者,大率类是。吾友郑肖岩先生,四世业医,收罗绝博,去取精审,别订为《验方别录》四卷。刘子《随时篇》曰:救饥者以圆寸之珠,不如予之橡菽;贻溺者以方寸之玉,不如予之短绠。余亦说饷病者以美食珍饵,不若予之良药。此者一行,其中于病者,岂仅美食珍饵之饷哉!吾谓先生之造福于人不浅矣。乙未三月,林纾序。

何廉臣序:谚云:千方易得,一效难求。然则验方诚足尚已,然而验方岂易言哉。或略而不详,或繁而不纯,或药物甚少,不易取求,或药品罕真,难期效果,甚至猛方峻药,无益有损。是以方虽多,而善本实少,惟《验方新编》一书,世俗最为通行。是书经丁中丞删订于前,梅中丞修补于后,二君皆职任封疆,关心民瘼,奚啻登高而呼?故其书遂风行海内焉。然其中效者固有之,不效者亦不少,穷乡僻壤以助医药之不及则可,而谓可恃此以全生,则亦未敢遽信。盖方随证为增减,药随病为转移,因物付物,何容心焉?设每立一方以治一病,印定后人眼目,天下岂有呆板之病证,待呆板之方药耶!昔者吾友赵晴初老名医曰:经验良方,刊刻印送,救人疾苦,此诚仁人之用心。第所集者虽皆试验之方,而用方者未能确辨其证,往往检方试病不效,则更方再试。轻证轻方,当无大碍,若病涉深重,药属猛烈,其堪屡试乎?如近今《验方新编》不胫而走,几至家置一编,其中不无庞杂,间有峻厉之方,意编书者似于医事未尝有精诣也。然善化鲍氏费二十年心力,汇集诸方,校雠不倦,其活人济世之心,正是令人钦仰,原在用方之人,自己斟酌去取耳。昔李明之先生尝言《苏沈良方》犹唐宋类诗,盖言不能诗者之集诗,犹不知方者之集方也。一诗之不善,诚不过废纸而已,一方之不善,其祸有不可胜言者。夫试验方岂有不善,不对证或适与证相反,乃为不善耳。愿集方者遇峻厉方,可删则删之,万不可删,则予方下详细注明病情现证,如何者可用,如何者不可用,庶用者可以对证检方,不致轻试浪投,是亦古人慎疾之意欤?今郑君肖岩以所著《验方别录》正续二集共八册邮寄前来,命余作序。披阅之下,喜其简而不失之略,详而不失之繁,且急救、解毒二门,尤能切于实用,为他书所未及。窃谓验方之作,其方宜简,其法则宜详,其价宜廉,其效则宜速。其病之缓而可以徐图者,不必多列其方,其病之急而易于伤生者,必当多备其法。要使编户穷民求之易得,用之不费,而屡试辄灵,是真所谓验方矣。今观是编,先得我心,仍将拙序登板表彰。余姚徐君友丞闻而兴起,函索原书,复将手辑单方、良方选要两书,重加参订,分为三集,先后刊行。书成仍名之曰《验方别录》。足见乐善不倦,成此不朽之功德也。吾知此书流传天下,庶几旦夕之间,危亡立拯,陬澨之远,仁寿同登,其有益苍生岂浅鲜哉!爰乐为之序。中华民国七年六月中浣,绍兴何廉臣识于越城卧龙山麓之宣化场。

徐友丞序:昔王君孟英为有清一代名医之伟人,具慈良之性,秉明敏之心,稽古籍则见识独超,理时症则灵机毕集,所著《潜斋医学丛书》十四种以饷后学,厥功甚大,尤以医话及简效方各种,为裨益人民之生命不浅。尝谓选方者未必知医,而知医者非视单方琐屑为不足道,即矜为枕秘而不传,因之行世单方竟无善本。于是择其方简药廉而用有奇效者,名之曰《简效方》,前后所集,是皆由三十年中见闻所及而选辑之,以继先人之志。今同社友郑肖岩先生,世儒而业医,秉承家学渊源,加以四十年来经验,费尽苦心,辑成《验方别录》正续二集,先后刊行,用无不效。得是书者,皆奉为至宝。其存心济世以承先志,正与潜斋意旨不谋而合。况等身著作,尤以救济为急。当光绪辛丑冬间,闽省鼠疫盛行,则本罗氏《鼠疫汇编》而著为《约编》。迨壬寅新秋,霍乱流行,则著《热霍乱辑要》。客岁丁巳春初,发生天花痘疫,则重订《痘症慈航》《引痘要略》,时因外间疹痘未熄,则编成《疹症宝筏》。历年集资刊送,流传海内外,无不欢迎恐后。有补苍生,其功甚伟,非虚誉也。况年入古稀,力行善事,乐此不彼。客冬又重印《四生合编》及许氏《伤寒百证歌》,述而不作,表彰先贤之学,以昭示来许。闻所著尚有《人体寄生虫通考》四卷,《袖海庐医案》二卷,《医话》一卷,《诗草》二卷,《伪药条辨》四卷,《医学源流》两卷,《中西医药汇参》二卷,皆拟修正刊行。有此精神诣力,固能寿世寿人,而与潜斋先哲名垂不朽矣。今春阅《绍兴医学报》所登何君廉臣《验方别录》序文,乃函索是集而披阅之。与拙集《单方选要》《良方选要》所采入者,十有二三相同,可见方既经验,人皆宝藏。于是函商筹资再版,将经验良方增入。蒙先生慨然允许,深慰鄙怀。于戏! 以仁存心,以德化人,实为古时所罕见,尤为当今之难能。爰缀芜词,以志景仰,序云乎哉。中华民国七年岁次戊午天中节,余姚友丞徐有成谨识。

郑肖岩跋:明刘诚意有言,药不对症,枉死者多。可见对症用药,然后药到病瘳,则人无枉死矣。回忆前清甲午至丙午,手辑正续验方八册,前后刊送穷乡僻壤,活人不少。时因邮局未开,交通不便,以致流传不广,最为憾事。且所刻木板,寄藏坊间,已经蛀坏不全。客岁欲谋再版,请序于绍兴社友何君廉臣,蒙赐序言,先登于《绍兴医学报》端。余姚徐君友丞,主任中华卫生公会,与余为神交挚友,阅报及序,函索全集,欲为增订。往复函商,乃将所辑《经验单方选要》《良方选要》二书至稳至要、屡试屡效者而增入之,且订正是编分为三册,非饤饤钞撮者所可比。热诚之极,筹资次第刊行。其附益诸方,则仿徐用诚《玉机微义》之例,各加"新增"二字以别之。得是编者,虽平日未读医书,而对症用药,一目了然,其收效尤易。蒙年已垂暮,得遇知音,广结善缘,亦云幸矣。伏愿慈善家利济为怀,踵起印施,俾家有是书,将见消沴戾于无形,登斯民于仁寿,无负友丞君济世救人之苦心,鄙人当馨香祷祝以求之矣。中华民国七年岁次戊午仲夏天贶节后,福州郑奋扬肖岩谨跋,时年七十。

徐友丞《验方别录》再版增订说略:经验良方,汗牛充栋。但就前代印行方书而论,除鲍氏《验方新编》外,集成全书者,如年希尧《集验良方》(雍正二年刊行),李焕章《经验广集》(乾隆四十三年付刊),叶香侣《平易方》、陆画村《经验良方》(嘉庆年间刊印),罗军门《简易良方》、谢蕙庭《良方集腋》、祝补斋《卫生鸿宝》、恬素氏《拔萃良方》(均于道光年间刊版),王孟英《四科简效方》(咸丰四年付印),丁尧臣《奇效简便良方》(光绪七年出版),其余著述不可枚举。或出医士手辑,或由善士选刊。友丞均有购备,而求之当今名医辑成书全集者,卒未之见,殊为遗憾。或予见闻未周,访求不到,亦未可知。然说者曰,如毛达可所著《验方》最为善本,《冷庐医话》中言:清朝医学之极盛,医书之大备颇详,其论单方之书,毛达可之《济生养生集》《便易经验集》为医门秘笈。由是言之,则如《验方新编》《拔萃良方》《潜斋四科简效方》,购置案头,足以利己利人,何必急求近时名医方书焉。予作而言曰:凡是方书,刊载皆出经验,第方理莫释,症候不辨,殊未尽善。试举《验方新编》一书而观,赵晴轩医话尚议其博而不精,方药间有峻剂,用之不慎,适见为害,则可知方书之克臻完善,诚非易易也。窃思方不贵乎繁多,病必先于辨症,治失其症,则千方不效,治得其症,则一药有余。近来单方杂出,传布者既莫辨其寒温,犯症各殊,鲁莽者更不详其虚实。在集刊方书者,原期病家斟酌采用,而无如病家昧于医理者居多,用之对症,固见立效,若症不合,殊有妨碍。其中药石乱投,利害因之参半,是故刊传验方者,以济世之心往,而以杀人之过归,岂不可惧?此予所由征集近今名医实验良方,以臻完备而成善本也。友丞悉心征方十有余载,编辑宗旨以辨明症候、解释方理为主要,而尤方取灵验、药求和平,俾病家知所辨症,选方服药有利无害,以尽利济之微忱。然犹战战焉,兢兢焉,以学识浅陋有过无功为虑,不敢刊行于世。适见绍兴医报刊载何廉臣先生撰有《验方别录》序文一通,阅读之下,知是编为郑肖岩先生所著,大慰夙愿。盖予欲得完善之方书而卒不能得之者,今得之矣。用特驰函访求,当蒙惠寄前刊《验方别录》正续全集,并商酌重刊办法。予阅是编,觉验方汇集简而赅,精而当,无方不备,无症不详,症以辨而愈明,方以良而受益,诚为寿世之金丹,救生之宝筏也。于是友丞往复函商拟将拙著之《单方选要》《良方选要》相与合刊,感荷赞许,故《验方别录》一书由丞编分三集。凡用药只一二味,或用外治妙法者,列入初集,以便穷乡僻壤旅居行旌之处,得以救急保生,并可广为流传,便利贫病。若药味颇多,屡试屡验,及可修合丸散膏丹用无不效者,则列入第三集,借以振兴华药,保存国粹,正不仅仅以供善士制送,药铺制售,及利济医病两家已也。至怪疾杂症、急救解毒诸治疗法,列入二集,为补助中西医士能力所不及,救援极急极险,延医莫及诸恶症。昔史搢臣先生有言曰:仓卒救人方药,凡友人传用之有效者,刊之唯恐不速。惟愿见余书者,广为传布,虽客程旅舍亦宜抄而黏壁,使人人知有救急之法,必有因此而全活者矣。传方者岂无功乎?搢臣先生之言如是,吾人当体察而力行之也(搢臣先生著有医话良方,其所载良方救急居多)。凡拙著之《单方选要》刊入初集,《良方选要》附刊于二三集中,仍颜其名曰《验方别录》,盖以肖岩先生大著为主,拙集副之。至《验方别录》集成之完备,内容之精粹,何廉臣诸公叙文以阐扬靡遗,无庸赘言,谨志缘起而明旨趣,爰附言于诸君子序文之后。徐友丞谨识。

郑锡光续验方别录原序:吾宗肖岩茂才于甲午岁有《验方别录》之刻,陈弢庵阁学、林琴南孝廉,皆序而传焉。今岁续成,嘱余识其崖略。予于医学,鲜所研究,乌足以发明肖岩之苦心。顾肖岩之为人,则余知之甚深而不能无言也。肖岩名家子,有声庠序间,壮岁从事船工,有年劳。甲申法事起,办乡团尤力,曾获优奖。嗟乎!肖岩尔时才三十许。使出其倜傥遒上之才,一行作吏,必有所以表现。乃蜷伏里间,藉活人术自娱,且以自晦,殆仿佛乎隐君子之所为,盖过人远矣。兹编之成,固由蒐辑之勤,见闻之富,而观其阅历愈进,理解愈精,益信医之为道,非实验无以为理想也。其于方便济人之意,读者披卷得之,不复赘云。光绪三十二年仲夏中浣,宗世弟锡光拜序。

郑奋扬自序:甲午夏六月,余成《验方别录》,传播远迩,试之辄效,于是踵门索书者麕至。苦无以应,乃令坊间照值印售,俾广流传而宏利济。嗣阅甬东王松堂司马《秘方集要》一书,复将验者录之,福清杨少彭茂才亦出示侯官林芗溪广文所著《砚耕绪录》数十卷,中多奇方,尤不可不汇钞之,以广其传。自是旁搜博采,凡书籍所记载,亲友所传闻,实有效验者,随得随录衰然成帙。殚九载之苦心,续一书以济世,俾穷乡僻壤,仓促间依症验方,依方服药,不较胜于降僮延巫为有益乎。乍浦杨伯卿太守见是书喜而锓之,其寿世寿人之意,良足多矣。校雠既竣,爰志梗概于简端。光绪三十二年夏五月,闽县郑奋扬肖岩识。

验方别录例言

一、是书原录一千五百余则,嗣与鲍氏原书及梅中丞本一一校对,雷同者复删去三分之一,以存庐山面目。

一、分门别类四十有二,皆得自古今载籍,亲友传闻,及家传秘方,率多经验不敢少参鄙见,妄立一方。

一、救急、解毒二门,多从《洗冤录集证》选出,皆危险之症,必须急治,故为首列,友丞另编一集名曰《验方别录三集》。

一、是书外治多内治少,所订汤方极稳极妥,凡毒药峻剂概不入选,幸勿轻视。

一、药品有关生命者,概不收录,间有一二用处,实出于不得已也。

一、验方自梅中丞增广后,搜罗已富,此刻似赘,然为活人计,不妨再为传布,俾资选取,且可择药味之便者用之。

一、各卷目录只列病症或方名,间有一症十数方者,幸为细检,至门类不伦有乖体例,识者谅之。以上七条载在别录正集。

一、续集得方一千一百余则,厘为四卷,分门别类五十有八。凡鲍刻《验方新编》已登者,仍不重录,循旧例也。

一、幼科妇科验方，搜采颇多，故于两科中，另分门类，以便检阅。

一、各方条下，或记书名，或记人名，亦不没人善也。间有未记者，或因亲友传述一时忘记，或抄录失笔不及再检，是皆经验良方，不敢少参鄙见，妄立一方。友丞增入验方，亦本此宗旨。

一、所录内服各药，皆名家经验之方，至稳至当，毒药峻剂，概不入选。

一、是刻较初集门类，多十有六，益见详备。以上五条载在别录续集。

一、增订是编各门类中，首先辨明症状及治疗法，以古今名医立说最优者选录之，俾病家按症选方，服药奏效。而凡为医生者，尤得知所准绳。

一、拙著《单方选要》《良方选方》有与是编相同者，方下加以按语，或说明用效，以证实验。

一、是编各门类中，有增入至稳至当、屡验良方者，每条下旁注新增二字以别之。

一、是编所录验方，出于何书，有未曾注明者，为之悉心查考，标明出处，以保国粹。并翻阅各种医书，校对每方之制法服法，相与参证，以期周详，诚如何氏序文所谓验方之作其方宜简其法则宜详也。其中细心参究，埋头加注，目力脑力，均已费尽。得是编者，幸勿轻视。

增订凡例·宗旨

一、症候宜辨明也。王氏《霍乱论》有言曰：医者，精脉理，识药性，胸罗经史，口熟方书，斯可以济世矣。余曰：不可必也，能辨证乎，苟不辨证，而但凭脉以用方药，虽引古证今有典有则，恐不免为二竖所笑也。惟圣人早料及此，以辨证之法大书特书，垂示后世，可谓既详且尽，岂但为霍乱分寒热哉。王氏之言如此，益可知病家检方用药，当先辨明症状为最要也。鄙人购阅方书甚多，皆于病证略而不详，引以为憾。在编印方书者，其宗旨在于穷乡僻壤，或旅居行旌，延医不及之时，足为济急之需耳。然采集各方，繁而无当，症不明辨，则有以药试病之误。是书每于病症之虚实寒热详细辨明，庶几对症选方，用药奏效。

一、方药宜详明也。增订是编，煞费苦心。古方出于何书查考注明，以保国粹。处方简义，间有阐发以明学理，又有证明用效，俾人信从。盖虽平淡实有奇功，如经霜萝卜菜为治喉治痢之妙药，白术车前二味之治水泻，青果萝卜二味之治喉痛，均见神效是也。他若用参一味能救血崩欲绝，生地一味能救吐血成崩,芡实叶一味能治胞衣不下,诸如此类不胜枚举。而外治各法,尤见灵应,得是书者,幸勿轻视。经过霜雪萝卜菜功用浩大,不止仅能治喉治痢二疾已也,用特标明及之,愿诸君制备以济世为荷。制备方法,载在第一集痢疾门、咽喉门。

一、刊方宜谨慎也。鲍氏《验方新编》繁而无当,间有峻厉之方,用方者未能确辨其证,往往检方试病,不效则更方再试。轻症轻方,尚无大碍,若病涉深重,药属猛烈,何堪屡试(以上数语录赵晴初名医所著医话稿中)。肖岩先生热诚济世,特著《验方别录》一书,简而赅,精而当,所列各方外治居多,所订汤方极稳极妥,凡毒药峻剂概不入选,诚为寿世之金丹,救生之宝筏也。鄙人增订是编,以手辑《单方选要》《良方选要》二书至稳至当、屡试屡验者而增入之,以广流传而资利济。凡药物之名称,各处俗呼不一,若仅就俗呼而刊载之,则他处不知,难免误会。是刻顾将药物之正名及俗呼一一详释,庶几知识普通,可收实效。

一、增订是编与初集同一宗旨,初集例言载有十余则,兹不赘及,请参阅初集为荷。

增订凡例·体例

一、是编初集二集,所列门类相同,凡用药一二味,及用外治妙法者,列入初集。至药味颇多,屡试屡验可修合丸散膏丹,用无不效者,列入二集。惟第三集门类则与初二集各异,以急救、解毒、拯荒、戒烟,及救咬伤、外伤为主要,余如疮毒、痈疽、疥癣、瘰疬、痔漏诸外科,癥瘕、痨症、痫风、蛊毒、诸疯,诸虫、癫狂诸内科,以及服饵、奇疾诸杂症,均载在第三集中,请阅者注意之。

一、第三集急救、解毒二门,尤能切于实用,为他书所不及,何廉臣君序文业已赞赏及之。古人云:救人一命,胜造七级浮屠。俞桂庭曰:天下第一好事,莫如救人之命。吾侪家置一编,能救生命危险于顷刻之间,易于行善积德,乐何如之。

一、各卷目录,只列病症,并记总名,或方名间有一症数十方者,幸为细检。至门类不伦,有乖体例,识者谅之。

内容提要

《中国医籍大辞典·上》第 470 页:《增订验方别录》三卷,清郑奋扬编,徐友成增订。成书于清光绪十年(1884年)。本书卷一、二各分二十四门。门类相同,内容相关。如温疫门、中风门等,两卷俱存。卷一记载单方和外用方,卷二记载验方(药味较多)或丸散膏丹方。卷一中风门,治中风痰盛之证,用藜芦煎汤涌吐痰涎;卷二中风门,用挟痰方等;卷三仅记要目,为急救之方,未书具体方证。全书载方二千余首,多属经验方、单方之类。

现存版本

清光绪二十一年(1895年)乙未刊本,民国八年(1919年)宁波中华卫生公会铅印本。

按:据《中国医籍大辞典》云,是书有光绪十年福州陈文鸿刻本,1918年、1919年宁波中华卫生公会铅印本。据光绪二十年郑肖岩自序所述,所谓《验方别录》,系其光绪己丑十五年(1889年)之后陆续搜集各种单方验方而成,"光绪十年陈文鸿刻本"这一信息可能有误。笔者所见光绪二十一年刻本,题"光绪甲午六月开雕","版藏福州鼓楼□陈文鸣刻坊"。据上述陈宝琛等人序文,该版应为《验方别录》的最初版本,是书以鲍云韶《验方新编》为底本,结合古今医书、亲友传闻及家传秘方,收录验方一千余则。本书共分四卷,卷一首列急救门和解毒门,卷二卷三卷四分列各症,共计41门,其中以外治法居多。民国初年徐友丞在增订此书时,又将自己辑录的《单方选要》《良方选要》二书至稳至当、屡试屡验者而增入之。是故光绪二十一年版与民国八年版有较大差异。另外需要说明的是,光绪二十一年版有林纾序文一则,因字迹过于模糊,辨认困难,未录。

橄榄治痢奇验方

清·陈熊撰　不分卷　存

见《中国医籍通考》《中国医籍续考》。

作者简介

陈熊,字采臣,福州人,光绪八年曾主持陕西乡试,后任陕西石泉知县。

序　跋

陈熊序：光绪八年，岁次壬午，陕西省举行乡试。熊自清涧奉调入闱，沿途旸雨不常，致感冒风寒。初不甚觉，及入闱司誊录，至初八日下午，忽患痢，一刻约有十余作。因忆倪涵初先生有痢疾三方，嘱内供给购第一方药品，据云顷将封门，应俟初十日购取。熊无法，只有待之，傍晚下痢尤剧，旁皇无措。忽忆入闱时带有闽中糖橄榄、盐橄榄各一包，遂各取三枚，装入茶碗，用开水冲服之。服三次，各九枚，冲开水六次，一气连渣进之。时将二鼓，痢亦不下，乃上床安息。次早急于欲下，疾如厕，下红白痢一大堆，胶粘如稠糊，病遂爽然如失。是日在至公堂盖号戳，晤受卷官同官县知县同乡梁德邻济谦，因告之故，德邻素精医理，颔之而已。嗣于二十一日，外场事竣出闱。二十八日，据德邻云：伊出闱后亦病痢数日，诸药不效，如法服糖、盐橄榄，一服而痊，真大奇事。数年来，屡试屡验如神。似此治痢奇验良方，实为从古所未闻。且本年七月二十八日，熊七男钟清得秋疫之症，至八月十一日，大便不下，医者迭进犀角地黄汤，及大黄、石膏、蜂蜜服之，总觉谵妄不宁，疑神疑鬼。是晚二鼓，不得已亦用糖、盐橄榄各三枚，冲开水一茶碗与服，遂安眠酣睡。次日黎明，将冲过橄榄再冲开水一茶碗与服，约有一刻多，即下寸余长干粪五六枚，病遂霍然而愈。是糖、盐橄榄不特可治极险痢证，并可治极危瘟证。惜七男病初起时，未与之服耳。若使早服，必早愈也。至倪涵初先生痢疾三方，治痢主于解，恐邪热胶滞太多，亦有不能骤解者。若糖、盐橄榄主于利，一利而无不利，有不渣滓尽去、清光大来乎？况此二品，系闽省福州日用常服之果，并非攻克狼虎之药可同，且服之万无一失。实上苍悯斯人痢疫之苦，欲登诸仁寿，而于闱中若指示于熊，俾万世得此疾者，皆可一服而瘳，且屡试屡验。用敢叙其缘起，刊刷分送，愿天下名公巨卿及通都大邑、穷乡僻壤精于岐黄者，推求其故，广而传焉，不以熊言为河汉，则幸甚矣。时光绪十有四年岁次戊子九月二十三日，知陕西兴安府石泉县事闽县陈熊采臣甫叙。

孙万春跋：物之生也，各有其能，其能不著，天必默助之。使之大显于世，俾人人获其益而无所损，斯克尽因材而笃之天心。然天不能自显之也，必借人力以显之，人亦不能即显之也，必会逢其适，不得不用，而后物之能见，即天之心亦随之俱见。如吾友陈采臣以橄榄已痢是也。橄榄自古无治痢之说，乃明府于闽中无意得之。且求药不得，不能不用。殆天牖其衷，使之服之，以显橄榄之用,以补古今医家见解所不及欤。余按《本草》,橄榄入肺胃,清咽生津,除烦醒酒,亦清热品也。痢者,食积于大肠,水滞于膀胱,而不能通利也。橄榄木造舟,鱼拨着即浮出,其制水之功为独绝。兹以糖制之使入胃,以盐制之使入肾,胃解而大肠通,肾解而小便利,痢尚能为祟乎。惟产于福建者良,他省皆不及。此方一出,愿各药肆每年增此二品,其利济岂有穷哉。光绪戊子十月,愚弟孙万春介眉甫跋于茶溪榷馆。

守拙子题识:再,此书系由江西南昌府幕友丁君乐士寄与其友范毓峰、徐冠群两君,冠群得此方,试之果验,遂商之吴君芷澂,冀广流传。并言原书叙及糖盐橄榄,闽产者良,第恐无从猝办,可权取南货铺或糖色店所售甜青果、盐青果充用,惟青盐者勿用,虽不及闽产,亦可收效。爰亟与同人集资,刊刻印送,尤愿将来乐善君子,务购到闽省福州之果,多备以应取携。价廉而功大,俾利济及于无穷,实有厚望焉。光绪癸巳七月,武林守拙子识。

内容提要

《中国医籍大辞典·上》第 722 页:不分卷,清陈熊(字采臣)撰,成书于清光绪十四年(1888 年)。本书专述橄榄治痢疾之法,即用福州糖橄榄三枚、盐橄榄三枚,开水冲服,连渣服治痢疾,不连渣服治时疫。认为橄榄入肺胃,糖制入胃,盐制入肾,且制水之功独特。

现存版本

清光绪十四年(1888 年)刻本,光绪十九年(1893 年)杭州刻本。

杏林肘后方

明·方炯　撰　佚

见《中国医籍通考》《中国医籍考》《中国古医籍书目提要》。

作者简介

见《脉理精微》。

备药笼中

明·林材撰　一卷　佚

见《中国分省医籍考》。

作者简介

林材,号仲山,万历癸未进士。

按:民国二十二年《闽侯县志》卷四十七《艺文上》著录。据《明代进士题名碑》,林材为万历十一年癸未科三甲进士。

临证验方

清·刘福修撰　佚

见《中国分省医籍考》。

作者简介

民国十年《闽清县志》卷七《方技传》:刘福修,字洪久,邑人。居二都园头村,初隐于石山。从邑名医许燮学,生有神悟。后出治病,五十年间,治愈内外沈疴,指不胜屈。尝集平时经验之方,汇为一书,颜曰《临证验方》。长男明玑,亦传其学,诚近世之良医也。

陶园药方

明·戴震雷撰　佚

见《中国分省医籍考》。

作者简介

乾隆《仙游县志》卷三十六《人物·仕迹》:戴震雷,字稺嘿,幼灵慧。天启七年乡荐第一,亲老,改授归化县教谕,以文章性命经济课诸生。时二丁无鹿,例索猎户折价,震雷曰:安可克祭物以肥私囊哉,却之。及秋,忽有二鹿跃入庙,遂取以祭,时咸异之。秩满升崇仁知县,崇故刁,邑多豪族,辄聚众击斗,设法惩之,俗稍变。时值屡荒后,前任以赈致乱,受黜。震雷立粥场三十六所,又人给一月粮,民赖以活。邻邑寇发,檄三邑会剿。震雷曰:此民也,铤而走险耳。遂单骑谕降之。未几,以外艰回里,无意仕进,自号陶园跛人,著《读礼初编》《四书解》等书。

　　按:乾隆《仙游县志》卷四十六《艺文志·著述》有著录。

食 鉴

宋·郑樵撰　四卷　佚

　　见《中国医籍通考》《宋以前医籍考》。

作者简介

　　见《本草成书》。

序 跋

　　郑樵《夹漈遗稿·上皇帝书》曰:五六年,为天文地理之学,为虫鱼草木之学。以虫鱼草木之所得者,作《尔雅注》,作《诗名物志》,作《本草成书》,作《草木外类》;以方书之所得者作《鹤顶方》,作《食鉴》,作《采治录》,作《畏恶录》。

鹤 顶 方

宋·郑樵撰　二十四卷　佚

　　见《中国医籍通考》《宋以前医籍考》《中国医籍考》《中国古医籍书目提要》。

作者简介

　　见《本草成书》。

序 跋

　　见《食鉴》。

验方偶录

清·林庆炳辑录　不分卷　存

见《中国医籍考》《中国医籍续考》。

作者简介

林庆炳,字耀如,号爱梅居士,清代福建侯官人,林昌彝子,曾任广东盐知事。林氏出身书香门第,精研周易、四书等,著有《周易集解补笺》四卷、《周易述闻》一卷、《四书注解撮要》二卷、《说文辨字》十四卷、《东关纪录》二卷、《爱梅楼杂著》《焚余偶录》二卷等。

序　　跋

林庆炳自序:善化鲍公相璈撰成《验方新编》,荟萃甚富,各门俱备。此书刊于粤西,番禺潘公仕成又于粤东重付剞劂,以广其传。其视葛洪《肘后方》、孙思邈《千金方》则多倍蓰。余尝集经验良方,日积月累,抄存不少,皆《验方新编》所未采者,如白痧药、午时茶、锁喉散,暨医癍、医痢及医喉症诸方,传诸戚友,尤为灵验异常,用敢付梓,聊存救世之心云尔。侯官林庆炳序。

爱梅居士序:医者,理也。其能精乎医理者,洵为良医。余尝辑经验良方,日积月累,抄存不少,兹择其尤者付梓,如白痧药、午时茶、锁喉散、痢疾各方,配制送人,洵皆灵验。其余各方,亦灵验异常,用敢刊刻行世,聊存救济之心云尔。三山爱梅居士序。

内容提要

本书记载林氏集录经验方,约四十余则,涉及内外妇儿各科,其中有部分为各种验方专书所不备。如白痧药、午时茶、锁喉散,暨医癍、医痢及医喉症诸方,尤为灵验异常。

现存版本

清光绪十一年乙酉(1885年)小石渠阁刊本。

医方辑览

清·杨树棠撰　四卷　佚

见《中国分省医籍考》。

作者简介

民国二十七年《连城县志》卷二十六《艺能》：杨树棠，字伯臣，弱冠入邑库，旋食廪饩。丁酉王督学临汀试士，录取一等。是年为选拔期，初试第一场毕，病不能复试，王以其未到院报名，停试一天，已而疾卒，年四十有九。性孝友，精仲景之学，术医者络绎不绝。著有《医方辑览》四卷，辛丑大水漂没无存。

救　急　方

清·林清标辑录　四卷　存（未见）

见《中国中医古籍总目》《中国古医籍书目提要》。

作者简介

见《寿世简便集》。

按：耿文光《万卷精华楼藏书记》云：《神农本草经读》四卷，附《救急方》四卷。国朝陈念祖撰，南雅堂本。前有嘉庆八年蒋庆龄、林霨两序，凡例，目录。所采皆时用之药，只百余种。其不常用与不可得者，阙之。注解透发其所以然，务与《内经》《金匮》之旨吻合。非若《药性赋》《本草纲目》并《备要》杂收众说，反掩经旨也。救急诸方，为林清标所辑。笔者查阅民国重刊南雅堂本《神农本草经读》，卷四附录为《本草附录》，并非《救急方》四卷。不过耿文光既言之凿凿，此书应当是存在的。

增广太平惠民和剂局方

宋·陈承 裴宗元 陈师文编纂　宋·许洪增辑　十卷　存

见《中国医籍通考》《中国医籍考》《中国古医籍书目提要》。

作者简介

许洪，福建崇安（今武夷山市）人。袭父祖之业，三世为医，于今古方书，无不历览。曾任太医助教，差充四川总领所检察惠民局。

序　　跋

橘亲显序：夫孰谓撮壤不土乎？谓导涓不水乎？然不至崇山浚川，则不为全也。《和剂局方》，宋神宗元丰中诏海内通医，各奏进得效之方，下太医局试其效验，而《局方》之篇，权舆于兹矣。当徽宗大观之间，陈师文、裴宗元、陈承等奉诏刊正药局之方法，名曰《太平惠民和剂局方》，即今所流传之全书也。序阴阳，分内外，事关所从，无不毕陈。旧法遗事谆谆然，亦以提挈其要领。而后，比及宁宗嘉定，许洪再阐易其旨，所谓吴直阁增诸家名方、续添诸局经验秘方者，是其所增益也。加以《用药指南》，随症以导治，不惟广裨乎来学，志切尊生也。后人重括许氏逐品下旁加药注者，辑为一家，以序品图，目曰《图经本草》，私淑附之其后。于是，此书之旨，巨细融通，岐贰毕彻，犹木末叶落，秋毫在目也。夫立方之意，斟酌临时，而施其确乎？对症之方，辟如鉴之照人，可谓医林方药之筌蹄乎？后进英髦，咸资准的，翕然为俗，赫尔晰世矣。虽然或罹祝融，或失蠹虫，明朱葵所谓自宋而后，四百有余年，此书之存，仅一本也。殆危哉！崇祯中兴，袁元熙虽再翻刻以颁世，药味遗耗，铢两差误，犹论辨形模，不全备也，实可叹哉！况自古昔赍来于本邦者，几希矣。于今所存之者，不免文义龃龉，啧啧叨说，累累屡误。若有遇难而默者乎？有互见深藏而不便检阅者乎？国家尚虑其事之未备，切存惠民之余德，鸿恩广覃，命臣亲显等以加校订之事。臣等委意阐发，庶晰其蕴。虽然奥义之难折也，圆机之莫辨也，固陋浅识，弘斯文可以漫试乎？不过因袭而已。粤索搜日，光久能神。库之秘本及官私之诸本，殆得十有余部。吁，可畏乎！因朱氏言按之，彼亡此存，实征英明之盛举，则亦惟莫得其事矣！岂非幸中之幸哉！于是并考各本异同，更互演绎，九合累世，率由旧章。穷诚究心，用其所信，阙其所疑。辑校苟完，谨以奉进，重使臣亲显为之序。思夫医家者流，不贮蓄古方书者，胡为究测先贤立方之原乎？此书行，则海内存之，庶几可无此误乎？然后苍生绳枉夭之愆，得免其累而为至道之要矣。伏以官家化民成俗之道，曳及医事药物，欲使此民跻寿域，得知存养省察之要，反求诸身而以立其天然之命。呜呼，及今代幸全斯文几许，世世以为至宝，不亦可乎。实仁之一方，而惠民之美意显著于兹哉！所谓一拳一勺之多也。贻洪基于无疆，施敦化于亿兆云尔。享保庚戌之冬十二月，前典药头从五位下橘朝臣亲显识。

陈师文等进表：昔神农尝百草之味，以救万民之疾。周官设疾医之政，以掌万民之病，著在简编，为万世法。我宋勃兴，神圣相授，咸以至仁厚德，涵养生类。且谓札瘥荐臻，四时代有，救恤之术，莫先方书。故自开宝以来，早敕近臣雠校本草。厥后纂次《神医普救》，刊行《太平圣惠》，重定《针艾俞穴》，校正《千金》《外台》，又作《庆历善救》《简要济众》等方以惠天下。或范金揭石，或镂板联编，是虽神农之用心，成周之致治，无以过也。天锡神考，睿圣承统，其好生之德，不特见于方论而已，又设太医局、熟药所于京师，其恤民瘼，可谓勤矣。主上天纵深仁，孝述前列，爰自崇宁增置柒局，揭以和剂惠民之名，俾夫修制给卖，各有攸司。又设收买药材所，以革伪滥之弊。比诏会府，咸置药局，所以推广祖考之德泽，可谓曲尽。然自创局以来，所有之方，或取于鬻药之家，或得于陈献之士，未经参订，不无舛讹。虽尝镂板颁行，未免传疑承误，故有药味脱漏，铢两过差，制作多不依经，祖袭间有伪妄。至于贴榜，谬戾尤多，殆不可以一二举也。顷因条具，上达朝廷。继而被命，遴选通医，俾之刊正。于是请书监之秘文，采名贤之别录，公私众本，搜猎靡遗；事阙所从，无不研核。或端本以正末，或溯流以寻源，订其讹谬，折其淆乱，遗佚者补之，重复者削之。未阅岁而书成，缮写甫毕，谨献于朝。将见合和者得十全之效，饮饵者无纤芥之疑，颁此成书，惠及区宇。遂使熙、丰惠民之美意，崇、观述事之洪规，本末巨细，无不毕陈，纳斯民于寿康，召和气于穹壤，亿万斯年，传之无极，岂不韪欤！将仕郎措置药局检阅方书陈承、奉议郎守太医令兼措置药局检阅方书裴宗元、朝奉郎守尚书库部郎中提辖措置药局陈师文谨上。

许洪自序：《本草》一编，实医家之本根。肇于黄帝、岐伯，而大备于我宋。若昔圣贤，其于制方之始，虽曰神融心会，与造化合其妙，然药之君臣佐使、寒温良毒，与夫治疗之所主，凡识其性而用之各当其宜者，皆自本草中来，后世用方,讵不可于此而究心焉? 不然,则纸上之传,有如药之舛讹(谓如以黄芩为黄芪是也,性之冷热,甚于水火。若此之类,不可缕载,始举其大略如此),分两之差误(谓如以一钱为一两,以一分为一斤是也。古人处方之意,多不口或少不口增,此尤不可不察),往往皆莫敢是正。不知冷热相反,多寡不称,失之毫厘,谬以千里,以此疗疾,无益有伤。虽曰据方炮制,对证投饵,其与实实虚虚、损不足补有余者何以异? 洪袭父祖业三世矣,今古方书,无不历览,就其径而效神者,惟《太平惠民和剂局方》为之最。所恨枝行日久,乌马失真。洪于供职暇日,谨证以监本,精加校定,尚虑或者以为出己意之私,于是按诸家本草所载,具注药注于逐品之下,将使业医者朝夕玩味,自然默会前人制方妙处。是书之成,上足以仰赞圣朝惠朝之万一,跻天下于寿域,兹实其嗜;下足以为良医箧笥之宝,其或诊病有浅深,用药合加减,变而通之,无施不可。非特此尔,卫生君子,倘一过目,亦可以释夫未达之疑。仍并将吴直阁《得效名方》及诸局经验秘方,各随条类,附于本方之左。又编次《和剂指南总论》,以冠帙首,期与并行于时,此区区蝇附骥尾之愿也。洪欲界之书市,深恐急于财利者漫不加意,复蹈前车之覆,则亦洪之罪也。令敬委积庆名家以阴鸷为念者锓木以传,庶几志与我同,不至灭裂以误天下。扁鹊、仓公倘复生斯世,必深嘉洪之用心。时嘉定改元岁在戊辰日南长至,敕授太医助教前差充四川总领所检察惠民局许洪谨书。

凡　例

　　一、凡所并考之《局方》旧本者,增注、增广明刊及袁元熙重刊也。其为书虽互有得失,而《增广》一书,编次雅古,文字精正,最冠众本,即将为原本。蒐搜他十有余部,以助参考,故标目仍存"增广"字。

　　一、凡旧刻,讹者订焉,脱者补焉,药品及修制之异同,文字并衡量之差乖,共删妄就正。又字异意同,义异理通,两可难裁者,附"一本作某,某书作某"细注,加小圈而分新校。

　　一、方中众本,皆有遗漏,閒校他古方书而补定。缺陷者,则附"某书作某"细注,亦加小圈,分新校,如驻车圆、秘传羊肝圆、如神散、乌梅圆、紫石英圆、碧雪等之中,铢量脱者是也。

　　一、凡此书汉、魏、唐、宋名家之秘也,故书法古致,间有难溯洄而为断疑者,如犀角消毒饮方中,无犀角;消毒麻仁圆,不入麻仁;敷涎膏,阙量数;三倍汤,方名难解之类者,皆各条之上下细书考注。

一、凡旧刻,如伤寒门"人参顺气散",暑门"六和汤",气门"和气散"者,《增注》及初明之刻本存焉,而《增广》及袁元熙重刊失之;如妇人门"催生如圣散",小儿门"防风导赤散"、"宁神膏"、"六神圆"、"褐圆子"、"敷涎膏"者,《增广》及重刊固有,而《增注》及初明之刻本脱焉;如法制熟艾及产图者,古刊皆存,而独袁元熙重刊不载。今坊间之刻本至省略甚者,不附《图经》《指南》之两部,而今并考补定之,总计七百九十五方也。

一、凡此书之方中,比校于他古方书,虽间有如方名交错,或二方混淆类,然所以不漫折衷者,盖当时精工之诸医,选诸家进献之方,拾彼取此,宣当有以,故不苟拟,仍遵守尔。

一、凡方中之升,诸籍往往论辨之,未详制度。如陈无择《三因方》具论度量衡之品,况为宋朝之书也,足以取之。所谓绍兴之升,百五十钱之重,以何称量之者乎?试之,一以黍粒百五十钱之量,一以水百五十钱之量,修合碧雪、紫雪二方,黍粒之量颇溢,用水百五十钱之量,共得其宜焉。算其制,升口内方四寸五分,底亦同,深一寸,容水一百五十钱。以本邦通用之升校之,正当三合一勺二撮也,以为蘡的。他后合和者,宜依此法矣。凡度衡者,唐、宋以来,本邦所通用者一般而无异,因不及考。

一、《图经本草》上、下卷,不知何时附录,盖节略《证类》之要领,指挥品类之体用,亦简而便者也。谨按,始陈师文等及许洪,别无《本草》之说,许洪惟逐品之下载药性耳,疑后人厌其纷纭,且修饰之,为《附录》之一书。然旧刻瘢灭,字画纤杂,今悉依魁本之证类而订正尔。

一、《指南总论》三卷,许洪所著,附也。盖《局方》之书,古意简畅,不易究方法,如《指南》辨症颁方颇详悉,可谓《局方》之海筏也。然原刻乱杂,漏略惟多,故今依官府之正本。

内容提要

《中国医籍提要》第 154～155 页:书凡十卷,附"指南总论"三卷。分诸风、伤寒、一切气、痰饮、诸虚、痼冷、积热,泻痢、眼目疾、咽喉口齿、杂病、疮肿伤折、妇人诸疾、小儿诸疾十四门,载方七百八十八首。本书是由宋代的"太医局"奉朝廷之命,向民间广泛征收确有临床实效的验方,后由陈师文和裴宗元等进行选定,编辑成册,并交给当时专门管理、经营药物的"和剂局"按统一规格配方或做成成药进行销售，所以把书命名为《和剂局方》。此作成书时仅载二百九十七方。后在宋代的一百多年中，几经重修和增补，逐渐增至七百八十八方。公元1148年，"和剂局"改名为"太平惠民局"，故将本书书名改为《太平惠民和剂局方》。本书是宋代以来著名的方书之一。书中所收载之方，都是将各地所献之医方，经反复试验有效后才选收入册的。如岳珂《桯史》曰："和剂局方，乃当时精集诸家名方，凡几经名医之手，至提领以从官，内臣参校，可谓精矣。"因此，本书在两宋盛行二百余年，成为临床医生的方剂手册和药局的配方蓝本，影响极大。正因为如此，此书中所辑之方不但广泛地被宋以后各家方书所引用，而且其中有些方剂作为成方规范而流传至今。如四君子汤、四物汤、十全大补丸、参苓白术散、平胃散、逍遥散、二陈汤、至宝丹、活络丹、藿香正气散、苏子降气汤等。清代汪昂编著的最通俗的中医方剂专书《汤头歌诀》，其中很多重要方剂就是来源于此书的。书中于每方之后，详列了主治证候，同时对药物炮制法和药剂的修制法作了详细地说明，这对于临床医生的随证选方和医药人员的修制方剂均有参考价值。本书的方剂大量制成丸、散等成药，不但使患者服药比较方便，而且对推动我国成品药的生产和发展亦有较大影响。但由于本书所载大多是比较固定的成方，所以不利于临床随证加减，灵活用方。另外，书中方剂尚有偏用芳香温燥之弊。

现存版本

元建安宗文书堂刻本，四库全书本，日本正保四年刻本，日本享保刻本，今人各种校注本。

按：是书成书过程及历代增补情况较为复杂，可参见尚志钧：《本草人生——尚志钧本草论文集》第411～412页的相关考证。

集验简易良方

清·德丰编　清·莫树蕃增订　四卷　存
见《中国医籍通考》《中国古医籍书目提要》。

作者简介

莫树蕃，字琴岗，福州人，道光间为德丰幕僚。

序　跋

　　德丰序：罗天鹏军门为当代名将，韬略娴熟，慷慨有大志。值川、楚莲教煽氛，军门奋迹乡里，躬率义勇，拯溺扶危，登水火之民于衽席，余甚慕之。闻军门得授奇秘良方，治疑难杂症，无不立见功效，屡欲分刀圭以广济世，因官各一方，虽陆忠宣有活人之术，而抱朴子之秘书难得，恒切怅然。幸军门秉钺荆楚，以简阅营伍，至鄂渚盘桓数日，访求道要。军门曰：医者意也，良医病万变药亦万变。曩者吾意所解，得良方若干，法极简便而新奇，且需用不假参苓，每在果蔬草卉间，皆人所习见习闻，而人多不之知。余闻之愈觉神奇，为恳施传。泊军门回署后，抄寄阅之，皆古医书所不经见者。夫穷乡僻壤，每乏良医，而愚夫愚妇或遘斯疾，已无有能治之者，即通都大邑精斯业者，亦未必具此奇能。若付梓行之，将见不必精六微之术，自可成三折之良，亦何惮而不为？余遂编次成帙，刊刻通行，俾寰海之内遵此法以治之，能取明效大验，岂不共登仁寿，益广军门济世之心于无尽也哉。道光七年岁次丁亥孟夏月，湖北盐法武昌道长白德丰识。

　　德丰自序：余既得天鹏军门所授秘方，编次成帙，将谋付梓以行矣。适聂蓉峰太史出守之江，乞假还乡，道经鄂渚，获订心交，座中见军门所授此编，喟然叹曰：军门诚有心人，所得之方皆平生所未见，其有裨益于人不浅，盍亟付梓？然此外尚有可采入者，请为君陈之。忆先曾祖乐山公研精医理，所至病立除，家传秘方甚多，今且约举数十方附于后，多不需药饵者。又有内外症方，虽需药饵，为费甚轻，可应贫乏之急需，足补此书之缺，行当手抄一通。语毕，蓉峰归舟次，翌日相见，而蓉峰已备录成帙矣。余乃大惊，叹曰：太守诚有心人，所传之方亦平生所未见，其有裨益于人均不浅也。顾余思之，习医之家，分内外科，然内与外实相为表里也，病召于外而伏于内，伏于内必见于外，舍外而治内不得也，舍内而治外亦不得也。无论劳郁亏损，自内达外，风寒暑湿，自外入内，即疮疖痈疽之症，皆由外召，由内发，跌打损伤诸症，日久亦内外相连。专治一家而扞格不通，于医道亦不能精，必会通内外，而理始赅备，然后投之所向，无不中窾焉。太守此编，真得由外入内，由内达外之理，故其效若神钦。余闻太守凤抱济世才，曩者视学西蜀，时教诸生以正学，损过就中，以归于道。又多方养士，给以膳馐，俾贫乏者不致罹于六极，而纳于福林。购墨池书院，赏给生童《朱子全书》，约费二万余金，蜀中士子至今犹感颂军门。昔日驻节珂乡，亲见太守视学时所行事，与之倾心订交。向尝为余言之，余闻之，爱之慕之，今复喜得一见。太守承命守浙，行见浙之民疮痍悉平，元气全复，鼠硕鸿哀，共归仁寿，可为浙水东西庆矣。岂仅流布方药，克广先代济世之心哉。余得军门验方，珍若拱璧，今又得太守验方，宛然双璧交辉，天下事固有两美必合，如丰城宝剑为雷焕、张华所获，而终归于一，其不谋而合，至若此之奇者哉！物聚于所好，理有固然，余岂敢独私之而不与天下公好之。爰并梓之，以广天鹏军门与蓉峰太守之心于无穷，而余亦得以抒其济世之心也。是为序。道光七年岁次丁亥仲夏月下浣之吉，长白德丰书于排闷青来之轩。

莫树蕃序：且物之生也，莫不本乎天地。得阴阳刚柔之气，而根荄枝干以成叶萼花实，历四时而各有荣枯。得气之粹者为良，得气之戾者为毒。故五形五气五色五味五性五用，炎农尝而辨之，轩岐述而注之。迨汉魏唐宋明贤良医代有增益，是《纲目》一书，可谓广矣备矣。然五方异宜各有生植被，生于东南者，未必尽知西北之良，亦犹生于西北者，未必周知东南之美。故《补遗》《拾遗》《开宝》《嘉祐》所未能尽收即收之，亦有列其名而未适于用者，则其不知不识者，固已实繁有徒矣。我怀庭夫子得罗军门异授奇方，皆古方所未有，《本草》所未收，因命蕃校订。蕃不辞固陋，广为采访，或得之于山巅，或得之于水湄。爰询方士，考诸土著，耆老乡民之素识其名而知其形状，曾于某证某方中所经用而奏效者。并考其性之温凉燥湿气味形色，因绘其形而详注之，共得六十种。俾传播于天下后世，使医俗者即以医国，寿国者即为寿民，岂仅多识于鸟兽草木之名耶！亦聊以补古今良方之所未备云尔。道光七年丁亥仲秋，琴岗莫树蕃谨识。

莫树蕃跋：尝闻"莫为之前，虽美弗彰；莫为之后，虽盛弗传"。盖言后先辉映也。天鹏罗军门著有秘方，蓉峰聂太守复衍家学，皆近时所罕闻、古书所罕见者。是于龙宫禁方、金匮秘书而外另辟一境，以各抒其全活之仁，而世之人夫亦孰知之而孰传之？我怀庭夫子得二公之验方，珍若双璧，遂命蕃编次成帙，加以考订，付诸枣梨，俾寰海内外共纳福林。是则军门太守施恻怛之心，得观察之刊刻而善益彰，观察怀济世之志，即良方之寿世而功愈溥矣。第方药虽极简易，不假参苓，而一草一卉鲜有能辨之者。蕃博采《图经》，以期便于人而适于用，俾军门太守之苦心与观察传播之至意，皆灿然昭著于天壤而永垂不朽也。因缀数语以跋其后云。道光七年岁次丁亥七月既望，识于鄂渚之挹翠轩。琴岗门人楠村莫树蕃谨跋。

内容提要

《四库及续修四库医书总目》第 382 页:《集验简易良方》四卷,道光刊本,清德丰辑。德丰,字怀庭,满州旗人,道光中官湖北盐法武昌道。是书前三卷为罗思举所集杂方,后一卷外科为聂蓉峰家传之本,德丰得之,汇为一编刊行。其诸图,则幕客莫树蕃所补也。案:思举,字天鹏,四川东乡人,少为剧盗,改行充练勇从军,身经百战,为嘉庆初剿川楚陕教匪第一骁将,积功官至湖北提督。有自纪年谱,中载生平多遇奇事、异人,久历行阵,遍历深山穷谷,军士伤病难觅医药,赖有秘方,起死回生,往往有效。晚官专阃,犹时时用其方为人治伤治病,时称绝技。德丰官湖北,值思举阅兵过境,因从乞得钞稿刊行。后思举亦自有刊本,附年谱之后。其方或亦见于古书记载,或由名肆所制膏丸,访录方法或出于武术家秘传,及乡僻习用之土法,军中历经试用,多有成效可信。其书之足贵者在此,不得因出于武人而轻视之也。聂氏外科方,则出于蓉峰之曾祖,字乐山,世为疡医,所列病证甚备,方药皆应法律,言有经验,亦称善本。草药图形六十种,有为本草所已收者而名异,或自来本草所未见,亦足为撰本草拾遗者广异闻也。

现存版本

清道光七年丁亥(1827 年)乐只堂刊本,清光绪戊申(1908 年)武昌刻本,海南出版社 2000 年据光绪刻本影印故宫珍本丛刊本。

按:是书莫树蕃绘制卷三《本草图说》部分,道光年间以《草药图经》单行。尚志钧著《中国本草要籍考》第 374 页云:《草药图经》一卷,清莫树蕃撰于1827 年。该书原为德丰氏《集验简易良方》卷三。德丰氏命莫树蕃(字琴岗,福建闽侯人)为之校订。莫氏深入乡间,叩询耆老,博采有关草药的知识,得药 60 种,各附其图,注明气味形色及功效。自道光七年(1827 年)来,刊行多次。中医研究院存单行本。

全生类要湖海奇方

明·许宏撰　八卷　存

见《中国医籍通考》《中国医籍考》《中国古医籍书目提要》。

作者简介

见《金镜内台方议》。

序　跋

杨寿夫序:天地大德曰生,故阴阳运动,发育万物,圣人心同天地,以神道设教,广济群迷,天地圣人固无二致。然圣人教术之神,盖惟医为最也。粤自神农始尝草木,酌其酸苦辛咸,以辨燥热寒温,披陈其性情,表彰其好恶,立君臣佐使,秩以九等,命之曰药,此既用其术,以济于当时也。及黄帝岐伯著为经书,疑难答问,案脉之缓急,验疾之轻剧,使人咸知卫其生而皆无夭折,此复用其术以垂于后世也。圣人用术神妙,存心至仁,而该乎先后,莫详于此。去古既久,圣远言湮,若非神会而心得者,固不足以接不传之绪,尚何望其术之显欤!近世若华佗、淳于意、张仲景、孙思邈之流,又能簸弄化机,窃用五材,出没鬼神,造法立方,转移阴阳,制人命于掌上,亦可谓能阐斯教者也。自时厥后,美其教而行其术者,或真或(疑有阙文),希贤心乎?天地好生之德,又皆可见。其欲是术济于后者,又岂不深有意存焉。方成,适中台侍御西昌尹公来按八闽,大参姑苏彭公同寅协恭,皆善善君子。一见是方,从知先生用心之勤,欲济之博,而深加叹赏,急命锓梓以广其传,且欲旌其善积之多也,乃示予序始末。余惟医之为教,肇乎炎帝,成于轩辕,而复阐于汉唐之间,其来固有自。然不有圣人启之于前,固无以垂规。气有补泻宣通,味有炮爁炙煿。若乃七传者死,邪侵五藏之难为;间藏者生,病在六腑之易治。汗吐下乃法之大要,亢承制为理之至微。味分五品,有甘辛酸咸苦之宜;病验六经,在肝心脾肺肾之内。能知病之所在,则用药如用兵,讨无不服;不知病之所在,则触途而冥行,动致颠陨。故张长沙有"冤魂塞于冥路,死尸盈于旷野"之诫,可不惧乎。宏幼慕真风,长参医业,自愧材庸智浅,闻寡见疏,学道少入神之妙,为医欠洞视之明,读书无资世之才,遁迹乏休粮之术。欲得恬愉澹泊,寂静无为,外绝嚣尘,内修真性,其志罔能遂也。于是历医数载,勤苦劳心,仰守科规,罔敢怠忽。又念人居天地之中,以饮食起居为养生之本。其有饮食误伤禁忌,起居有犯灾伤,又或远居村落之中,或在旅途之际,或贫常而无力请医,或贵料而难为措置,往往束手待毙。诸后非得贤达述之于后,则又何以继之于前哉。《传》曰:莫为之前,虽美而不彰;莫为之后,虽盛而不传。此之谓也。先生老于医术尚欲垂裕后人,立心之仁固非易。及尹彭二公,嘉其善行,复欲用广发挥,其乐与人为善之德,又岂不大矣哉。于是乎书。时宣德戊申年六月下浣日,建安杨寿夫序。

许宏自序:夫医通仙道,推圣贤救苦之心;药验神功,体天地好生之德。运阴阳而烛理,资膏肓以尽年。博物能名,通机循道,普济夭札,大庇群生,草木咸得其性,鬼神无所遁情,此医教之所由设也。至于望闻问切,当求神圣工巧之奇;暑湿风寒,必别春夏秋冬之异。地有东西南北之不同,人有老少虚实之各异。六失者,医之大戒;八要者,世之良者焉。于是搜采葛仙遗书、名公详论、本草节要、汤液余膏有所效验者,不必分别经络,搜求阴阳,人人皆可晓用,用力少而效应多者,列为八卷。开卷一阅,了然在目,此为湖海之秘传,实乃济生之捷径,字之曰《湖海奇方》。不惟易于成功,亦且不至差失,更能遇有病者,教益于人,其阴德尤未可量也。时永乐二十年岁在壬寅七月二十四日己卯,建安八十二翁许宏拜手谨书。

黄炫后记:夫智高而识明,才全而德备者,非有道君子,则不然也。听之于未闻,察之于未形者,非神智嘿识者,则不能也。余先在淮阳时,得闻建安宗道许先生之德,能以周穷恤困,广施厚济,自谓先生之家必丰厚长者,而能遂其志焉。厥后数年,复见当道名公携至先生所赠画卷,则读其文章富而恬淡,尤且翰墨精致,亦知其人智高而识明者也。又后复见其所著《湖海奇方》,诵其悟生十事,令人悚然,三复起敬,益知先生才全而德备者也。今年春或以公务至闽,未获进见,询访先生之亲知故旧,咸曰:先生之家非丰厚者,惟能悟生幻化有道之君子者也。不畜产业,以医自随,外无寸田亩粟之可收,内无毫楮生放之可利,惟以弊屋数间,布衣粝食,淡泊以自足,怡然而自安。每有疾痛者,求之无不效应。由是达官贵人、良家富室皆延致之,咸得速效,仰之若神明焉。是以得其酬药之资必三分之,济家食计者一分,所以不缺;储积药材者一分,以便速用;施贫济困者一分,随力而应。此先生之誓愿,不可违也。且先生唯一子曰泰者,年近六十,右足素残疾,不便出入,只坐家制药,以便施惠,尤加慈悯谦逊有甚于父,诚可加羡者焉。今年秋,余幸至建,伏睹先生言忠信行笃敬,神和而气平,澹泊而无欲,年已九旬,苍颜白发。笑谈之顷,益知先生志于五经之学,次于诸子百家、古今事变、礼乐制度,靡不精熟于胸中,尤且精于诗篇,深得唐人之趣,由是而知先生乃遁世隐德之君者也。观其人之求医者,肩摩而踵接,不以贫富而高下其心,不以贵贱而低昂其药。每至歉时,则必丐于良家富室,求施粟谷糜粥以食饥民。或至夏月,则必以汤药济之渴者;途行赤足者,施之以草履;虫鱼禽鸟者,续之以放生。每至严冬之寒,则必以富室之所酬者广收布絮以济贫寒。又闻先生早年学道于凤岩,得遇至人授以□永火符之道,济度幽冥之法,故能遇夜以符章素食济度冥魂,久而寒暑不废。由是病者得其药,饥者得其食,寒者得其衣,渴者得起饮,贫者得其棺,亡者得其度,故能德积而效广,才多而识深,学博而理明,年高而德邵。八闽之人咸推戴焉。呜呼!君子之德默然而□,乐施者仁之端也,慈爱者心之良也。若昔之振起穷困者,原结之志也;积财累后者,梁商之能也。于公高门三槐树德,信乎天之祐于善人者,如日月之必明,使有目者皆可得而见焉;如雷霆之必声,使有耳者皆可得而闻焉。诗曰:鹤鸣九皋,声闻于天。盖善恶之报,毫分不失也。余无文,特以耳闻目见者书之于《湖海奇方》之后,以志其心之所慕者焉。时宣德屠维作噩南宫既望,樵溪黄炫拜手谨记。

后序:人间天地间,立功业而并夫政教,垂令名而可记史书者,其惟医乎?余读太史公书至秦越人、淳于意,未当不掩卷而叹曰:古人大凡处事一于理而不苟且,史以志天下之事而又惓惓焉。以名医与功臣烈士同炳耀于后世,耿耿而不磨者,盖以重民生之命□□□之精义固当也。但世行医读儒书而明医道者鲜矣,求其能若是者,余于建安宗道许老先生见之矣。尝闻先生自童稚时,屹然有大志,读圣人之书,明经济之术,欲见于世以福斯民,然以积善为心,而又虑阴德之不能及人,遂绝意名禄而隐于医焉。其诵医之书也,如读圣之经,平居闭户澹然冥索,寒暑不废,昼夜不解,而医道大明,活人日众。八闽之中远迩来求者,咸得善乐,不责其报。每盛暑天,又于四方道途施以凉药;遇寒冬时,复于城西衢口施以草履;遇鸟兽微命,辄买以放生;遇患难贫难者,辄米食以济之,或解衣以衣之。缘化城西浮桥,整葺溪东祠宇,久而阴骘益厚,道高德隆。由是治人之疾,往往奇中,上而达官贵人,莫不尊敬□服;下而大家细民,莫不交口称颂者也。今年夏余以宾兴而预往闽藩,而内盛积热,暴然一疾,如风雨骤至,莫之能御,即得先生善药,数日而愈。余因感而叹曰:夫医者之心,即父母之心也,凡人有疾若己有之,或投以汤剂,或济以针灸,无不欲其死者回生,跛者能复。是皆以爱人为心,由其中之有素,学之有源委者也。若夫圣人之心即天地生物之心,立教垂训,开导防范,恐替固不可,必大抵得其人则兴,失其人则替,实理之自然也。若今建安宗斋许先生,盖其人焉,博学笃行,每以济人利物为念。自谓所济之广莫若于医,早从明师深探岐黄之妙,默契孙张之学,况其治疾不以人之贫富而高下其心,不较物之多寡而低昂其药。虽不持钱者,亦皆以善药与之。以故来求济者,其门如市,乡党宗族暨达官贵人莫不深加景仰。或所得药金稍有赢余,则瞵穷恤匮而不事产业。间有以禽鱼生鬻于市者,则随所欲与之价值,而即俾纵林壑以全其生。如是者,殆数十年,其济于斯时也博矣。年几九十童颜鹤发,利济恒不少息,尚虑术业不能远播,乃以平昔经济方极神验者录为一集,集分八卷,名曰《湖海奇方》,欲俾四方之士不徒便于检阅,而深中乎仓卒之间即可因之而济急也。矧卷篇目皆举生字提纲,拳拳希圣(疑有阙文)。

内容提要

该书八卷,卷一食忌,涉及虫鱼、禽兽、诸果、诸蔬菜、诸谷豆、诸药等相反禁忌,论述如何食用各种食物以免产生毒害。卷二解毒,论述日常生活中可能遇到的各种毒害的解毒法。卷三救急,对卒魇、尸厥、客忤、五尸等各种情况引起突然晕厥的处理办法。卷四伤损,各种不同外伤的简易治疗办法。卷五身体,论身体各部位常出现的一些外在病症。卷六论述治疗各种疮疥性疾病,卷七治疗各种癃疽性疾病,卷八涉及一些人生道德、为人处世等内容。

现存版本

日本藏宣德四年(1429年)序刊本,2008年人民卫生出版社据日本藏本影印珍版海外回归中医古籍丛书本。

医方汇编

清·曹鸿文撰 十六卷 佚
见《中国分省医籍考》。

作者简介

民国六年《上杭县志》卷二十三《艺文志》:鸿文,字云潮,在城里人。光绪丙戌游庠,世业医,此集凡十二册,据古今医书,按症分篇,手自抄存,藏于家。

应验奇方

清·张舒咏撰　佚

见《中国分省医籍考》。

作者简介

民国《永定县志》卷三十二《艺术传》:张舒咏,字纯颂,乡宾,东安人。精岐黄术,独具慧心,治病如神。遇贫病之家,尝施药饵不取值,赖全活者,遍及于龙岩、漳州等处。时邑令有公子某病亟,几遍邑中,医药无效,特迎舒咏,适诊视于危证之家,未趋署,问症施方而愈,众医咸服其精明。有《医案》及《应验奇方》,编成卷帙,未梓。惜被于回禄,业医家犹有奉其遗方者。子孙昌炽,人咸称医德之报。

经验良方

明·邹福撰　十卷　佚

见《中国医籍通考》《中国医籍考》《中国古医籍书目提要》《中国分省医籍考》。

作者简介

康熙《建宁府志》卷三十九《人物·方伎》:邹福,字鲁济,瓯宁人,业医,善察脉,决人生死于数载前,奇证人不治者,投剂辄愈,尝曰:病知其源则治,证不泛药,剂不多品,举其要,斯效速矣。尝集《经验良方》十卷。仲子逊克世其业,季子员领乡荐任连山知县。

306

经验妙方

清·郜文燮撰　佚

见《中国分省医籍考》。

作者简介

民国十八年《霞浦县志》卷三十七《方技》云：郜文燮，字和夆，郡廪生，洪江人。为人勇敢果断，傲睨一世。精岐黄术，能预决人生死，尝曰：吾不能以学用世，当以医救世。酒酣耳热，读古文辞，旁若无人。所莫逆者，惟竹江张于卿孝廉兄弟，泛舟往来，一留十余日不去，至则剪烛谈，达旦不倦。著有《经验妙方》，惜散佚。寿五十有三。

类编南北经验医方大成

元·孙允贤辑录　元·熊彦明增补　十卷　存

见《中国医籍考》《中国医籍通考》《中国古医籍书目提要》。

作者简介

《闽台历代中医医家志》第 65 页：熊彦明，元代建阳崇泰里（今建阳）人。选孙允贤《医方集成》，并附入《济生拔萃》《宣明论》等方，编成《类编南北经验医方大成》十卷，为历代经验方选集，共收载 2000 余方，方后尚附有简明的论述。终年 56 岁。

序　　跋

熊彦明题词：《医方集成》一书，四方尚之久矣。盖所谓《济生拔萃》《宣明论》《瑞竹堂》、孙子和、徐同知□方，尤为切要，所不可遗。本堂今得名医选择奇方，增入孙氏方中，俾得通贯，名曰《医方大成》，重新绣梓，以广其传，合众流而归一源。使览者便之，不必求之他书可也。明医之士，幸共鉴之。

王元福序：医家者流，所蓄方书何啻数十家，然用之可否中蒙，收效甚寡。庐陵孙氏为世良医，每阅诸方，必取其常用功要者，名曰《医方大成》，意使今之医者,虽行万里不必携他医书,而治疴之要,了然尽目。其于卫生之心,岂小补哉乎。予尝谓人生一身六气所干,七情所感,不能无疾,赖前贤辨脉论证处方施治,然后养生者得以自卫,厥功大矣。非如地理之术、相命之书,可以富贵福祸告人,而求其验否,每未即见。惟医之得效神速,近足自卫,远可济人,诸艺之中,当以为甲。昔人以与良相并言,盖有以也。今之学医,固不能神圣而工巧,正自罕见。余虽非专学,每观其书,所谓脉证治因,不过以五行之造化,合一身之理,得其理则脉证俱在是矣。因考诸书所载之方,今人所用者无几,而其中固有他医所未尝试者。况于常人蓄方者,又况良方非一书所能尽载,而诸书又非常人所能尽蓄。文江孙氏集诸方,取功要者各以类编,名为《大成》,各类之首,又取《三因》及严氏诸家之说,合而为论,庶观者得其说而求其方,了然在目矣。编成求序,镂梓以广其传,使阅方者一览而尽得之,可省蓄方之繁,而行远者亦可挟以自便,或可为卫生之一助云。时辛酉至治初元,文江王元福序。

内容提要

《中国医籍志》第 265 页:孙氏原撰《医方集成》,后医家熊彦明增入《济生拔萃》《宣明论方》《瑞竹堂经验方》等书中各方,改名《医方大成》,又名《类编南北经验医方大成》《类编经验医方大成》《南北经验大成》《南北经验医方大成》《医方大成论》等。所谓“南北经验”,乃南北各地寒暖各异,本书之方,用之通治之意。刊于元至治元年(1321 年),十卷。系辑集宋、元习用主要方剂类编而成。全书共分七十二门,包括伤寒、内科杂病等,每门先述病候,次列医方,并注明出处,约二千余方。本书以方论简要,选方切于实用,在当时流传甚广。后世续有增补,如明熊宗立在本书的基础上,选未尝采集之方,编成《医书大全》。

现存版本

明成化十七年(1481 年)刘氏溥济药室刊本,日本宽永三年(1626 年)刊本,日本延宝七年(1679 年)刊本,四库全书存目丛书据日本宽永三年(1626 年)刊本影印本,1987 年台湾新文丰出版公司影印本。

按:熊宗立《医学源流》云:孙允贤,文江人,元仁宗延祐中,选《医方集成》。予先祖彦明公选《宣明》《拔萃》等方而附益之,是谓《医方大成》。今人有认为是书题名为书商篡改。邓瑞全、王冠英主编《中国伪书综考》（第498页）云：《类编南北经验医方大成》，十卷，书名伪。旧题元孙允贤撰。孙允贤，元代医学家，文江（今江西吉安）人。此书集录宋元医家常用方，分门别类，编辑而成。卷一分风、寒、暑、湿四门；卷二为伤寒门；卷三至卷八分为疟、痢、呕吐、咽喉、眼目等四十九门，为内科、五官科病症；卷九至卷十分痈疽疮疖、妇人调经众疾、急慢惊风等十一门，为外科、妇科、儿科病症。共载药二千余方。每门前皆取《三因方》《济生方》等诸家之说，以述论病症机理。次选医方，均注明出处。《四库全书总目提要》说此书本名《医方集成》，为钱曾也是园所藏，元时旧刻。目录末题有"至正癸未菊节进德堂刊行"字样；前有题识曰："《医方集成》一书，四方尚之久矣。本堂今得名医选取奇方，增入孙氏方中，俾得贯通，名曰《医方大成》。"行世之作已被改为《类编南北经验医方大成》，显然是书贾为求畅销，而在原书之名前妄加几字，以炫耀书之价值，索取更多钱财。这样，是书也就成了伪书了。《类编南北经验医方大成》流传颇广，对后世影响较大。后代对是书仍有增益，熊彦明增入《宣明论方》《瑞竹堂经验方》《拔萃良方》等书中之方，仍定名《医方大成》。日本人吉田意守将书中之论辑出而名曰《医方大成论》。

分门琐碎录

宋·温革辑　存

见《中医古籍珍本提要》。

作者简介

温革，字叔皮，惠安人。本名温豫，因不愿和降金的宋将刘豫同名，遂改名为温革。宋徽宗政和五年（1115年）中进士。绍兴初年，以秘书郎身份协助方良实赴河南督修宋徽宗陵寝。绍兴十年（1140年）贬授洪州通判，二十四年（1154年）担任左朝奉大夫之职，后又调任延平知州、漳州知州，擢升福建转运使，卒于任上。任职期间，深得士民拥戴，受祀于惠安乡贤名宦祠，朝廷赐予"名贤世绩"匾额。撰有《分门琐碎录》《隐窟杂志》一卷、《十友琐说》一卷。

按：《中医古籍珍本提要》第219页：是书三卷，辑年不详。本书系从朝鲜金札蒙编《医方类聚》中辑出,方以简易有效为主,同时兼收一些诸如药物鉴别等方面的资料。是书存日本安政二年(1855年)抄本,中国中医科学院有藏。此书上海图书馆藏明抄本一部,2009年化振红据此出版校注本。据化振红考证,是书原有20卷,现存明抄本仅为其中的农艺部分,无医药内容。此外,化氏从其他典籍中辑录出摘引自该书的内容共约60余条,分属医药、宜忌、饮食、农桑、种艺等领域。他通过对南宋张杲《医说》卷七《食鉴不可食览》有关引文的解读指出,这段文字末尾明确标注出自"温革字叔皮《琐碎录》",而抄本《分门琐碎录》却没有只言片语涉及此事,这至少从侧面说明了一各很重要的问题,温革本人非常熟悉医术,《琐碎录》原本应该包含着医术一门。据上述材料,基本可以断定,日本安政二年抄本《琐碎录》三卷可能为其中"医药门"内容,上海图书馆明抄本则为该书"农艺门"的内容或部分内容。至于其20卷本,可能已佚。

急救奇方

清·何觐光撰　佚
见《中国分省医籍考》。

作者简介

民国五年《建宁县志》卷十八《方技》:何觐光,字浣斋,邑北乡珠溪坊人,性耿介笃实,器量才干过人。父畀以家务,遂弃举子业。尝曰吾不能为官以活人,当以医活人也,遂潜心医学。有召皆就,或中夜赴召,未尝厌倦,亦未尝期报。能断人死生于数年之前,无不验者。尝自谓曰:余自五十后,医术疑有神助,故活人辄效。著有《急救奇方》《内伤砭盲》数册。有亲戚友朋贫乏者,辄贷之,或多至数百,金不吝,虽知其难偿不问也,曰吾欲携之,非欲挤之也。凡贷去勿复,取讨者数千金。乾隆乙酉米价骤长,渠村积场,斗米银三钱,急发廪碾米,五日一往,减价发粜。凡桥渠道路有圮坏者,皆为之修造。又于本坊修街中石百丈。甲寅岁,坊中疫大行,死者甚众,其母亦染疫,亲侍汤药,衣不解带者弥月。父有病,辄密投参芪,如是者十余年,所费多金,未尝与亲言也。父遗命,创立毓秀会,以资岁试士子路费,遂与诸兄共捐租一百石。后得病,知不起,告诸子曰:尔曹宜敦孝友,为生业以养恒心,读书贵能明道,理财贵能问心。读书若不明道,幸得一官,始则误国误民,继则丧先德而累子孙;理财不问心,虽有铜山,譬若膏火自煎,山木自焚,有何益哉!吾平生所行无愧,存顺殁宁,夜台之中,无非乐园也。

济世良方

明·林道飞撰　佚
见乾隆《延平府志》。

作者简介

乾隆《延平府志》卷三十一《方技》:林道飞,将乐人,以医名,官本省太医,著有《济世良方》,病者投剂立效,尤好施不倦。年八十三。子孙世其业,邑医学训科,亦世其官。

乾隆《将乐县志》卷十《艺术》:林道飞,字宏中,以善医,官福建省太医。著有《济世良方》,病者投剂辄效,名著闽中。耆年赈饥济贫,博施不倦,捐田一百二十亩于含云寺,为焚香祝圣之用。自号含云逸叟。寿八十三而终。

良方集验

清·连运青编　佚
见《中国分省医籍考》。

作者简介

连运青,福建崇安人,清代医家,生平不详。

伤寒集证汇方

清·郑葆仁著　四卷　佚
见《中国分省医籍考》。

作者简介

见《灵素精采》。

按:是书民国《长乐六里志》卷十《艺文·子部》有著录。

简 便 方

清·邹成东撰　佚

见《中国分省医籍考》。

作者简介

见《宝产篇》。

万方主治

清·陈兆泰撰　十六卷　佚

见《中国分省医籍考》。

作者简介

同《证治一隅》。

医方见闻录

清·翁兆元撰　佚

见《中国分省医籍考》。

作者简介

民国《厦门市志》卷二十七《孝友》:翁兆元,字南甫,颖悟过人,读书过目成诵,自幼举止若成人,御诸弟严若师傅,父母怜爱之。父病,兆元夜不解带,百计觅方,竟不起,自谓不知医误之也,自后兼读岐黄书。父殁,年甫十六,祖母春秋逾古稀,兆元晨夕奉侍不稍懈。然家徒四壁,上而祖母、母氏,下而四弟一妹,以孝友闻乡间间。设帐授徒,从之者众。自奉俭啬,一裘一葛,十年不更。甲申法兵寇闽台,厦岛风声鹤唳,公举帮办团练,竭力筹划,厦赖以安。晚年颇精医术,邻有病,辄求处方,求无不应,得之者众。处境虽困,而胸怀旷达。著有《日记功过录》《医方见闻录》,兼工书画。弟兆荃,业医有名于世,书画、刻石,亦古雅有致。

医方说略

清·陈起蔚撰　佚

见《中国分省医籍考》。

作者简介

民国八年《政和县志》卷三十《孝友》:陈起蔚,字祖熙,城北人。优行,廪生,居家事父母,先意承志,与兄弟友爱,终日怡怡,其恳挚之情,实根天性,有非人所能及者。夙与邑进士罗攀桂、孝廉范如璋结诗社,于书无所不读,尤精岐黄。志在济人,不受医金,贫者以药资赠之,著有《医方说略》,鳏居二十七载,义不再娶。凡修文庙,立育婴堂,均与有力。年七十五卒。

九、养生类

寿亲养老新书

宋·陈直著　元·邹铉续增　四卷　存

见《中国医籍通考》《宋以前医籍考》《中国医籍考》《中国古医籍书目提要》《中国中医古籍总目》。

作者简介

陈直，宋人，元丰中为兴化令，著有《养老奉亲书》一卷。邹铉，号冰壑，又号敬直老人，元大德中泰宁县人，曾官中都。续增宋陈直《养老奉亲书》三卷，称为《寿亲养老新书》。书中称其曾祖曰南谷，叔祖曰朴庵，以《福建通志》考之，南谷为宋参知政事应龙，朴庵为宋江西提刑应博，皆有名于时。

序　跋

危彻孙序：寿亲养老之事，著于诸儒记礼之书备矣。然自后世观之，则犹有未备焉者，何也？二帝三王之世，风气浑沦，人生其间，性质醇厚，故能平血气于未定方刚之际，全筋力于欲衰将老之时。人子之爱其亲，因其康强，加以奉养，为之安其寝处，时其旨甘，娱其耳目心志，即可使之燕伏怡愉，全生而益寿，则《礼经》所载谓之备可矣。后世太朴日漓，真元日散，七情为沴，六气乘之，壮或夭伤，老宜尩弱，孝子慈孙，服勤左右，寝膳调娱之外，尤不能不唯疾之忧而求之。《礼经》则不过曰痛痒抑搔而已。若秦越人过雒之所为医，曾未见之省录，顾得谓之备欤？孝哉陈令尹，乃能缉是书于千数百年之后，而特详于医药治疗之方，凡为四时调摄，食治备急，合二百三十有三焉，斯亦备矣。吾樵乡先哲太师文靖邹公之曾孙敬直翁铉，推老老亲亲之念，紬绎是书有年，犹恨其说之未备也，则又广集前修嘉言懿行，奇事异闻，与夫药石、膳羞、器服之宜于佚老者，厘为三卷，而方论所述，愈益精详，是书始大备。吾闻乔木故家寿基世积,翁之高祖、叔祖,二母夫人,皆年过九十,备极荣养。今翁亦稀年矣,桂子兰孙,盈庭戏彩,青山流水,竹色花香,鸠杖鹦杯,苍颜玄鬓,见者谓不老地行仙,盖是书验于公家久矣。兹复不私其验,绣诸梓而公之,且拳拳导夫人以自养之说,夫能知自养之养,而后能安享子孙之养,此吾于续书重叹翁用心之仁也。仁者必寿,繇是八十而师,九十而相,百岁而定律令,百世而与咨谋,衍而为商大夫之八百曾元而下家庆一堂。是书之验,将千岁之日至而未止也。《诗》曰:永锡尔类。又曰:永锡难老。请为翁三诵之。时大德丁未中元,樵西麓危彻孙序。

黄应紫序:堂上慈亲八十余,阶前儿辈戏相呼。旨甘取足随丰俭,此乐人间更有无(康节翁诗)。先人怡轩居士,奉八十有三之母,大书屏间,时应紫方垂髫也。既壮,挟册从宜春通守邹爱山宦游,爱山爱其母,施及塾宾,所至令应紫侍七秩之母以行。咸淳庚午寓上杭县斋,汀守刘审轩刊吕东莱《辨志录》,应紫与寓目焉。中间二则载春夏奉亲事,注云《养老奉亲书》,于是方知此书之名。越二载壬申至宜春,遍求于袁吉文献故家,咸无焉。自后司马倦游,意谓此书不可复得矣。阅三十有余载,大德己巳春,总管冰壑邹君缄其书贶余。余手之不释,如获隋珠和璧之宝;口之不置,如聆虞韶商濩之音,已不胜其欣喜。未几,复以其续编来示,命名《寿亲养老新书》。其中嘉言懿行,雅事奇方,前书所未有者,璨然毕备,又何如其喜也!君自吾杉迁樵南,重作文靖公故宅楼,居高明爽,有园池亭馆之胜,经史图书,琴棋觞咏,款亲友于玉壶中。诸郎诸孙,珠联玉立,善能承顺其志,怡悦其心,允谓人间至乐。湖山院落,云月为家,四时佳兴,自有《痴乐堂》《樵南小隐》二记,新书镂梓,抑使世之养老奉亲者,同有此乐焉。锡类之仁远矣。应紫虽不获再遂寸草春晖之志,而亦不忘于老莱斑衣之思。君昔官中都时,曾遇异人授以怡神养性之旨,故续书多述老人之所以自养者。应紫之志喜,盖充然有得于斯。鹏鹦同游,亦惟曰各安其分云尔。是年冬至节日,同郡泰宁玉窗黄应紫德夫敬书。

张载序:余家藏旧有《养老奉亲书》,其言老人食治之方,医药之法,摄养之道,靡所不载。余仿之以奉吾母范阳郡太夫人李氏,食饮起居,咸得其宜,寿高八旬,而甚康健,则此书有益于人子大矣。然岁月既深,卷舒之久,字画模糊,编简脱落,惧后之览者,不得其说,思获善本书而新之,以贻后人。求之数载弗果得,每郁郁以为欠事。至正辛巳夏五,余叨承朝命,备员浙东宪使,访诸婺郡庠教授李子贞,得《寿亲养老书》,睹其篇帙节目,比余旧本尤加详备,昔之郁郁者,一旦豁然矣。因自念曰:与其得之难,孰若传之广。遂命工镂梓于学宫,庶天下后世,皆得观览,以尽事亲之道云。至正壬午中秋,范阳张士弘载拜书。

石茂华序:凡人之情,无不知爱其身而养之者。有疾,无不知求所以治疗之者。仁人孝子之视其父母之身也,重于己之身;而其所以养父母也,厚于己之养;急父母之疾也,甚于己之疾。则所以用其心者,宜无所不至矣。昔人谓天有阴阳风雨晦明之气,人有喜怒哀乐好恶之情。节而行之则和平调理,专一其情则溺而生疢。调中养气,通滞解结,而反之于素,此医方之所以不容已也。然天之阴阳流行乎四时,而冬则闭枯;人之元气充满乎一身,而老则铄耗。故摄养之道宜加详,而药物之施于老者尤难获效。为人子之所以养其亲者,必顺四气之冲和而避其沴,调饮食之品宜而致其精,适起居顺好恶以怡其情。盖其道多端,而其事不容已也。奉老节目载在典籍者,纷漫而难竟,医方之散见医书而不一,得其总要者为难。余在花马池防秋,适见《寿亲养老新书》四册,其中养老治疾之方,佚老孝之事,不假旁搜,靡不毕备,真足以为奉亲之助而不可无者。顾其中多残缺,至有不可读者,宁夏兵粮道金宪解君学礼请重刻之,而且欲余言以弁其端。吁!昔陆宣公在忠州,每年校方书,盖古人济人利物之心不以为小道而遗之如此,此其所以不可及也。是书专于寿亲养老,循而行之,可以培调神气,翼助恬愉,使得全其天年,以极寿命之数。且足以启迪人孝爱之念,较之他方书,其利益顾,不尤要欤?仁人孝子得之,将不啻如异珍和璧,有不爱而传者乎?可谓不徒刻也已。总督陕西三边军务都察院右都御史兼兵部左侍郎益都石茂华书,万历四年丙子孟夏望日。

绍诚序:《寿亲养老新书》,为承奉郎兴化大令陈直手辑也。大德敬直老人邹铉复搜采前闻,厘为四册。至万历,宁夏兵粮道解君学礼重刻之,至于今又二百余年矣。板早散佚,书幸尚存。窃以医之为术大矣哉!范文正云:不为良相,即为良医。盖良相可以救人,良医亦可救人,其事位虽殊,而其为功于世则一也。乃俗学蒙昧,医术粗疏,虚实不知,寒热莫辨,诊脉而不究其原,用药而不察其变,尝致于左,补救为难。少壮气盛或幸而免,老弱气衰辄为所伤,此在常人犹堪悼惜,况人子也耶!故为子者,不可不知医。然孝子之侍亲也,止于痛痒抑搔而已,而于垂老卫生之术,临疾诊治之方,究或昧于机宜,失之制化。是编也,专为老人而设。举凡服食起居、阴阳顺逆、寒暑燥湿、气体旺弱,甚至一动一静之间,莫不体究入微。摄养于未病之先,斟酌于既病之后,博采旁搜,靡不至当,俾有老亲者奉为指南。此盖仁人孝子之用心也,乌可任其磨灭。中州钟大令,虑其书之失传,集资续刊以行于世,而请序于余。余嘉其志而乐为捐廉以成。时同治九年岁在庚午正月,河南提刑按察使绍誠并序。

内容提要

《四库全书·寿亲养老新书》提要:臣等谨案《寿亲养老新书》四卷,第一卷,为宋陈直撰,本名《养老奉亲书》。第二卷以后,则元大德中泰宁邹铉所续增,与直书合为一编,更题今名。直于元丰时为泰州兴化令,《文献通考》载有直所著《奉亲养老书》一卷,而此本则题曰《养老奉亲书》,其文互异。然此本为至正中浙江刊本,犹据旧帙翻雕,不应标题有误。盖《通考》传写倒置也。铉号冰壑,又号敬直老人,书中称其曾祖曰南谷,叔祖曰朴庵。以《福建通志》考之,南谷为宋参知政事应龙,朴庵为宋江西提刑应博,皆有名于时。据黄应紫序,称为总管邹君,又称其官中都时,则铉亦曾登仕版者。特《通志》不载,其仕履不可详考矣。直书,自饮食调治至简妙老人备急方,分为十五篇,二百三十三条,节宣之法甚备。明高濂作《尊生八笺》,其《四时调摄笺》所录诸药品,大抵本于是书。铉所续者,前一卷为古今嘉言善行七十二事,后两卷则凡寝兴、器服,及饘粥、药石之宜,更为赅具。而附以妇人小儿食治诸方,凡二百五十六条。其中如祝寿诗词,连篇载入,不免失于冗杂。又叙述闲适之趣,往往词意纤仄,采掇琐碎。明季清言小品,实亦滥觞于此。然征引方药,类多奇秘,于高年颐养之法,不无小补,固为人子所宜究心也。

现存版本

元至正二年壬午(1342 年)刊本,明成化、万历间刊本,四库全书本,清道光、同治、光绪间各种刻本,中国医学大成三编本,今人各种校注本。

按:民国《泰宁县志》卷二十六《艺文志》:第一卷为陈直撰,本命《养老奉亲书》;第二卷以后,则元大德中泰宁邹铉所续增,与直书合为一编,更题今名。直为元丰时人,为泰州兴化令,铉号冰壑,又号敬直老人。铉征引方药,类多奇秘,于高年颐养之法,不无小补,固为人子所宜究心也。

金华冲碧丹经秘旨

宋·白玉蟾撰　彭耜受　二卷　存

见《中国中医古籍总目》《中国医籍通考》。

作者简介

　　白玉蟾（1194—1229），南宋著名道家人物，闽清人，生于琼州，字如晦、紫清，号海琼子、海南翁、武夷散人。本姓葛，名长庚，后为白氏继子，故名白玉蟾。白玉蟾幼聪慧，谙九经，能诗赋，长于书画，曾举童子科。白氏一生云游四方，活动区域遍及广东、福建、江西、浙江、江苏等地，后在武夷山建立道观，为道教金丹派南宗第五祖，道教历史上著名的内丹理论家。著有《白真人集》。

内容提要

　　《道藏提要》第 411 页：本书言修炼外丹，篇首有西蜀孟煦于宋理宗宝庆乙酉（1225 年）所作之"传"，叙此书授受本末。书分上下二卷。上卷题为白玉蟾授，彭耜受。乃孟煦于嘉定戊寅（1218 年）游福州得之于彭耜者，名《金华冲碧丹经》，仅言一般之"探铅结胎"，具体"法象并火符缺欠"，"虽得其传，未尝下手亲作"。后于嘉定庚辰（1220 年）游白鹤洞天，遇兰元白老人授以九转金丹秘要，乃于嘉定辛巳（1221 年）"邀请至士三人，一志修炼，周岁而成"。故下卷题为兰元白授，孟煦受。上卷略言药物炼法，神室法象，外鼎制置，水火符候及水火断魂法，以炼成"金液还丹之质也，此名炼丹真铅"。附有"甑图"而无具体作法。下卷详言炼铅汞结胎及炼九转还丹之具体做法，且附有炼铅汞之既济图、未济图以及九转中每转之鼎器图。其九转为：第一转金砂黄芽初丹，言炼取真铅真汞；第二转混元神朴丹，谓乾汞可成黄金；第三转通天彻地丹，谓乾汞可成紫金；第四转三才换质丹，谓服之地仙；第五转三清至宝丹，能"点五金俱为紫金；"第六转阴阳交泰丹，"一字乾汞十两成上世天宝"；第七转五岳通玄丹，"每字制汞十两成上世天宝"，第八转太极中还丹，"一两可糁汞一斤成紫色大金宝"；第九转金液大还丹，服之"以待冲举"。每转皆有其鼎器图形、药物、炼法、火候、形质、功能。末附《大丹周天火候》，列载一月三十天用水火两数,谓"乾用九,坤用六,共一十五两"。如一日火一两水十四两,二日火二两水十三两以至二十八日火二两水十三两,二十九日火一两水十四两等。书中述作法及炼丹工具甚详,盖尝亲事操作实践者所为,宜为研究化学史者所注意。

现存版本

正统道藏本,周全彬等编校《白玉蟾全集》本。

巢氏病源养生方辑本

清·力钧辑录　不分卷　存
见《清代御医力钧文集》。

作者简介

见《难经古注校补》。

内容提要

《清代御医力钧文集·巢氏病源养生方辑本点校说明》:《巢氏病源养生方辑本》是力钧《芹澨医书》的第十四种,写本,半叶十行,行二十四字,正文共计九十三叶。内封面由力钧亲笔题写《养生方辑本·芹澨医书第十四(上、下)》,而卷端题作《巢氏病源》,未著署名。是书上卷辑录了隋代巢元方所撰《诸病源候论》前三十六卷中某些候论题目下的养生方导引法若干条,下卷则辑录了该书前四十三卷中某些候论题目下的部分养生方,严格意义上讲,这个辑录本应当属于资料文摘性质。力钧所引用的原本,经考证当是晚清光绪年间湖北官书局刊行的《巢氏病源》。有迹象表明,在不同的时间段,他曾进行过反复的翻检选择,而后请抄录者一一过录,所以上下卷都是从《巢氏病源》的第一卷开始而向后延展,其中部分论题条文甚至排列无序。力钧生前对这个辑本尚未做过批改和进一步的整理。由于我们尚不知悉的某些历史原因,致使今天所见的这个本子,存在着严重的错简现象,不仅有叶序的前后颠倒,还有若干叶张订入了《芹澨医书》的其他卷帙,并且另有部分其他著述的散页混入了本书。

现存版本

民国《芹漈医书》稿本。

陈虚白规中指南

元·陈冲素撰　两卷　存
见《中国古医籍书目提要》。

作者简介

明徐表然《武夷志略》卷四《仙真》云：陈冲素，号虚白，入武夷修道，遇异人授以丹法，著《规中指南》，尽露内丹三要之旨。丹成，与一樵者饮，忽仆地，梦入一洞府。有物进出，曰青灵芝，即采食之。自是饮水，不复粒食，年余仙去。

序　　跋

陈冲素后序：神无方，易无体，夫所谓玄关一窍者，不过神识气，使气归神，回光返照，收拾念头之一法耳。玉溪子曰：以正心诚意为中心柱子者，是也。夫所谓药物火候者，亦皆譬喻耳。盖大道之要，凡属心知意为者，皆非也。但要知人身中一个主宰造化底，且道如今何者为我。若能知此，以静为本，以定为基，一斡旋顷刻天机自动，不规中而自规中，不胎息而自胎息，药不求而自生，火不求而自出，莫非自然妙用。岂待乎存思持守，苦己劳形，心知之，意为之，然后为道哉。究竟到此可以忘言矣，明眼者以为如何？武夷升真玄化洞天真放道人虚白子陈冲素序。

内容提要

《中国古医籍书目提要》第 1319 页：陈虚白规中指南一卷。陈冲素撰，简称《规中指南》，原分上下卷，元虚白子陈冲素撰。述内丹，上卷依行功节次，分"止念"、"采药"、"识炉"、"入药起火"、"坎离交媾"、"乾坤交媾"、"攒簇火候"、"阳神脱胎"、"忘神合虚"九节，每节各有图、说、歌。下卷论内丹三要，即玄牝、药物、火候。多引用张紫阳等南宗诸祖之说，亦引全真马丹阳语。论玄关一窍、药物、火候,颇见精要。谓玄关一窍不过使气归神、收拾念头之一法,根本之本乃元精,与元炁为一,以元神居之,则三者聚为一。强调以真性为主宰,曰:"夫所谓药物火候者,亦皆譬喻耳。盖大道之要,凡属心知意为者皆非也。但要知人身中一个主宰造化底,且道如今何者为我,若能知此,以静为本,以定为基,一斡旋,倾刻天机自动,不规中而自规中,不胎息而自胎息,药不求而自生,火不求而自出。"是以性为主,而有取于全真教法。

现存版本

正统道藏本,洪梗辑刊《医药摄生类八种》本,1989 年上海古籍出版社气功养生丛书本。

按:《补辽金元艺文志》《补元史艺文志》《千顷堂书目》《万卷堂书目》俱称一卷,《中国医学大辞典》云:《规中指南》二卷,明陈冲素撰。《道藏分类解题》称:《陈虚白规中指南》二卷。元陈冲素撰。述内丹步骤和要点,多引南宗言。是书可能原分二卷,后由洪梗整理为一卷,1989 年上海古籍出版社影印本即为一卷。

荔隐居卫生集语

清·涂庆澜辑　三卷　存
见《中国医籍续考》。

作者简介

涂庆澜,字海屏,号耐庵,莆田人,同治年间进士,授翰林院编修,充国史馆协修,光绪间曾任贵州、顺天府等地科考官。著作《莆阳文辑》等书。

内容提要

是书为涂庆澜辑录历代医家、养生家养生保健要语,三卷。卷一引言曰:养生家言,首重起居,避风如箭,息影吾庐,卧起有定,寒燠相干,形神勿扰,精液常储,朝夕谨护,疾病乃除,匪冀长生,只卫其躯。辑起居二十二则。卷二引言曰:饮食养身,亦须有节,血气既衰,供膳宜择,宁熟毋生,不冷而热,脏腑相宜,雅爱精洁,五辛诸荤,勿恣下咽,饭后徐行,运动不歇。辑饮食三十则。

卷三引言曰:惟食养人,惟药治病,方书具存,宜审药性,君臣佐使,加减随证,气虚血虚,阴盛阳盛,平日调剂,勿使偏胜,约采数端,自用只听。辑药饵三十五则。

现存版本

附录《荔隐居日记》,光绪刻本。

养生纂训

明·徐榀撰　一卷　佚

见《中国分省医籍考》。

作者简介

民国《闽侯县志》卷四十七《艺文上》:徐榀,嘉靖间贡生,官永宁知县。

居家必用事类全集

明·熊宗立辑录　十卷　存

见《中国古医籍书目提要》。

作者简介

见《名方类证医书大全》。

内容提要

《中国古代科技要籍简介》第49页:《居家必用事类全集》共十集,以十个天干分集:甲集是"为学"和"家书通式"等;乙集是"家法"、"家礼"、"族葬图法";丙集是"仕宦"、"周公出行吉日"、"百怪断经"、"梦寐因想"等;丁集为"宅舍"和"牧养良法";戊集是"农桑类",附有"文房适用"、"宝货辨疑";己集为"诸品茶"以及"酒麯类"、"饮食类";庚集为"饮食类"、"染作类"、"香谱"、"闺阁事宜";辛集为"吏学指南";壬集为"卫生",以"养老奉亲书"及"治诸病经验方"为主,癸集为"谨身",以"三元参赞延寿之书"及"修养秘论"为主。

现存版本

明万历刻本,朝鲜刻本,四库全书存目丛书据明刻本影印本。

按:是书不著撰者,后世多有争议。《四库简明目录标注》云:居家必用,前集十二卷,后集十卷,元李梓撰,有元刊本。又熊宗立编十卷,附四卷,亦有刊本。《澹生堂藏书目》云:居家必用,六册,十卷,熊宗立。本书以存疑处理。

养生悟言

明·陈椿撰 三十卷 佚

见《中国分省医籍考》。

作者简介

民国《闽侯县志》卷九十《艺术下·医》:陈椿,字汝大,闽县人。父曰子文,嘉靖八年进士,为湖广宪副。椿万历中庠生,父卒,椿择葬地,乃治形家者言,精于青鸟之术。居有顷,母得滞病,椿复治黄帝扁鹊之言,为母诊病,病良已。所著有《景于集》八卷,《养生悟言》三十卷,《竹轩杂著》十卷。

十、医案医史类

南雅堂医案

清·陈修园撰　八卷　存

见《中国医籍通考》《中国古医籍书目提要》。

作者简介

见《伤寒论浅注》。

序　跋

张光第序：尝读修园先生书，见《医学三字经》例言，其首笔大书而特书曰：是书前曾托名叶天士，今特收回。又见《医学从众录》一书，其例言亦如是云云。余见之，余重思之，不觉有感于中，为之废卷浩叹者久之。当是时也，叶氏为吴中名医，享盛名者数十年，虽妇人小子，莫不知叶天士名。又故为怪诞奇离之说，附会以神其事，彼邦人士，至以天医星目之，其崇拜信服为何如耶！叶氏天资颖敏，原非庸医所能望其肩背。然其矜奇好异，固不无矫枉过正处。即论其用药一项，如河车、海参、淡菜、炒鳝之类，信手拈入，不一而足，则其处方立法之际，亦可想见焉。若修园先生则有不然，先生夙以长沙后身自负，平生著作，不下二十余种，其中尤以《金匮》及《伤寒论》两浅注为最，实足以羽翼仲景，阐明奥义，故海内岐黄家咸奉为圭臬。查近时陈氏医书，几增至百种之多，然大半出于后人附会粗杂，是以层出不穷。然鱼目混珠，碔砆乱玉，明眼人自能辨之，固无庸哓哓赘及为。惟念陈氏著书立说，卓然自成名家，顾独无医案流传于世，未尝不引以为憾。去冬余北上之行，道经沪上，群学书社主人沈君继先袖出抄本十余册见示，并颜其名曰《南雅堂医案》，一望而知为修园先生之遗墨也。叩其所自，乃得之于汴南钱君珊石之手。盖钱之大父柏宜先生怀材不遇，以明经终，常游修园先生门，相处最久，相得亦最深。

则此卷之辗转流传，想为先生当年临诊处方之际，随时随笔，久之积而成帙，故流传以迄于今欤。又思修园先生闽产也，以名孝廉出宰畿辅，或公余之暇，归田之时，依其平时诊治所及，随记随录，汇订成稿而功未竟，故遗传至百余年后，久而始发其幽光欤。是皆未可知事。余窃幸其书可存，并喜其道之可传也。所惜者，其间所列各种案语，既未分别门类，亦未按列次第，纷纭错杂，重复冗繁之处，在所不免，恐不足餍阅者之目，是虽尽善而犹未得为之尽美也。沈君亦以余言为然，退而物色知医通士，乃得杨君友苃、严君苇亭主任其事。爰照原本重为编次，三阅月始克告竣。共订成八卷，分列五十余门，纲举目张，序次井然。凡各项重要诸病及一切大小杂症，莫不备列详明，了如指掌，诚洋洋乎大观哉！然则是书之出，不特先哲之成法不致湮没弗彰，即余平昔之私望，亦克如愿以偿。从此医学界中，又得一良好范本，岂非大快事耶！沈君欲以书上石，出而公诸海内。将上石，以函乞序于余。余素不知医，然辞不获命，无已，为述其颠末如此。中华民国九年仲夏月，阳湖张光第颂元氏撰。

王风跋：有明必有晦，有晦必有明。孔子生而吾道明，汉学兴而吾道晦，晦而复明，朱紫阳之功也。仲景生而医道明，四家出而医道晦，晦而复明者，陈修园之功也。刘河间、张子和、李东垣、朱丹溪名医也，而医道于以晦者，以主表散，主攻下，主温燥，主寒凉，各有所偏，各有所传授。于是各宗师说，各分门户，去仲景时代愈久，昧仲景真谛愈远矣。然明而晦，晦而明者，阴阳递嬗之道也。至乾隆朝，吾道复昌，医道亦复著。陈修园先生遂应时而生，仲景真传不绝如缕者，竟得绵绵于后世，是先生乃仲景之功臣也。顾世传十六种，都属诠释医道之书，指示门徒之本，而于先生临诊方案，反付阙如，识者恒以未获金针为憾。沈君继先经营书业，而注重于医学，不惜巨资，觅得先生生平方案，刊印传世。近来坊间有所谓四十八种者，有所谓六十四种者，泰半非先生手笔，在知医者果了如指掌，在未得门径者，往往为其所愚，害人生命，良堪浩叹。沈君为仆旧交，刊印此书，既请杨君友苃、严君苇亭详细编校，犹恐或有失检之处，求正于仆。披阅一过，药品与病情无一不当，洵为医学之津梁。是修园为仲景之功臣，而刊印此书者，又为修园之功臣。仆宗仲景者也，爰泚笔而跋于后。夏历庚申年端午日，王风佐才氏撰。

凡　例

一、此书颜其名曰《南雅堂医案》，所以循其旧而并纪其实也，故仍之。

一、全编订成八卷，分为五十余门，并附则十余种。凡大如中风、伤寒，小如便闭、脱肛等症，莫不分门别类，备列靡遗。

一、百病以风为首，故中风列于前，余症各以类及。至若伤寒温热各病，辨证固不容稍混，而治例尤不可舛错。故凡重要诸症，其一切方法，尤为周详完密，自与寻常医案不同。

一、妇科以经产为主，儿科以痘疹为重，故另列一卷以殿其后。

一、是书系当年抄录流传之件，卷帙既繁，症类又多，其间不无冗杂重复之处。兹乃重为编订，遇有病状病因相同，或其立方用药，无甚更异者，每门中诸如此类，则量为酌删。至其中所列各种案语药方，则概照原本录入，不敢增减只字，以存本真而归精赅。阅者鉴而谅诸。

一、是书学问渊深，多以《内经》《金匮》为宗，或折衷诸大家而遵仿之。故其所用一切方法，既臻妥洽之妙，又见精核之功，其学识经验，实较他书为胜。

一、案中处方用药之法，均卓有见地，并有成法可循。如所患何病，病属何因，应用何方，方何所本，无不逐案切实叙明，与寻常庸流，模棱两可，含糊了事者，迥然不同。

一、各症案语，简单处则寥寥数言，详阐处则多至累百，且语多平淡，法极纯正。既无矜奇炫异之处，亦无矫揉造作之弊，自是名医手笔，自是儒医心法。

一、各案只载病症方药，而于男女姓氏年龄等，均未载列，盖仍原本之旧也。至各药钱数若干，炮制若干，及方剂中有用各种丸丹，其原方或附及与否，修合法或载列与否，皆依照原本而行，不敢任意增减。

一、此书概照原本，详细校勘，可无鲁鱼亥豕之讹。或间有错讹脱漏等处，还望岐黄诸名家指教更正是幸。

内容提要

《中国医籍大辞典·下》第 1335 页：八卷，清陈念祖撰，成书于清嘉庆五年（1800 年）。本书系陈氏临证随笔，依病证分五十余门，包括内、儿、妇多种病证治案。治法以《内经》《金匮》为宗，尤崇仲景方法。如脉芤动微紧、夜梦遗精之虚劳证,用桂枝龙骨牡蛎汤例等。陈氏临床经验颇丰,每持独到之见。如治腰重作痛者,宜阳明太阴合治,用生白术、薏苡仁、附子三味。使中土健运,润宗筋、通经脉而机关自利,并强调太阴腰痛,以白术为主;阳明腰痛,以薏苡仁为主。诸案证治,反映出陈氏医学以仲景学说为本,故对临床诊治及研究仲景学术不乏参考和借鉴价值。

现存版本

清宣统二年(1910年)石印本,1920年、1929年上海群学书社石印本,人民军医出版社2009年马昆、王艳丽校注增补本。

按:此书不见于陈修园医书各种本,马昆、王艳丽校注增补本在保留原书全部内容的基础上,将陈修园其他医书中相关的经典论述,以"修园论选"为题编列于每门之首,在医案的后面加上按语,对原著缺略之方给予必要的补充,说明其出处,或引用其他医家的见解进一步论证。

寸耕堂医案

清·林玉友撰　不分卷　存
见《中国中医古籍总目》《中国分省医籍考》。

作者简介

见《本草辑要》。

序　　跋

林玉友自序:余于医本非专家,但先世习之已数传,亦犹之南宋徐氏也。先府君继之,自诸生以至服官,暇即手披岐黄诸书,活人亦甚众。余自弱冠患咳血,府君投剂辄应。踰壮后府君去世,旧疾复作,延他手无一验者,遂其先世群书与府君所丹铅者,伏而尽读之,然后知数世之渊源有自,而世之以术售者,多不如法,夭枉可胜道哉。用是苦心究习,间与名流辩难,异(亦)以自卫其生,上奉老母,旁治家人,不至为庸手所误,则幸甚矣。久之行迹不能自掩,在家在外,每为相知者以疑难见招,偶尔立案存之,故案中多接他人手者。然亦不过如周礼之疾医治病,愈与不愈并有案记而已矣,无足传也。同志辈见之,谓其中不师心不泥古处,可为临证者法,劝余梓之。因识其崖略于左。时乾隆癸丑腊月朔旦,寸耕居士林玉友渠清撰。

内容提要

本书共收录医案 89 则,以内科居多,其他妇科、儿科、外科病案亦有,治疗患者妇孺老幼皆有之。部分医案记载颇为详尽,兹照录一则:一人病疟,时值十一月。众医用追疟饮、何人饮等剂,累服不效,请余诊之。六脉紧数,夜不得眠。余曰:烦闷不得眠者,阴绝也;面如浮垢,挟暑也。当先用四物汤以安阴血,使可眠方得治。遂以四物汤加柴胡、升麻、术陈,投之安寝。次日,众医以姜附六君乱投之。至正月病日增,复请余诊之。余曰:于今非大泻其阳、竣补其阴不可。闽俗喜辛热,闻之惊骇,仍用前药。正月终,询之云已好矣。余曰:安有好法哉。至二月复请余诊之。面如浮垢益甚,六脉浮缓。其家云:今疟已退,只求理脾。余不应,出谓其亲曰:面如浮垢,虽好亦有死法,况病势日深乎?六脉浮缓,非佳也,孤阳浮于外耳。病甚于甲,死于乙二月十五后乙木,用事不能免矣。后果如言而殁,惜哉。

现存版本

道光辛卯年(1831 年)寸耕堂《本草伤寒辑要合编》本。

二玉医案

清·吴珏撰　佚
见《寿宁历史名人录》。

作者简介

《寿宁历史名人录》第 27 页:吴珏,字二玉,号琢庵,清康熙三十六年(1697 年)十二月生于清源乡下楼村。中年迁县城内居住。吴珏在学童时代,聪颖好学,颇有才气。长大后博览群书,酷爱医学,深研《黄帝内经》,擅长针灸和麻痘医疗。

吴珏医术精湛,医德高尚,一生以行医济世为己任,足迹遍及闽东北和浙南诸县。从医数十载,治愈顽病痼疾不计其数,县民都尊称他"吴太医"。至今民间还传诵他"一针救两命"的事迹。一天,吴珏行医到霞浦县城,见一送葬队伍,棺木所过之处,疏疏留有血迹,吴珏大呼:"此人未死,怎么入棺?"急上前拦住抬棺的,说:"我是医生,看地上血迹是新鲜血液,可能有救,请停下,让我开棺诊断。"按当地风俗,开棺非同小可,死者亲属不依,为了救人,吴太医顾不得许多,跪地叩头求之。围观者见状都说,他要是没有真本事,怎敢拦路要开棺,不妨让他试一试。于是大家七手八脚,帮着在路边搭个简易蓬棚,把棺木抬进。开棺一看,原来是青年孕妇。吴太医当即撕破妇女的裤管,从袋里摸出银针,扎入妇女的足三里穴位。片刻,妇女缓缓呻吟醒转过来,随即临盆生下一个男孩。福宁知府李拔有感于吴珏的医德和医术,赠给"秋水伊人"匾和"一郡久悬卢扁望,三年徒抱树云心"板联。

吴珏行医时,每有心得即写成医案,著有《二玉医案》一书,惜未传世。卒年不详。

苏寿仁经验录

清·苏寿仁撰　佚
见《福鼎文史资料》第 4 辑。

作者简介

《福建省政协文史资料选编:医家类》第 90 页:苏寿仁生于公元 1818 年,闽南人。自幼从父学医,20 岁开业,当时闽南地方瘟疫流行,时医用经方治疗,死亡甚多,苏老深感内疚,遂勤求古训,博采众方,上及《灵枢》《素问》《伤寒》《金匮》,下及诸子百家,并远离乡井,走访苏杭,兼采当时名医成就,其学验俱丰,情性廉朴,不计名利,热心为群众治病。上至浙江杭州、温州,下至福建闽东、闽南,医道大通,声誉四振,有苏活仙之誉。著有《苏寿仁经验录》,内中有百余例医案,惜已散失。享寿 83 岁,临终前分放辞别帖于亲友,预言自己次年 8 月将离世,后果如验,知情医界同道无不钦敬。他的医术精深,诊病用药尤有独到。

按:福鼎名医林上卿为苏寿仁再传弟子,辑录有苏氏医案四则,兹照录之(见《福鼎文史资料》第 4 辑)。

一、伏饮

郑××,男,浙江矾矿老板,患痰饮年余,误服参茸,卒然面赤气喘,胸塞,目泣自出,周身𥆨动振颤,急邀苏寿仁、林子玉二老先生会诊。苏至病家,诊脉滑、舌浊,断为伏饮,以三生饮加减为治。处方:生川乌 15 克,生附子 15克,生南星 30 克,瓜蒂 15 枚。先将生川乌、生附子、生南星水煎二小时,纳入瓜蒂再加轻煎,一次全剂服尽。药后片刻,病者不省人事,其妻见其状,怒骂庸医误人,意欲逐打苏老,苏避走。后林至,查阅前方,询其病情、知药中病,竭力安抚病家,少顷病者果吐出痰涎二盂,人事苏醒,厥疾尽瘳。病家求林赐方,林曰此苏活仙之功,余何敢窃为己有? 须邀苏老续诊,非彼不能救也。于是急遣人访回,并以千金酬谢,苏老不受,与林议药收功。此后苏林结为好友,二医德术相辉,而为后世医家之懿范焉!

二、寒痞

施××,男,福鼎县南门外人。盛夏酷热,暑气内迫,遍体大汗淋漓,因贪饮凉饮(乌茄冻)取快,即大汗全收,旋觉脘胀如痞块,食入梗噎,勉强进食,辄脘痞更甚,面色恍白,肢体清冷,虽厚衣被而不温,屡治无效。后闻苏老活人之术,即遣人求治。苏至,诊脉迟牢,参合症因,诊为寒痞。处方:吴茱萸 500克,以冷水浸二小时,取汁一碗一次服尽。施属持方购药,药师谓:吴茱萸大辛大热之药,500 克一次服尽恐性命难保,奈苏活仙之方,不得不售,但后果概不负责。病家畏惧,复求神巫,意谓药不可服。苏见病者辗转在床,其药浸而未服,遂自取药汁一碗,令其服尽。病者服后,卒而心烦,续则昏厥,病家慌乱,指责苏老误人,苏以婉言安慰,并预告一时辰(二小时)后必复生。果然,经一时许病者大呼数声,吐出凉饮与药汁,随后苏醒,众人无不称奇。

三、黄疸

姚××,男,福鼎南镇人,全身深度黄疸已数日,右胁隐痛,时寒热,口苦,便秘,尿黄赤,脉弦数。屡医无效,特请苏老诊治。苏老断为阳黄。处方:茵陈 2500 克,水煎,日夜无间,频频服之。待药服完,黄疸尽退。嗣加调理,而竟全功。

四、支饮

叶妪,浙江矾山人,寝至夜半,忽自床中起,两手紧握床架,自言胸中憋闷,气喘欲绝,面唇指甲俱青,家人急延苏老往诊,断为支饮。处方:葶苈子30 克,大枣 10 枚。清水煎数沸,去渣,一次服尽。药后少顷,喘平,诸症若失。

皇上病案

清·力钧撰　不分卷　存

见王宗欣校注《崇陵病案》。

作者简介

见《难经古注校补》。

内容提要

本书收录了力钧为光绪帝诊疗的 24 天病案和 23 天的奏事处抄,"奏事处抄"为奏事处汇总整理光绪帝病情概况,以备御医参考备用。

现存版本

中国中医科学院清末民初稿本。

壶山意准

清·林作建撰　不分卷　存

见《中国中医古籍总目》。

作者简介

《榕峤医谭:福州历代中医特色》第 75~76 页:林作建,字和斋,出生于世代业医之家,家学渊源。其祖林世存,其父林德盘皆精通内科,名噪一时。林作建幼承庭训,读书颖悟,弱冠即为人治病,颇有成效。行医数十年,业与年进,辨证准确,方药熨贴,多愈奇疾,誉满榕城,望驰遐迩。林作建与名医陈修园关系密切,时相来往。当时陈修园往返榕城,常在林家下榻。二氏相见,每议论医事,谈笑风生,相得甚厚,均能他山攻错,取长补短,共收医疗效益。《和斋医案》曾记述二氏会诊福州王墓山、郑宁馨病案。林作建现存《诸病坏症歌》与陈修园《医学实在易》颇有相似之处。林作建治学严谨,勤求古训,探其堂奥,每有发微。其积数十年学验,著有《和斋医案》《伤寒论眉批补注》《六经辨证歌括》《妇人古方歌括》《壶山医统》《壶山意准》等书,并汇集其弟光昌遗著,编写《壶山林氏家传秘方》一部。子孙相传,作为临证指南。

内容提要

《中国医籍大辞典·下》第 1355 页:成书于清同治九年。全书分八十五门,共载医案九十四则,包括呕吐、咳喘、虚劳、痢疾、血证、疟疾、泄泻、伏暑吐利、失血失精、大汗大泻、带下、产后头痛等,病种范围甚广,主要涉及内、妇两科。本书所列病案多为疑难杂证,病案记录详尽,分析辨证颇精,可供临床参考。

现存版本

抄本,民国《三三医报》连载本。

一 得 录

清·滕万程撰 佚
见《中国分省医籍考》。

作者简介

民国十八年《建瓯县志》卷三十四《方伎》:滕万程,字上池。精医术,遇险难症,辄有奇效,其立方宗古法,与时医议论多龃龉。出为吴门之游,凡历杭、嘉、绍、宁,悬壶旅舍。道光戊戌自温陵归,集数年来治疾获效者,录成医案,名曰《一得录》,许稚仙评定,蒋衡、方应图为之序。

医学源流

明·熊宗立撰 一卷 存
见《中国医籍通考》《中国古医籍书目提要》。

作者简介

见《名方类证医书大全》。

序　跋

吴高序：建阳熊均宗立，勿轩后人也。自幼婴疾，甫十岁，受业仁斋刘先生之门。天资颖敏，书无不读，读无不通，早承师训，以医道有活人之功，极留心焉。乃取古人《医学源流》所著方书，会同一选，始于风寒暑湿，终于小方脉科，厘为二十四卷，名曰《医书大全》，刊传四方。予得而读之，如登昆山，琼瑶琅玕，灿然毕陈；如入武库，戈矛甲胄，森然具备。究病之所由起，审药之所宜用，所以体天地好生之仁在是，所以广圣朝一视同仁之心亦在是矣。嗟夫！人生两间阴阳，风雨晦冥感其外，男女饮食之欲伤其内，疾痰生焉。扁鹊、思邈之良，世不常有，治病者其可以无方乎？然古今专门名家，或得此失彼，家无全书，人无全见，临证用药，几何不至于误耶？宗立自幼至长，采摭之勤，服食之精，所谓三折肱而知医之良也。是编之行，业术者得以取众论而折衷，僻远无医者亦得以依方而救济，仓卒无夭横之忧，顷刻有回生之力，立心何其仁且博哉！其视得一方秘而不以与人者，大有径庭矣。昔人谓：达则愿为良相，不达愿为良医。夫相之与医，势位虽相悬绝，而其调燮元气，以寿君民之命脉，心则一也。宗立是编，岂非良医之用心乎？由是推而达之，于良相之事，有不难矣。噫！相之用心，皆能如宗立之用心，庶乎天下之福乎？宗立以为何如？时大明天顺二年岁在戊寅六月初吉，赐进士秋官员外太中大夫资治少尹福建等处承宣布政使司右参政惠阳吴高尚志书。

熊宗立自序：医善专门，方贵经验。古今方书，传于世者甚众。盖初学之士，犹临海问津，焉能适从哉！书林旧刊文江孙氏《医方集成》，后之名医续增《宣明》《拔萃》等方，又谓之《大成》，是皆经历效验，有不待试而百发百中者，诚卫生之捷径也。然其方中证类混杂，分两欠明，俾我同志不无憾焉。余自幼多病，喜读医书。暇日因取前方，芟证归类，措方入条，复选诸名方中有得奇效而孙氏未尝采者，与夫家世传授之秘，总汇成编，凡二十四卷，目之曰《医书大全》。各卷分门，各门析类，各类载方。方名之上，次序顺流，以一二三四之数而标记之。与目录互相贯通，使人展卷，提其纲领而节目分明。治病之际，审其证候而方药备具。得无检阅之繁，庶免狐疑之患。书成藏于家塾，以供自治之需，非敢谓之当也。坊中好事者固请梓行，与众共之。余不能已，因述其梗概，题诸篇端云。正统十一年岁在丙寅暮春之初，鳌峰熊宗立道轩序。

熊宗立跋：夫医之道肇自伏羲，流于炎皇，尝百草之滋味，始兴医药，以及黄帝之圣,与岐伯等更相问难,垂法后世。于是雷公得以受业相传,而《内经》作矣。迨夫商之伊尹论《汤液》,秦之扁鹊著《难经》,汉仲景启《伤寒》,晋叔和述《脉诀》,皇甫谧、葛稚川辈皆著书作方。爰隋唐以来,真人孙思邈、药王韦慈藏等皆动天地,感鬼神,惊人骇俗之艺,历代推为名医也。唐甘伯宗撰《历代名医》,自三皇始而迄于唐,绘列成图。宋许慎斋又录唐及五季、宋、金数代之人,如通真子刘完素、洁古老人张元素等,序次以续乎伯宗所作,名之曰《历代名医探源报本之图》,然穷其图,虽显名医之名,而无传文可考,未免不有年代差讹、姓名各别之患。如赵宋之王纂列于南宋,大唐之苏恭赘于南梁;范"汪"作"注"、孝"崇"作"宗"之类,览者岂无憾焉! 予不揣庸愚,罔知固陋,窃以前图详加校订,讹者正之,阙者增之,间尝讨寻史子百氏诸医方书,作为传义,以发乎行事之实,复以元人裨续于后,倘或搜求不及,姑阙之矣。惟我皇朝混一而来,治化文明,雍熙盛世,医林中往往有耸然高明,洞达复迈如前人者甚众。国初徐彦纯、刘宗厚、刘渊然等,而接乎王海藏、朱彦修之传,著《玉机微义》及《济阴》《备急》等方,刊行四方,皆为当时之名医也。宗立徒长山林,识见不广,未敢轻易为说,以俟后之君子而续作焉。是编既成,刊附医书卷首。展卷则见上古圣贤,道艺相传,历代名医,著方垂训,功名行迹,灿然可观,俾人咸知起敬而不敢忽,则斯道之大而有所自来尔。熊宗立拜手敬书,时景泰新元庚午岁也。

内容提要

《中医古籍珍本提要》第 583 页:成书于 1450 年。此书收集伏羲、神农、黄帝、岐伯、雷公、扁鹊、淳于意、张仲景、华佗、王叔和、皇甫谧、孙思邈、韦讯等十三位医家的生平事迹及学术思想,于每位医家均先介绍该医家的主要学术特点,然后则对该医家予以评价和考证,全书汇集并评述了上古至唐代名医的生平与学术史料,对于了解唐以前的医学发展源流及著名医家的学术内容,有重要的参考价值。

现存版本

明景泰元年庚午(1450 年)刻本,日本宽永九年壬申(1632 年)刻本,《名方类证医书大全附录》本,台北故宫藏抄本,上海科学技术出版社据台北故宫抄本校注本。

按:该书又名《历代名医考》《原医图》,其二序与《名方类证医书大全》同。

纫元医案

明·徐纯卿撰　佚

见《中国分省医籍考》。

作者简介

乾隆《延平府志》卷三十一《方技》:徐纯卿,将乐诸生,读书学易,穷医得秘方,施药活人。年八十,手不释卷,著有《纫元医案》。

医　　案

清·张舒咏撰　佚

见《中国分省医籍考》。

作者简介

见《应验奇方》。

星园医案

清·卢星园撰　佚

见《中国分省医籍考》。

作者简介

民国三十年《永定县志》卷三十二《艺术志》:卢星园,浮山人,精医术,工书法,好栽花。清同治间,疫痢大作,星园以病因乱饥荒,清热导滞,兼养胃肠津液,全活甚众。行医五十年,著有《星园医案》《种兰四时法》,寿七十六岁。

医　　案

清·林滨齐撰　佚

见《中国分省医籍考》。

作者简介

见《内外科方书》。

医　　案

清·陈粹然撰　二卷　佚

见《中国分省医籍考》。

作者简介

民国《长汀县志》卷三十《艺能传》:陈粹然,宣成里人,生平读书好古,后弃儒业医,著《医案》二卷,未梓。

黄氏医案

明·黄至撰　佚

见《中国分省医籍考》。

作者简介

光绪《续修浦城县志》卷二十七《人物七·技术》:黄至,字诚甫,精于医。岁大疫,死者载道,捐施药茶,全活甚多。子秉键传其术,摘至平日奇中者为《黄氏医案》,传于世。

按:光绪二十六年《续修浦城县志》卷三十二《艺文志·著述》有载。

医　案

清·杨万占撰　佚

见《中国分省医籍考》。

作者简介

民国二十七年《连城县志》卷二十六《艺能》：杨万占，字一庆，弟斌占，字一雄，皆善医。万占精研伤寒杂病，所诊辄愈。大兴朱文正公督学莅郡，患危疾，诸医束手，廪生杨登璐以言于公，延诊遂愈。所著《医案》见解超异，版毁于兵燹。斌占精麻痘及喉科，皆有专著。

医　案　稿

清·郑国基撰　佚

见《中国分省医籍考》。

作者简介

见《医学秘录》。

崇陵病案

清·力钧撰　不分卷　存

见《中国中医古籍总目》《中国古医籍书目提要》《中国医籍通考》。

作者简介

见《难经古注校补》。

序　跋

汪逢春序：昔贤谓上医医国，窃尝就其意而深思之，则业师力公轩举可以当之矣。夫子闽中望族，幼耽诗礼，长嗜医经。其文则笔健麒麟，才雄鹦鹉；

其医则追踪葛氏,独擅桐君。又复叩钟必应,振铎长宣。是以公门桃李,济济祁祁;药笼参苓,为模为范。光绪季年服官商部,政声医誉并重于时。会德宗抑郁成疾,庆邸与瞿相交章荐举,乃施肘后之奇才,竟获刀圭之屡验。于是恩颁雕锦,宠撤金莲,誉等僧垣,名齐郭玉。无如宫廷倾轧,应付维艰,不得不神武挂冠,鉴湖乞骨。德宗崩逝,清社渐屋。夫德宗,有清之明主也,其难其慎,时时宵旰之忧;无怠无荒,事事切咨儆之虑。设使变政成功,何尝不可与明治、彼得后先媲美。及其抑郁成疾也,若能依夫子之主张,补偏救弊,以德宗之聪明睿智,安知不再竟戊戌前功,早跻富强之列。则夫子丰功伟绩,距非上医医国者乎?甲申夏,俶南学长以《崇陵病案》见示,商付剞劂。书中所载,皆奏事处传钞及医治方案,附录诸章尤多宫廷轶事。如阉官骄横,宫廷党锢,皆罕传之秘。以之垂戒,几如有北之投;以之记奸,无殊九鼎之铸。其功固不异南史抱简于齐、里革奋笔于鲁也。岂仅医疗方案已哉。谨为校订,俾寿梨枣。乙酉新秋,受业吴门汪逢春拜识。

力嘉禾序:先严与药王同生日。其学医也盖性之所近,非先知有药王而始治医学,乃学成而始知有药王,其中若有天焉。先严弱冠多病,丁巳,病痘剧,结痂满面,戊午,出诊几殆。壬戌,从刘幼轩公读,公通医,以《说文》证《内经》,自是始知医。乙丑,过书坊,见殿板《史记》残本有《扁仓传》,购归诵读,手不释卷。丙寅,从林亦莱公受《春秋传》。公多病而学医,名为课徒,实则传医也。初授三家《本草注》,继以《伤寒论》《铜人图》《内经》《难注》参校,乃稍知药物,作《膏肓考》《四虫为蛊说》《汤物阴时解》。丁卯,辑《和缓考》《诗经药物考》《尔雅药物考》。戊辰,从张熙皋公受《三礼》,习制艺。公精六书,先严常举《内经》《伤寒》难字问难。公谓"尔能如此揣摩,不惟通经,且通医矣"。壬申,患瘟病,经陈德明先生治愈,神思顿异,日能读书数卷,从先生借读《温病条辨》。丁丑,先王父服高丽参,病积药不消,医治无效。试用参、芦焙灰,和小承气服下,胶黏愈。辛未,从郭秋泉公受《王氏准绳五种》,作《伤寒论问答》。壬辛,从郭省三公论半夏效用。癸未,从林宇竹公受《热病新论》,读《西药略释》与《本草纲目》,校辨其异同。丙寅,作《铜人图正误》,辑《历代医官沿革考》。庚寅,次姊病,群医束手。先严拟用白虎加大黄,请命先王父,先王父命向先慈灵前卜,卜吉。服未移时,病若失。先严医病开方,乃自此始也。既而姑母黄氏病。居乡间,先王母以先严善用药,命涉水往诊。至,见方纸积叠成寸,病垂危。投以真武汤,吐冷痰,复进桂附,旋愈。亲友自是以医事相属。

辑《庚寅医案》及《警医录》；读译本《全体阐微》，取校中西医说之异同；纂《内经难经今释》，先严研究西医乃自此始也。辛丑，应新加坡侨商诊，医愈富商多人，延主医院，未就。往游南洋群岛，辑《辛丑医案》。壬辰，辑《难经经释补注》。南洋缺乏中药，乃参用西药，功效大著，岛侨誉称为"中西名医"。先严应用西药，乃自此始也。癸巳，南洋侨商群谋创立中外医学研究会，聘先严主事，旋病归。辑《病榻杂记》《槟城医话》。甲午，先严挚友恐以医妨进取，促随公车北上，主、副考均向索著述。复约往浙襄校，而廖仲山军机、许庚身尚书、徐颂阁尚书，又坚留都门诊病，近畿显要亦纷来征召，以先王父、母病辞归。先严应都门公卿医病，乃自此始也。先王父宿疾寻愈，时省中时疫方炽，以大青汤疗愈多人。辑《释温》《释瘟》诸作。丁酉，游日本，考察其维新后医学之发明，广购医书、药具、药品以归。辑《历代医籍存佚考》。甲辰，应友约，入都为王公大臣医病，辑《王公大臣治验录》。丙午，两宫欠安，由军机推荐，进宫请脉，辑《崇陵病案》。先严为皇族医病，乃自此始也。庚戌，随使英国，历德、法、瑞典、意、俄。所至都市，必参观医政、医育之设施。对印度学者本草之考证分析、研究试验之创举，尤叹为观止，督余辑《灵验本草用法》。先严生平著述甚富，于金石有《历代钟鼎款识考异》，于词章有《文选读》，于诗有《毛传释例》，于三礼有《郑学类求》。写本至三千卷，手自辑录者十之三。已成书者，曰《双镜广文存》，曰《槟榔屿志略》，曰《槟城异闻录》，曰《槟城晏游记》，曰《永闻见录》，曰《芹潒文集》，曰《医隐庐赠言随录》。上述医类之辑，特其绪余耳。本稿属草，汪、赵两兄多致力，并怂恿付梓，公诸同好，或有爱而珍之者乎？嘉禾谨志。

　　赵树屏引言：《崇陵病案》，古闽力轩举部郎之遗墨也。先生永福世胄，诗礼通门。学富青囊，词高黄绢。光绪季年服官商部，以医学深邃蒙青于尚书振邸，王公大臣争相延致，一经着手，无不成春。是诚十全功奏，锡福福民，六技识精，上医医国者矣。会德宗景皇帝疾，军机大臣合词举荐。盖德宗血虚气亏，体质衰弱。丙午（光绪三十二年）四月二十二日以郊迎皇太后致感暑热，复因赏食角黍而兼积滞。太医以为虚脱（见承泽园谒见庆亲王纪事），用药遂多补益。闰四月初三日奉旨与陆凤石相国同诊，一药即安。大勋既著，上赏宜膺，荣宠之加，于斯为盛。翌年七月十九日（据上庆邸书，有"去年皇太后幸报早安者，鸡露之力也"一语，知为第二年事）遵旨治德宗血虚气亏、肝胃并郁宿疾。至八月初，皇上脉息已调，心跳已愈，遗精已瘥。圣躬日渐康复，补偏救弊，此正其时。乃先生议用温补，近侍力主凉泻。皇上左右，不无先入之言（见上庆邸书），奏事处发钞，更时有"不宜温补，上焦觉热"等语，众口铄金，抱璞心孤，治疗已感棘手。其后以建树多劳，致采薪成疾，不得不辞腹心任，乞骸骨归。秋风起处，明月归来，虽圣恩优渥，无如至何也。观先生"复唐侍郎文治书"一则，曰"供奉内庭，危险之情，困苦之境至今手足犹颤"；再则曰"难言之隐，不测之变，无可如何之事，不忍形诸笔墨，而亦非笔墨所能形容"，其隐痛可知矣！尝读《后汉书·方术传》，郭玉对和帝曰：夫贵者，处尊高以临臣，臣怀怖慑以承之，其为疗也，有四难焉。重以恐惧之心，加以裁慎之志，臣意且犹不尽，何有于病哉？古今一辙，可为浩叹，况公之处境更有甚于此者乎？故《崇陵医案》，以之为医方也可，以之为历史也可，以之为宫廷秘辛也，亦无不可。逢春会长曾列轩公门墙，虑此稿之淹没，与先生之家嗣俶南君商付剞劂，责为厘定。乃重为编次，并冠引言，以清眉目。至其内容，则事关史乘，一字一言，悉仍其旧，不敢稍异旧典，俾求征信。民国三十二年癸未秋七月，毗陵后学赵树屏敬志。

李兆年跋：国家之兴亡，胥关运会，而识者见微知著，以烛照于几。先清德宗励精图治，天下想望中兴。今观此病案，所患非不治之症。力医隐先生医学精邃，治无不验。顾以宫闱构衅，罔克竟其效，于是德宗亡而清社屋矣。观先生复唐侍郎文治书，曰"难言之隐，不测之变，无可如何之事，不忍形诸笔墨，而亦非笔墨所能形容"，足以知先生之隐痛。而清室之不克永其祚，亦固已逆睹之。其依然勇退，不慕荣利，有非他人所能及者。今医学会会长吾友汪君逢春，为先生高足弟子，以此病案持示，叙述疗治经过甚详。而当日禁御情形，约可想见，读之足以增长医学治验。而先生之孤忠与远识，亦诚足令人景仰矣。谨泚笔而志其后。癸未季秋月，乡世愚侄李兆年谨志。

凡　例

一、本编系力轩举先生供奉笔记及各种稟牒纪事，兹特重为编次，以清眉目。

二、首例引言，详述入宫供奉及治疗经过，俾收提纲挈领之益。

三、本编以崇陵为主，余皆列为附录，以资识别。

四、每节冠以短言，撮述当时情形，并考年月先后。但皆引用原有纪事，决不稍加润色，以求征信。

五、遇有脱漏处,如陆相国信札中所录太医药方之类,悉搜求原稿,设法补明。

内容提要

本书记录了力钧为光绪皇帝治疗疾病的医案,包括 46 天的"奏事处抄"和 45 的病案,并附有"慈禧皇太后感寒化热方案"、"纪事"、"禀牍"、"王公大臣治验录"等四个附录。

现存版本

民国稿本,2015 年学苑出版社王宗欣校注本。

槟城医话

清·力钧撰　二卷　未见
见力钧《槟榔屿志略》。

作者简介

见《难经古注校补》。

序　跋

力钧自序:医不易为,海外为医尤不易。限于医,限于药,亦限于病者。中国习医,尚有儒者。浮海而来,多为贫迫,粗识之无,贸然行道,庸劣多则理不明,限于医一也。素不知学,因陋就简,钞袭类方,任意加减,寒凉补泻,错杂混施,包治限期,惟利是视,巧伪多则真不见,限于医二也。猥琐龌龊,奔竞为能,取悦富人,下同贱役,卑鄙多则品不尊,限于医三也。一盲引众,谬种流传,党同伐异,肆口讪讟,攻击多则权不一,限于医四也。夫十室必有忠信,十步必有芳草。余观新嘉坡同济医社,槟榔屿南华医院所刻医论,尽有通人,谅无恶习,然不能十全无失者,过不在医而在药。上焦宜散,中焦宜丸,诸花宜露,诸皮宜胶,六神宜曲,陈皮宜酱,兔丝宜饼,桑葚宜膏,古人立法,具见深心。入市而求,皆未有备。因服法异而不效,限于药一也。柴胡用蜜,竹茹用姜,白术、薏米皆用土炒,山栀、杜仲皆用黑炭,因炮制异而不效,限于药二也。

四川厚朴代以浦城榛皮,江南枳实代以福州桔干,参非上党,连非雅州,因地道异而不效,限于药三也。贝有川浙,杏有苦甘,茯苓皮心,麻黄根节,名同实异,不可不知,因物性异而不效,限于药四也。药无另包,戥难再核,琥珀、真珠价贵减少,山查、麦蘗价贱增多,因分两异而不效,限于药五也。枳壳书作只殼,但取偏旁,桑枝书作双枝,其竟同假,借方字多歧,药品易乱,尝见泻白散桑白皮以丹皮代之,银翘散忍冬花以款冬代之,名偶同则互相更易,物未备则随意混充,气味异而不效,限于药六也。然而海外风俗,药肆例有延医。医生时兼卖药,学医既多,选药必慎。余所患者,不在医药,而在病者。地属英辖,人狃西俗,偶患沙诘,即问老公。轻症而用重药,或致陷邪。兼症而用专方,亦虞偏胜,此为病者所限一也。所娶娘兄,本属番族新挛,轻泻燥结,不宜甘蜜。辛温热症,尤忌我刚议治。彼又施方,掣肘不知,噬脐何及,此为病者所限二也。南人好鬼,海外尤甚,降头符药,庵公神丹,燥烈之性,易伤精液。巫觋演法,多就卧房,跳掷喧呶,易扰魂魄,劫阴越阳,皆难施治,此为病者所限三也。地近赤道,时多夏令,汗后濯水,醉后饮冰,饭后啖果,茶后袭凉,风湿伤卫,痰涎壅膈。法宜辛散,喜服温补,留邪增剧,实疑为虚,此为病者所限四也。地热欲炽,真元必亏,脾肾多寒,脯胃多燥,新感伏气,半在膜原,失治传变,渐成腑病。法宜寒凉,喜服温热,至于亡阳,无可救药,此为病者所限五也。吕宋烟香,法兰酒旨,人参性温,玉桂气烈,燔炙腥膻,椒辛辣富,人供养火,毒旱伏感,温愈温感,燥愈燥热。极而厥,反疑寒象,血溢阳亡,枉死无数,此为病者所限六也。男子鸦片,妇女槟榔,十人而九。精耗血伤,精耗梦泄,血伤病经,补不敌破,元气难复,此为病者所限七也。凡此数端,病者之病,良医难医,良药难药,目击心伤,以笔代口,积之既久,哀然成帙。辑在槟榔屿作者二卷,就正有道。旧稿尚多,再容续录。夫治病必用药,用药必求医,医不易为固也。海外阅是书者,或亦知为医之诚不易欤。

清宫医药档案力钧医案

清·力钧撰　陈可冀 谢元华集录整理　不分卷　存

见《清代御医力钧文集》。

作者简介

见《难经古注校补》。

内容提要

在中国第一历史档案馆所藏清宫原始医药档案中,保存有力钧诊疗慈禧太后的脉案纪录近 50 诊,诊疗光绪皇帝的脉案纪录 30 诊左右。本书分两部分,一为慈禧太后医案辑录,起止时间为光绪三十二年闰四月初三日至十二月二十二日。一为光绪皇帝医案辑录,起止时间为光绪三十三年七月二十日至八月初九日,另附光绪闰四月初三日医案一则,具体年代不详,可能为光绪三十二年。

现存版本

《清代御医力钧文集》本,《清宫医案研究》本,《清宫医案集成》本。

按:力钧诊疗档案经陈可冀等整理,分别收录在《清宫医案研究》和《清宫医案集成》中,本书系陈可冀综合中国第一历史档案馆有关档案辑录而成。

十一、综合医书类

轩岐救正论

明·萧京撰　六卷　存

见《中国医籍通考》《中国医籍考》《中国古医籍书目提要》《中国中医古籍总目》。

作者简介

民国十一年《福建通志·孝义传》:萧京,字正夫,号万舆,中年隐于医,号通隐子。父某,初令慈阳,既迁益州都丞,凡八载,历署十三篆,所在多异政。京生六岁,力能举五钧,就专攻举子业,文思敏而工。十六岁游上庠,文益奇,旁涉诸子百家,尤善书法,常言颜平原书,一笔千钧,杨椒山笔钩如铁,欧柳诸字,皆力透纸背,字以品重,不似今之学书者,专以妩媚为工,毫无古人骨气也。至于王墩、郗超等,虽收入淳化集中,不足观矣。顾好以古文词为举业,遂不得志于有司,或劝其由他途以进,慨然曰:天下方乱,吾与鱼鸟为群耳。初从父之任慈阳,痛母因不遇良医病卒。旋次因从黄州学官胡慎庵学医,逾年尽得其传。后著《轩岐(救)正论》一书,阐发五运六气之原,推究水火阴阳之奥。医人必先医医,得人病愈,止于所医之人,得医病愈,而受医者已无穷人矣。壬申,父由遵义郡望乞休,时蜀方富饶,欲留焉。京曰:蜀富而民逸忘善,祸将作矣,曷归乎,从之。不三年流寇入蜀,向之流寓者尽殪。时值闽大疫,邻里间多惧,而舍其病者以去,京太息曰:是等骨肉于行道也,不仁亦甚矣。因亲调药饵以救之,死则助以棺衾,其后家人归,见京有愧容。丁亥,土寇四起,围闽省六阅月,忽得间谍者言,城中居民悉贼亲族,将谋内应。巡抚周欲按诸户籍,而尽戮外出者之家,总兵张应梦者以告。京曰:此反间计也。闽土隘而人口多,货殖于外,按籍而稽,不下数十万户口,能皆延颈就戮乎!今贼攻城不得,故为携贰之言,以煽惑兵民,将军惟静待援,乱自止矣。张公悟,议遂寝。居里中数载,以病告者,即徒步往视,不啻拯溺救焚也。所著《忠孝两集》《荆园小语》。生于明万历乙巳年,卒于清康熙壬子。子一人震。

序 跋

王范序:予入闽,停骖晋安,每晨兴,翘望紫气西浮,知其下有异人隐焉。因忆梓里十年来,至今人殷尸祝,称萧使君者非地此耶。赍诚以谒,造其庐,则萧萧旋马数椽也。升其堂仅图一幅,敝榻二三耳,图为我西川父老子弟颂功德文也。仰瞻屏联,一曰忠孝,一曰廉节,此使君长物也。顾旁有小室,颜曰拙勤轩,架丛帙千,半皆岐黄正典,知为贤公子读书处,此又使君遗公子长物也。叩问主人,许久,有苍头者荷锄而进曰:客谁?吾主人已入山阅月矣。初意典型在望,方资南指,莫测空反,增怅素怀。无何,使君殁,贤公子以行状示。行状言使君楚、蜀宦绩,皆余曩耳所稔聆、目所稔睹者。晤谈之顷,稜稜者公子貌也,表表者公子才华也,叠叠而玉尘风生者,公子悬河之辩也。因咨当世之务,重如军国礼乐,慎如钱谷刑书,宣陈利害,洞中机宜,慷慨有大略。余劝公子何不图科第,进取功名。公子曰吾久已怀术隐矣,遂别。未几,以所著《轩岐救正论》示。展卷读之,三不置而顿觉有悟,个中妙解阴阳水火,直探《灵》《素》玄机,往往奇正相生,经权互用,洵予耳所未聆、目所未睹之奇书也。

予于此有以窥是父是子于仕隐之际,分殊而道则同也。试约略言之。我西蜀古天府国也,二十年来,逆奢构难,民生悴矣。守令者务茧丝,使君官此恻然,休养备至,非即公子之治病首重元气,滋益本根也耶?蜀又三面邻边,最狡者吐番部落耳。自使君至,数载抚驭,宣扬威德,尝为司储者刻核月糈,几至内向,使君单车往靖,诸部落投戈输款,消衅已萌,非即公子之治病于未病也耶?蜀凤称淳朴地也,迩来叛寇土司,潜萌叵测,豪宗巨猾,隐肆跋扈,使君甫莅,便与当事预画消弭,孰急可忧,孰缓无虑,孰为阳从,孰为阴应,晰条逆顺,一一掌指,非即公子之治病明虚实真假之殊、施攻补反正之方也耶?予又维使君之八载治蜀,历十三符竹也,优游卧理,耻事搏击,有触网者辱蒲鞭,真古循良也,非即公子之治病动察本源、诛伐无过而默全生命也耶?使君任边储,其职也,适羌胡内犯,奉命监纪,翼谋帷幄,而战守咸宜,剿抚随机,非即公子之治病当存亡呼吸,意解刃余,不循成法辄奏殊效也耶?李官为直指寄耳目,成都三十一城与五直隶州邑吏贤否,属李官评考。会阙员,使君受摄是任,孰明廉,孰贪昧,高之下之,直指赖以黜陟,称衡平,非即公子之洞明《神农本草》之蕴,缕释良毒宜忌之要也耶?使君盖麟经起家也,论世严衮钺之权,司刑凛春秋之笔,非即公子所云时医者轩岐之乱臣贼子也?悬诸医贞邪之鉴,醒病家从违之方,罔惜知罪,特勤笔舌也耶?使君蒿目时艰,补救心苦,吏之墨者救以清,懦者救以立;民之贫者轸恤救之,逋者宽征救之;弊政为厉者湔除救之,非即公子之悯痛时师循标治病,浪剂杀人,故独毅然纠高阳伪诀之妄,驳诸家成法之谬,朗揭虚实真假之辨,乃力抒救正之热肠也耶?使君由益州郡丞迁遵义太守,知蜀将乱,即拂衣归,非即公子所云烛气化于几先,不治病于五脏将绝,阴阳俱脱之候,为妄治之前医受过也耶?古人云:仕不至于相,虽其泽之所及,不若医之博也。公子无乃怏怏曰:昧搴鹏之远图,工醢鸡之纤业,同流当世,莫竟先猷,可乎?斯论一出,俾术此者亟把上池灵水涤却,读高诀王径的聋聩耳目,味此归本宗谈心,心直溯渊源,使听还耳,视还目,《灵》《素》还彰,化育还盛,蒙休食庇,流衍将来,其为功德岂可量哉!独是使君之再造吾蜀也,蜀知之,闽未必知,闽知之,海内未必知之。一时知之,将来未必知之。予治岷也,可令使君劲节孤标,显猷隐绩沦没不扬,予其何能已于言哉?予其何能已于言哉?呜呼!使天下吏如使君之为吏,则天下无不可起之痼瘵;使天下医如公子之为医,则天下无不可治之疲癃。予也尊鲈入梦,将谋归隐矣。奚囊挟此,广布乡国,湛恩所及,在在春台,畴不欣然相庆曰:公子竟使君未竟之仁,造福并州,无僭先猷,惟有遥祝容驷光大旋马之庐而已。羽言弁首,使天下后世知世德承家如萧氏父子者,其盛矣乎!若公子者,仁人也,孝子也,隐君子也。西蜀青羊牧者王范题。

林先春序:昔贤所云,达则为良相,不达则为良医,此名言也,非通论也。世有才居然相,而专任罕遇,不可谓之达者,亦有位不必相而随方补救,不可谓之不达者,达不达之故存乎天。医之为道也,达之事也,非不达之事也。不达于古圣贤百家之言,可谓之医学乎?不达于虚实本标之辨,可谓之医识乎?不达于存亡呼吸之顷,经权意创,奇正心生,可谓之医胆乎?达于胸不达于笔不足于匡时,达于舌不达于书不足于寿世,可谓之医仁乎?孔子曰:己欲达而达人。又曰:辞达而已矣。审乎此者,其于萧君之医之书思过半矣。萧君非他,乃姻太翁鹿阳先生之冢嗣万舆君也。先生宦履,维楚与蜀,气养清风,膏调甘雨,忧民如有病,视己若无官,至今人能传之。及其两袖归而家四壁,凤麟耶?山斗耶?今称吏隐,昔谓达尊,盖达不于位而于德也。今万舆君复以医隐自居,若曰吾未遑为良相之事云尔。汉廷良相,首出萧何,俨然一国手也,亦惟汉高能专任之,不然奚功之足神?乃今欲读其书,了不可得,相术之荒也宜哉!万舆君非其苗裔欤?世德绳绳,儒风穆穆,救济苦心,于医是寓,而天慧所迎,骎骎乎登峰造极,立论著书,实发前人之所未发。学也,识也,胆也,一言以蔽之曰仁。是以痌瘝在心,不惮风雨,则户外之屦满矣。不曰新甫功臣,即曰景岳益友,则四海之声不胫走,无翼飞矣。往往于隐之径不合,吾故曰达之事也。萧君于时流少所许可,每津津惟隐,凡庄君不置口敢问其次,则唐君禅一也,伯之仲之,德不孤矣,以视汉相,其殆提张而挈韩乎?此良医之与良相垺,非无谓也。萧君亦自命通隐,隐而通之,诚哉,其达之之事也!狷庵居士林先春顿首题。

萧京自序 夫医之为道也,总君、父、师、相之权,而其学也,究天人性命之微,故君子取其精以治身,推其余以济世,斯仁术也。乃后世以方技目之,缙绅名士多所弗讲。司马公不云乎,达则为良相,不达则为良医。医其可以贱简为哉?予髫龄弱禀,质钝志劳,穷猎简编,苦心诵著,婴疾梦遗,百治莫瘳。继因从宦游楚慈阳,邀学博黄州胡慎庵先生于衙斋治之,三月获痊。先生盖明医李濒湖公甥孙也,因授轩岐秘典,脉旨病机,药性方法,一一精详。先生又私淑于立斋者也。嗣入蜀,复参印群贤,颇得肯綮,沉酣于斯二十余载矣。归里后,有请诊视者,目击时师治病,昧本从标,枉毙生灵,莫胜悲怛。此无他,盖以习医之人半属匪人,而所习之法全非正法。经书不识,旁径乐趋,于是专伤寒者忽于杂病,主脾胃者惮于攻伐,明湿热者暗乎温补,或执成方而昧通灵变,或逞臆说而架言出奇,或凭口给而诪诡售奸,罔惜人命,颠倒妄行,不几为轩岐之乱臣贼子耶?嗟乎!医病实多,安能先救医,得医病愈,而人之病无不愈也。予因是竭一得之愚,悉《灵》《素》之蕴,发挥真假脉旨,阐明药性宜忌,昭揭病机虚实,朗悬医病两鉴,操要五气,归本一元,数月运腕,始成篇帙。计卷有六,仅字九万,低徊久之,而犹讶诸法未备也。会二三同志,偶见而读之,曰:得乎一者,可以通乎万矣,未备云乎?令余亟梓,以救世之医病两家,复捐资鸠锓,将欲以公天下,嘉惠学者,而乃不覆瓿弃之。予维是书之作也,阐农、黄之奥义,抒自苦念;纠时师之谬妄,激自热肠。万一寸管招尤,致使正道难明,谤吷日腾,将奈之何?韩退之先生云:其或闲居修史,不有人祸,必有天刑。昔越人世称神医,不免为同官李醯嫉杀。东垣云:就令著述不已,精力衰耗,书成而死,不愈于无益而生乎?故从古豪杰作用遑遑以身殉道,倘斯论可售,挽斯世于寿域,而余懵拙无似,何惜一己之知罪乎?后之君子,抑亦谅余之所以为救为正也欤！崇祯甲申春二月上浣之吉，闽中通隐子萧京万舆甫撰。

萧震跋：呜呼！先君子没岁一再周，震不孝，倚庐伏苫，不能读父书。童时初识字，见先君子案多注书，有《庄》《列》《素问》《难经》诸注，又自著书曰《轩岐救正论》，凡数易稿，始镌版。震曰：儿可学乎？先君子曰：是非汝所知也。厥后邻屋灾，藏书多散佚，各注以无别本，不复存，独《救正论》已行世，多藏人家，然版已亡。今春，震再授梓人氏，既卒业，乃属辞告墓，捧遗书痛哭，恨百身之莫赎也。书大者天地四时、五行六气，小至饮食居寝，咸蕴藉焉。盖上世混沌既开，天有愆伏，则时有灾疹，人有夭札。黄帝忧之，始尝百草，教人医，以救人穷，而《内经》作。洎数千年，秦越人、张仲景、孙思邈、王太仆、李东垣、许叔微、薛立斋、李濒湖、张景岳，间代一生，湛深厥术，其书具在也。乃犹有刘河间、高阳生、马宗素、王宗显错迕其间，溺学者之心，至于胶结牢锢而日益甚。先君子《救正论》所由作也，大指言医人当先医医，救一世医，医在一世，救后世医，医在世世也。学者曷反其学，一归于正，以毒人且以自慰。或曰：无传方何也？曰：太仓公有言，病多相类不可知，必审诊，起度量，立规矩，称权衡，合色脉表里有余不足，顺逆之法，参其人动静与息相应，乃可以论。先君子之言也是已，一篇之中三致意焉。且存方于无有方，皆方也，以待读者之深思自得之，毋刻舟而胶柱，以为世病而犹不悟也。噫！难言之矣。震吴落无似去（疑有误），初识字三十年，虽专心揖志，终不得其蕴，犹夫童子也，则何能读父书乎？呜呼！不孝男震泣血题。

凡 例

一、是编之作也，以救正称，因痛念乎晚近医流，昧灵素之大义，守一家之偏法，执迷脉诀，乐趋快捷方式，忘本从标，弃繁就简，致令邪说纵横，竟使正道沦没，枉害生灵，狂澜莫挽，是何以异于弃周孔而冒杨墨哉。哀此无知，急唤回头。

一、著是编，悉探灵素奥义，阴阳水火玄机。措词立论，只从口头明明白白说去，间虽繁复，无厌详慎，并不屑巧创幻谈，及构艰深文本，以炫世眼。即有引证名贤成语，亦皆阐明正论，治本要法，正因习是术者率多庸流，粗识字画，而可复难之以隐晦不彰之微辞乎。即辱颖慧鉴及，亦省一番思索。

一、是编以救言者，非专救人之病，乃先救医之病也。以一医而治千万人，不过千万人计耳，救一医便救千万人，救千万医便救天下，后世无量恒河沙数人矣。奈何世之医者，不先自救，只图救人，每见其救人者，适所以害人耳。正先哲云人之病病疾多，医之病病道少。此论不容不著，谓此论为医医可。

一、高阳生之脉诀，乃杀人之锋刃。王宗显之捷径，乃系人之桎梏。虽然马乏骐骥，人岂徒行，医无缓扁，病当悉死耶，但以世之习此法者，徒知疗实病昧救虚病，知疗正病昧救假病，以故虚者益虚，假者莫反。是本非可死，而虚实颠倒，致丧其生，特医死之耳。谓此而非杀人之锋刃，系人之桎梏可乎？夫脉有内经正法，越人、仲景、叔和相继阐扬于后。近代崔紫虚之《脉诀》，滑伯仁之《枢要》，李濒湖之《脉学》，亦皆精详易晓，奈何舍此不问，而徒斥守高阳生之鄙妄乎。第今风气渐薄，人情浇漓，而病情亦随变幻叵测，每多有假热混真、极虚反实之诊，正此真假疑似关头，便见生死反掌之异。予也不敏，僭识斯脉，欲使世之医者病者预娴审辨，庶临机不至仓遑罔措耳。

一、《本草纲目》著自濒湖李先生，中多正误发明之妙解，洵神农下一人矣。第编帙繁多，至六十余卷，初学之士岂能悉了，唯是常用品味，不外百十余种。予复再为阐发，详别宜忌虚实之殊，仍参合病机之可否，较李更觉易晓。

一、医者固当首明四诊之义，次察运气，次稔药性，又次详病机方法矣。独不思病之寒热由乎脉，脉之虚实由乎气，气之盛衰由乎元气，元气则命之生死所攸系也。予因著有命门水火图说、五气图说，学人试于此处阴阳水火虚实真假原本上，理会得透，便识乱所由起、病所从生，何羡洞垣独美于前乎。

一、予经治医案，悉皆治本扶原正法，与时师见病治病者不同。其病之轻者虽王侯不书，病之重者即佣介亦录。盖以贫贱富贵，固居处有殊，然而父生母成，官骸脏腑均禀命于大君，无贵贱一也。独念贫贱罹病，衣食难适药饵，何资生死，莫必更赖德医，存心恻隐，不可轻忽也。

一、拙著医案，首纪年月，示明天时也。次录病者姓名寓址，以便同患取印，示识所主也。书齿老弱，详诊脉证，示别虚实也。揭前医错治，示垂车鉴也。隐前医姓名，示存厚道也。有死必书，示初病便当择医也。案末参以余议，或引证前贤正论，使学人阅已往之治，而为将来之式。比异别类，闻一知十也。此案之所由作也。

一、拙著医鉴，乃别医者之贞邪淑慝。又著病鉴，更专为病者之当慎于自

349

治求治也。悬此两鉴,摘人隐痛,极知孤撑之鸡肋,难当众逞之尊拳。独是纠妄热肠,救正苦心,只知有病人之性命,不知有同类之包荒也。知我罪我,罔暇顾焉。

一、著书立论,垂训千秋,固为不朽事业。第天人理微,当以神解,非悉言传,故许胤宗有云医者意也,思虑精则得之。然此特为技擅游刃者言也。若初学之士,非言无以取法,非法无以会心,费了多少参悟,才得神超像外。得到谭景升化景,即效殷参军妙解经脉,悉焚方书,尚觉举火费力,回视成法,不几赘乎?是在学人心体而解悟之而已。

一、是书不列成方者,不得谓有体无用而非全法也。学人得悟天人运气,阴阳水火之微,穷探灵素四诊病机,本草之蕴,则千方万方便在方寸指间,何专简篇上徒勤记诵哉。若执方待病,不免时师拘牵之见耳。

一、古今医书,不啻汗牛充栋。予半生探究,四方驱驰,计得一百八十余部,三千七百余卷。率多滥套成方,或创言诡幻,皆非精一正传。每从舟车上非唾以与人,则随掷之丛涛叠浪中。飘飘奚囊,岂任此点污也,抵今犹翻悔与人者殊误人耳。大要初学之士,便当博涉群书,广参益友,必先从繁就简,庶得脚跟实地。而余此篇之作,总亦繇博归约耳。故善读书者,得古人一字一句用之无尽,但能时时泳涵,密密印证,则即多为少,岂在炫博乎。

一、篇目称愚按、称窃意,及不称愚按称窃意者,乃余拙论,其引证《内经》,及前贤成语,即写某某姓字,庶无相混。

内容提要

《中医古籍珍本提要》第 499 页:《轩岐救正论》六卷,成书 1644 年。卷一为医论,卷二为四诊要法,卷三为药性微蕴,卷四为伤寒门医案,卷五为杂病门医案,卷六为医鉴病鉴。"医论"中凡论生理者五,论病理者三,论治法者二,论方论医者各一。"四诊要法"以脉诊为最详,萧氏论脉,取择于《内经》、仲景、叔和及崔紫虚、滑伯仁、李濒湖等论述,而力辟高阳生《脉诀》、王宗显《捷径》之谬。"药性微蕴"中,收药约百余味,详辨其虚实之用;或广泛引用各家文献,深入阐明药性;或集中作用相近的同类品,扼要指出各自的特点,紧密结合临床应用,阐述药性理论。医案则详记年月、姓名、年龄、症状,大多以治本扶元为主法,末卷详列当时医者及病家之陋习,撮举轩岐正法,医学大要,以告时医。措词立论,简明易晓,可为习医者教本。

《中国医籍大辞典·下》第 1500 页：《轩岐救正论》六卷，明萧京（字万舆）撰，成书于明崇祯十七年（1644 年）。本书系综合性医书，鉴于时医"昧《灵》《素》之大义，守一家之偏法"，脉诊则执迷于高阳生之《脉诀》，用药则乐趋于王宗显之《医方捷径》，胶柱鼓瑟。为探《灵枢》《素问》奥义，以匡正时弊，故名。卷一"医论"，图说命门水火、五气，论述膀胱生理、健脾补肾、治血贵静、广嗣方、诸痿论、察胃气、利痢病脉之殊、治病求本、诸家劳瘵治法之谬、医贵广识等，凡十五则。卷二"四诊正法"，论脉宗法《内经》、张仲景、王叔和、崔紫虚、滑寿、李时珍诸家；兼及望色、闻声、问诊。卷三"药性微蕴"，详辨百余种药物性味功用；或广引各家文献，阐明药性；或辨别同类药品之各自特点。卷四、卷五"治验医案"，分伤寒、杂病两门，载验案六十余则。卷六"医鉴"，评述明医、儒医、院医、德医、世医、流医、僧医、名医、时医、奸医、淫医、女医、疡医等十三种医家之品行贞邪，学识贤愚；"病鉴"，则述试医、荐医、半识、察弊、慎择、专任、早治、谨始、讳疾、速效误人、执方之误、无病服药、药随病施、草药、针灸、辨别伪药、制药等项，以为病家借鉴，为医家立箴。另外，卷六论述医患两家宜取宜弃，列述两家之正法大要，颇有借鉴意义。

现存版本

清初萧震重刻本，日本安庆间刻本（分十二卷），1983 年中医古籍出版社影印本（中医珍本丛书），2011 年线装书局刘德荣等校注本。

按：本书子目分为《医论》一卷，《四诊正法》一卷，《药性微蕴》一卷，《伤寒门医案》一卷，《杂病门医案》一卷，《医鉴、病鉴》一卷。

古今图书集成医部全录

清·陈梦雷辑　五百二十卷　存
见《中国医籍通考》。

作者简介

陈梦雷（1650—1741），字则震，号省斋，晚年号松鹤老人，福建闽侯县人。清代著名学者、中医文献学家，曾主持编纂我国历史上最大的医学类书《古今图书集成·医部全录》。陈梦雷资质聪敏，12 岁中秀才，19 岁乡试中举，康熙九年(1670年)中进士,不久即授翰林院编修。康熙十七年(1678年)陈氏因耿精忠事件被诬下狱,后经刑部尚书徐乾学的帮助,陈梦雷免死,改戍奉天尚阳堡。康熙三十七年(1698年),康熙帝东巡至沈阳,梦雷献诗康熙,面觐陈诉,被赦免召回京。康熙四十年(1701年)受命主编《古今图书集成》。陈梦雷"目营手检,无间晨夕",前后花费了四年半的时间,根据中国一万五千多卷经史子集的典籍编出了这部有史以来最大的百科全书《古今图书集成》,内容分为6汇编、32典、6117部。全书举凡天文地理、人伦规范、文史、自然艺术、经济政治、教育科举、农桑渔牧、医药良方、百家考工等无所不包,图文并茂。

内容提要

《中国医籍提要》第553页:本书为《古今图书集成》中的一部分,全书五百二十卷。卷一至卷七十,为医经注释。卷七十一至卷九十二,为脉法、外诊法。卷九十三至卷二百一十六为脏腑身形。卷二百一十七至卷五百,分论内、外、妇、儿诸病的证治。卷五百零一至卷五百二十,设总论、列传、艺文、纪事、杂录、外编。全书总计约九百五十万言。本书结构严谨,层次清楚。在纵的方面,从基础理论到临床各科治疗,使全书成为自成系统的综合性医书;在横的方面,创以各科疾病为纲,先引前贤之精论,后为方药,纲目清楚,便于阅读。

书中的"医经注释"部分,包括对《素问》《灵枢》《难经》三部书的注释。其中对《素问》的注释,采用了王冰、马莳、张志聪三家的注文;对《灵枢》的注释,则采用了马莳、张志聪两家之注;对《难经》的注释,乃取元代滑寿的注文。本书能集合诸家注释之长于一书,故对学习和研究中医经典理论很有参考价值。本书卷七十一至卷九十二的"脉法"和"外诊法",摘取了三十余种医书中有关四诊的论述,详细阐发了中医望、闻、问、切四诊。本书的卷九十三至卷二百一十六的"脏腑身形",共汇集了五十多种重要医著的有关资料,论述了脏腑学说、经络学说、运气学说和身形学说,对研究中医基础理论和临床诊治均甚有价值。卷二百一十七至卷三百五十八的"诸疾"部分,收辑了古医书中的有关资料,五十二种内科疾病的证治。卷三百五十九至卷三百八十的"外科"部分,包括外科的痈疽疔毒、附骨流注、游风丹毒、疬疡癜风、浸淫疥癣等一十门。其中所辑录的文献资料,多取材于《疮疡全书》《外科精义》《外科正宗》《医学纲目》《证治准绳》等书。卷三百八十一至卷四百的"妇科"部分,论经脉(即月经)、子嗣、胎前、临产、产后、崩漏等妇科疾病。所辑录的文献资料,多取材于医学名著。卷四百零一至卷五百的"儿科",主要包括两个部分:一为小儿一般疾病二十五门,包括胎养、初生护养、诊断以及各种疾病的治疗;一为痘疹专论,详尽地叙述了中医对天花、麻疹的治疗经验。在其所选列的文献资料中,有一部分录自现已少见的古代儿科著作。卷五百零一至卷五百二十的"总论、列传、艺术、纪事、杂录、外编"部分,主要内容为:(1)总论:从《易经》《周礼》及《素问》《灵枢》等书中收辑某些有关医学的概论性资料;(2)医界名流列传:收辑清初以前的著名医学家的传记一千二百多例;(3)艺文:是历代医药书籍中有研究价值的序和医学家的诗文;(4)纪事:是历代史书、笔记中有关医药的纪事;(5)杂论:是有关书籍中记载的医学事迹和寓言;(6)外编:为非医学书籍所记载的有关医学传说等。

总之,本书内容丰富,取材广泛,叙述有据,论理精详。所载内容,既有基础理论,又包括了临床各科,堪称为医学百科全书。尤其是书中辑录了从战国到清初的医学文献一百余种,并按门按类进行归纳,这对中医理论和临床的研究均有重要的参考价值。

现存版本

古今图书集成本,清光绪同文书局影印本,今人各种校注本。

芹漈医书

清·力钧辑　十五种　存

见王宗欣《晚清医家力钧生平事迹及著作考订》。

作者简介

见《难经古注校补》。

现存版本

民国初年抄本。

按:据王宗欣考证,《芹漈医书》共辑录 15 种,其中《悬壶须知》《外科辨证》《内经全注疏》《唐本伤寒论》《唐本伤寒论佚文》《唐本伤寒论异文》《金本伤寒论》《养生方揖本》《医论定稿》等9种系力钧编集。另外，《蕊珠居集论节要》《阴证略例》《痘疹正宗》《症疹发明》《痘疹辨疑》《痘疹异同求是》等6种系他人著作。

宏济堂医书丛刊

清·蔡琼原撰　陈少江辑校　七卷　存

见《中国医籍通考》《中国医籍续考》《中国古医籍书目提要》。

作者简介

王毓青《玉道人小传》曰：玉道人，闽中旧家子，少孤，习举子业，不肯，竟读《汉书·方伎传》。自谓性近于医，发箧中轩岐、仲景、《千金》《外台》诸书，朝夕研究，下逮近代名家，斟乎古今，权其时地，若有心得。念上世医必备物斥，产合药剂施人，应手咸瘥，于是求医者众。道人苦之，且恶医工贱，慨然慕长沙太守、太仓长、句漏令故事，纳赀为郎，居湖湘间。逾年又恶宦场醒龊下游，库位不可居，辄自免去，游京师，受知茶陵尚书。尚书督闽浙，命为船政官医，船政官医有内科、外科，内科罔缺，道人适得外科。曰：是可以《千金》《外台》也。已而六淫之疾胥来就诊，然则人固仲景道人矣。道人居船政十年，上自官绅，下至工匠，一接以诚，无厌容，无德色。及门日多，乃著书曰《金台肘翼选》，曰《方便方》，曰《钤鉴汇参》，曰《疡弢》，曰《韬镜》，曰《全生集批解》，曰《过庭论》，曰《选制方》，曰《杂家便览》，曰《马江日记》，都若干卷。道人姓蔡氏，名琼，字玉舟，玉道人其自号。

序　跋

蔡琼序：天下事最有益于人者，莫如医之一道，约之可以保身，充之可以济人。而要之不可以不精，欲精之不可不读书，读书不多则必不精，一知半解不如不知之为愈也。余稚龄多病，年十五患疮疡，自检方书治之渐愈。时海东有遗生鹿者，喜而畜之，有药业友人，欲假以壮观，不许，愿以药易鹿，纵吾药之所欲用，遂许之。因发秘方一册，修合数百种，证无不备，自愈之外，尚可济人。于是求者颇多，治之诚验。迨久之，渐有难症，因思执方治病终非善诀，乃以日出出门临诊，日入入座读书，追本穷源，研究奥义。又苦无记事珠，日以手笔代读,年来手编不下数十百卷,如《方古》一卷,《方今》一卷,《方修》一卷,《选钤》四卷,《方钤》二卷,《选鉴》十二卷,《方鉴》四卷,《疡彀》二卷,《韬镜》四卷,《钤鉴汇参》四卷,《金台肘翼合选》十六卷,《金台肘翼赘编》六卷,《方便方》二十六卷,《山辉草堂眼科》三部共八卷,《璈云山馆喉科》三部凡八卷,《鸣球弇选方》四卷,《瑶华仙馆集方》十二卷,《且园方书》六卷,《玉舟随笔》八卷,《马江日记》二卷,《批解全生集》四卷。(下阙)

《过庭论》引言:余自十九学医,于今二十年矣。所有临证用药,间有经验妙方,及通治他证之药,拟一一标出,后之人虽不业此,亦当略知一二也。兹将各药列名于左。晴窗无事,聊当过庭之一言云尔。光绪戊戌小阳春之晦玉道人书。

《备用各方》小引:前卷诸方林立,更编此集者何也?补遗也。病势初中末传互异,用药正复不同,有一方可兼治数病者,有一病须兼用数方者,方略务期大备,采辑本不嫌多也。兹将各症应用主方先后次序一并揭出,内服外敷变相济,轻重缓急可类推耳。此盖不惮加详,使医人得之为标准,即病人检书披阅,临时自有把握,免为庸医所误。此书出版,疮疡其有瘳矣。录者谨识。

凡 例

一、编此集者,专以简明精要为宗旨,深文奥义不敢收入,即诸家论说亦选其相通者录之。盖恐众论并陈,初学莫衷一是,诸方罗列,临时决择殊难。舍繁就简,挈领提纲,使凡外科治法开卷了然,不必投师,人人可精此道。

一、玉师秘笈数十百函,皆历来临诊读书录其所心得者,固将先医医人以及病人,利济一时以及后世也。搜罗古今,摘选精要,上绍轩岐遗轨,下及各家藏书,兼收并蓄,无美不搜,此编第鼎中之一脔耳。然吾师历验奇方,与古人不易治法,已为一一揭出,更以《过庭论》为结穴,则并家传秘诀亦举而广传之,爰作后学津梁焉。若能举一反三,深造自未可量,即守此一编,由熟生巧,洵足自成一家。

一、此编先述经义,详古训也;次及脉候,使诊察者具有把握也;略叙诸家论说,能使分别阴阳,衡量深浅。虚实善恶,一见便知,药剂所投,无不应手奏效。

一、集中丸散丹膏,各分门类,并其制法、用法,一概于方后标明。要皆古今历验良方,所谓药到病除者,切勿增减分两,更换药品,选药尤宜留意。至重大证候应服内药者,悉将适用各方附列于后,以待选用。

一、玉师曰:凡事不可畏难,畏难则格不相入;亦不可见易,见易则所造不深。外科一道,难中易,易中难也。近世外科姑且勿论,纵使粗识几字,略知几证,每逢病有根源,须以内药取效者,无不束手。此无他,不读书之故也。学者当讲求上古经书以求其优,旁搜近代劣书以避其恶,铜人针灸、经验单方,均须一一考究,切勿自囿于外科也。

一、上古无内外科之分,今医简陋,以致内外证相推诿,内科则薄外科之所为,外科则神术自居。用方常秘,相沿成风,外与内不相连属,诚非病人之幸。予谓内外证多相通,知内不知外谓之瞽,知外不知内当谓之聋。惟聋与瞽,其能活人乎?

一、玉师云:医者意也,凡医必先熟读古人书,运之以意,则凡证到手,自能应接无穷。今医执方治病,无怪其无大把握也。

内容提要

《中国医籍大辞典·下》第 1533 页:《宏济堂医书丛刊》,七卷,清陈少江辑刊,成书于清光绪二十四年(1898 年)。本书系陈氏汇辑历代外科疮疡及五官科有关病证论治内容,并加以校定汇编而成。卷一为外科疮疡总论,列述经义古训、脉候辨证及治法等;卷二、卷三选集外科、眼科、喉科诸丸、散、膏、丹、锭等证治验方;卷四介绍砭、熨、灸等外治方法,并附有外科内服方剂及疮疡主治方法;卷五辑录蔡玉舟《过庭论》;卷六、卷七为补遗备用方。现存有铅印本。

现存版本

清光绪铅印本。

按:据刘时觉《中国医籍续考》考察,是书有铅印本藏中国中医科学院及北京、南京、上海中医药大学等处,原序阙略。卷端署陈少江校定,据其书凡例,则陈氏汇辑校刊其师经验心得而成者,故增玉道人为原撰著者。卷一外科疮疡总论,卷二、卷三外科眼科喉科证治验方,卷四外治法,卷五《过庭论》,前有《玉道人传》,卷六、卷七补遗备用方。

无妄集活法医书

清·包育华撰　五卷　存

见《中国古医籍书目提要》《中国医籍续考》《中国中医古籍总目》。

作者简介

见《伤寒论章节》。

序　跋

包育华自序：集名《无妄》，何云《活法》？无妄者，取书成时之兆；活法者，因法善而变化无穷也。案仲景全书二十三篇，然《伤寒论》以六淫伤六经，六六合三十六，各有阴阳表里寒热虚实八，病合二百八十有八。《杂病论》以阳病十八、阴病十八、五脏病九十六、微病百零八、五劳七伤六极妇人三十六，病合二百八十八，统之五百七十有六，此为活法之大略。而言外有言，纲外有纲，脉外有脉，证外有证，方外有方，互相联络，如环无端，实为活法之大成也。至唐宋以后诸生取便捷径，每部分门别类，法被例限，方被注死，世有执时法以读仲景书者，遂谓病症不全，但治伤寒不治他病，利于西北不利东南。如遇中风伤寒，拘定麻桂；风寒并病，独拟青龙。指定三纲，遗失诸法。晦盲六经六淫、阴阳表里、寒热虚实互相变化之理，乌得入门窥奥。门外汉说尽无数门外话，殊不知此书活法运用在人，神而明之，天下古今万病岂有出于此论者哉。名曰《活法》，愿以告世之善读仲景全书者。

雷熙春序：受人恩而颂其功，理也；阿人好而彰其德，情也。熙则不然。昔闻庐丰包氏族虽小而游庠登科者踵起，惟先生能文不赴试，能算不营商，能医不标名。之楚之江，游闽游粤。岁戊戌，熙自京师旋里，入潮城，适遇一叟，乌眉白髯，芒□竹签□□而过，识者曰此吾乡包先生也。面虽得观尚未与言。至秋先生回籍，假馆杭城，始面晤。每听其论及世道，必有关医道，言医道又必涉于世道。兹复读先生诸论，乃知行事于医却不止在医也，而一切言行风度，治人治己，俱法于古。熙甚慕焉，故为此序云尔。

包一先跋：崇□时从家叔之闽，观叔每于诊暇，即阅医经，得要处辄自批自解而长歌。随侍日久，微知梗概。及冠游艺汀城，遂时购阅医书，叔睹而训曰：欲明济世学，莫读非圣书。旋购宋成氏所注伤寒论读之，凡三载。乙酉旋里，复听讲伤寒金匮白文，每引天道解人之身，以五行之生克为治心，乃豁然始知圣道高深，非传莫悟。后历游台湾诸郡，按法施治，咸获谷应。顷读叔著《伤寒杂病论章节》，纲领毕具，即一经一例一章一节之名，尤为扼要，分观合观无剩义矣。集成付梓，谨跋数言以志家叔医训有方云。

内容提要

民国《上杭县志》卷二十三《艺文志》：此集凡五卷，专为阐扬《仲景全书》而作。定"伤寒论章节"为卷一，"杂病论章节"为卷二。皆说明原书脉络，贯通经气变化。先后有序，并无错乱。次述"方法"，眉列"方神撮要"以阐明效用；凡阴阳表里、寒热虚实皆辨析精微，见解灵妙，为卷三。次著"方歌"，取便记诵，上附"仲景所用药性"，为卷四。末则综经说理，辟俗辨诬，汇成"医论"，为卷五。附录"医医歌"，为潮俗泥水土偏嗜吃凉而作。

现存版本

清光绪二十八年壬寅（1902 年）刻本。

按：《中国中医古籍总目》云，是书有清光绪二十八年壬寅（1902 年）刻本藏于河南中医学院图书馆，经查该馆未藏。

医学精义

清·陈修园辑　不分卷　存
见《中国医籍通考》《中国中医古籍总目》。

作者简介

见《伤寒论浅注》。

内容提要

《中国医籍大辞典·下》第 1536 页：不著撰者，编年不详。本书系抄录诸书而成，包括原题陈修园所撰《医学精义》，内有六郁说、内伤外感辨、六气分六合六部、时日诊候之图、《内经》分配藏府、李濒湖分配藏府等十余篇，多属脉诊短论;陈念祖撰《医学三字经》;元代杜本所撰《伤寒舌诊》,凡三十六舌;明代吴又可撰《温疫论》;清代王清任撰《医林改错》;各科证治七言歌诀。

现存版本

抄本,中国科学技术出版社 1994 年据抄本影印本。

按:是书有署名陈修园《医学精义》序言一篇,系手写抄录,部分字迹难以辨认,未录。中国科学技术出版社 1994 年据抄本影印本言:《医学精义》四卷,清陈念祖著。本书为精抄本,加有朱墨眉批,书前有作者自序,系孤本。经医史专家审定,认为该书成书年代和作者生活年代接近,内容丰富,具有临床和研究意义,有出版价值。笔者通过对该书认真核实,认为上述结论过于武断,不能简单认为该书系陈修园辑录或撰著,在没有新证据的情况下,暂以存疑处理。

雪潭居医约

明·陈澈撰 八卷 存
见《中国医籍通考》《中国古医籍书目提要》。

作者简介

陈澈,号雪潭,明代福州医家,生平不详。

序 跋

陈澈自序:夫医卜,儒者所谓小道也,而其书距典谟誓诰之前。伏羲氏作《易》,得居六经首,未尝以为卜筮之书贬之也。独《神农本草》《黄帝素问内经》,万世所必信必从,顾侪之方技而不尊,何哉?且夫古圣贤之违卜而吉者比比也,若非违悖药性而寒界芩连,热投乌喙,此万无一生。然则卜有时而不验,至夫事之朝卜而夕验者,又可以无卜者也。若其大者,必俟数十年而后,或至卜世卜历之长且远。夫其未验则不可知,已验则不必知,非若医之效不效,立见其术,不可以几幸售而自欺也。世之以岐黄之学欺人者,投剂之不详,生人之无术,哆然而语于人曰:我能多读书。嘻!世焉用此读书而杀人者为也?虽然读书之不多,而能投剂以生人者,又无是理,亦在乎知约而已矣。

夫子曰：以约失之者鲜。使人人而知约，则世可以无病人，使病人而知约，则亦可以无药而愈。此《医约》之书所为不得已而著也，且愚又非敢居著述之名也。忆戊寅之岁，当事诸公嘱予开局施医，鸠药材于芝山之禅林，其时费仅千余金，全活以数万计。二三年来中夜耿然，每感念诸公德意。窃谓施药不如施方，施方而以其烦且杂者，又不如以其约而易行者，可以见而辄用，用之而必效，能使诸公之明德远也。是书也，吾师观察徐力赞予梓之行世，观察明刑之官也。夫今将刑一人于市，即舜曰杀之三，皋陶曰宥之三，然后垂德刑行，以教其死中求生之意。今三指之下，一匕之剂，略无惨淡经营之苦，毅然投之，或葸缩而姑试之。夫病人无死法，顾累累然枉死于三指一匕间，而疑谳之无从，平反之不得，斯亦淑问之皋陶所愀然食之不下咽者也。夫于公为廷尉，民自以为不冤。嘻！愚恐夫医门之冤民多也。观察为之留意是书也，其亦祥刑之意也夫。崇祯辛巳岁七月既望，三山陈澈书于雪潭居。

徐世荫序：戊寅夏杪，闽中郡县民多羸瘠，往往绵顿，贫无告者伶仃菀箐间，望一刀圭不可致也。《周礼》稽医事，分治疾病，亦王政一端也。余因捐金集医，以待褊属至者，五阅月而全活以数万计。当发念时，谓施药以治病也，药弗精良，医弗详恝，不如无施。安得练臧开敏，其人庶或有济。诸同事皆同陈生澈，即病者亦群趋陈生澈。刘宾客曰：厉者造焉而美肥，敦者造焉而善驰。殆若是夫？既而乡大夫士皆言生淬心制举，朝暮丹铅，所为文衍溢而藻，其医乃余技耳。余为之心赏不置，寻以兹编相示，乞言弁首。夫人生阴阳之患，起居之疢，盘匜床第之虞，其数不胜穷也。自岐伯、华阳，金石草木之味，遥溯《灵枢》《内景》及备方绪论之家，其数亦不胜穷也。医何为而云约也？盖万物化醇，归元于一，元气既复，百昌畅遂，则疾疢不生。约者，使有所归也，非徒约众喙之纷籍者也。至于独出名理，折衷前人，经验已试，以待来学。有若越氏铜肤，九脏九腑灼灼可按；又若秦人隔垣，洞视筋络，虽李听帷斋之墨，甄权砭石之图，较其精勤，仁言利溥矣。今海内夷寇交讧，兵饷两诎，任事与议事者纷纭而卒未有一当。臂之尪羸之夫，日投杂剂，元气积削，则邪气反得乘虚而入，镜病源而调燮，因之约之一义，即为理国者今日对症之方可也，何有于病？自昔神此技而名位最达者，有唐相国贾元靖，元靖治边有殊勋，其德业至今光史册间。生方治制举，余且有厚望焉。时崇祯辛巳岁孟秋七日，福建等处提刑按察使三衢徐世荫撰。

周之夔序：昔阳翟褚澄之言医曰：繇汉而上，有说无方；繇汉而下，有方无说。说不乖理,方不违义,虽出后学,亦是良师。斯言也约而尽矣。夔先祖奉直肖岩公医入神品,而性懒著述,故方不传。先伯灵源公亦良医,而多主《丹溪心法》《薛立斋医案》。夔时幼稚,莫探二公绪论,稍长读《史记·仓公传》,喜其之简奇,所试方皆精妙,然以视《素》《难》及东垣、仲景诸说,犹六经之于《周礼》《仪礼》《公羊》《谷梁》,非恒用不可离也。惟近世王氏之《准绳》与张氏之《类经》、缪氏之《新书》三书出,而方与说灿然明备。王书集大成而过详,人不能读;张书注《灵》《素》而多奇,人不敢遵;缪书辨药性而趋新,人不知用。今吾乡陈雪谭出入三书之奥,著为《医约》,非合圣贤所酌至中,与身所试屡验者,宁阙而不录。宪长竹孙徐公深嘉此书,为之梓行广布。雪谭雅哲文儒也,而专精良方以活人;徐公德业名臣也,而休容有技以济世。且徐公太翁望舒先生家居广行阴德,博收奇方以及物,则是书之成,经三君子性情心术,如合四时成岁功,其元气固易简耳。夫兵法不约,不能致胜;学问不约,不能造极。倘疑雪谭是书为阙略弗完,岂知医之意哉?夔在吴门,交云间施笠泽,言天运人禀代殊,东南气尤弱,此时当主补阳,而执补阴者多误。盖气为血母,阳能生阴,实至理也。今质之雪谭,亦趑其说。夔饵二君药得生全,其议论著述,绰有陶弘景、孙思邈风,皆一时伟人。盖二君皆仁心为质,而识力高朗,学问深醇。而雪谭近语夔,悔前术之未工,今每临方辄怵然为戒,怯然如让,愀然不敢安食恬寂,见异书必考闻,迻言必录。用心若此,吾知其合于道而进于技,岂徒医哉?能近取譬,可谓仁之方也已!崇祯壬午中秋日,弟周之夔顿首拜书。

吴圣锡序:陈子雪潭以所著《医约》问世,名公贵人既弁而题之矣,余可无序也?虽然,余亦有言,余少小失怙恃,寄食伯父所,茕茕无依,读书终夜不敢辍。弱年时已枯癯骨立,动忧疾病矣。自是之后幸得一售,又复摈落者数四,风雨寒暑,中怀郁郁,病日以益深。且家居四壁立,无负郭之田,墙下之桑,妻孥饥寒,怨声昵昵相续,不才数奇,怅焉增忾。虽时或贳酒窥书,放焉自适,大抵皆其忧郁疾病,无聊之所为也。庚辰岁,以被放例就学博得闽之三山。夫三山都会地也,不得已而仕,既拙采芝饵术,效养生家所为。又当繁剧不得闭户下帷,一意修书,羸病之躯适增困瘁耳。其庶几有豪宕不羁之士,旁通于服食养性,载酒往来,浇垒块而起沉疴乎?来未数日,有怀刺而见者,状貌如妇人好女,言语恂恂,则雪潭陈子也。逮予遍谒缙绅先生,无不交口谓陈子读书能文外,则古之俞岐不能过也。已而学台檄月课,得陈子所为艺冲和温粹,文如其人。而陈子时相过从，脱粟浊醪，陶陶永夕，酒后耳热，眉宇间时见侠气，则向所谓豪宕不羁者，乃今见之矣。然陈子每相过时，控辔以迎者，户外几无停履，咸曰俟先生。以有起色，先生其母各往。无贵贱贫富，陈子每为之躬亲，亦尝药。余于困剧中，方辗转呻吟间，与一刀圭而愈，则其投剂诊切胜越人、仓公远甚，岂仅服食养性家所为乎？余常谓陈子大医医国，次乃医身。方今天下多故，圣明旰食，吾子当益砥砺素学，以应制举科，涤病去疾，措之天下以其为效。岂非若俞岐作相，且与皋益等争烈哉！吾闻陈子日赴人之急，方在车舆中，胸喘肤汗，辄手一编，此其志致盖甚远也。天下观者幸勿以《医约》一书谓足尽陈子其可。崇祯辛巳十月下浣，古蒲友人吴圣锡士宣甫书。

冯云起序：医不能全无失，而人子不可不知医。以人子事亲，如臣事君，荐瘥多乱，不觉如带，犹救亡图存，揗揗无已。盖不可为而后已，则天也；可为而不为，非天也。岂有父母疾痛宛转床蓐，而付之无可奈何之天者哉？是以古有因病知医者，然则今能因病而简方，亦未为晚甚。今天下既痊剧矣，肩臂以廔疥而致养痈，腹里复瘩枬而至腐败，线喉虞格，肢末不仁，百孔千疮，身其余几？此即卢扁在世，犹栗栗然惧膏肓之莫可问，乃庸医罔知症候，或宜补而参术不施，或宜攻而乌喙不用，一似以人命为戏者，岂不念沉疴霍去，金帛随之哉！无如《内经》《本草》原未究心，世以医呼我，我姑以医应之，而欲于天地疮痏之日收追魂续命之功，依古未有。苏子曰：学医人费。今费恐不赀于学医矣。然则医病者之病，一在欲，列艳靡古，聚珍瘵身，吮血吸膏，曾不少贷，而欲其爬骚噢咻，如阳和之医病草，必无望矣。此其治利用忧。山谷云：倘令忧民病，从此得国医。维摩诘亦云：一切众生病是如我病，若一切众生得不病，则我病灭。推是心也，将剜肉充肠固不敢，处脂自润亦不忍，貌瘦天下肥，不一剂而白骨顿肉矣。今医者之病又在悸，选蠕观望，首鼠攒讥，往闻战声，恐骇便死。而欲其顶门运针，操刀刮毒，更无望矣。此其治利用怒。华佗治一守病笃，以为盛怒则差，乃多受其货，无何弃去，留书骂之，守恚甚，吐血数升而愈。盖怒则气作，发亦为竖。诗可愈疟，橄可愈风，皆是物也。若痛倦不切，瞑眩无闻，徒谓诵经可以却疠，是信医不如信巫也。羁縻或就铃索，是止渴堪用鸩羽也，粉身齑骨，有余戮矣。孙子曰：杀敌者，怒也。岂欺我哉！虽然医之精神贵与病通，病之精神亦贵与医通。张子病肿，命医治之，曰：非吾背也，任子治焉，治遂愈。郭子曰：疗病有四难，自用意而不任臣居其一。诚以医之为道，随气任巧，神存心手之间。若画一方而左书右息，投一药而此牵彼制,文法徒烦,奏肤何日?故敢终之以任之之说,未知于迩来病症,颇有中否?然医者意也,因举此意语陈子。陈者固儒而艺者,昭书如月,癥结俱见,遂出肘后之约说以相示。说果约乎?约而博用之,即医国何不可!赐进士出身福建布政使司分守福宁道右参议前礼部仪制清吏司郎中古吴冯云起题。

内容提要

《中国医籍大辞典·下》第 1499 页:八卷,明陈澈编撰。初刊于明崇祯十四年(1641)。据自序云:"使人人而知约,则世可以无病人;使病人而知约,则亦可以勿药愈。"故书名题"医约"。卷一为格致要论,汇编《素问》《类经》《医贯》《医学纲目》等医论;卷二脉色解微,主要解义《素问》《灵枢》有关脉色之论;卷三疾病阐疏,阐解《素问》《灵枢》关于病机、邪气、阴阳、经脉、虚实、时令、五气、情志、诸风、诸暑、诸湿、诸燥、诸火等内容;卷四六淫分类,以风门、寒门、暑门、燥门、湿门、火门分类,论脉、列病、载方;卷五"内伤条辨",阐述内伤诸病医论与方药;卷六"杂病汇考",主要内容为杂病医论及列方用药;卷七"女科正录"论述妇科经、带、胎、产及杂症辨治方法;卷八药症忌宜,介绍风、寒、暑、湿、燥、火、阴阳、表里、虚实、五脏虚实及杂症用药忌宜。全书博采前贤众长,汇集经论,阐明要义方论简明精要。

现存版本

明崇祯刻本,1994 年中医古籍出版社据崇祯刻本影印本,中国中医药出版社 2015 年刘更生等校注本。

按:有关本书的版本考证及作者情况,可参见蔡群、刘更生:《〈雪潭居医约〉著作与作者生平述略》,《中华中医药学会第十六次医史文献分会学术年会暨新安医学论坛论文汇编》,2014 年。

活人慈航

清·郑玉成辑录　郑汝恭抄录　二十一卷　存

见《中国医籍续考》。

作者简介

郑玉成,字绍宗,号直方,长汀县人,监生,出身于医学世家。郑汝恭,字道谦,玉成子。

序　　跋

康咏序:术以仁重,仁以术行。尧舜之治,孔孟之教,岐黄之医,无非术也,无非以术行仁也。然而能济一二人,不能济千百人。其术拙,即能济千百人,不能济千百年后之人,其术仍未为工。术之未工,是即仁之未至也。尧舜、孔孟、岐黄往矣,而今日犹受其赐者,亦谓其仁其术至今存也。其仁其术至今存者何?书在故也。书在则后之为治、为教、为医者,皆得本尧舜、孔孟、岐黄之术以济人,而受其治、受其教、受其医者,不啻受尧舜、孔孟、岐黄之仁之济也。此吾邑郑道谦先生所以有《活人慈航》一书也。先生本名巨士,少年补博弟子员,其祖父皆精于医,起死回生,屡著神奇。先生尤能升卢扁堂,入张孙室,集诸名医之大成,为一代之医国手。而又虑天下后世犹有操仁术以往,反招不仁之名者,因辑古人方书,汇为二十卷,取其精者当者,弃其误者歧者。理醇而正,辞简而明,虽不知医者,阅之罔不了如指掌。后又附以祖方原本一卷,以见绍述之意,并使祖若父之以仁术济人者,不仅济一二人千百人,兼能济千百年后之人也。呜呼!先生之术可谓工矣,先生之仁可谓至矣。因啜数言于简端,以志叹美,且以告世之择术者行仁者。是为序。光绪九年癸未孟夏月之上浣榖旦,晚生康咏顿首拜撰。

马存舆序:盖自天地生人,赋以灵性,超于物类,而六淫渗七情伤。古圣乃尝百草作《内经》,此圣人以仁心济天下也。有砭灸无方药,延及东汉,仲景作《伤寒论》,为方书之祖。以外近仙术者,或奇妙难传。宋成无己阐长沙篇,为张氏功臣。后则递有专家,如陶氏、刘氏、朱氏、李氏辈,学博义精,凡殚心瘁力能著一书者,莫不胜收矣。要之昔贤著书传世,其仁心则千古犹如见之。本邑希颜郑君,抱其济世仁心,辑录《活人慈航》一书示仆,参阅展颂之余,知君以累代名医,活人无算。尊翁直方老先生医道愈深,采辑益广,君又护为珍璧,手录续增而仁道愈著。且尊翁以医济世,救人之急,拯人之困,富不索谢,贫不取资,仁德遍施,苍穹感应,家境遂丰,功名亦显。玉树金芝,萃于一门,所以簇黄序,掇巍科,天之以福报者,正未有涯也。而仍乐善不倦,轻财尚义,郡邑中凡有美举,无不乐施,圣人所谓富而好礼者,乃于君家见之。兹《活人慈航》一书,尤为君勤劬劳瘁而纂注者。特缵绪中一事,而殷勤济世之心,欲付剞劂,以垂久远,则所以体列祖与尊人之盛德,孝与仁兼至,诚不可以不传。仆虽粗知医理,但求保身免疾,不能问世。又以谋养赡计专功教读,不能步君之盛轨,盖万万矣!良医拟于良相,范文正公之言也。君家真不愧斯仁德也。夫谨志倾慕之意,叙数语于简端。时光绪七年四月望十三日,同里教弟马存舆拜撰。

程象贤序:粤自神农尝百草而药以兴,伊圣集汤液而方始著,如《灵枢》《素问》仓扁和缓尚已。然镵石餌芝,禁方虽蕴不传之秘,而珠囊金匮,著述悉多诰教之精,此医不三世不服其药,古人依仁所以游艺也。顾说者谓医者意也。泥古方以治人,不邻刻舟胶柱之议,彼特为不学无术,迂疏寡效大过耳。持盖摇铃,日逐逐于阛阓,不知昌阳豨苓为何物,五诊六气为何事,安能升仲景之堂,入思邈之室?故仁术必本于仁心,有仁心乃能行仁术。昔殷深源善其术,不语人,书空咄咄,竟达空函,幽忧以终。术虽精,无仁心之故也。吾观希颜姻伯手录尊甫直方姻翁先生《活人慈航》一书,窃叹宅心之善,慕仁之笃也。翁家世业医,生而岐嶷,虽家冗猬集,手不释卷,日孳孳于方书,唯恐坠失先业。沉潜于诸子百家,调剂夫雨旸寒暑,出而济人,触手生春。《易》曰:君子体仁足以长人,其翁之谓乎!尤可羡者,嗣君希颜,名高黉序,学富曹仓,弃举业如敝蓰,嗜抄书若醍醐。人嗤其雕虫小技,我爱其继述情殷,仁孝兼备也,岂役心利达所可同日语哉!某也谊虽切于葭莩,质已同夫樗朽。首赡乔梓,香分橘井之泉;足企杏林,艳羡长春之树。憪不知医,徒效丰于饶舌;茫无学术,漫思弄斧班门。惟期仁术布三都,仁声共祝,行见仁心渐,万姓仁寿同登已。爰为歌曰:海螺墩洒药崇冈,异人遗帙于其间。饮上池诠真妙谛,诗礼□庭于兹地。万卷楼兮九成宫,功勤勤兮乐何穷。玄之门,觉之径,密微微兮通众圣。分五味,定有力,阐诸方,惠有光,睹小德之川流,表大福之穰穰。光绪太岁己卯闰暮春中浣蓼岑,弟程象贤顿首拜撰。

汤友仁序:余素不知医,而喜闻人谈医理。盖人身一小天地,阴阳五行循环生克。故受病者现其证必有其源,诊病者得其标必穷其本。既明其源本矣,而施治之方则又变化无穷,不容胶柱而鼓瑟。善乎范文正公之言曰:不为良相,当为良医。亦谓极良医之功,察微酌宜,直可以默赞化育,广苏黎庶,较良相之燮理阴阳,跻兆民于仁寿之域者,固殊途而同归也。直方姻太翁先生其先德已以医名家,至太翁而聪明尤异,医术愈精,恒思以察微酌宜之功,遍起斯人之沉疴。因编辑《活人慈航》一书,共计十一卷,诸科悉备,而论证极详,定方甚审。虽其论其方类摘取于前贤,要多断以己意。早拟刊布以传,因费巨而未果。道谦姻叔翁虑草稿之难以久存也,于是下帷钞誊,阅十余寒暑而后藏事。今复体乃翁济世之夙心,决志付梓,期广流传,嘱余叙之。余不敏,于医道尤非所谙,第披读之余,觉缕析条分,了如指掌。窃意是书一行,殆必能使通此道者奉若灯传,昧此道者亦藉为针度,庶几人皆知医,民无夭札。则太翁贤乔梓之嘉惠斯人,岂浅鲜哉!扪烛之谈,知必无当,惟知我者谅之!光绪七年岁次辛巳季春中浣,姻家晚生汤友仁拜撰。

张杏南序:不朽有三,功居一焉,夫功之见于世者,亦务其远大而已。昔范文正公曰:不为良相,当为良医。斯言也,以良医次良相,论者以为知言。而吾顾不韪之者,谓相业之盛,功在一时,而医术之良,则功在万世也。其远大果奚属哉?余幼嗜医术,每延一医,辄引坐与谈,冀得其绪余以发吾心之蒙。久之,似有得矣。及辛巳之夏,郑翁道谦出其所辑《活人慈航》一书示余,余披读数四,始恍然于向之自信为有得者。特管窥蠡测之见,而孟子所谓观于海者难为水,游圣门者难为言,斯言诚非欺我也。慨自十余年来,吾弟及儿先后染恙,死者三人矣。此虽数实使然,而每念及之,卒不能释然于庸医也。当吾痛深创巨,时尝欲采择群方,纂集成册,以拯斯人于夭札之中,且以冀吾之误于前者不复误于后也。而乌知翁之此举,固先得我心若此哉!嘻!吾阅世于兹有年矣,见有负青囊、袖方书者,类皆挟私衷之一得以猎食于四方,问其所学茫如也。间有一二术业颇精者,又或故秘其传,而不欲公之天下,孰若翁之善与人同哉!盖翁于吾汀为富家大族,上承乃祖乃父之渊源,而才又最高。游庠后,即弃举业,潜心于卢扁孙张之术。故其为书也,穷源竟委,缕析条分,取前人之说,时时参以己意,而又不忍居奇,以屑屑渔利于其间。斯固不独活一代之人,即千百代后,亦将受赐于无穷也!编成,嘱叙于余。殆以余性戆拙,不能为谀言以取悦于翁乎!不然以余之谫陋,何能为叙?即叙亦何足为翁重哉?然余卒不自揣,而竟掇数言于简端者,非敢谓翁之书借余叙而传,亦期余叙之借翁书以不朽耳。光绪辛巳孟夏之月,晚生张杏南顿首拜撰。

谢松涛序:今之所谓功名者,掇巍科登高第而已。嘻!此特虚名耳。功何有哉?功者,名之券,人苟有益于天下后世,即不获科第,其名亦可以功传。吾邑郑公道谦,业儒者也。游泮复习岐黄,抄集方书阅十数稔。因艺术之微,误功名之大,人共惜之。虽然人抑知公不务功名,公固未尝无功,公亦未尝无名哉。昔范文正曰:不为良相,必为良医。陆宣公闻有秘方,必自抄录。斯二人者,非所谓功名中人哉?而未尝无意于医者,亦以天地以生物为心,帝王以养民为心,医即体此心以为心,而有以补生物之偏,弥养民之憾也。仲景、思邈辈,俱以医术建功立名。今郑公汇刻方书,播之天下,传之后世,是合前千百代之医以医后千百代之人也。斯其功为何如功,其名为何如名哉!非然者,公移其习医之工以习举业,将掇巍科、登高第,扬名之后,岂遂无功?然而宰一邑功及一邑耳,守一郡功及一郡耳。即位卿相,治天下亦不过功及一时耳。迟之数十百年之后,其视合前千百代之医以医后千百代之人者,功果孰大?名果孰久哉?适书成付梓,问叙于余。余嘉其集张孙诸人之大成,既与范陆有同志,且喜其不屑屑与世之所谓功名,而终能自成其功名也,遂乐而为之叙。光绪辛巳七年仲春望后,晚生谢松涛拜撰。

谢鸿逵序:天地有生成之德,帝王施利济之仁,原欲统斯世斯民共登仁寿之域。乃阴阳疹戾,起居不时,疾病旋生,安危靡定。欲求调剂之宜,则医术不可不精,而方书不可不读也。吾邑道谦郑公,名下士也,惜膺目疾弃儒业医,其父尤精岐黄,著书数百卷,分门别类,翻阅无难,酌古准今,采择尽善,洵所谓济世之宝筏,活人之慈航也。时予馆公家,得索是书而读之。虽素不知医,而披览自觉晓畅,相与叹赏不置焉。公云删订汇集,凡几代之心,传抄录成书,十余载之手缮,至于竭力搜罗,悉心考核,屈指计之,今已数年矣。与其袖而藏之,为一家之至宝,不若梓而行之,为四海之奇珍。将欲谋付剖厥,因商序于予。应之曰:为天地广生成,为帝王宏利济,端赖是编,先生立心,何若斯之广大欤!爰不揣谫陋而为之序。光绪辛巳七年仲春之月旬有一日,晚生谢鸿逵顿首拜撰。

范绍森序:光绪七年春,余伯岳郑道谦先生出其生平所采集医药方书名《活人慈航》,示余曰:吾祖之精于道也十数传矣,今乃大备,将以家藏公海内,敢乞言于简端。余不敏,固不获辞,乃读先生之集而为之叙曰:长者之书,不待后生之明之也。况医之为书,尤非余末学之所能测也。仓扁以前禁方秘制,后世罕传。降及汉、唐、宋、元,始有专门名家之学。顾医理甚微,一二人心得难免不醇不备,学者苦之。近世医家如叶天士、薛一瓢、陈修园辈,又或以天资学力门户相持,非砭雅而珠风,即贵齐而贱楚,戈铤满纸,支派相沿,卒使著术参苓毒满天下。死生事大,殆未可以臆见度之乎?先生累代青囊,渊源有自,体天地之心,具卢扁之识,取汉唐以后所为医书者,博览宏收,苦追力索,弃其驳者、杂者、歧者、误者、拘且滞者,而以平易醇正为归,融会贯通,折衷至当,汇为全帙,集医书之大成。其法虽本于因,其功更难于创,传之千百年后,谓先生何如也!先生资禀过人,又好学,读等身书,为学宫弟子员,即以淹博能文章有声庠序。及官中书舍人,与当世贤士大夫游,复得综观朝野盛衰之故,与夫政治得失之林,仕学相优,固当以气节功名显顾。乃外富贵,屏荣利,视人世一切名誉声华若遗唾,不值一顾,亦坐是不获大用于世。海内之爱先生者惜先生,而先生不疑焉。独于医书拳拳然得之于心,录之于手,摩挲风雨垂二十年。仁人君子之用心,所以求诸天下后世者,固非流俗人之所能测欤。是书上起灵素,下迄国朝,于诸岐黄家良法奥旨,莫不别户分门,条分缕析,最凡得杂症集腋四卷,外因女科幼科各一,痘科二,眼科、外科亦各一,并新附祖方原本,都为若干卷。其求理也,务实不务虚;其立辞也,贵详不贵略。俾世之览是书者,开卷了然,易寻途辙。吾知千百年后,书日益广,医日益精,先生之书,必有生死肉骨全活亿万,以不负先生今日所以命是书之名者。扶掖造化,出没鬼神,於戏,岂偶然哉!范文正之言曰:不为良相必为良医。陆宣公之言曰:医为济世之术。古之君子勋名事业,声施烂然,犹且希心和缓惓惓于医,今世先达贵人草芥青紫,辄以诗古文辞吉亢坛坫,以寄千秋之志而成一家之言。究之剽窃班马,优孟李杜,或传之数年,或传之数十年,卒等枯木朽草埋没人间。以视先生之以医为书也,千载而下孰得孰失?识者能辨。观先生命是书之旨,亦可想见先生之为人矣。太岁在重光大荒落,愚侄婿范绍森谨叙。

廖辉光序:天道不能有舒而无惨,即人生不能有安而无危,此千古□理也。而欲化惨为舒,转危为安,则又在人之善用其术。顾或谓人可尽而天不可回,术克精而数终难越,斯固正理,究非所以执中。夫日月有盈亏,犹之人生有疾病,日月无需弥补,疾病必赖针砭,是理数天命之外,必操券于术也。内祖传士先生精岐黄,著有方书凡七种,分十一卷。内外方脉无不通晓,男女杂症,俱见详晰。其外因贯串、痘科集腋,及幼科审治三册,尤考核精微,博采明备,斯诚济世宝筏、活人慈航也。本仲春间,道谦伯岳持是谋付剞劂。因语云:此家君毕世之精神,即吾辈永绍之箕裘也。前后抄录,阅十四春秋矣,而未得弁其首者,子盍为吾叙之。余即请而披览,知为施济之仁积久而发,有裨生成之大德而补殇夭之摧残。以视夫《难经》《内经》《本草》诸书,尤为辨析朗然,易于翻阅。余虽盲于此道,读之觉自条解。吁!伯岳可谓善述矣。有内祖之心传,而无伯岳之手缮,其传不显;抄录成帙,而不付诸手民以公同好,其传亦不绵。辉忝附门楣,虽谫陋何敢以不敏辞?惟即内祖之心传佩之,更为伯岳之孝行发之,寿诸枣梨,将见化惨为舒,转危为安,有以回天而续命者,皆是编也。唐陆宣公闻外人秘方,即随手抄录,伯岳之勤录父书,不当视陆宣公为有进夫。时光绪重光大荒乐岁之花朝后五日,愚侄婿廖辉光庭甫顿首拜撰并书。

郑仰虞序:行医之道与行军等,得其法可以活人,而失其法即以杀人。呼吸之顷,存亡判焉,吁可危也!行军者,察其敌之强弱与地之平陂,攻守伏劫,固不可拘拘于古法。而兵法中死活之门,平日必详加考论,临时操纵在心,乃能得活路而不至于见杀。若行医何独不然,脉之浮沉迟数,证之寒热虚实,固在临时辨别。而不习岐黄之经,何识五气九藏之理?昔人有言曰:医之以法杀人者什之三,以意杀人者什之七。不谙成法而曰医能活人,其谁信之?宗子道谦沉潜嗜学,弱冠补弟子员,与予同受知于黄莘农师。乃澹于进取,不屑屑为科名计,思天下能活人者惟兵与药,而用兵非得其权不可,药则随时可以济人。君之先世以医名,尊人尤精其术,家传多肘后方,乃手为编辑,阅七寒暑而书成,颜曰《活人慈航》,而问序于予。予非越人,安知医道哉!第念兵能活人,而世之用兵者鲜能及孙吴;药能活人,而世之用药者鲜能为和鹊。予庚辰之秋归自京邸,患疟延医罔效,乃手撷古方而损益之,病始瘥,深叹庸医之误人不浅也。今读道谦之书,分类经详,立言简易,多属经验之方,如兵法然,五花八阵,具列图中,诚能得其门户,虽非名将,亦可应手奏功。穷乡僻壤,名医难求,使家得是编斟酌而用之,其所活岂少哉。予故喜道谦之用意良深而乐为之序云。光绪七年岁次年辛巳季春月,同宗年愚弟仰虞拜撰。

郑克明序:盖闻经传素问,古圣贤曾标玉版之篇;术擅青囊,良师咸切金针之度。医之为道,其源甚远,其功甚宏。所以利济攸资,范文正等诸良相;秘方亲录,陆忠宣志在活人。古今伟人皆于此道三致意也。自汉以来,针法相沿,攻治犹师古耄;脉书渐备,著述不乏名家。延及我朝,内府启秘编成书,永作《医宗之鉴》,外台多高手,精业各擅国工之名,於虖盛矣。余家屡世相承济众,习仓公之妙术,良医递出。利人希董氏之高纵,虽治龙背以通灵,乏兹神技而拔虎须而疗疾。自是家风历传,至祖传士公,研精罔间,读书备瘁乎形神;济急维殷,治疾不计乎贫富。夙慨庸医之误世,乃辑善本以传家。是书也,如金斯拣,所采实综,十一科如璧斯完。所成只分十一卷,中参医案,堪令临症无虑,后附祖方,用志贻谋有自。纵未敢云尽美尽善,然亦足见其慎其难矣。叔道谦公亲为检录,哀然成编,字若蝇头,不惮常劳,几席诗赓燕翼,惟期弗陨箕裘,用意良厚,积虑尤深。谓是书蕴椟而藏之深,家学徒殷于面北,孰若镂版而行之久,医林俾得乎指南,将问世以广其传。爰命余而为之序。光绪二年岁次丙子孟秋谷旦,侄克明谨撰。

郑希颜自序:天地间可久而可大者书,顾书而可久可大,以其有益于人耳。然不寿诸梨枣,又乌知其可久而可大哉?余资质愚鲁,学术空疏,碌碌无所长,壮年深知生父所辑药书之佳,可以济止渴,方缮写两部,一草一楷,积十四年书始成,命曰《活人慈航》。然亦雕虫小技,徒费心神而无益耳。夫天下不有可久之谣、可大之业哉!即吾父焉,德高而名题雁塔,瞻尘公术精而方著龙宫,传士公大矣,而我无裨于人,块然以生不亦小乎。即吾兄焉,修路造桥周于境,裕昆公针茅徙柳遍于乡,和齐公久矣,而我无济于世,奄然以殁,不亦暂乎。惕惕焉、皇皇焉,何以无愧乃父、无愧乃兄也。今老矣,视茫茫,发苍苍,齿动摇,殆将就木焉。终无益于人,不几虚此一生乎哉!因念曩岁手抄药书,毕生精力所在,恐久而失之,欲以付梓。昔有是志而力未逮,今春分爨,始得所借手而愿克偿矣。因广征序于名公巨族,幸不我遐弃,咸赐以佳篇,汇为一册,冠诸篇首,颜曰《新增》,付诸厥氏。吁!此书成,其亦无益中之一益也乎!夫医术,业也,而可济世,则德也。德可久,而业可大也。故曰:可久,则贤人之德;可大,则贤人之业。光绪七年岁次辛巳仲春望日,希颜氏题于鄞江之嗜古楼。

郑道谦题识:士君子不存心于济世,则为不仁;人子不广父之德,则为不孝。业六艺者,出而膺民社,沛膏泽于苍黔,善矣。不然启马帐隐龙门,成德达材,施一堂之化雨,犹之善也。至于凤起蛟腾,纡青拖紫,博乡里之虚誉,吾耻之。置举业录禁方,寸晷风檐,寒暑靡间,将以付诸厥氏,播诸同僚,拯群黎于涂炭,登斯民于衽席也。不宁唯是吾父以拔萃之资,殚下帷之力,既已济苍生于一隅,复欲拯赤子于万世。纂述启金匮之秘,著作罄玉版之藏,亦云茂矣。而使度世之金针,济人之宝筏,自我而堕,乌用子为?用是悚然惶然亟然而成书也。非曰有补于世,亦弗敢忘乎仁孝之心云尔。道谦题。

郑道谦序:余囊岁见友人陈某录诗文一册,累如贯珠。嗣后又见同年铿然作书简一函,辞条丰缛,俱偶尔失录。后寻思莫获,悔之靡及。诸凡佳书名作,未经手录致贻后悔者类如此,难以枚举。因思希见之书,至佳之作,录之当如农趋时,商趋利,毋得因循片刻。使当时随手抄录,藏之箧内,以待不时之需,讵复有今日之悔哉!《书》曰时弗可失,《论语》曰敏则有功,洵非诬也。爰鉴前辙,见有好书,随即抄录,失之东隅,冀收之桑榆。若父手辑《活人慈航》一书,可谓美善兼备矣。余继述念殷,惧堕先业,矢志抄集,惟有历年不读书不作文,抛却鹏程,专功鹊术,志亦苦矣。而或者讥之曰,以子之年,专心举业,大则攀桂月窟,小则食饩胶庠,区区功名何忧弗获,胡乃弃大务小,用力于不急之图。是书仅备一己之用,百岁后子孙识者宝之,而纯白之纸终饱蠹腹,摩挲之下更易残破;其不识者,弃置靡有孑遗,讵不徒费心血。余曰:否否。经史百家,亦笔墨之余,而流传万古,是文之至者,揭日月而常昭,与天地无终极。《活人慈航》医书之至者,后之人睹余是集,将必有传抄之,刊梓之,是祖父之业垂不朽,未必非余是抄之功。庸讵非至大而至急者哉!虽然余性固嗜抄书,若汉书唐诗文选纲鉴文章,家谱之类,连篇累牍,积案盈箱,谓是有鉴于陈友铿然之事而抄与,曰非然也。是为序。同治六年岁次丁卯春二月朔四日,道谦识。

郑汝恭前序:客有问于仆曰:子读书人也,望孔子之门墙而不入于其宫,乃改业为医。医小道也,岂不闻观于海者难为水乎,何其不善变也,请闻其说。仆应之曰:嘻,君何见之隘也。夫余非不慕素王也,文山云读圣贤书,所学何事?家君命仆改儒业医,因思不顺乎亲,不可以为子,仆之业医,正所以不背乎宣圣也。虽然,医与儒无二理焉,请试论之。盖闻天地以生物为心,好生而恶杀,圣君贤相即体天地之心,而以养以教,登斯民于仁寿之域也。医者亦即体君相之心以生斯人,此《周礼》医师特令上士为之,不轻命人。而宋范文正有"不为良相,即为良医"之言,其存心若是,其仁也,夫岂小道哉。人为万物之灵,兼五常备万善,得乾坤清淑之气,具化育参赞之功。此人所以配乎天地而为三才也。天有晦冥,人有疾病,使无医以治疗之,多夭札而不能活,是即韩子所谓为之医药以济其夭死者。子贡问于孔子曰:如有博施于民而能济众,何如。孔子曰:必也,圣乎尧舜。其犹病,诸医虽不足以语此,而当呻吟床褥,束手待毙,能调剂处方,立起沉疴,以造苍生之福,亦不可谓非博施济众之一事。而所谓仁之方者,微医莫属,则医顾不有维持造化之功,而几欲中分吾儒之权也哉。昔陆宣公晚年家居,闻有秘方必手自抄录曰:此亦活人之一术也。与文正公良医之言若合符节。二公事业彪炳相望于唐宋,而其存心无不以利济为怀,吾故曰医者所以体天地君相之心以生斯人,非小道也。家君禀赋灵明,造诣深邃,其于卜筮堪舆命理诸书,靡不研究精通,而于轩岐之学尤拳拳殚精竭虑,忘餐废寝,以寻求桐君葛氏之传。迄年四十,恍然曰:医之道不是过矣。于是博采古人方论,汰粗存精,敛繁归约,不厌其复,惟求其明,辑为若干卷。分门别类,无不既详且备,俾后人业是艺者,开卷了然,可以不烦思索而坐得其标本缓急之理,不致望洋而叹。则执此法以活人,夫亦犹养由基之穿杨百发百中矣。且家君之行医也,人无论贫富遐迩,时不问风雨寒暑,延请辄往,无顷刻之停,如救焚拯溺。病家乐之,谓曰:先生可谓积德矣。家君应之曰:敢云积德,但求免过足矣。其平居教仆兄弟,尝述曾祖语云:只愁艺不精,不愁艺不行。以故名播一隅,应策多门,刻无宁晷。由是观之,盖所谓以活人为心者矣。我家世业医,溯自十四世祖怀波公,为明益府医官,十六世祖德振公、十七世祖位庵公,皆有医方传后。位庵公盖尝在江右之象湖医药云。曾祖祥轩公医术极高,所传医方尤效,祖守而弗失。传至家君始集其大成,著有《杂症集腋》《外因贯串》《女科细目》《幼科审治》《痘科集腋》《眼科选方》《外科要诀》等书,上以恢前人之统绪,下以立后学之津梁,郁郁乎其盛也。第医书本为济人而设,与其擅方技于里闬,曷若沛膏泽于寰区。愿有力者,将兹选付诸剞劂,公之海内,俾斯人胥得祈年而永命,其利岂不溥哉!仆于岁乙卯自郡旋里,始习是业,伏读家君所辑,忭舞殊深,若获拱璧,以为活人有术也。爰即抄录,汇为一卷,八阅寒暑而书始成,颜曰《袖珍活人慈航》,以便携带。盖以是为普利之资,而非以是为觅利之计也。且仆思之,今之医者灵素未悉,刀圭即鸣,趾高气扬以草菅人命。其粗通陀术者,亦莫非为肥家之计。我祖缵承先业,潜志岐黄,慈祥恺恻之衷,时流于癃痹,即其以好仁名堂,知其心出于寻常万万也,不以衣食为计,而以利济为心。祖一生业医,其沛霖雨于苍生,荫祥云于赤子,仆皆不及见,然即此可知其存心矣。盖仁即圣君贤相之心,亦即天地生物之心也。家君与祖同一副心肠,亦犹范陆二公同一副心肠也。仆虽不知医,而窃以家君之心为心,即不敢异范陆二公之心,亦即不敢忘乎圣君贤相之心,与夫天地生物之心也。是心也,仁心也,即活人之心也,亦即宣圣悲悯之心也。子尚以医为小道乎哉?于是客忾然曰:鄙人识隘,坐井观天,今获闻吾子之论,而后知医与儒真无二理矣。咸丰七年岁次丁巳春正月谷旦恭撰。

郑汝恭后序:自神农传《百草》,轩辕作《内经》,而医道以始。越人鸣于西秦,仲景倡于东汉,厥后四大名家刘、张、李、朱之辈,代不乏贤。苟非精于斯艺者,不堪为人之司命。吾家代业医,自十六世祖德振公以下皆有医方贻后,然未有著述也。家君以卓越之资,殚钻研之力,雄窗萤几,历十数年尽得岐黄之奥。爰博采玉函,旁搜金匮,集为成书,参以所得,而医法于是乎大备,可以活人而传世矣。恭忝列儒林,不幸目疾,多历年所月为云蔽,畴知张籍之忧镜被尘昏,谁识卜商之恨(余自乙卯患目,辛酉逾甚,遂为终身之疾)。鹏程万里,雁塔千层,有志而未逮,感叹唏嘘,亦付之命而已。固惟祖业不可失传,父书讵容弗读,用是力疾抄写,祁寒暑雨,寸晷弥勤,月旦雷同,人言勿恤,忍唾面之辱(众人以荒废事务□多以谤讪加指摘),下磨针之功,七易葛裘而功告竣。旧系草书,兹用楷写,旧颜曰《袖珍活人慈航》,兹更以家藏珍之,亦谓是书可以保身,可以济世,而洵乎其为隋侯之珠、和氏之璧也。虽然书为秘传,人即共赏。隆兄所录(兄抄有《杂症集腋》《外因贯串》)半委风尘,醇弟所誊(弟抄若遍仅缺痘科)复为灰炉。有先余抄之者,即有继余抄之者,昆冈之玉有必发之光,合浦之珠无终湮之理。阿买虽不识字(贞现抄《杂症集》),尔时犹务丹铅;范乔纵未成人(义方时尚三岁),他日定烦翰墨。行见付诸剞劂,播诸寰区,人传华佗之编,家有桐君之什,岂独是集为可贵也哉。然予不敢爱其目而爱其书,陶泓是友,毛颖为徒,一字无非血,一字无非珠,则予之钞也,夫岂犹人之钞欤。尝闻家君辑是书,焚膏继晷,每至夜分乃寝,先慈谓曰:多写何用,徒自苦尔。家君答曰:是即田产。噫,家君以夜钞,予以目疾钞。家君以毫釐抄痘科等书,予以丢却万里鹏程,千层雁塔抄(壬戌复业儒,欲终举业回抄是集,未果)。是二书者,同一宝贵也。愿以告子孙之能珍惜而谨传之者。同治三年岁次甲子秋七月朔四日恭撰。

郑希颜总论:《家藏袖珍活人慈航》一书,目为和氏璧何?祖业也,父书也,万民之性命,而予半世之精血也。予抱师旷之憾,矢陆贽之忧,轩岐注意,桐葛留情,亲陈元,友陶泓,日事毫楮,冈闻寒者,其勤也如是。长夏之时,尽日仅誊得两页,多至三页,冬日减半。兼以家事鞅掌,俗绊羁身,居鲜暇日,业靡专功,绝长补断,算来日只得一页。父书十一卷,每卷百余页,间八九十页。四个月抄得一卷,一岁约抄得三卷。龙宫浩浩,驹隙骎骎,须历四载,乃成千金。予以同治元黓阉茂兰秋始事,迄岁著雍执徐重阳告竣,计七阅寒暑,八十阅朔望,兹何艰哉!诚以蛛网蔽目,猬务缠身,故迟之又久,然亦见有志者事竟成也。书成,虑卷数繁琐,难于寻阅,黄河泛滥,莫觅要津,南山崔巍孰寻捷径,爱思萃涣之道,总摄之方,合装五大本,以仁义礼智信甄别之。且易检拾,弗至散佚。譬彼五行宣布,庶类资生方之五经,昭垂群黎服习。猗欤休哉。仁集《杂症集腋》卷一、二,义集《杂症集腋》卷三、四,礼集《外因贯串》《女科细目》,智集《幼科审治》《痘科集腋上下》,信集《眼科选方》《外科要诀》《祖方原本》。大纲既提,小目可举。是书一页二十六行,一行二十三字,每页五百九十八字。《杂症集腋》卷一计百一十五页,目录五页;《杂症集腋》卷二计百零三页,目录二页;《杂症集腋》卷三计百一十八页,目录一页;《杂症集腋》卷四计九十四页,目录一页;《外因贯串》计百三十二页,目录一页;《女科细目》计一百页,目录二页;《幼科审治》计百零九页,目录一页;《痘科集腋》卷上计九十四页,目录四页;《痘科集腋》卷下计七十二页,目录二页;《眼科选方》计九十六页,目录四页;《外科要诀》计百三十四页,目录五页;《祖方原本》计二十六页。合计一千一百八十三页,并目录二十九页,共计一千二百一十二页,总计一部约有七十二万四千七百七十余字。又卷首大序三页,书目二页,草序二页,前序三页,后序二页,凡例四页,目录二页,希颜总论五页,《活人慈航》一书通共总计一千二百三十五页。书数既陈,功夫可述。《杂症集腋》卷一壬戌抄,后半或癸甲抄;《杂症集腋》卷二甲子抄;《杂症集腋》卷三甲子抄,后半丁卯续抄;《杂症集腋》卷四丁卯抄;《外因贯串》丁卯抄;《女科细目》丁卯抄;《幼科审治》丁卯抄;《痘科集腋卷上》乙丑抄;《痘科集腋卷下》乙丑抄;《眼科选方》戊辰抄;《外科要诀》壬戌抄;《祖方原本》甲子抄。书曰:若网在纲,有条不紊,若农力穑,乃亦有秋,是之谓也。今夫无临深履薄之思,不可与谋始;无通权达变之谋,不可与图终。予抄是书,如执玉,如奉盈,兢兢惶惶,唯恐失坠,字画俱遵父原本,用正书丝毫不苟,笔正由心,懔公权之训;字敬是学,体明道之言。蹈矩循规,书必遵六制,继志述事,道无改三年矣。岁单阏春,思日暮路远,惧功废于半途,堂构箕裘,冀业成于一旦。不得已觅捷径,辟奇门,用省书代书法,匪变旧章,欲成全璧。如嘱写属,鬱写欝,薑写姜,方内钱写□之类,从权耳。书法虽有变通,而字体仍从端正,勿敢了草,亦以玉版紫书尽人欣赏,灵枢金匮举世尊崇也。古云家书抵万金。予抄是书甚苦,膺丁仪之疾,晨夕弗能濡毫,每日只上下午抄录,时需养目,不能阅书。举业尽废,雁塔空瞻,蟾宫永谢。虽在梦中,亦在抄药书,一点一画,恍若艰甚,目似脱者。噫!抄书心专一至是夫。且夫千钧之任,必推乌获,而以羸弱者举之,其苦何止倍蓰矣;万里之途,惟望蕫廉,而以疲软者赴之,其艰奚啻天壤矣。予之尝胆攻蓼，握火抱冰，叠顶层峦，盘根错节，讵庸资者所可同日而语哉！是书之稿，起壬戌迄戊辰，计抄七年，前小草书起乙卯迄壬戌，计抄八年。以彼居肆湫隘嚣尘，手足胼胝尤无常业也，是书功虽减一岁，而予之殚精竭力殆有过焉。以两部而论，彼也含烟苎药，此也浥露芙蓉；彼也凌云翠柏，此也蔽日苍松；彼也长江玉浪，此也巨海金波；彼也衡嵩崒嵂，此也泰岱巍峨；彼也王恺饴釜，此也石崇蜡薪；彼也夏禹宝鼎，此也虞舜瑶琴。要之隋珠和璧，毛嫱西施，固无庸置轩轾于其间也。夫郭璞注《尔雅》历十八年，温公纂《通鉴》历十七年，李焘续《长编》历四十年，予抄《活人慈航》两部，起咸丰乙卯，迄同治戊辰，前后历十有四年，故曰平生精力尽在此书也。使易十四年之功，专心云路，将见桂攀蟾窟，群闻野鹿之鸣；花探龙门，咸瞻河鲤之跃。十年雪案，万丈云梯，指顾间耳！又何至墙立乎面，茅塞于心，空羡鸿鹄之凌风，徒叹蛟龙之失水，致贻讥于大雅哉！虽然览予斯文，厥或谅予不余訾也。匪直此也，人于功名一事，不克于身见之，必于子焉期之。五桂遗芳，争传窦氏；三槐竞秀，共誉王家。即至断机掩钱，和熊画荻，巾帼中犹知训子，冀其光祖耀宗，垂名史乘，予讵无意于式榖者矣。无如禁方事急，蒙养功弛，虽二子执经而频日辍讲，鲤庭趋空觇白日之闲，过虎皮撤坐，安睹青春之再来。诚以业靡兼营心难并用，欲父业存不恤儿业荒也。失之东隅，冀收之桑榆尔。目愈昏而书愈抄，亦书愈抄而目愈昏。咄咄兮临池夜半，眇眇兮蔽月轻云，此予所以苦也。是书存父手泽传祖世业，心在济人，功归利物，予为此岂论钱之有无哉。流俗辈为利撄心，反谓舍公务私糊口计拙，日肆讥弹。讵知以芹宫之士录橘井之方，字字珠玑，言言圭璧，每页工价需五百文，以一日只得一页也，是书一部十二卷五大本，一千二百三十五页，要工价铜钱六十一万七千五百文，申柒兑番边六百一十七元五角正。或曰：子之道甚难而无功，若陶猗郭卓辈一举辄累巨万，何难易之霄壤也？奚是之为！予曰：四海之广，九州之遥，士农工商，人各异业，予比而同之，嗤邹孟素餐，笑颜回屡空，奚可哉？夫宣圣作《春秋》，紫阳著《纲目》，当时被其泽，后世蒙其休。是书乃祖宗数十传之技艺，吾父八十载之精血，海内亿兆人之津筏，实不朽之书，无价之宝。况予丢了万里鹏程，抛了两纪蛾术，坏了一双龙睛，何止抵万万金而已哉！爰作七言律诗六篇以歌之。

其一：葫芦洒药耸崇冈，钟毓英灵世泽长。走獭出蛇称白发，针茅徙柳擅青囊。著书窗下千秋业，染翰灯前五夜光。君欲问津堪指点，活人是处有慈航。

其二：衣钵何须别处寻，班超投笔有深心。未全人性重人命，莫问杏坛游杏林。桐葛传来惟玉版，鸳鸯绣出是金针。朝朝只务听铅事，不觉西墙日影沉。

其三：华佗书出邈无伦，嗜此奇方亦有人。目极逍遥都意沮，心惊任重尽眉颦。难哉足跛行千里，苦矣背疮负百钧。君辈纵然劳翰墨，何如长夏更艰辛。

其四：漫云徒自苦吾躬，日事丹铅乐不穷。云路无心题雁塔，禁方有志录龙宫。双眸且任尘埃障，二子犹荒讲习功。君问是书价是多少，连城之璧莫能同。

其五：翰墨劳神不告疲，希文夙昔志良医。壬年瓜熟功兴日，戊岁荑香事毕时。仁杰药笼堪宝矣，萧何图籍自珍之。他年应有折肱士，寰宇苍生雨露施。

其六：父擅岐黄迈一汀，方书纂辑笔无停。钻研定拟头堪白，披阅应知眼共青。世被仁风歌乐育，人登寿域庆康宁。枫宸垂览颁天下，竹帛留名万古声。

大清同治戊辰季秋月，鄞江郑汝恭盥手书。

凡　　例

一、家君读药书最苦，念儿女饥寒，为衣食计，针茅徙柳，日走风尘，捣药炼丹，喘息靡定。唯夜读书，漏下五更，疲极绕室而行复读，鸡鸣数遍方寝，辨色而兴，复为道中人矣。其苦也如是。本简练揣摩之学，为银丸金液之书，斯诚寿世之鸿编，济人之宝筏。吾所为弃万里之鹏程，而务竭一心之研悦者，愿同志共珍之。

一、医书汗牛充栋，学者不无望洋之嗟。家君汇为十一卷，是撷其精华而为书也。然集中书凡七，《杂症》尤为开辟未有之奇书，次《外因》，次《幼痘两科》，均医林之至宝。《杂症集》无病不备，家君尝曰：于辑是书稿，凡几易，心力俱瘁，是可随身携去病家，所谓隋和之宝者。《幼科》内皆应效诀法，即度世金针。《外因》乃初年纂辑，是谓奇珍。《痘科》系晚岁编成，斯为全璧。

一、曾祖祥轩公精于医术，吾邑罕其匹，凡堪舆、命理、卜筮等亦无不洞晓。有言家君大类祥轩公，即至容貌靡不肖者，洵非虚语。恭生晚，徒深高山景行之慕而已。读是集至"小儿科"及"杂症失血门"，恍然见太原岳阳之遗烈,亦可窥其一斑。

一、集中间有讹字,仍家君之旧,较原本仅十之三四耳。所以然者,家君幼未入塾,所读唯《学》《庸》,未竟,故莫辨六书之制,不无亥豕之讹。然家君资禀绝异,目所经皆冰释泉涌之义,口所诵无佶屈聱牙之书,诸史百家靡不泛览,而悉厥大旨。殆所谓天授非人力也。

一、集中字间有遗漏者,仍家君之旧,未暇校正,读者当以意逆庶不致误。昔宋太宗谓吕端小事糊涂大事不糊涂,书中脉症方药有不容舛错者,是大事不糊涂也,至字句无关紧要处,不妨偶有失误,此特小事糊涂耳。《论语》曰:大德不逾闲,小德出入可也。庸何损乎!

一、集内论中有是方,而论后之方未录,或散见于各门者,此草创之始,未加修饰之功也。然鸟翔高陵自知山中之木,鱼游深沼自悉水中之波。业是道者,晨哦夜诵,自有左右逢源之妙,如探囊取物,何临歧亡羊之有哉。倘悉注明某方见某门,则尤便于初学,其未录者当补录于后。

一、伯氏言是集美善兼备,第父素好用凉剂,凡方内有黄消辈,辄经入选,仍有平稳之方未录者。恭思李东垣重脾胃,张子和主攻破,均不失为名医。父性类张,善用瞑眩之剂,兄资近李,惧伤气血之原,宜其有是议也。然父书集群圣之精,寒热虚实攻补,无法不全,固不容以蠡测管窥而致疑夫和璧之有瑕也。

一、集内诸方,录其经手用过神效灵验者,亦择其药品易寻药性朴实者录之。其怪异奇邪兼难购求之品诸收并蓄,莫知好丑之方勿敢登选,以误后嗣,家君恒言之。

一、家君尝谓是书皆集前人经验方法,未尝自鸣所得,亦述而不作之义。其有间出己意者,悉用按字别之。至平日医治诸案,可为子孙常法者,亦略附一二。是家君贻谋燕翼之苦心,济世安民之素志也。

一、予患目疾,服药十载迄无成效。或谓眼科一书,可谓全矣。遵是法调治,未有不霍然者,竟不能愈己之疾,药乌有哉?予曰不然。车薪之火,非杯水所能救,膏肓之疾,岂区区之药能疗哉。经云:五谷为养,五果为助,五畜为益,五菜为充,又非仅药而已。其如天下滔滔,艳崇恺而鄙宪回,贵金玉而贱仁义,学士屏气,工贾扬飙,女谒工谗,黑白倒置甚矣。予之郁郁久居于此矣,畴肯出一臂之力以拯范叔于泥途哉!又况目凝而手挥者,复有以销铄而盲瞽之也。纵服药饵,其如一曝十寒何?

一、医书十一科，家君靡不精悉。济困扶危，门无停辙。兄守是法度亦声施藉藉，冈问遐迩。如尧勋被四表而舜重华，文德有三分而武克缵，岂不懿欤！独家君于外科一法，则兄有所逊谢未遑者，始抄一卷，嗣复录之，题曰《外科要诀》，与前抄谅有异同。惜予未及读，在郡经兵燹遗失，不能无华佗之憾。兹所抄系照家君旧抄本录出者。

一、医书贵精，精则不泛；贵备，备则不遗。是集兼之，言其精则采花得蜜，语其备则集腋成裘。录之者非积数年之力，不能成一部之书。予惧家君手泽一旦委诸草莽也，拮据余暇（丁己庚辛在店作药）草写一卷。继惟字画纤小难阅，壬戌复丢却举业，照家君原式用楷书重录之。两部俱系目疾抄者，总计十有四年而书成。前所抄可为舟车之用，后所抄可为肆业之资。西施毛嫱双美交辉，悬黎垂棘两宝并耀，是犹比目之鱼、比翼之鸟，不可缺一者也。

一、司马氏纂《通鉴》，自谓一生精力尽于此书。吾谓是集也，家君毕生精力尽于此，恭之精力亦尽于此。夫任重需肩疡者而负百钧，其苦可知矣；道远恃足跛者而行千里，其艰可识矣。弃百尺之云梯而时劳翰墨，任双眸之雾障而日事丹铅，唯冀抱朴之书传，不惜仲堪之目眇，谓非平生精力尽此书而何。

一、孔氏之道传于颜曾，家君之业传于兄霖及弟和。然颜子短命，尼山伤道无传而深惜之。和弟赋性灵敏，有家君之风，使继是业以登越人之堂，入仲景之室，不难也。乃折臂方志医而牵车旋服贾，不能无颜氏之叹。

一、是集虽属家藏，然活人之术自当传人，济世之书何妨问世，韫匮而藏，非爱美玉者也。余尝欲授之梨枣，公诸海内，恨力未逮，私愿莫偿。第未经卞和之封，不识连城之贵。倘后吾家有宦达者，愿更抄一部，斟酌尽善，诣太医院进呈御览，诚得付梓颁行，将见登斯民于仁寿，泽永春台；进斯世于吉康，恩覃夏甸。而家君之名垂竹帛，姓著丹青，不负数十年引锥尝胆之至意，是恭之所厚望云。甲子秋月识。

内容提要

是书又称《家藏袖珍活人慈航》，二十一卷，卷首一卷，后附《四诊脉诀》。郑玉成编辑成书后，其子郑汝恭耗时十四年抄录两部。以仁义礼智信分类，仁集《杂症集腋》卷一、二，义集《杂症集腋》卷三、四，礼集《外因贯串》《女科细目》，智集《幼科审治》《痘科集腋上下》，信集《眼科选方》《外科要诀》《祖方原本》。是书折衷群籍，悉心探索，剖其醇疵，撷其精华，不当者去之，未备者补之,内外方脉,妇幼痘眼,诸科悉具。其杂症一录,尤审核精微,采摭宏富,医家既可据病以选方,病者亦可检方自治,洵属仁心仁术之作。

现存版本

光绪刻本,中医古籍出版社 1997 年据光绪刻本影印本。

按:1997 年,中医古籍出版社据光绪刻本影印,影印本有朱太岩序文,历数该书影印之始末,对了解本书的渊源颇有帮助,今一并录之。朱太岩序:昔范文正公尝言:"不为良相,必为良医"。缘良相能济苍生于水火,良医可登斯民于衽席,其救焚拯溺之心与行,殆如殊途之同归,盖二而一也。闽中郑氏,望族也。其绍宗一支,自明迄清,良医辈出,活人无算,至绍宗而又有巨著以集其成。嗣君汝恭尤能教承椿庭,术绍箕裘,起人沉疴之余,复以病躯发宏大愿,整录乃翁所纂方书《杂症集腋》《外因贯串》《女科细目》《幼科审治》《痘科集腋》《眼科选方》《外科要诀》多种,又增订绍宗手著《四诊脉诀》,并辑其先世所遗效方为《祖方原本》,汇而编次,终成完璧,题曰《活人慈航》。旋又付诸剞劂,以造福于万千病家,并贻洪庥于后世,昭昭乎其济世活人之心,若葭莩之揭揭焉。是书折衷群籍,悉心探索,剖其醇疵,撷其精华,不当者去之,未备者补之,内外方脉,妇幼痘眼,诸科悉具。其杂症一录,尤审核精微,采摭宏富,医家既可据病以选方,病者亦可检方自治,洵属仁心仁术之作,自当延绵于不朽也。方汝恭先生之整录是书也,朝于斯,夕于斯,寝馈于斯。虽患目疾,弗顾也,阅七寒暑始成草书一部。先生意犹未酣,复以楷体抄之,然抄愈力而目愈昏,目愈昏而抄愈力,又春秋七易而成一部。先后抄书两部,历时十有四载,非有金石之志、济世之心者,宁能出此?且其间尚有为人所难堪者,恰若先生自述云:"目瞀弗顾,儿业尽抛,六艺绝吟,交谪奚恤,忘餐废寝,茹荼集蓼,其苦只堪自喻。"可谓用力既勤,用心亦良苦矣。然而躬耕乐道,有志竟成,殊堪钦敬。先生复以陆宣公抄撮秘方之旨,先后辑录《医方集览》《医方读本》及《流犯喉科药方》诸书,并付手民梓之。呜呼!实可谓殚毕生之精力,以济世活人为业者也。甘肃中医学院郑元成馆长,郑氏之苗裔,访寻此书有年矣,客岁始得之闽中某家,后承长汀师范学校郑元穹老师整理补遗,福建人民出版社郑汀编审之审订,益臻完善。唯信集《眼科选方》信上之上第二十四至二十五页缺。为播如缕之绝学,先付影印,供教学、临床参酌,咸称之曰"善"。复赖付景华社长鼎力协助刊行,以广流传。是固元成馆长箕绍之意,实亦景华社长济世之心,且命序于余。嗟夫!余何人斯,曷敢对前辈宏编置喙,以贻笑多方。嗣念先高曾祖亦世业岐黄,先曾祖、先祖诊余亦有记述,余亦为之整录成稿,然而视郑氏之勤劳,不啻小巫之见大巫也。缘此同受,因不揣谫陋,赘陈数言,用颂郑氏之仁心仁术耳。虽然,实亦藉玉振金声以遂依附骥尾之私云尔。公元一九九一年岁次辛未三月,晚生兰州朱太岩拜撰,时年七十五岁。

中华古圣医经大全

清·田伯良辑录　六种五十四卷　存
见《中国古医籍书目提要》《中国医籍续考》。

作者简介

　　《诏安文史资料》第 21 辑第 83 页:田伯良,字捷卿,清末名医,诏安县田厝村人。初习儒,后往平和灵通岩学医。先生青灯黄卷,日夜苦习,博览医药书籍,吸收中医名家临床经验。学成归来,已是一个小有名气的医生。他曾在诏安城东关悬壶,为贫苦民众看病除疾。他医术精良,医德高尚,扶弱济贫,深受群众的敬仰和尊重。有一次,有个富绅请田伯良先生出诊,刚好又有一个穷人的孩子病危,田先生以治危救急的原则,先到穷人家去急诊,使重病的孩子转危为安。富绅闻知此事,感到失了面子,第二天手执拐杖,怒气冲冲地守在田伯良必经之路,伺机杖打、辱骂先生。田伯良受此凌辱,难以吞下这口气,愤然卖屋迁居广东汕头,后又辗转至新加坡等地。先生在新加坡一带,弘扬中华医学精粹,为当地群众解除病痛,深受华侨和当地民众的爱戴和尊重。当时,西洋医学东渐,多有崇尚新奇者,他为了弘扬祖国中医传统,刊行了《中华古圣医经大全》丛书。后又以理、法、方、药为纲,论疾病机理,吸收时方验方,编著了有实际指导意义的《增广病机汇论》十卷,并在新加坡付梓发行,扬名海内外医界。

序　　跋

　　田伯良自序:古圣轩岐,制作垂后,《素问》《灵枢》,合称《内经》,扁鹊神医,久久设难,发明经旨,《难经》以著。汉张仲景,大贤上智,撰《伤寒论》《金匮要略》，为《内经》翼，施诸实用，备极工巧，永济民命。世医尝谓医家之于《灵》《素》，犹儒家之于四书，日月江河，万古不废，是诚然已。余意于斯，殆尤有应，试相比附，则《内经》实若儒家之五经，而卢医仲师诸钜制，乃为其三传，益以《神农本草》，则犹之周公《尔雅》，至唐时归入群经，凡列名儒官子弟者，均需肄业及之也。余自童年就傅，夙秉儒宗，顾于医书尤为天性所近，偶然寓目，恍有宿根。溯从八龄，即解诵医经，弱冠行道，至今七旬余，此五十年间，足迹遍东南，以及国外诸侨埠，无一日不临症，无一日敢废书。凡属汉字之医书，无论古今新旧，几尽浏览，或弃获取，不蔽一家。惟于古圣之书，如轩岐卢景遗言，独为寝馈弗忘，终身诵之。先哲恒言，医者意也，又言，医者理也。余谓意则必存其机候而勿失，理则必有其公例而莫违，然非明理于机先，亦何以寓意于事际乎？苟世之医家有欲讲明是理者，诚舍《内经》及仲景书，末由也已。余故于拙编《增广病机汇论》付印之日，谨举而并刊之，总题曰《中华古圣医经大全》。版式一律取便篋衍舟车之携带，但录白文，亦为学者之便于记诵检对而然。且佛教流通，均无附注，有先例在，时贤当不我讥乎？慨自近日异学争鸣，新奇是尚，及其泛滥无极，倦而知归，方识家珍国粹，迥不由人。在初之时，保无有以此为隆古之书，弃而弗观者，庸讵知大圣至人均有超越世间之能力，其所创造，如周孔之易、老庄之书。释迦之初期即说华严，其陈义至高，何止包罗八万四千法门，举为后世之千经万典所不能越。今欧美闻人达士，方争翻吾华古书，诧为鸿宝，诸留学生多亲见之，而参预其役。余之亟刊医经，虽不必竞逐新少年，作卖弄旧家私之心，然固甚望欲为华医济世者，守是典常，日三致意，进之则吉，违之则凶，信其亦有定律原则之不可逃者在也。执事以往，可以读尽天下医书而无蔽已。斯世斯民，不其福欤？闽南诏安田伯良捷卿撰。

内容提要

《中国医籍大辞典·下》第 1539 页：《中华古圣医经大全》五十四卷，清田伯良编，约刊于 1911 年。本书主要汇编古贤医籍经典之作，并对仲景《伤寒杂病论》之方及《神农本草经》之药性，阐微析义。共计六种，即：《黄帝内经素问》九卷、《黄帝内经灵枢》九卷、《张仲景伤寒杂病论》十六卷、《张仲景伤寒杂病之方解》十五卷、《神农本草经药性增解》一卷、《时方药解》四卷。

现存版本

民国中华书局铅印本。

中华医粹

清·王慎德撰　佚

见《中国分省医籍考》。

作者简介

民国《上杭县志》卷三十一《方技传》：王慎德，字纫香，大地拔贡，性淡雅，耽吟咏，遗稿仅存数卷，究心医理，著有《中华医粹》行世，《東石新书》八种未梓。又民国《上杭县志》卷二十三《艺文志》：王慎德于举业外，兼习医，醉心《景岳全书》，以聪明自负，恒思突过前人，不肯苟合。此书原定三册，上平脉论一卷，中伤寒论六卷，下杂病论十二卷，现惟中卷印存。但对仲景原文诸多删易，未免贤智之过。

两庐医学丛书

清·黄润光撰　佚

见《中国分省医籍考》。

作者简介

黄润光，永定县人，清代医家，生平不详。

按：本丛书包括《汉和处方学歌诀》一卷，《伤寒玉钥》十卷，《经方要诀》一卷，《伤寒要诀》一卷，《医学要诀》四种四卷，《霍乱证治之商榷》一卷，《内科要诀》《方剂要诀》。

医学汇参

清·林枫撰　十卷　存

见《中国医籍通考》《中国医籍续考》《中国古医籍书目提要》。

作者简介

《福州人名志》第247页：林枫（1798—1864），字苇庭，号退村居士，侯官人。清道光二十四年（1844年）举人。工诗，喜访古探胜，搜集地方掌故，勤于著述。晚年家境清贫，"老屋三楹，炊烟不继"，行医为生。著有《榕城考古略》上、中、下卷，《听秋山馆诗抄》十卷，《全闽郡县图记》8卷，《医学汇参》十卷。其中《榕城考古略》与宋梁克家的《三山志》、明王应山的《闽都记》分别为宋、明、清三朝福州名胜古迹记述的代表作。

序　跋

刘存仁序：尝读唐李习之答皇甫湜书云：古人得位行道，皆不著书，其著书者，盖道德充积，扼撻于时，身卑处下，泽不能润物，耻灰烬而灭。不禁喟然叹兴曰：古之立言者皆有益于世，不得已而有言也。吾友林苇庭先生，倜傥负奇，一望而知为魁垒宏博之士。余与先生少同师长，联文会曰敬榭，与诸文士相角逐，当时气锐甚，既而榭中人先后得气以去，先生与余犹褒衣博带，旅进旅退于诸生中，经撻抑者将三十年。岁甲辰，先生举于乡，余亦前后应春官试。庚戌遇于京师，先生谓余曰：今归不复出，吾将托于术业以自给乎！既归，旬月必相见，见必移晷。先生所造益平实，每于生民之利病，风俗之得失，倦倦然如有隐忧。吾两人相视而笑，莫逆于心，而自忘其身之卑下而处困也。先生孝于亲，笃于友，邃于理而达于事，抵掌时务，动中肯綮。晚更精岐黄，既隐于医，仿百钱罢肆之例，夜则浊酒一壶，燃烛三寸，手自编纂，亦稍体悯学医者之不能洞见垣一方也。著《医学汇参》十卷，简明精核，提要钩玄，阐发《灵》《素》精蕴，虽以余不知医，亦恍然如有所得。犹忆乙卯入都，先生与黄肖岩、谢枚如置酒为余饯别，咸曰：子困甚，此行得一校官，归老藉余俸以读书自乐。余心韪其言，岂料展转迁移，筮仕陇坂，凡十三年，垂老归田，骨肉凋零，学殖荒落，仅与枚如执手相见，旧雨晨星，真有思从曩人不可复得之叹矣。庚午归里后,哲嗣薇卿时来亲余,是科薇卿中副车。余□而出涕曰:科名者进身之羔雁,汝能世其家学,先生为有子矣。逾年,余负石田出游,应船政聘,与薇卿晨夕共事,日以先世遗书无资刊行为急。书凡十余种,计百余卷,其《郡县图说》为掌故有用之书,生平精神所结聚。余谓薇卿:子其珍藏,随力次第付梓,惟医学一书,可以济世,盍先付手民?适同事叶君清渠方伯见是书而喜,愿任梓费。余喜叶君之好善不倦,薇卿之善扬先德,而先生济人之苦心为不负矣。同里刘存仁。

沈锦波序:苇庭老友,余兄事、师事有年矣。其为人天资颖悟,好读书,家贫不能购,辄向亲知借阅一览,至老弗谖。未弱冠补弟子员。道光甲辰,年四十有七,始举于乡,既而两度计偕皆报罢,乃不复作出山想,在日闭户以著书自娱。余与苇庭始同砚,继同里闬,过从日益密,每入其幕,则见其一丹一铅,寒暑无间。盖苇庭胸罗万卷,既不复展于时,乃托词翰以见志,殆与古之虞卿有同慨欤?所著有《全闽郡县图说》八卷,《岐澥丛谈》二十卷,《乐素斋丛录》二十卷,《榕城考古录》三卷,《三礼备览》四卷,《二十二史辑抄》十卷,《史屑》四卷,《四声辨义》八卷,《诗韵异同辨》四卷,《闽中艺文志》十二卷,《听秋山馆诗抄》十二卷,《观我录》二卷,皆文章经济有裨于用之言。最后复有《医学汇参》十卷,盖尊甫恭斋先生素精岐黄,苇庭承先志,早岁兼通其学,亦时藉为八口之资,举所见闻悉笔之于书,以遗后学。惟是数十年坎坷潦倒,艰险备尝,镂肝镌肾,手稿盈尺,其信今传后无疑也。犹忆苇庭尝以楹联嘱为撰句,余赠之曰"晓事端由稽古力,耐贫转得养生方"二语,自谓于苇庭为纪实,欲知苇庭者,睹此亦可想见其概矣。今苇庭逝矣,令嗣薇卿世仁于蒂庭捐馆前两月游庠,服阕,应庚午乡试,从副贡榜首入成均。每与余谈先人遗稿,辄潸然泪下,以空囊羞涩,无力开雕为恨。同事鹭江叶清渠方伯乐善不倦,方刻《万氏医贯》行世,及见是书,喜其荟萃群言,折衷一是,为济世之急需,慨然以锓板为己任。吁!此书之出,在苇庭特尝鼎之一脔耳,继自今薇卿努力明德,趾美前休,勿使父书久淹箧笥,庶潜德隐耀未显于生前者,得以流辉于身后。是亦孝思之不匮也,薇卿勉乎哉!同治十年辛未秋,闽县沈锦波。

内容提要

《中国医学大辞典·下》第 635 页:十卷,清林枫编。本书据十天干分卷,甲至丙集"释体门",阐论人体脏腑、经络穴位、气血阴阳等医理。丁集"释脉门",概论诊脉要点。后为"释方门",其中戊至壬集汇集《伤寒论》《金匮要略》方,并附录诸家注释;癸集为诸家方选,集解六十八方。书中荟萃群言,折衷一是,以为济世之参考。

现存版本

清同治十年辛未(1871年)福州林氏刻本,清同治十一年壬申(1872年)乐素斋刊本。

南雅堂医书全集

清·陈修园撰　存

见《中国中医古籍总目》《中国古医籍书目提要》。

作者简介

见《伤寒论浅注》。

内容提要

《四库及续修四库医书总目》第 591～592 页:《南雅堂医书全集》十七种七十七卷,光绪重刊本,清陈念祖撰。念祖,字修园,长乐人。乾隆壬子举人,官直隶南乐县知县,以医名。晚归林下,殚心著述。家刻凡十七种:《伤寒论浅注》六卷,《长沙方歌括》六卷,《金匮要略浅注》十卷,《金匮方歌括》六卷,《灵素节要浅注》十二卷,《本草经读》四卷,《医学三字经》四卷,《女科要旨》四卷,《景岳新方砭》四卷,《时方妙用》四卷,《时方歌括》二卷,《医学从众录》八卷,《医学实在易》八卷,《伤寒真方歌括》六卷,《伤寒论串解》六卷,《十药神书注解》一卷,共七十七卷。其伤寒、金匮浅注二种最为时所称。《伤寒》从张志聪、张锡驹所分章节,专注六经诸篇,至劳复止;以平脉、辨脉、伤寒例、诸可与不可与等篇,为王叔和所增,皆置之不论;而于仲景原文,衬以小注,意主明畅经旨,不骛高远,故名曰《浅注》。《金匮》亦同例,从徐镕本,于书中附方及末二篇皆不加注。两书之方皆为歌括,则念祖所论定,命子蔚元犀分编之。《灵素节要》分八类,与滑寿、张介宾所辑互有出入,注则约取张志聪之说,间附己意。《本草经读》于近人专取张志聪、叶桂两家,间采徐大椿之说,而以己意发明之。《三字经》述医学源流、证治大纲,自为之注,别附方论于后,简而得要。《女科》悉以《金匮》为正法,旁采诸家,至为矜慎。以《景岳新方》破坏古法,于其戾于经旨者,细为辨驳,而仍有节取,亦持平之论。《时方妙用》及《从众录》《实在易》诸种,皆降格徇俗,借以导之,求不悖于经方。《伤寒论串解》及《真方歌括》晚作,以补《浅注》等书所未尽。《十药神书》为治虚损开一生面,故特注解以表彰之。案:念祖墨守仲景,笃信经方,或谓其变化较少,治效未必尽符。然宗派纯正,议论明通,实足以阐发先贤,津梁后学,故晚近医者多奉为圭臬。光绪中,湖南益元书局及近日商务印书馆并有重刊印本,增至数十种,牵连他人之作,泛滥无当,今仍以初编之本著录焉。

现存版本

同治四年(1865 年)文奎堂刻本,光绪重刊本。

按:是书又名《公余十六种》,子目含《灵素节要浅注》十二卷、《金匮要略浅注》十卷、《金匮方歌括》六卷、《伤寒论浅注》六卷、《长沙方歌括》六卷、《医学实在易》十六卷、《医学从众录》八卷、《女科要旨》四卷、《神农本草经读》四卷、《医学三字经》四卷、《时方妙用》四卷、《时方歌括》二卷、《景岳新方砭》四卷、《伤寒真方歌括》六卷、《伤寒时诀串解》六卷、《十药神书注解》。

公余医录五种

清·陈修园撰　存

见《中国中医古籍总目》《中国古医籍书目提要》。

作者简介

见《伤寒论浅注》。

内容提要

是书含子目《神农本草经读》四卷、《医学三字经》四卷、《时方妙用》四卷、《时方歌括》二卷、《女科要旨》四卷等共五种。

现存版本

清光绪十五年己丑（1889 年）江左书林刻本，1941 年上海锦章书局石印本。

公余医录六种

清·陈修园撰　存

见《中国中医古籍总目》《中国古医籍书目提要》。

作者简介

见《伤寒论浅注》。

内容提要

是书又名《陈修园医书六种》，含子目《神农本草经读》四卷、《医学三字经》四卷、《时方妙用》四卷、《时方歌括》二卷、《女科要旨》四卷、《景岳新方砭》四卷等共六种。

现存版本

清咸丰十年庚申（1860 年）经纶堂刻本，清光绪刻本。

陈修园医书十五种

清·陈修园撰　存

见《中国中医古籍总目》《中国古医籍书目提要》。

作者简介

见《伤寒论浅注》。

内容提要

是书含子目十五种，具体为《灵素节要浅注》十二卷、《金匮要略浅注》十卷、《金匮方歌括》六卷、《伤寒论浅注》六卷、《长沙方歌括》六卷、《医学实在易》十六卷、《医学从众录》八卷、《女科要旨》四卷、《神农本草经读》四卷、《医学三字经》四卷、《时方妙用》四卷、《时方歌括》二卷、《伤寒真方歌括》六卷、《伤寒时诀串解》六卷、《十药神书注解》。

现存版本

清同治五年丙寅（1866 年）维经堂刻本，清末连元阁刻本。

按：是书与《南雅堂医书全集》相比，缺《景岳新方砭》四卷。

陈修园医书十六种

清·陈修园撰　　存

见《中国中医古籍总目》《中国古医籍书目提要》。

作者简介

见《伤寒论浅注》。

内容提要

是书除陈修园撰写的《灵素节要浅注》十二卷、《金匮要略浅注》十卷、《金匮方歌括》六卷、《伤寒论浅注》六卷、《长沙方歌括》六卷、《医学实在易》十六卷、《医学从众录》八卷、《女科要旨》四卷、《神农本草经读》四卷、《医学三字经》四卷、《时方妙用》四卷、《时方歌括》二卷、《景岳新方砭》四卷、《伤寒真方歌括》六卷、《伤寒时诀串解》六卷、《十药神书注解》等十六种外，另附竹梅居士编《急救经验良方》、佚名《急救异痧奇方》、原题陈念祖撰《经验百病内外方》、戴天章辨正《瘟疫明辨》四卷卷末一卷、佚名《咽喉脉证通论》、耐修子撰《白喉治法忌表抉微》、范毓香奇传《太乙神针方》、何其伟辑《救迷良方》、庄一夔撰《福幼编》。

现存版本

清光绪十五年己丑（1889 年）江左书林校刻本，清光绪十九年癸巳（1893 年）校经堂刻本。

陈修园医书十八种

清·陈修园撰　存

见《中国中医古籍总目》《中国古医籍书目提要》。

作者简介

见《伤寒论浅注》。

内容提要

是书除陈修园撰写的《灵素节要浅注》十二卷、《金匮要略浅注》十卷、《金匮方歌括》六卷、《伤寒论浅注》六卷、《长沙方歌括》六卷、《医学实在易》十六卷、《医学从众录》八卷、《女科要旨》四卷、《神农本草经读》四卷、《医学三字经》四卷、《时方妙用》四卷、《时方歌括》二卷、《景岳新方砭》四卷、《伤寒真方歌括》六卷、《伤寒时诀串解》六卷、《十药神书注解》等十六种外，另附竹梅居士编《急救经验良方》、王士雄撰《霍乱论》二卷。

现存版本

清同治元年壬戌（1862 年）务本书局刻本，清光绪十四年戊子（1888 年）扫叶山房刻本。

陈修园医书二十一种

清·陈修园撰　存

见《中国中医古籍总目》《中国古医籍书目提要》。

作者简介

见《伤寒论浅注》。

内容提要

是书除陈修园撰写的《灵素节要浅注》十二卷、《金匮要略浅注》十卷、《金匮方歌括》六卷、《伤寒论浅注》六卷、《长沙方歌括》六卷、《医学实在易》十六卷、《医学从众录》八卷、《女科要旨》四卷、《神农本草经读》四卷、《医学三字经》四卷、《时方妙用》四卷、《时方歌括》二卷、《景岳新方砭》四卷、《伤寒真方歌括》六卷、《伤寒时诀串解》六卷、《十药神书注解》等十六种外，另附有原题陈念祖撰《急救奇痧方》、佚名《经验百病内外方》、王士雄撰《霍乱转筋》《绞肠痧证》《吊脚痧证》等五种。

现存版本

清光绪十五年己丑（1889年）刻本，清光绪十八年壬辰（1892年）图书集成印书局铅印本。

陈修园医书二十三种

清·陈修园撰　　存

见《中国中医古籍总目》《中国古医籍书目提要》。

作者简介

见《伤寒论浅注》。

内容提要

是书除陈修园撰写的《灵素节要浅注》十二卷、《金匮要略浅注》十卷、《金匮方歌括》六卷、《伤寒论浅注》六卷、《长沙方歌括》六卷、《医学实在易》十六卷、《医学从众录》八卷、《女科要旨》四卷、《神农本草经读》四卷、《医学三字经》四卷、《时方妙用》四卷、《时方歌括》二卷、《景岳新方砭》四卷、《伤寒真方歌括》六卷、《伤寒时诀串解》六卷、《十药神书注解》等十六种，另附有原题陈念祖撰《急救奇痧方》、佚名《经验百病内外方》、王士雄撰《霍乱转筋》《绞肠痧证》《吊脚痧证》等五种外，尚有佚名《时疫证治》、佚名《喉科急证》。

现存版本

清同治元年壬戌（1862年）经纶堂刻本，清光绪三十四年（1908年）宝庆经元书局刊本。

陈修园医书二十四种

清·陈修园撰　存

见《中国中医古籍总目》《中国古医籍书目提要》。

作者简介

见《伤寒论浅注》。

内容提要

是书除陈修园撰写的《灵素节要浅注》十二卷、《金匮要略浅注》十卷、《金匮方歌括》六卷、《伤寒论浅注》六卷、《长沙方歌括》六卷、《医学从众录》八卷、《女科要旨》四卷、《神农本草经读》四卷、《医学三字经》四卷、《时方妙用》四卷、《时方歌括》二卷、《伤寒医诀串解》六卷、《十药神书注解》《医医偶录》二卷等十五种外，尚有王士雄撰《霍乱论》二卷一种。

现存版本

清同治六年(1867年)刻本，清光绪二十六年(1900年)刻本。

按：是书题二十四种，实存十六种。

陈修园医书二十八种

清·陈修园撰　存

见《中国中医古籍总目》《中国古医籍书目提要》。

作者简介

见《伤寒论浅注》。

内容提要

是书除陈修园撰写的《灵素节要浅注》十二卷、《金匮要略浅注》十卷、《金匮方歌括》六卷、《伤寒论浅注》六卷、《长沙方歌括》六卷、《医学实在易》十六卷、《医学从众录》八卷、《女科要旨》四卷、《神农本草经读》四卷、《医学三字经》四卷、《时方妙用》四卷、《时方歌括》二卷、《景岳新方砭》四卷、《伤寒真方歌括》六卷、《伤寒时诀串解》六卷、《十药神书注解》等十六种，另附有原题陈念祖撰《急救奇痧方》、佚名《经验百病内外方》、王士雄撰《霍乱转筋》《绞肠痧证》《吊脚痧证》等五种外，尚有《咽喉脉证通论》、耐修子《白喉治法抉微》、佚名《急治喉痧要法》、曹心怡撰《喉痧正的》、佚名《太乙神针》、何其伟撰《救迷良方》、庄一夔撰《福幼篇》等七种。

现存版本

清光绪二十九年癸卯（1903 年）锦章书局石印本，清光绪三十年甲辰（1904 年）日新书局石印本。

陈修园医书三十种

清·陈修园撰　　存

见《中国中医古籍总目》《中国古医籍书目提要》。

作者简介

见《伤寒论浅注》。

内容提要

是书除陈修园撰写的《灵素节要浅注》十二卷、《金匮要略浅注》十卷、《金匮方歌括》六卷、《伤寒论浅注》六卷、《长沙方歌括》六卷、《医学实在易》十六卷、《医学从众录》八卷、《女科要旨》四卷、《神农本草经读》四卷、《医学三字经》四卷、《时方妙用》四卷、《时方歌括》二卷、《景岳新方砭》四卷、《伤寒真方歌括》六卷、《伤寒时诀串解》六卷、《十药神书注解》等十六种，另附有原题陈念祖撰《急救奇痧方》、佚名《经验百病内外方》、王士雄撰《霍乱转筋》《绞肠痧证》《吊脚痧证》《咽喉脉证通论》、耐修子《白喉治法抉微》、佚名《急治喉痧要法》、曹心怡撰《喉痧正的》、佚名《太乙神针》、何其伟撰《救迷良方》、庄一夔撰《福幼篇》等十二种外，尚附有原题陈念祖撰《修园心案》、高士宗撰《医学真传》等两种。

现存版本

清光绪十八年壬辰(1892 年)上海图书集成印书局石印本,清光绪二十九年癸卯(1903 年)上海书局石印本。

陈修园医书三十二种

清·陈修园撰　存
见《中国中医古籍总目》《中国古医籍书目提要》。

作者简介

见《伤寒论浅注》。

内容提要

按:是书除陈修园撰写的《灵素节要浅注》十二卷、《金匮要略浅注》十卷、《金匮方歌括》六卷、《伤寒论浅注》六卷、《长沙方歌括》六卷、《医学实在易》十六卷、《医学从众录》八卷、《女科要旨》四卷、《神农本草经读》四卷、《医学三字经》四卷、《时方妙用》四卷、《时方歌括》二卷、《景岳新方砭》四卷、《伤寒真方歌括》六卷、《伤寒时诀串解》六卷、《十药神书注解》等十六种外,另附有曹心怡撰《喉痧正的》、佚名《经验百病内外方》、唐容川撰《痢症三字诀》、何其伟撰《迷良方》、耐修子撰《白喉治法忌表抉微》、范毓香奇传《太乙神针》、佚名《咽喉脉证通论》、庄一夔撰《福幼篇》、原题陈念祖撰《急救异痧奇方》、佚名《经验百病良方》、张子培撰《春温三字诀》、佚名《急救喉疹要法》、韩善征撰《疟病论》三卷、王士雄撰《霍乱论》二卷、陆乐山撰《养生镜》等共十五种,原缺一种。

现存版本

清光绪二十一年乙未(1895 年)宏道堂刻本,清光绪三十三年丁未(1907年)至宣统元年己酉(1909 年)四川善成堂刻本。

陈修园医书四十八种

清·陈修园撰　　存

见《中国中医古籍总目》《中国古医籍书目提要》。

作者简介

见《伤寒论浅注》。

内容提要

是书除陈修园撰写的《灵素节要浅注》十二卷、《金匮要略浅注》十卷、《金匮方歌括》六卷、《伤寒论浅注》六卷、《长沙方歌括》六卷、《医学实在易》十六卷、《医学从众录》八卷、《女科要旨》四卷、《神农本草经读》四卷、《医学三字经》四卷、《时方妙用》四卷、《时方歌括》二卷、《景岳新方砭》四卷、《伤寒真方歌括》六卷、《伤寒时诀串解》六卷、《十药神书注解》等十六种，另附有原题陈念祖撰《急救奇痧方》、佚名《经验百病内外方》、王士雄撰《霍乱转筋》《绞肠痧证》《吊脚痧证》等五种外，尚有佚名《眼科捷径》、杜本增订《伤寒舌诊》、佚名《咽喉脉证通论》、耐修子撰《白喉治法忌表抉微》、佚名《急救喉疹要法》、曹心怡撰《喉痧正的》、张子培撰《春温三字诀》、唐容川撰《痢症三字诀》、薛雪撰《湿热条辨》、寄瓢子撰《温热赘言》、韩善征撰《疟疾论》三卷、亟斋居士撰《达生编》、文晟编《妇科杂症》、邱焙撰《引痘略》、何其伟撰《救迷良方》、范毓香奇传《太乙神针》、庄一夔撰《福幼编》、徐大椿撰《本草经百种录注解》、佚名《增补食物秘书》、黄钰撰《平辨脉法歌诀》、黄钰撰《本经便读》、黄钰撰《名医别录》、朱震亨撰《局方发挥》、王好古撰《医垒元戎》、程芝田撰《医法心传》、佚名《古今医论》、张镜撰《刺疔捷法》等十七种。

现存版本

清光绪三十一年乙巳（1905 年）上海文盛堂书局石印本，1917 年上海三星书店石印本、民国上海锦章书局石印本。

陈修园医书五十种

清·陈修园撰　存

见《中国中医古籍总目》《中国古医籍书目提要》。

作者简介

见《伤寒论浅注》。

内容提要

是书除陈修园撰写的《灵素节要浅注》十二卷、《金匮要略浅注》十卷、《金匮方歌括》六卷、《伤寒论浅注》六卷、《长沙方歌括》六卷、《医学实在易》十六卷、《医学从众录》八卷、《女科要旨》四卷、《神农本草经读》四卷、《医学三字经》四卷、《时方妙用》四卷、《时方歌括》二卷、《景岳新方砭》四卷、《伤寒真方歌括》六卷、《伤寒时诀串解》六卷、《十药神书注解》等十六种，另附有原题陈念祖撰《急救奇痧方》、佚名《经验百病内外方》、佚名《眼科捷径》、佚名《咽喉脉证通论》、耐修子撰《白喉治法忌表抉微》、佚名《急救喉疹要法》、曹心怡撰《喉痧正的》、张子培撰《春温三字诀》、唐容川撰《痢症三字诀》、薛雪撰《湿热条辨》、寄瓢子撰《温热赘言》、韩善征撰《疟疾论》三卷、亟斋居士撰《达生编》、文晟编《妇科杂症》、邱焙撰《引痘略》、何其伟撰《救迷良方》、范毓香奇传《太乙神针》、庄一夔撰《福幼编》、徐大椿撰《本草经百种录注解》、佚名《增补食物秘书》、黄钰撰《平辨脉法歌诀》、黄钰撰《本经便读》、黄钰撰《名医别录》、朱震亨撰《局方发挥》、王好古撰《医垒元戎》、程芝田撰《医法心传》等二十六种外，尚有王士雄撰《霍乱论》二卷、郑奠一撰《瘟疫明辨》四卷、张登撰《伤寒舌鉴》、徐子默撰《吊脚痧方论》、金德鉴撰《烂喉痹痧辑要》、王维德撰《外科证治全生集》、陆乐山撰《养生镜》、毓兰居士编《保婴要旨》等八种。

现存版本

清光绪三十一年乙巳(1905年)商务印书馆铅印本。

陈修园医书六十种

清·陈修园撰　存

见《中国中医古籍总目》《中国古医籍书目提要》。

作者简介

见《伤寒论浅注》。

内容提要

是书除陈修园撰写的《灵素节要浅注》十二卷、《金匮要略浅注》十卷、《金匮方歌括》六卷、《伤寒论浅注》六卷、《长沙方歌括》六卷、《医学实在易》十六卷、《医学从众录》八卷、《女科要旨》四卷、《神农本草经读》四卷、《医学三字经》四卷、《时方妙用》四卷、《时方歌括》二卷、《景岳新方砭》四卷、《伤寒真方歌括》六卷、《伤寒时诀串解》六卷、《十药神书注解》等十六种，另附有原题陈念祖撰《急救奇痧方》、佚名《经验百病内外方》、佚名《眼科捷径》、佚名《咽喉脉证通论》、耐修子撰《白喉治法忌表抉微》、佚名《急救喉疹要法》、曹心怡撰《喉痧正的》、张子培撰《春温三字诀》、唐容川撰《痢症三字诀》、薛雪撰《湿热条辨》、寄瓢子撰《温热赘言》、韩善征撰《疟疾论》三卷、亟斋居士撰《达生编》、文晟编《妇科杂症》、邱焙撰《引痘略》、何其伟撰《救迷良方》、范毓香奇传《太乙神针》、庄一夔撰《福幼编》、徐大椿撰《本草经百种录注解》、佚名《增补食物秘书》、黄钰撰《平辨脉法歌诀》、黄钰撰《本经便读》、黄钰撰《名医别录》、朱震亨撰《局方发挥》、王好古撰《医垒元戎》、程芝田撰《医法心传》、王士雄撰《霍乱论》二卷、郑奠一撰《瘟疫明辨》四卷、张登撰《伤寒舌鉴》、徐子默撰《吊脚痧方论》、金德鉴撰《烂喉疳痧辑要》、王维德撰《外科证治全生集》、陆乐山撰《养生镜》、毓兰居士编《保婴要旨》等三十四种外，尚有陈根儒撰《喉症要旨》、王士雄撰《内科简效方》、王士雄撰《外科简效方》、王士雄撰《女科简效方》、王士雄撰《儿科简效方》、佚名《古今医论》、佚名《颅囟经》二卷、张镜撰《刺疔捷法》、佚名《医学论》、竹梅居士编《急救经验良方》等十种。

现存版本

1919 年上海鸿宝斋书局石印本，1935 年上海扫叶山房石印本。

陈修园医书七十种

清·陈修园撰　存

见《中国中医古籍总目》《中国古医籍书目提要》。

作者简介

见《伤寒论浅注》。

内容提要

是书除陈修园撰写的《灵素节要浅注》十二卷、《金匮要略浅注》十卷、《金匮方歌括》六卷、《伤寒论浅注》六卷、《长沙方歌括》六卷、《医学实在易》十六卷、《医学从众录》八卷、《女科要旨》四卷、《神农本草经读》四卷、《医学三字经》四卷、《时方妙用》四卷、《时方歌括》二卷、《景岳新方砭》四卷、《伤寒真方歌括》六卷、《伤寒时诀串解》六卷、《十药神书注解》等十六种，另附有原题陈念祖撰《急救奇痧方》、佚名《经验百病内外方》、王士雄撰《绞肠痧证》、王士雄撰《吊脚痧证》、佚名《眼科捷径》、杜本增订《伤寒舌诊》、佚名《咽喉脉证通论》、耐修子撰《白喉治法忌表抉微》、佚名《急救喉疹要法》、曹心怡撰《喉痧正的》、张子培撰《春温三字诀》、唐容川撰《痢症三字诀》、薛雪撰《湿热条辨》、寄瓢子撰《温热赘言》、韩善征撰《疟疾论》三卷、亟斋居士撰《达生编》、文晟编《妇科杂症》、邱焙撰《引痘略》、何其伟撰《救迷良方》、范毓香奇传《太乙神针》、庄一夔撰《福幼编》、徐大椿撰《本草经百种录注解》、佚名《增补食物秘书》、黄钰撰《平辨脉法歌诀》、黄钰撰《本经便读》、黄钰撰《名医别录》、朱震亨撰《局方发挥》、王好古撰《医垒元戎》、程芝田撰《医法心传》、佚名《古今医论》、张镜撰《刺疔捷法》、佚名《颅囟经》二卷、王士雄撰《霍乱论》二卷、陈乐山撰《养生镜》等三十四种外，尚有医学方论二十种。

现存版本

清光绪三十三年丁未（1907 年）上海广雅启新书局石印本，1916 年上海广益书局石印本。

陈修园医书七十二种

清·陈修园撰　　存

见《中国中医古籍总目》《中国古医籍书目提要》。

作者简介

见《伤寒论浅注》。

内容提要

是书除陈修园撰写的《灵素节要浅注》十二卷、《金匮要略浅注》十卷、《金匮方歌括》六卷、《伤寒论浅注》六卷、《长沙方歌括》六卷、《医学实在易》十六卷、《医学从众录》八卷、《女科要旨》四卷、《神农本草经读》四卷、《医学三字经》四卷、《时方妙用》四卷、《时方歌括》二卷、《景岳新方砭》四卷、《伤寒真方歌括》六卷、《伤寒时诀串解》六卷、《十药神书注解》等十六种，另附有原题陈念祖撰《急救奇痧方》、佚名《经验百病内外方》、王士雄撰《霍乱转筋》、王士雄撰《吊脚痧证》、佚名《眼科捷径》、杜本增订《伤寒舌诊》、佚名《咽喉脉证通论》、耐修子撰《白喉治法忌表抉微》、佚名《急救喉疹要法》、曹心怡撰《喉痧正的》、张子培撰《春温三字诀》、唐容川撰《痢症三字诀》、薛雪撰《湿热条辨》、寄瓢子撰《温热赘言》、韩善征撰《疟疾论》三卷、亟斋居士撰《达生编》、文晟编《妇科杂症》、邱熺撰《引痘略》、何其伟撰《救迷良方》、范毓香奇传《太乙神针》、庄一夔撰《福幼编》、徐大椿撰《本草经百种录注解》、佚名《增补食物秘书》、黄钰撰《平辨脉法歌诀》、黄钰撰《本经便读》、黄钰撰《名医别录》、朱震亨撰《局方发挥》、王好古撰《医垒元戎》、程芝田撰《医法心传》、佚名《古今医论》、张镜撰《刺疔捷法》、佚名《颅囟经》二卷、佚名《眼科验方》、王士雄撰《霍乱论》二卷、陈乐山撰《养生镜》等三十六种外，尚有医学方论二十种。

现存版本

1915 年重庆中西书局铅印本,1941 年上海大文书局铅印本。

陈修园先生晚余三书

清·陈修园撰　存
见《中国中医古籍总目》《中国古医籍书目提要》。

作者简介

见《伤寒论浅注》。

内容提要

本书主要包括陈修园撰写的《伤寒真方歌括》六卷、《伤寒医诀串解》六卷、《十药神书注解》等三种。

现存版本

清咸丰九年己未(1859 年)三山林氏校刻本。

杨仁斋著作三种

宋·杨士瀛撰　存
见《中国中医古籍总目》《中国古医籍书目提要》。

作者简介

见《仁斋直指附遗方论》。

内容提要

是书包括《伤寒类书活人总括》七卷、《仁斋直指附遗方论》二十六卷、《仁斋直指小儿方论》五卷等共三种。具体内容参见各条目。

现存版本

元刻本,明嘉靖二十九年(1550年)刻本。

包氏医宗

清·包育华撰　存
见《中国中医古籍总目》《中国古医籍书目提要》。

作者简介

见《伤寒论章节》。

内容提要

全书三集十四种。第一集包括《伤寒论章节》《伤寒方法》(附歌括)、《伤寒表》《伤寒论讲义》《伤寒方讲义》五种;第二集包括《杂病论章节》《杂病方法》《杂病表》《杂病论讲义》《杂病方讲义》五种;第三集包括《国医学粹经解》《国医学粹脉学》《国医学粹证论》《国医学粹药性》四种。

现存版本

1930年包氏医宗出版社铅印本。

包氏伤寒三种

清·包育华撰　存
见《中国中医古籍总目》《中国古医籍书目提要》。

作者简介

见《伤寒论章节》。

内容提要

包括《伤寒论章节》《伤寒表》《伤寒方法》三种。

现存版本

1915 年神州医药书报社铅印本。

十二、其他类

洗 冤 录

宋·宋慈撰 五卷 存

见《中国医籍通考》《中国医籍考》《中国古医籍书目提要》《中国分省医籍考》。

作者简介

民国十二年《建阳县志》卷十《列传》：宋慈，童游里人，嘉定十年进士，历官湖南提刑，以朝请大夫直焕章阁帅广东，致仕，卒。慈通经史，能文章，居官以民命为重，谓刑狱一有不决之疑，必多所失，尝作《洗冤录》，以期得情。及卒，理宗以其为分忧中外之臣，有密赞阃画之寄，特赠朝议大夫，御书墓门以旌之。

序 跋

宋慈自序：狱事莫重于大辟，大辟莫重于初情，初情莫重于检验。盖死生出入之权舆，幽枉屈伸之机括，于是乎决。法中所以通著令佐理据者，谨之至也。年来州县悉以委之初官，付之右选，更历未深，骤然尝试，重以仵作之欺伪，吏胥之奸巧，虚幻变化，茫不可诘。纵有敏者，一心两目，亦无所用其智，而况遥望而弗亲，掩鼻而不屑者哉！慈四叨臬寄，他无寸长，独于狱案审之又审，不敢萌一毫慢易心。若灼然知其为欺，则亟与驳下，亦或疑信未决，必反覆深思，惟恐率然而行，死者虚被涝漉。每念狱情之失，多起于发端之差，定验之误，皆原于历试之涉。遂博采近世所传诸书，自《内恕录》以下凡数家，会而粹之，厘而正之，增以己见，总为一编，名曰《洗冤集录》，刊于湖南宪治。示我同寅，使得参验互考，如医师讨论古法，脉络表里先已洞澈，一旦按此以施针砭，发无不中。则其洗冤泽物，当与起死回生同一功用矣。淳祐丁未嘉平节前十日,朝散大夫新除直秘阁湖南提刑充大使行府参议官宋慈惠父序。

内容提要

《洗冤集录》是宋慈研究汇集前人法医学著作精华,结合多年办案实践写成的一部较为全面、系统总结尸体外表检验经验的著作。现存《洗冤集录》为元刻本,共五卷,五十三条。书中对宋代检尸法令、检尸方法及注意事项、尸体现象、各种机械性窒息死、各种钝器损伤、伤器损伤、古代交通事故、高温致死、中毒、病死与急死、尸体发掘等,都进行了系统的论述,反映了法医学的一系列重要成就。《洗冤集录》成书于"非仪器检验时代",即人类近代科学诞生之前六百多年。那时没有现代解剖学知识,没有现代法医学知识,没有现代遗传学知识,更没有现代检验仪器。宋慈断案,凭调查研究,认真细致地现场勘察,对随手可得的日常生活用品认真检验。他留下的《洗冤集录》一书包含有许多具有相当科学水平,对法医检验有价值的东西,其中不少内容符合近代法医学原理。他所提出的法医检验的一般原则,如实事求是、不轻信口供、调查研究、验官亲填"尸格",在今日法医检验中亦被广泛遵循。《洗冤集录》成书后,朝廷十分重视,下令予以颁行,付梓问世,使中国古代法医学达到相当高的水平。《洗冤集录》的内容基本上包括了现代法医学在尸体外表检验方面的大部分内容,是世界上第一部系统的法医学著作。

现存版本

元刻本,明刊本,清嘉庆十二年丁卯(1807 年)刊本,今人各种校注本和影印本。

医刻汇成

明·欧浩撰　佚

见《中国医籍通考》《中国分省医籍考》。

作者简介

欧浩,字有天,号浴溟,明代福建医家,生平不详。

序　　跋

徐钟震序：浴溟胸有慧识，指有神力，予尤服其用心周挚，大非时人所及。虑山穿谷深，仓卒莫备医药者，则有便方之贻；虑孩幼稚弱未易调护者，则有保婴之录；虑日用饮食相反害者，则有摄生之法。至于世俗以忿轻生，一时失救，贻祸身家者，又指出古人成法以为鉴戒。噫！何其爱人无已也，浴溟初名海，今改名为浩，字有天，然人呼浴溟之号犹昔也。

按：该序言录自道光十五年《重纂福建通志》卷四十五《医家》。

通　元　录

明·许宏撰　佚

见《中国医籍通考》《中国古医籍书目提要》《中国医籍考》。

作者简介

见《金镜内台方议》。

医学真诠

宋·杨士瀛撰　二十卷　佚

见《中国医籍通考》《宋以前医籍考》《中国医籍考》《中国古医籍书目提要》。

作者简介

见《仁斋直指附遗方论》。

按：《千顷堂书目》卷十四《子部·医家类补·宋》：杨士瀛《医学真诠》二十卷。《宋史·艺文志补·子部医方》：杨士瀛《医学真诠》二十卷。

学医辨惑

清·叶兰墅撰　一卷　佚

见民国《闽侯县志》。

作者简介

叶兰墅,清代福州人,孝廉,精通岐黄术,著《学医辨惑》一卷。

序　跋

林昌彝序:良医之治病也,一如良相之治国。良相之治国也,非以己意治之也,本之以先王之成宪,守之以当代之法度,补偏救弊,以求其当也。良医之治病也,亦非以己意治之也,本之以前人之论断,守之以法家之良方,酌盈剂虚,以求其合也。然而悬的以求,而妄发者且失于候正矣;执矩以度,而缅错者直远于绳削矣。是岂古法之不足师,师古之不可训钦?国家当痍疮之秋,不能深究其受病之原,祛其外邪,而默扶其元气,徒苟且补苴,当事以奉行文法为优。逮所患日深,几于不治之证,犹复挖肉补疮,粉饰太平,甚且泥古人之书,以行其刚愎自是之见,其弊至于毒流数世,决裂溃败而不可复振。盖常观古今治乱之故,未尝不废书三叹,喟然于庸臣误国、庸医杀人之如出一辙也。今有治病者于此,不审虚实,不辨表里,辄就其外见之证,摹拟于形似之同,执一古方以疗之,不效,则曰此古方之误。呜呼!古方奚误,特用古方者之误耳。孙思邈有言曰:胆欲大,心欲小;智欲圆,行欲方。此其中有至诣焉。沾沾执一隅之见,冀收效于生死呼吸之间,欲求十一千百,其可得哉?然则何如而后谓之良医也?曰:是有学在。学之至,则能悟古人制方之意,相其寒热,以适其宜;酌乎损益,以妙其用。而大要必辨于疑似之界。古今来疑似之界不明,小者误及一身,大者误人家国,岂非不学无术之故钦。余友叶兰墅,孝廉,好学深思,每读书,多于无字句处求之。旁精岐黄术,所著《医学辨惑》一卷,明体达用,于前代医家诸书神明而变通之,剖析疑义动中款会,足以破世俗迂拘之见。盖小术也而学问寓焉,异日之医天下,不当如是耶?方今圣明在上,四方疾苦,时瘥痀瘵,兰墅怀奇负异,以治病者出而治国,吾知其必有合矣。

医学研余

清·陈赉撰　六卷　佚

见《中国分省医籍考》。

作者简介

民国《长乐县志》卷二十七《列传七·方技》：陈赉，字俊邨，江田人，邑庠生，治岐黄术，性仁厚。时鼠疫盛行，患者十八九死。赉曰：鼠疫之症，为伤寒金匮所无，遂参酌古今立一方，传布远迩，全活甚众。著有《医学研余》六卷。

回 春 编

清·沈大纶撰　佚

见《中国分省医籍考》。

作者简介

民国二十七年《连城县志》卷二十六《艺能》：沈大纶，字达观，邑庠生。继母童氏，幼寡无子，先以纶长兄大经为嗣，复夭。童誓守义，择纶再继为嗣，命从童舅寒泉学。纶事母不异亲生，研究岐黄养生术，制药济人，所活者多。汪抚志伊为铭其墓云：养志无惭古孝子，惟君之学追渭阳，济时不异古良相，惟君之术宗岐黄。著有《尚书要解》《春秋辑要》《百韵梅花诗》《回春编》《二友斋序》等书。

医学阐微

清·陈有统撰　佚

见《中国分省医籍考》。

作者简介

同《伤寒论注》。

医齿问难

明·吴朴撰　存（未见）

见光绪《漳州府志》。

作者简介

《闽南文化百科全书》第 200 页：吴朴（约 1506—1560），明学者。初名雹，字子华，一字华甫。诏安人。博学多才，对天文地理，古今事变，无不涉心。嘉靖年间随林希元征安南，机宜多出其谋。然有功无酬，反因故下狱，遂潜心著书立说。其主要著作有《渡海方程》，汇集明航海家郑和 15 世纪上半叶多次远洋航海之前的民间水路簿，加以整理综合，编纂成书。嘉靖十六年（1537年）刻印出版，为我国第一部刻印水路簿，被辗转传抄。明末更名为《海道针经·顺风相送》和《海道针经·指南正法》，对当时和后代海上交通起着借鉴作用，至今为汉学家所注目。其他著作有《龙飞纪略》《皇明大事记》《医齿问难》《九边图要》《东南海外诸夷》《复大宁河套诸计划》《乐器图》《校外三国志》，今多散佚。

按：是书见光绪三年《漳州府志》卷四十一《艺文》。明人林希元《龙飞纪略序》中谈及吴氏撰此书。《龙飞纪略》序：《龙飞纪略》何？纪我太祖、成祖创业继统之事也。略何？事或弗尽，姑纪其大略也。纪之者何？诏安吴子华甫也。恭惟圣祖以天授之圣，际五百之运，提三尺，起涂泥，虎噬龙吞，剪群雄，执秦鹿，经纶草昧，重开日月，诚旷古之英也。当其间关百战收功于万死一生之余，论道讲艺于投戈息马之际。皇图霸略，虽鬼神不能窥测，圣德神功，犹尽天地不能为容，何其盛哉！顾其当日行事之迹，藏之金匮石室，不惟草莱书生目不及见，庙堂缙绅之士亦有不及知者。吴子生长遐荒，糟糠不厌，乃能旁搜穷讨为是纪，良亦难矣，不亦贤乎！初名《圣朝征伐礼乐书》，予弗善也，为易今名，因为之序。《纪》凡八卷，当代名人，若顾秋山、洪觉山、李中溪、钱月川、江午坡、田豫阳、夏月川诸公，咸尊信传录。诸生吴天禄，义民陈显、林滨辈，共捐资刻之。华甫名朴，性善记，书过目辄不忘，于天文地理、古今事变、四夷、山川道路远近险易，无不在其胸中。所著有《医齿问难》《乐器》《渡海方程》《九边图本》诸书，又校补《三国志》。当道见之，无不珍爱,乃不能推毂使流落不偶,予甚怜焉。故尝方之史迁云:噫!若吴子者,其将不遇也耶!嘉靖甲辰季秋之朔,武夷散人林希元书于凤山之退修堂。

医学时习

清·陈兆泰撰　十六卷　佚

见《中国分省医籍考》。

作者简介

同《证治一隅》。

稽古汇编

清·邹成东撰　佚

见《中国分省医籍考》。

作者简介

见《宝产篇》。

各种医解

清·陈仁诏撰　佚

见《中国分省医籍考》。

作者简介

民国《长乐县志》卷二十七《列传七·方技》,陈仁诏,字崇丹,东隅人,邑庠生,性仁厚好施,精通医术。己卯秋,时疫盛行,投以剂,辄见效。有穷孀子,甫六龄,霍乱垂危,仁诏诊之,并给丹药,病寻愈。著有《各种医解》藏于家。次子颖,辛卯副贡;三子谔,邑庠生。

未 然 防

明·江梅撰　佚

见《中国分省医籍考》。

作者简介

民国二十九年《泰宁县志》卷三十四《方技》:江梅,号寒古,精于医,所著有《医经臆语》《未然防》两种行世。

济世新编

清·陈敏士撰　佚

见《中国分省医籍考》。

作者简介

民国《长汀县志》卷三十《艺能传》:陈敏士,以痧丸驰名四方,其子庠生献瑜亦以医名。著《济世新编》。

神要生机

清·黄孚同撰　四卷　佚

见《中国分省医籍考》。

作者简介

民国二十九年《德化县志》卷十五《人物·方伎》:黄孚同,字盖堂,湖山人,精岐黄,名噪一时,邑侯赵睿荣赠额云"菊全寿世"。晚年著《神要生机》四卷。

医　约

明·沈应元撰　四卷　佚

见《中国古医籍书目提要》《中国分省医籍考》。

作者简介

光绪《续修浦城县志》卷二十七《人物七·隐逸》：沈应元,字宇静。受业曾六德之门,六德谪香山,应元感愤时事,遂弃举业,自称句曲山人。研精医理,尤工诗画。

按:光绪《续修浦城县志》卷三十二《艺文志·著述》有沈应元著《医约》四卷。

兰室纪要

明·黄釪撰　二十卷　佚

见《中国分省医籍考》。

作者简介

民国《南平县志》卷二十三《方技传》：黄釪,号兰室,王台人,天资高迈,博览经史,弱冠常远游,入常山,传针法,精岐黄之术,著《兰室纪要》二十卷。

杏林春医药及壶隐诗稿

清·萧经堂撰　佚

见《中国分省医籍考》。

作者简介

民国二十五年《重修邵武县志》卷二十五《艺文》：萧经堂,岁贡生。

默庵医论

清·何国模撰　佚

见《中国分省医籍考》。

作者简介

　　道光《重纂光泽县志》卷十三《经籍略》云：公达儒术而推其余于医，直凑单微，通于神明，但望色，决生死辄中，邑耆旧能道之。长聚每思纪述以示子孙，而听闻异辞，未敢厚诬先人，惟择众口一谈者，著于篇焉。戚属某之妇病瘵，丐公治，公不与方，惟日给丸若干。久之病如故，乃更它医，三日不来取药。公询知，因索观所服方，呼子孙曰：其妇死矣，既为我家戚属，当往诀也。往则病者方坐厅事，笑语如平人，倾之，谓精神少懈，比登榻则汗出，痰壅而死。他日，戚以请于公，公曰：若妇之病，譬灯燃膏，且竭矣，引膏绳亦将尽，骤加膏则绳不胜，骤拨绳则膏无继，皆灭也。某医能得病情，而未达治理，骤用莽药，犹纳硫脑于残缸，得须臾光明，实速其灭耳。公尝避暑别墅，有昏仆于门者，人咸谓已死，公视曰：中暑耳，非亡也，药之而愈。又尝界方与一佃曰：若明春必发病，且亡，及今治之，可望生，每见辄言，而语加切。佃以无疾服药，阴唾之。他日公再见骇曰：死期近矣，未数日果病，以请公，公曰：无及也，为定日时，使治棺衾焉，竟亡。一日公早起，侍者忽见公如迎客状，旋呼客来供茶，又见公罨思如平日，忽语曰：若病不可为，请速归，毋死道路。侍者骇甚，趋告公友，使询故，则曰：彼自言曾姓某名，居某所，以病剧力疾就医也。某返，如言访曾某，果有少年于平旦死，病中趣家人延公治病，革时犹言勿殓，我将以魂请何公云。公知而叹曰：噫，吾亦不久矣，否则鬼何由近我，盖其岁实公卒年也。夫医为公生平之一节，而精通如是，弗可及也已。公于医多著述，邑耆旧及见者犹数种，以未梓行，藏之者视为秘本，不肯出。后人又不知宝贵，至于散佚，可惜也。今所传信仅此数事，使及今不纪述，后之子孙将安访焉。

医学全书

清·黄上春撰　佚

见《中国分省医籍考》。

作者简介

民国十八年《霞浦县志》卷三十七《方技》：黄上春，磨云村人，幼习医，研究数十年，饶有经验。著《医学全书》，分男、妇、幼三科，存于家。子瑞敏传其学，名噪一时。孙志鸿、安山亦以医著。

医学秘录

清·郑国基撰　佚

见《中国分省医籍考》。

作者简介

民国十八年《霞浦县志》卷三十《儒林》：郑钟潮，原名国基，号岸夫，少有至性。祖母癫痫如狂，勤侍惟谨。为诸生，以舌耕奉母，力行善事，凡惜字、放生、施茶水、禁屠牛之类，无不实心为之。浙匪之乱，太守命为联董，得议叙州同，视之淡如也。两次乡闱俱堂备不受，遂弃举子业，筑三惜楼，读性理。一日观读书录，至圣人最恶讦人之阴，私谓诸弟曰：即此一条犯者甚多。日探宋儒程伊川、张南轩、谢上蔡、杨龟山、朱晦翁、吕东莱、黄勉斋、真西山之说，总论为学之方，分七章以发明之，曰存养、曰持敬、曰主静、曰省察、曰知行、曰致知、曰言行，名为终身事业。又辑《儒门必读》一卷，曰修身、曰居敬、曰慎言、曰力行、曰仁恕、曰安命，功圣功切实处全在于此，谓之千金不易。尝言圣贤何能学其万一，但读其书，触目惊心或者不至于大恶耳。晚年旁及医学，虽远必躬驰，谓所亲曰：潮活人病，常恐有德心，其治心工夫细密如此。年六十三卒。著有《常炯炯斋性理书》《医案稿》存于家。

按：民国十八年《霞浦县志》卷二十五《艺文》有著录。

医理汇参

清·杨日暄撰　七十二卷　佚

见《中国分省医籍考》。

作者简介

民国《连江县志》卷三十《方技》:杨日暄,龙西铺人。世业医,多藏方书。日暄精探讨,且勤汇辑,所著书详于艺文志。

按:见民国十六年《连江县志》卷二十二《艺文志》。

医　　录

清·刘作霖撰　佚

见《中国分省医籍考》。

作者简介

民国《闽清县志》卷七《方技传》:刘作霖,字元铨,邑岁贡。少多病,究心岐黄之学,积久有神悟。家小康,不藉医为生活,远近闻其名者,多造庐请之,作霖为活人计,亦勉从之。佺某患疟久,其堂兄祖宪为之定方剂,半年未愈,宪博览医书,竟未收效。作霖自外回,诊其脉,索方视之,谓侄宪曰:治经则尔擅其长,治医则尔不能,尔泥于方法,不能神而明之,疾所以弗瘳也。为定方剂,数日霍然愈。堂侄为凤,夜自塾归,霖闻咳声,翌晨呼凤来曰:将诊尔。答:侄无病。霖诊之泣曰:尔肺枯矣,疾不治,已而果然。有雇佣某,方碾谷,体素壮,霖闻其咳声急,诊之曰:速归勿延,果数日死。一日过市,市人方席地饮,远见其来,一人曰:霖精方脉,吾诈病。遂由地上一跃而卧肆中,延之诊,骇曰:肠断矣,奈何? 某泣言其实,次日死。一日自邑归,路经朱厝乡,乡人延诊之,时溽暑,霖挥汗如雨,未及细诊曰:此暑证也,遂定白虎汤。方到家,孙善性来问安,性亦习医,霖问最近出诊否? 对曰:昨往朱家诊一人,脉似洪大,按之虚微,寒证也。霖急遣告朱家曰:顷所定方剂勿服! 朱家曰:已服矣,是夜其人死。霖由是痛告其孙曰:吾临证三十年未有错误,今稍不慎,竟至杀人,悔之不及,尔曹尚其戒之,以盖余愆。晚年著有《医录》若干卷,人呼为刘半仙云。

医学摘要

清·聂廷铨撰　佚

见《中国分省医籍考》。

作者简介

民国《闽清县志》卷六《文苑传》:聂廷铨,号简堂,咸丰己未恩科并戊午正科副举人。署泉州府教授、顺昌县训导,福宁教授,卒于官。两袖清风,子无以为炊。居乡时,足不履公门,丰裁严峻。工诗文,著有《梅溪纪事》《法帖》,后生争宝贵之。晚好岐黄术,著《医学摘要》。

医理易解

清·郑应瀛撰　佚

见民国《闽侯县志》。

作者简介

民国二十二年《闽侯县志》卷七十一《文苑上》:郑应瀛,字国登,一字圆峤。少失怙,事父惟谨,授徒以养,数日辄归,省涤栖椸,浣厕牏,滋旨甘。娶妇早卒,续娶,举一子、一女,方在襁而应瀛卒。应瀛幼颖悟,读书以寸计,困阨终身。其诲人以端趋向为先,虽卯角,必举古今忠孝事以为感发,游其门者,咸爱敬如父兄。其卒也,门人林文仪等为葬于西郭外金钟山,时祭扫焉。遗稿有《河洛书说》《医理易解》。

参考文献

包识生:《包氏医宗》,天津科学技术出版社 2010 年版。

曹洪欣:《海外回归中医善本古籍丛书》(续),人民卫生出版社 2010 年版。

曹洪欣:《珍版海外回归中医古籍丛书》,人民卫生出版社 2008 年版。

陈邦贤:《二十六史医史资料汇编》,中国中医研究院中国医史文献研究室 1982 年印刷。

陈梦雷:《古今医书集成医部全录》,人民卫生出版社 1988 年版。

陈振孙:《直斋书录解题》,上海古籍出版社 1987 年版。

丁福保:《四部总录·医药编》,商务印书馆 1955 年版。

丹波元胤:《中国医籍考》,人民卫生出版社 1956 年版。

冈西为人:《宋以前医籍考》,人民卫生出版社 1958 年版。

高日阳等:《岭南医籍考》,广东科技出版社 2011 年版。

郭蔼春:《中国分省医籍考》,天津科学技术出版社 1987 年版。

黄虞稷:《千顷堂书目》,上海古籍出版社 1990 年版。

纪昀:《四库全书总目提要》,河北人民出版社 2000 年版。

贾维诚、贾一江:《中国医籍志》,中国医药管理杂志社 1983 年版。

贾维诚:《三百种医籍录》,黑龙江科学技术出版社 1982 年版。

林慧光:《杨士瀛医学全书》,中国中医药出版社 2006 年版。

刘时觉:《四库及续修四库医书总目》,中国中医药出版社 2005 年版。

刘时觉:《中国医籍续考》,人民卫生出版社 2011 年版。

刘时觉:《宋元明清医籍年表》,人民卫生出版社 2005 年版。

李成文等:《现代版中医古籍目录(1949—2012)》,中国中医药出版社 2014 年版。

刘德荣:《福建医学史略》,福建科学技术出版社 2011 年版。

陆心源:《仪顾堂书目题跋汇编》,中华书局 2009 年版。

马端临:《文献通考》,中华书局 2011 年版。

马继兴等:《日本现存中国稀觏古医籍丛书》,人民卫生出版社 1999 年版。

裘沛然:《中国医籍大辞典》,上海科学技术出版社 2002 年版。

裘诗庭:《珍本医书提要》,中医古籍出版社 2010 年版。

钱曾:《也是园藏书目》,国家图书馆出版社 2014 年版。

任继愈:《道藏提要》,中国社会科学出版社 1991 年版。

尚志钧:《中国本草要籍考》,安徽科学技术出版社 2009 年版。

台北"故宫博物院":《"国立故宫博物院"善本旧籍总目》,台北"故宫博物院"1983 年版。

王瑞祥:《中国古医籍书目提要》,中医古籍出版社 2009 年版。

王应麟:《玉海》,广陵书社 2003 年版。

肖林榕:《闽台历代中医医家志》,中国医药科技出版社 2008 年版。

薛清录:《中国中医古籍总目》,上海辞书出版社 2007 年版。

严世芸:《中国医籍通考》,上海中医学院出版社 1990—1994 年版。

杨士奇:《文渊阁书目》,商务印书馆 1937 年版。

余瀛鳌、傅景华:《中医古籍珍本提要》,中医古籍出版社 1992 年版。

俞慎初:《闽台医林人物志》,福建科学技术出版社 1988 年版。

袁群忠:《中国古代科技要籍简介》,山西人民出版社 1984 年版。

赵法新:《中医文献学辞典》,中医古籍出版社 2000 年版。

郑金生:《海外回归中医善本古籍丛书》,人民卫生出版社 2002 年版。

中国医籍提要编写组:《中国医籍提要》,吉林人民出版社 1984 年版。

索　引

人名索引

书名索引

Z